AF599231

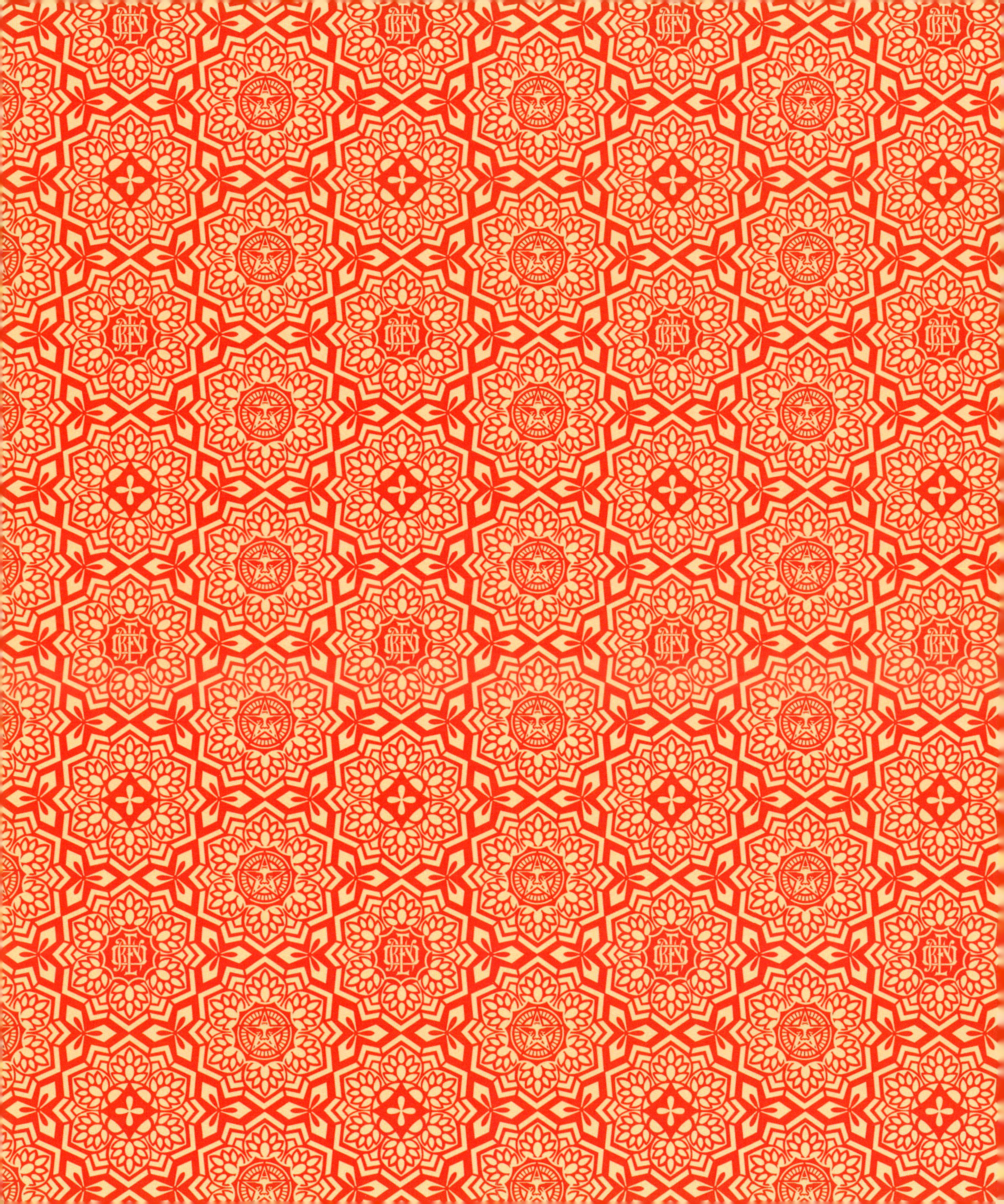

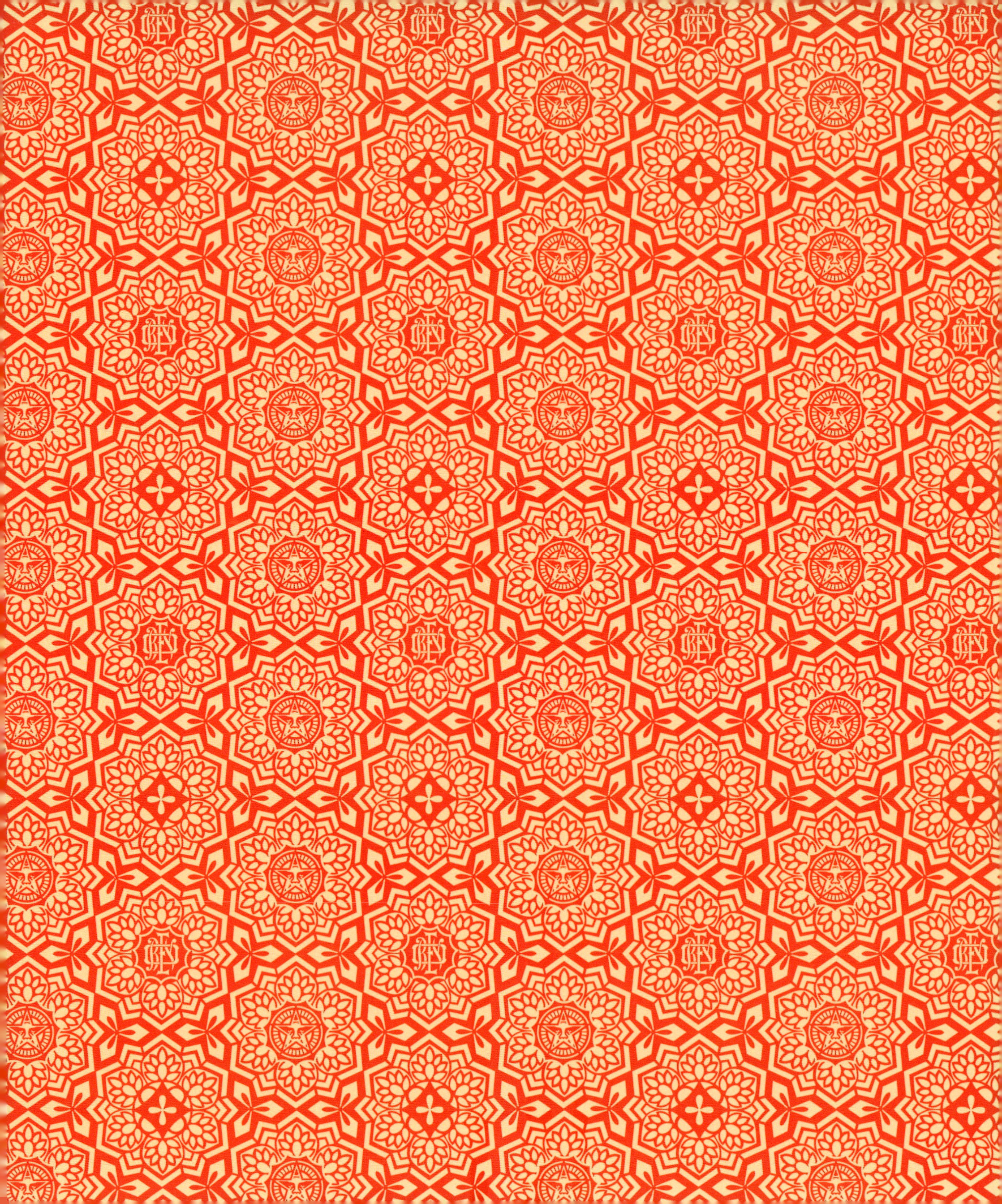

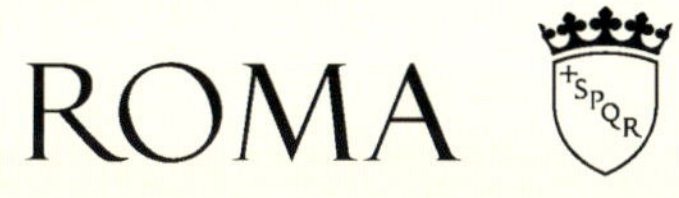

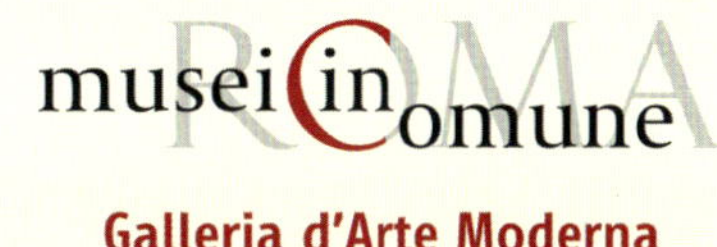

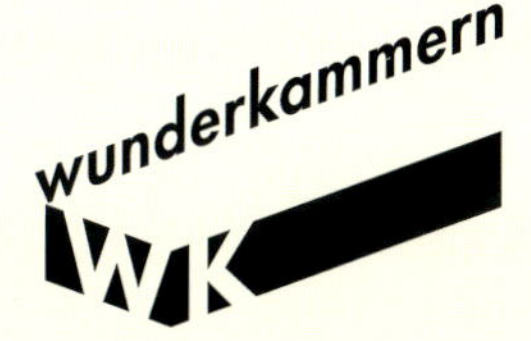

SHEPARD FAIREY
3 DECADES OF DISSENT

a cura di / edited by

Claudio Crescentini, Shepard Fairey,
Federica Pirani, Wunderkammern

SilvanaEditoriale

SHEPARD FAIREY
3 DECADES OF DISSENT

Roma, Galleria d'Arte Moderna
17 Sept. – 22 Nov. 2020

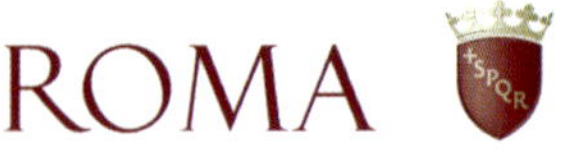

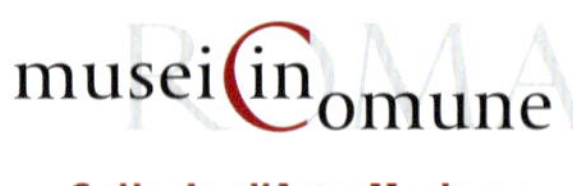

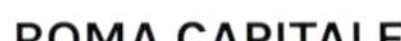

ROMA CAPITALE

Virginia Raggi
Sindaca / Mayor

Luca Bergamo
Vicesindaco con delega alla Crescita culturale / Deputy Mayor with responsibility for Cultural Growth

SOVRINTENDENZA CAPITOLINA AI BENI CULTURALI

Maria Vittoria Marini Clarelli
Sovrintendente Capitolina ai Beni Culturali

Servizio di Staff, Comunicazione e Relazioni Esterne / Staff service, Communications and Public Relations

Isabella Toffoletti
Responsabile / Head of office

Comunicazione e Relazioni Esterne / Communications and Public Relations
Teresa Franco
Filomena La Manna
con / with Luca D'Orazio

Servizio Mostre e Attività Espositive e Culturali / Exhibitions and Cultural Activities

Federica Pirani
Responsabile / Head of office

Coordinamento Tecnico-Scientifico / Technical-Scientific coordinator
Gloria Raimondi

Coordinamento Amministrativo / Administration coordinators
Sabrina Putzu
Paola Amici

Allestimenti Spazi Espositivi e Mostre / Exhibition installation
Monica Zelinotti
con / with Maria Cucchi
Simonetta De Cubellis

Servizio Restauri e Nuove collocazioni / Restorations and Relocations

Anna Maria Cerioni
Responsabile / Head of office
Marina De Santis
Francesca Romana Sinagra

GALLERIA D'ARTE MODERNA

Direzione Ville, Parchi Storici e Musei Scientifici / Direction Villas, Historical Parks and Scientific Museums

Giancarlo Babusci, *Direttore / Chairman*

Servizio Musei di Arte Moderna e Contemporanea / Museums of Modern and Contemporary Art

Sergio Guarino
Responsabile / Head of office

Coordinamento Attività della Galleria d'Arte Moderna / Galleria d'Arte Moderna Activity coordinator

Federica Pirani

Attività Espositive, Grandi Eventi e Progetti Arte Urbana / Exhibitions, Major Events and Urban Art Projects

Claudio Crescentini

Collezioni, Prestiti e Valorizzazione / Collections, Loans and Promotion

Arianna Angelelli
con / with Giovanna Curiale

Comunicazione e Promozione Servizi Culturali / Communication and Promotion of Cultural Services

Daniela Vasta

Didattica, Servizi Educativi ed Eventi / Educational Services and Events

Carmen Andretta

Pubblicazioni e Restauri / Publishing and Restoration

Cinzia Virno

Coordinamento Attività amministrativa / Administration coordinator

Cristina Cannelli

Restauri e Revisione Conservativa delle Opere / Restoration and Conservation of Artworks

Ombretta Bracci
con/with Elda Occhinero *e/and*
Manuela Vaccaro

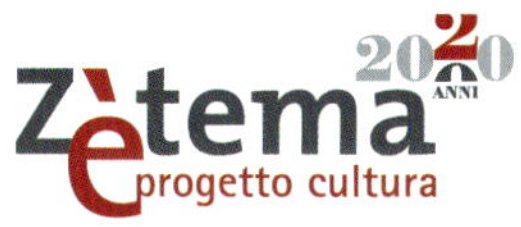

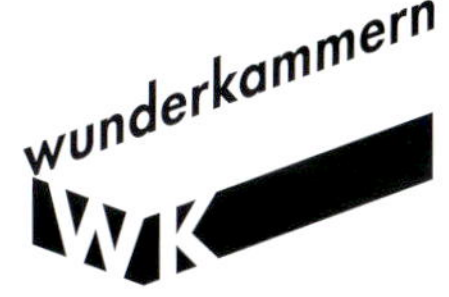

ZÈTEMA PROGETTO CULTURA

Amministratore Unico / Chief Executive

Remo Tagliacozzo

Direttore Generale / Director General

Roberta Biglino

Coordinamento / Coordinators

Claudio Di Biagio *con/with*
Claudia Di Lorenzo, Alice Fabbri

Comunicazione Integrata / Integrated Communication

Luisa Fontana

Promozione / Promotion
Francesca Lino

Ufficio Stampa / Press Office
Patrizia Morici
con/with Gabriella Gnetti

Sponsorizzazioni e Comarketing / Sponsoring and Co-marketing
Eleonora Vatielli

Web
Silvia Bendinelli

Social
Elisabetta Giuliani *con/with*
Gian Pietro Leonardi

Rapporti e Comunicazioni Istituzionali / Public Relations

Patrizia Bracci *con/with*
Marta Barberio Corsetti

Revisione Conservativa delle Opere / Conservation of Artworks

Sabina Marchi
Coordinamento / Coordinator
con/with Simona Nisi
Fiorella Antonelli
Daniela Di Giovandomenico
Aldo Saccà

Realizzazione della grafica / Graphic design
SP Systema

Assicurazioni / Insurance
GB Sapri Broker
Alessandra *e/and* Cesare D'Ippolito

Traduzioni / Translations
TperTradurre

WUNDERKAMMERN

Direttori / Directors

Dorothy De Rubeis
Ina Nico
Giuseppe Ottavianelli
Giuseppe Pizzuto
Deodato Salafia

General Manager

Alessandra Orlandi

Wunderkammern Roma Gallery Manager

Fanny Borel

Gallery Assistant

Elena Domenichini

SHEPARD FAIREY
3 DECADES OF DISSENT

MOSTRA E CATALOGO / EXHIBITION AND CATALOGUE

A cura di / Curated by

Claudio Crescentini
Shepard Fairey
Federica Pirani
Wunderkammern

Coordinamento tecnico-scientifico /Technical-Scientific coordinators

Arianna Angelelli
Fanny Borel
Giovanna Curiale
Elena Domenichini
Alessandra Orlandi
Daniela Vasta
con/with Giulia Gualtieri, stagiaire

Direzione artistica e grafica / Art direction and design

Elena Domenichini

Testi in catalogo di / Catalogue texts by

© Arianna Angelelli
© Claudio Crescentini
© Shepard Fairey
© Maria Vittoria Marini Clarelli
© Giuseppe Ottavianelli
© Federica Pirani
© Giuseppe Pizzuto
© Daniela Vasta

Apparati di /Appendix by

Francesca Lombardi
Wunderkammern

Progetto grafico del catalogo / Catalogue graphic concept

Elena Domenichini
Chiara Angioni

Organizzazione incontri serie "Autunno urbano alla GAM"/ Organization of "Urban Autumn at GAM" meetings

Arianna Angelelli
Claudio Crescentini

Fotografie di / Photographs by

© Roma Capitale, Sovrintendenza Capitolina ai Beni Culturali
© Simon d'Exéa
© Elena Domenichini
© Jon Furlong
© Simona Gemelli

Allestimento / Installation design

Wunderkammern

Assicurazioni / Insurance

AON S.P.A.

Albo prestatori / Lenders

Obey Giant Art Inc.
Sovrintendenza Capitolina
  Galleria d'Arte Moderna
  MACRO Museo d'Arte Contemporanea Roma
  Casa Museo Alberto Moravia
  CRDAV Centro Ricerca e Documentazione Arti Visive
Wunderkammern

Si ringraziano/Thanks to

Valeria Arnaldi
Lucia Di Franco
Eurograph
Andreana Fatta
Raffaele Grasso
Anna Maddalena
Obey Giant Art Inc.
Franco Ottavianelli
Flavia Pesci
Francesca Piccinini
Gloria Raimondi
Mattia Tomaino
Afra Romana Zucchi

i Direttori e i funzionari di Sovrintendenza Capitolina e dei Musei prestatori / the Directors and officers of the Sovrintendenza Capitolina and of the lending Museums

un particolare ringraziamento a tutti i colleghi degli uffici della Sovrintendenza Capitolina che hanno contribuito alla buona riuscita della mostra / a special thank you to our colleagues of the Sovrintendenza Capitolina who have contributed to the good success of the exhibition

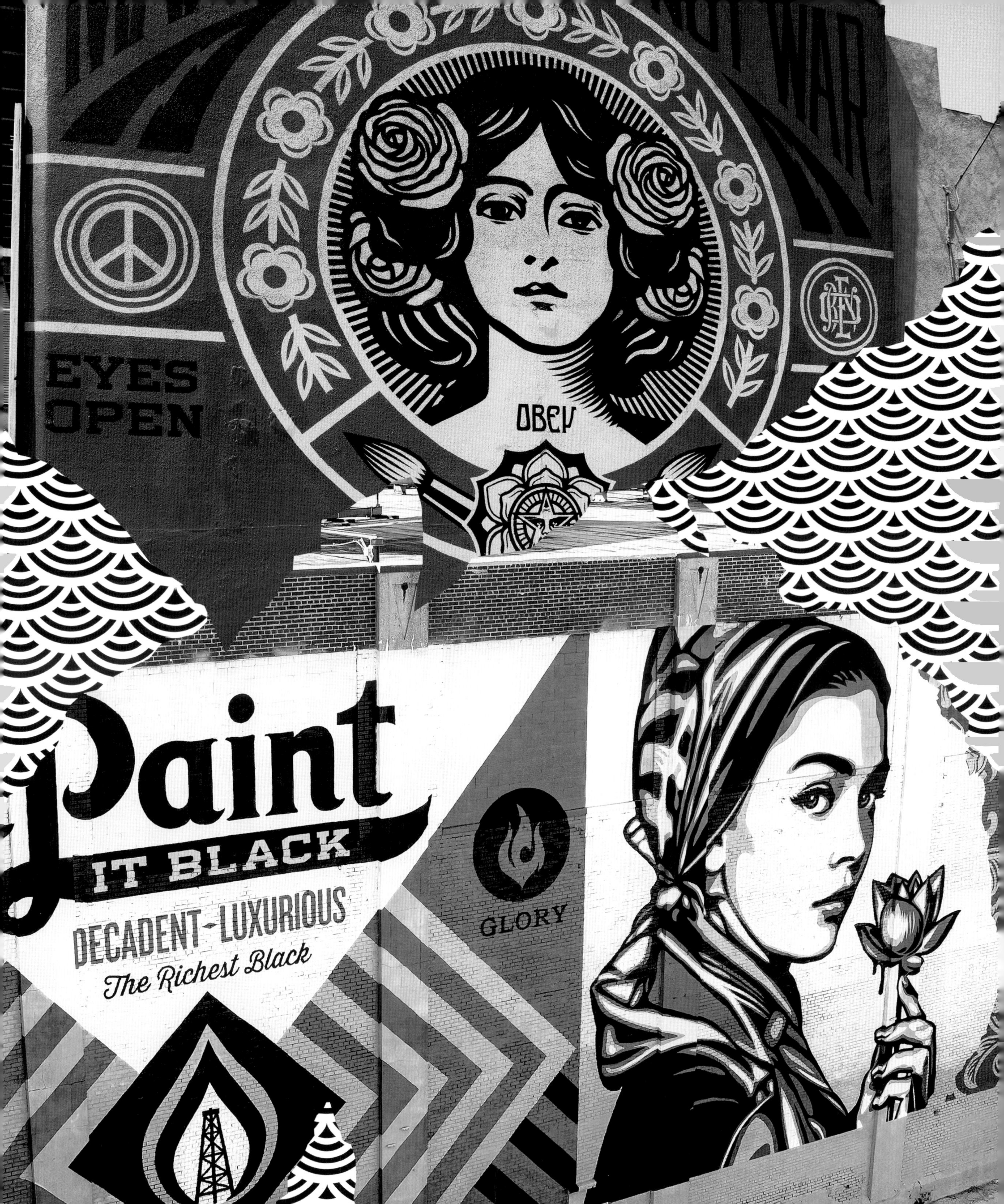
EYES
OPEN
OBEY
Paint
IT BLACK
DECADENT-LUXURIOUS
The Richest Black
GLORY

È un immenso onore per me esporre alla GAM una selezione delle opere più importanti della mia carriera, accanto a un gruppo di capolavori scelti dalla collezione permanente del museo. La mia arte è la storia delle risposte visive che ho dato ad alcune istanze essenziali del mondo negli ultimi trent'anni; ma questa mostra scava più in profondità, creando un dialogo tra le mie opere e quelle selezionate dalle raccolte della GAM. Tutte rivelano i timori profondamente umani degli artisti e del loro tempo, dimostrando come la risposta creativa possa assumere forme molteplici. Mi piace cogliere le assonanze estetiche fra molta della mia arte e le opere di Giulio Turcato, o la provocazione concettuale di Pino Pascali. Per me, fare arte significa ispirare e promuovere il dialogo, e credo che le molteplici stratificazioni di questa mostra sapranno far riflettere e avviare discussioni profonde.

SHEPARD FAIREY

It is an incredible honor to show a selection of the most important artworks of my career at GAM alongside a curated group of masterworks from the museum's permanent collection. My art tells the story of how I responded visually to critical concerns in the world over the last thirty years, but this exhibition goes deeper, with a dialogue between my works and those selected at GAM. These artworks all address the human concerns of their artists and eras, showing that the creative response takes many forms. I'm delighted to see the aesthetic parallels of much of my art with the work of Giulio Turcato or the conceptual provocation of Pino Pascali. For me, art is about instigating and inspiring conversations, and I believe that this show's multiple layers will provoke thought and rich discussion.

SHEPARD FAIREY

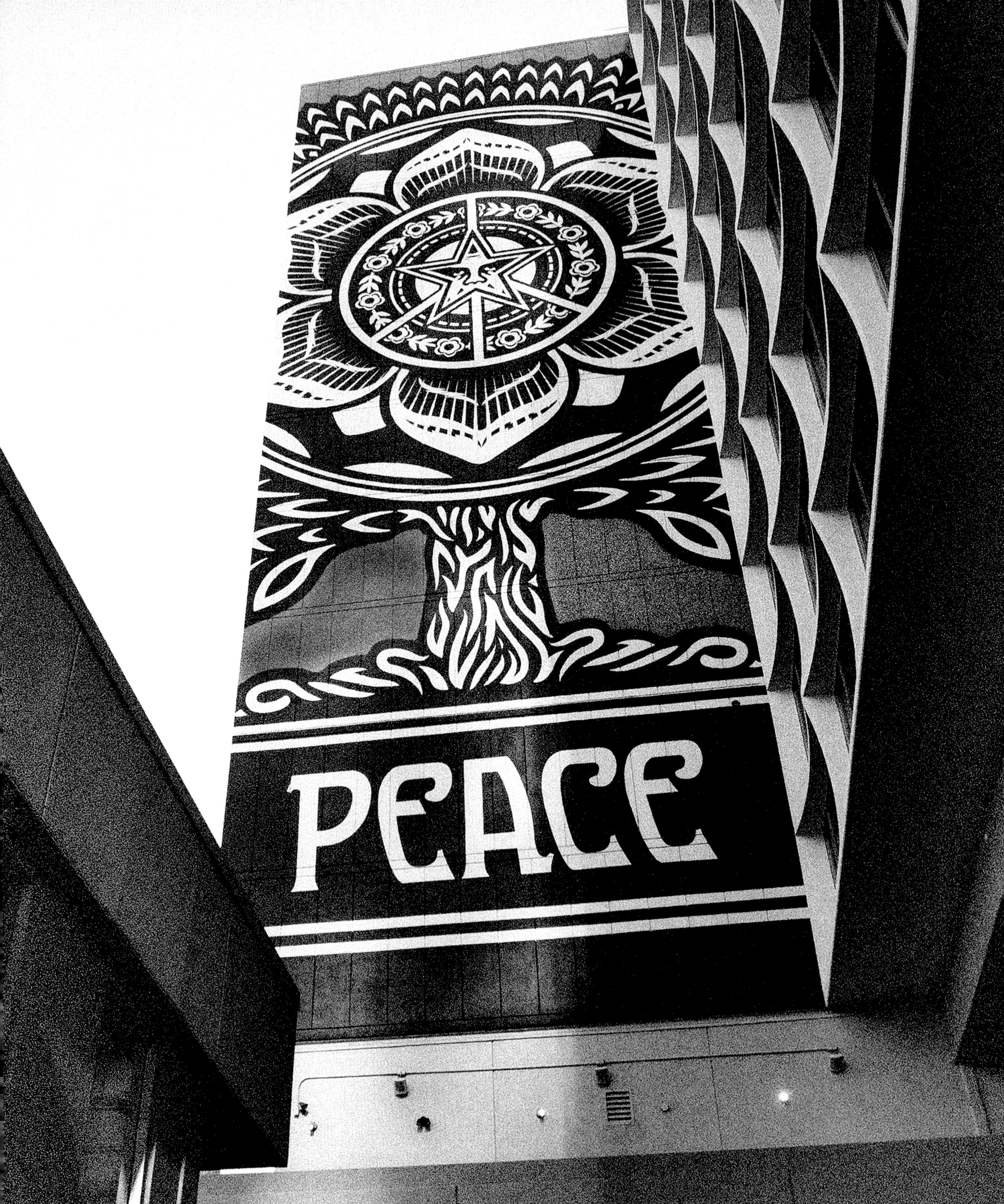
PEACE

SOMMARIO
CONTENTS

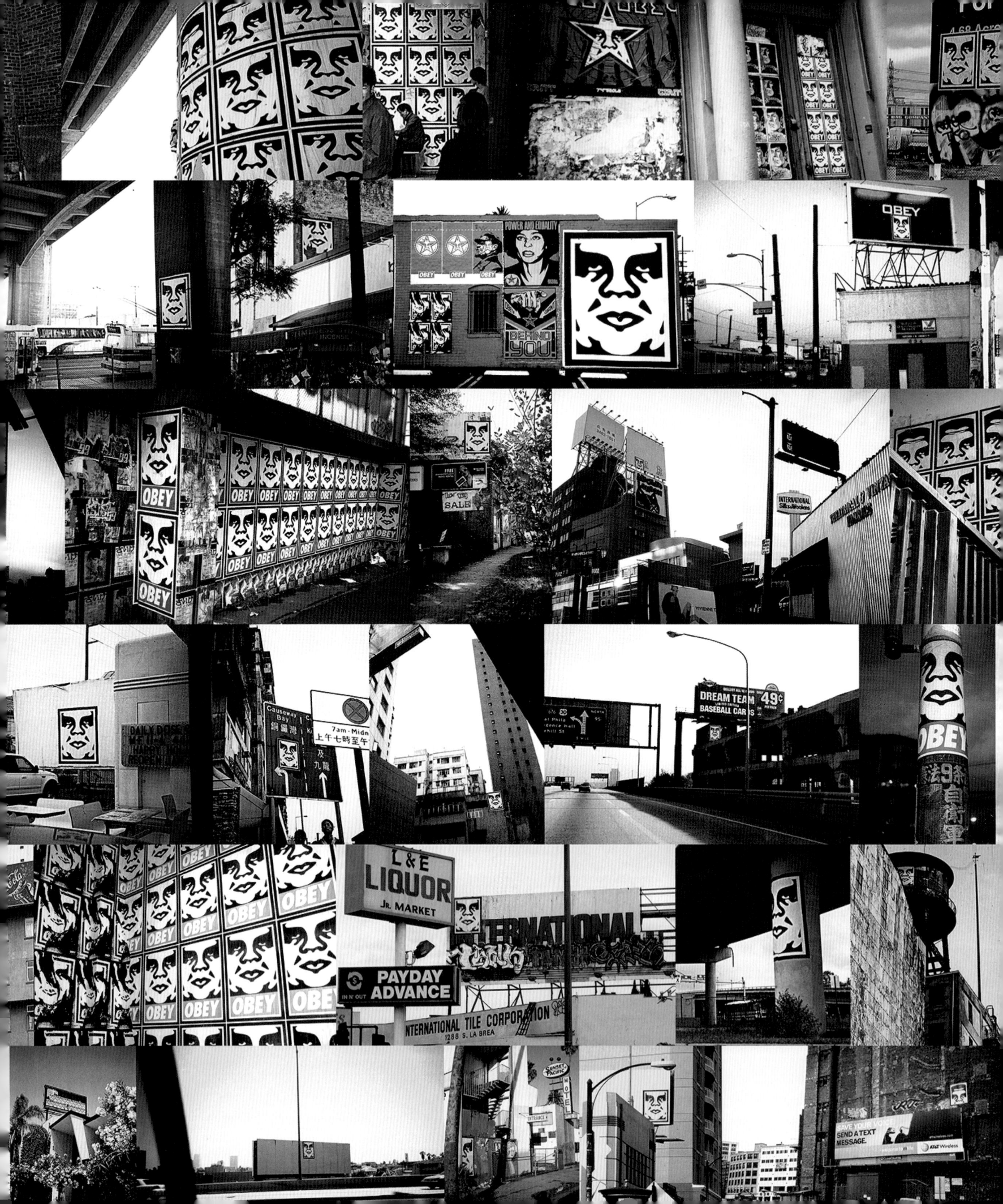
OBEY
POWER AND EQUALITY
BEHIND YOU
SALE
INTERNATIONAL Silks & Woolens
Causeway Bay
7am-Midn
上午七時至午
九龍
DREAM TEAM
BASEBALL CARDS
49¢
L&E
LIQUOR
JR. MARKET
PAYDAY ADVANCE
IN N' OUT
INTERNATIONAL
INTERNATIONAL TILE CORPORATION
1288 S. LA BREA
MOTEL
SAVE YOUR VOICE.
SEND A TEXT MESSAGE.
AT&T Wireless

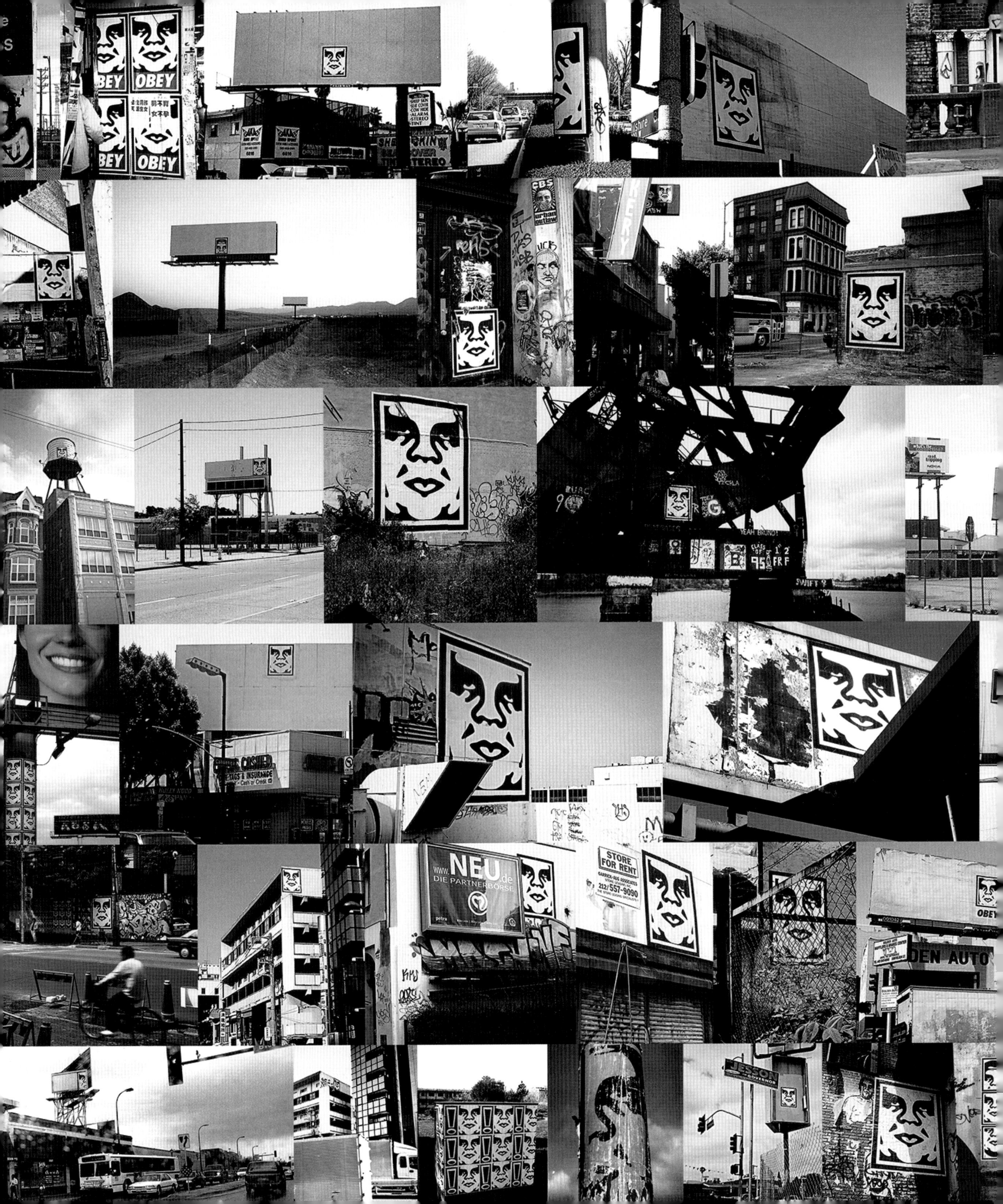
OBEY
OBEY
OBEY
OBEY
CBS
urban outlaw
YEAH BRUNO!
NEU.de
DIE PARTNERBÖRSE
STORE FOR RENT
212/557-9090
OBEY
DEN AUTO
JESSON

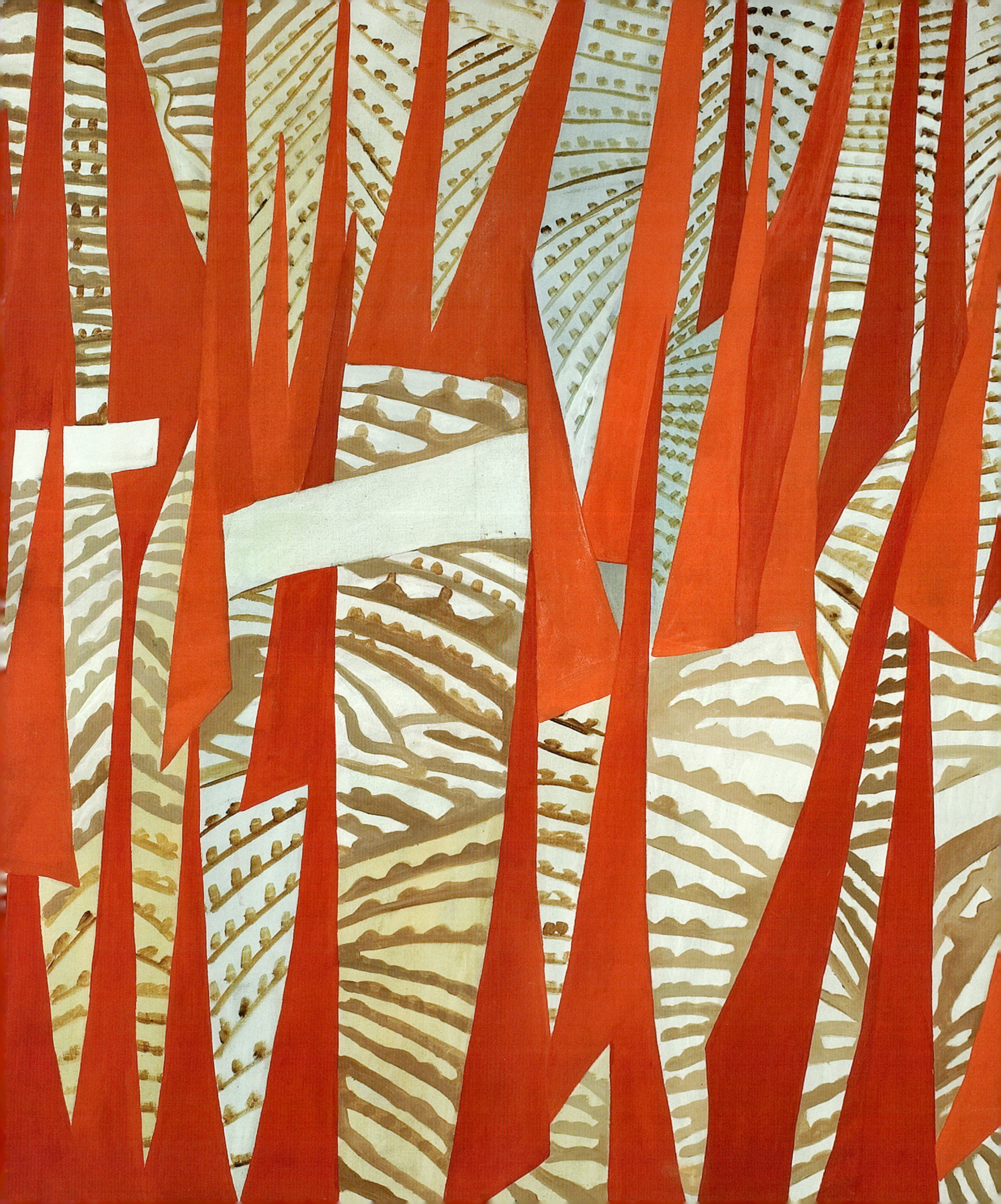

A PROPOSITO DEL DISSENSO

ON DISSENT

Maria Vittoria Marini Clarelli

Fra le mostre con le quali Shepard Fairey, alias OBEY, ha celebrato in giro per il mondo i suoi trent'anni di carriera (1989-2019), qualificandoli come tre decadi di dissenso, quella appositamente concepita per la Galleria d'Arte Moderna di Roma spicca per il rapporto che il celebre *street artist* ha voluto istituire con la collezione del museo. Il progetto espositivo, curato insieme a Claudio Crescentini, Federica Pirani e Wunderkammern, pone infatti a confronto trenta sue opere grafiche (tante quanti gli anni del percorso che ricapitolano) con i lavori di artisti italiani che Fairey ha scelto nelle raccolte contemporanee di Roma Capitale, riconoscendovi radici, affinità, o anche solo coincidenze.

Orientamenti che sembrerebbero acquisiti dalla coscienza comune del nuovo millennio, come pacifismo e antirazzismo, diritti umani e difesa dell'ambiente, lotta contro la violenza sulle donne e i soprusi sui minori, continuano a essere per Fairey contenuti del dissenso, poiché l'Occidente ancora non si è liberato dai suoi retaggi di oppressione e diseguaglianza. Operando come *street artist* in senso stretto, Fairey affida la denuncia a campagne di sticker o manifesti che sviluppano la tradizione della grafica di opposizione delle avanguardie espressioniste e costruttiviste o a murali che mantengono la stessa semplificazione cromatica e lineare. La scelta di una precisa genealogia culturale non preclude però la capacità di incidere sulla realtà contemporanea sia con l'attualizzazione del linguaggio sia prendendo continuamente posizione.

Diventa perciò particolarmente interessante il confronto delle grafiche di OBEY con la linea di impegno politico che attraversa l'arte italiana – da Nino Costa a Renato Guttuso, dal Turcato di *Comizio* allo Schifano

Among the exhibitions celebrating Shepard Fairey's thirty-year career (1989–2019), defined by the renowned street artist as three decades of dissent, the one developed for the Galleria d'Arte Moderna in Rome stands out for the relationship he wanted to set up with the museum's collection. The exhibition he curated with Claudio Crescentini, Federica Pirani, and Wunderkammern places thirty of Fairey's graphic works (as many as the number of years covered in the exhibition) in relation with others by Italian artists that he selected from Roma Capitale's contemporary art collections, basing his choices on common roots, affinities, and sometimes just coincidences.

Tendencies that seem to belong to the shared consciousness of the new millennium, such as pacifism and anti-racism, human rights and protection of the environment, the struggle against violence on women and child exploitation continue to represent for Fairey the object of dissent since the West has still not yet managed to free itself from its ancient legacy of oppression and inequality. Working as a street artist in the strict sense, Fairey expresses this dissent through sticker and poster campaigns that further the tradition of dissident graphic art begun by the Expressionist and Constructivist avant-gardes and through murals characterized by the same chromatic and linear simplification. The choice of a specific cultural genealogy does not rule out the capacity to have an impact on the contemporary world, achieved by updating the language and continuously taking a stand.

It is therefore extremely interesting to compare Fairey's graphic work with the tradition of political engagement that runs through Italian art—from Nino Costa and Renato Guttuso to Pino Pascali and Fabio Mauri, from Turcato's *Comizio* to Schifano's *Compagni,*

compagni—but also with forms of what we might call stylistic dissent, such as Scipione's fiery and Donghi's icy expressionism. There is also a more recent, although indirect, connection between Italian art and Fairey's most famous work, a signed version of which opens the exhibition: the *HOPE* poster of 2008 portraying Barack Obama as a candidate for president of the United States.
That electoral campaign had also attracted other artists, since the situation seemed highly unusual even before the biracial senator from Illinois officially declared himself a candidate in the Democratic primaries. For the first time since 1952, none of the contenders had the advantage of being a sitting president or vice-president and, for the first time in history, there was a woman on the presidential ballot, the US Senator from New York, Hillary Clinton. The former First Lady was already a topic of discussion at the 2007 Venice Biennale, when Francesco Vezzoli presented an installation in the Italian Pavilion titled *Democrazy (Demofollia)*, simulating that very electoral campaign with two hypothetical candidates, Patricia Hill and Patrick Hill, played by the actress Sharon Stone and the philosopher Bernard-Henri Lévy. In the two election ads, which Vezzoli produced with the assistance of two teams of professional media advisers from the world of American politics, he contrasted, in his own words, "two identities, two different political and human visions, highlighting the momentous strategies of electoral communication and raising questions on how fame, media power, and manipulation of the truth contort the meaning of democracy."[1]
But Fairey, instead of looking at the electoral campaign from the outside, got personally involved, siding with Obama. He wrote, "When I made the *HOPE* portrait, I wanted to capture his idealism, vision, and his contemplative nature … I wanted to convey that Obama had vision—his eyes sharply focused on the future … I used a photo for a

[1] Cited in I. Gianelli, *Francesco Vezzoli. Democrazy* (Milan: Electa, 2007), jacket flap.

di *Compagni, compagni*, da Pino Pascali a Fabio Mauri – ma anche con forme di dissenso per così dire stilistico, come l'espressionismo rovente di Scipione e quello gelido di Donghi. Un collegamento più recente, per quanto indiretto, con l'arte italiana riguarda anche il suo lavoro più famoso, una versione autografata del quale apre la mostra: il manifesto *HOPE* del 2008, che ritrae l'allora candidato alla presidenza degli Stati Uniti Barack Obama.
Quella campagna elettorale aveva attratto anche altri artisti, perché lo scenario appariva insolito ancor prima che il senatore meticcio dell'Illinois formalizzasse la sua candidatura alle primarie del partito democratico. Per la prima volta dal 1952, infatti, nessuno dei contendenti godeva del vantaggio di essere il presidente in carica e, per la prima volta in assoluto, si era sfiorata la possibilità che alla corsa finale partecipasse una donna, la senatrice per lo stato di New York Hillary Clinton. Della ex first lady si parlava già quando nel 2007, alla Biennale di Venezia, Francesco Vezzoli presentò nel Padiglione Italiano un'installazione dal titolo *Democrazy (Demofollia)*, che simulava proprio quella campagna elettorale, proponendo lo scontro fra due ipotetici candidati, Patricia Hill e Patrick Hill, impersonati dall'attrice Sharon Stone e dal filosofo Bernard-Henri Lévy. Nei due spot elettorali, prodotti da Vezzoli avvalendosi di due team di *media advisors* professionisti della politica americana, si contrapponevano, come ha scritto l'artista, "due identità, due differenti 'visioni' politiche e umane, evidenziando le fatali strategie della comunicazione elettorale e sollevando interrogativi su come la fama, il potere dei media e la manipolazione della verità possano stravolgere il significato di 'democrazia'"[1].
OBEY, invece, anziché guardare dall'esterno la campagna elettorale, l'aveva gestita in prima persona, schierandosi per Obama. "Quando feci il ritratto *HOPE*", scrive l'artista, "volevo catturare il suo idealismo e la sua visione contemplativa, mi hanno sempre colpito i suoi occhi profondamente proiettati sul futuro. Sono partito da una foto, che ora è oggetto

[1] Cit. in I. Gianelli, *Francesco Vezzoli. Democrazy*, Electa, Milano 2007, risvolto di copertina.

p. 14 ~ **Giulio Turcato**, ***Comizio*** 1949-1950, particolare / detail

Mario Schifano, ***Compagni, compagni*** 1968

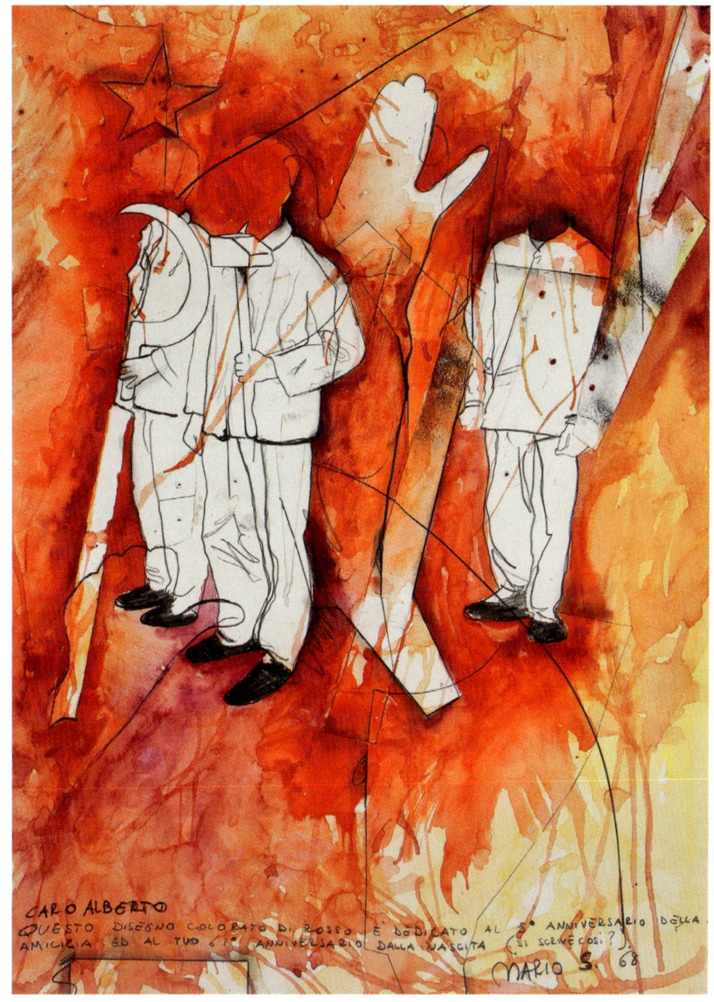

di una disputa legale, e ho dato all'illustrazione uno schema di colorazione patriottica dividendo il viso in due parti: un'ombra rossa e un'illuminazione blu che convergono verso il centro. Ho voluto rappresentare idealmente l'avvicinamento degli stati democratici e repubblicani che spesso sono in opposizione"[2]. Pur essendo il soggetto straordinariamente fotogenico, e pur avendo il fotografo Mannie Garcia – autore dell'immagine per la quale la Associated Press aveva intentato causa – colto la migliore inquadratura possibile, ciò che ha reso l'immagine folgorante è stata proprio l'elaborazione grafica, grazie all'equilibrio espressivo e simbolico dei colori. Il rosso e l'azzurro, che disgiunti indicano i Blue States democratici e i Red States repubblicani, congiunti fra loro e con il bianco compongono infatti la cromia della bandiera americana. OBEY avrebbe scelto come slogan la parola *Progress*, ma lo staff del senatore aveva optato per il più suggestivo *Hope*.
La versione *Gold* di quella serigrafia è stata poi inclusa, come esemplare omaggio, nel portfolio destinato ai maggiori finanziatori della campagna, dal titolo *Artists for Obama*, che nelle sue diverse edizioni ha incluso incisioni di artisti del calibro di John Baldessari, Jasper Johns, Ellsworth Kelly, Brice Marden, Richard Tuttle, Edward Ruscha, Richard Serra[3]. Sempre a sostegno di Obama, Robert Indiana aveva invece rielaborato il suo iconico *Love* come *Hope*. Già in passato il partito democratico aveva coinvolto protagonisti della scena artistica nelle votazioni presidenziali e

[2] *Art for Obama. Designing Manifest Hope and the Campaign for Change*, a cura di S. Fairey e J. Gross, Abrams Image, New York 2009, p. 7, tradotto in S. De Gregori, *Shepard Fairey in arte Obey. La vita e le opere del re della Poster Art*, Castelvecchi, Roma 2011, p. 129.
[3] *Artists for Obama*, portfolio, Gemini G.E.L. printing studio, Los Angeles 2008.

reference (which is now the subject of a legal dispute) and gave the illustration a patriotic color scheme, dividing the face into the red shadow side and blue highlight side, to convey the idea of blue and red states, Democrats and Republicans who are frequently in opposition, converging."[2] While the subject himself is extremely photogenic and the photographer Mannie Garcia—who took the photograph for the Associated Press, which sued Fairey for copyright infringement—had already achieved the best possible framing of the image, what makes the work so striking is its graphic rendering, achieved through the expressive and sym-

[2] *Art for Obama. Designing Manifest Hope and the Campaign for Change*, eds. S. Fairey and J. Gross (New York: Abrams Image, 2009), p. 7.

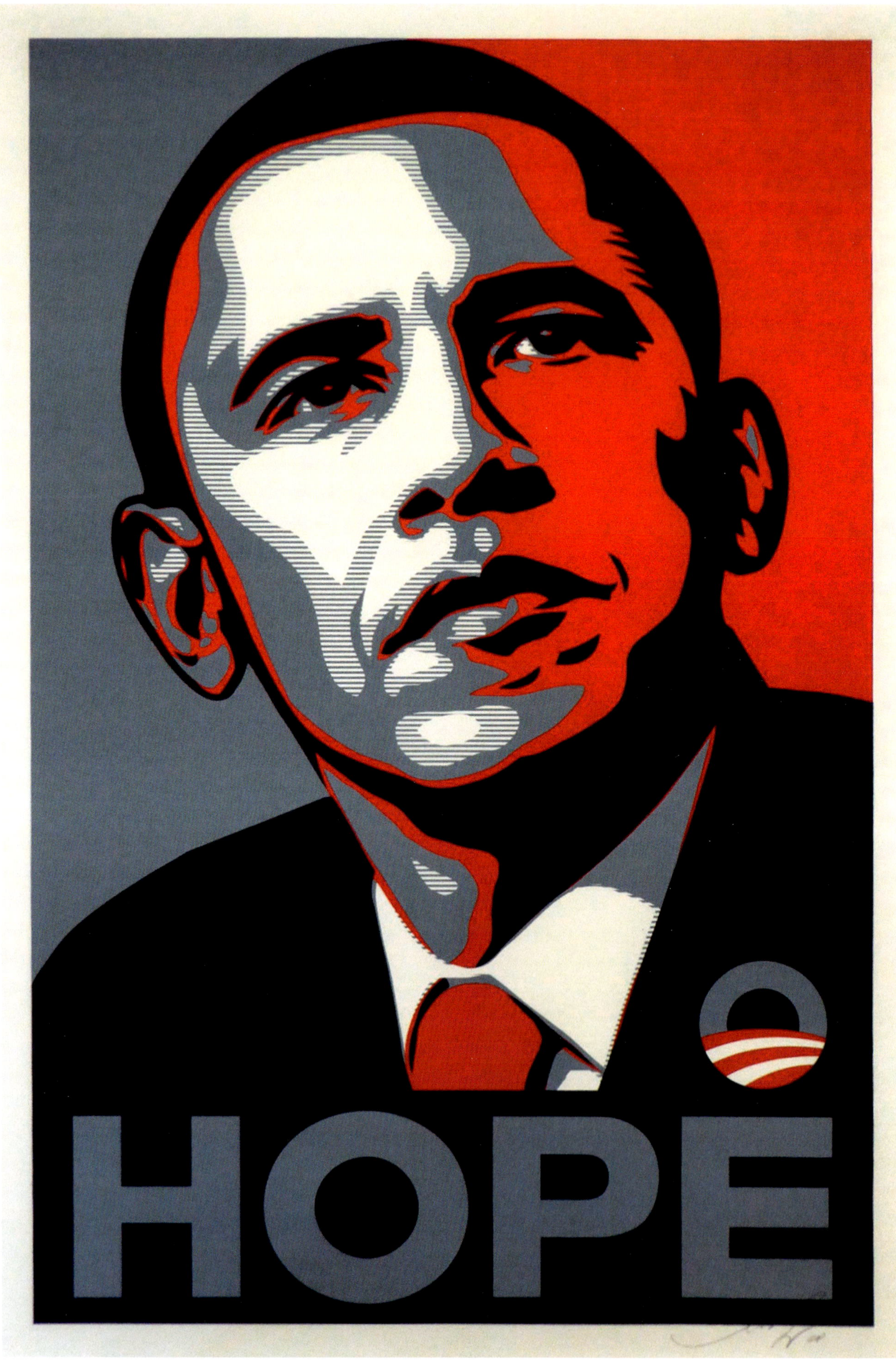
HOPE

Shepard Fairey, ***HOPE*** 2008
Julian Schnabel, ***Vote*** 1992

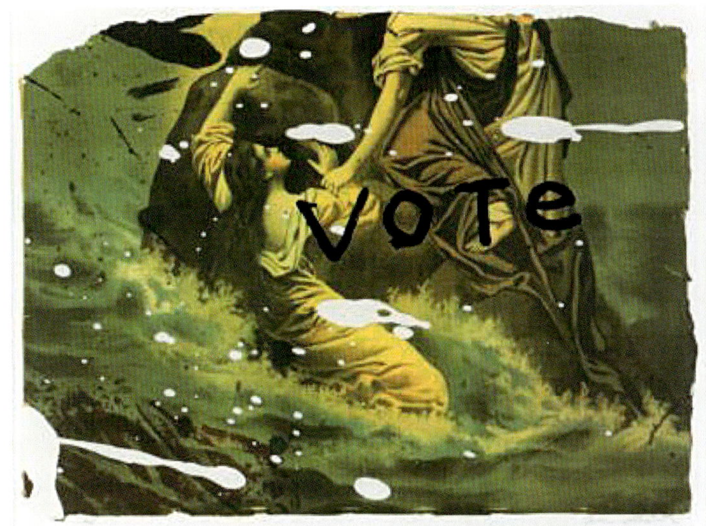

generali: James Rosenquist aveva intitolato *Fireworks for President Clinton* la sua incisione per la rielezione di Clinton nel 1996, e Julian Schnabel aveva donato nel 1992 la serigrafia *Vote* (che riproduceva un suo intervento gestuale su un'immagine preesistente) a favore della campagna per eleggere candidati donna al Senato[4]. Ma per le presidenziali del 2008 Vezzoli e Fairey erano entrati direttamente nel tema, sottolineando entrambi il ruolo centrale svolto dall'immagine dei candidati. Quella di Fairey, inoltre, ha avuto una capacità di incidenza tale da essere definita "la più efficace illustrazione politica americana dai tempi di *Uncle Sam Wants You*"[5].

[4] https://umma.umich.edu/exhibitions/2017/in-focus-julian-schnabel
[5] P. Schjeldahl, *Hope and Glory, A Shepard Fairey Moment*, in "The New Yorker", 15 febbraio 2009.

bolic balancing of the hues. Taken separately, blue and red represent the Democratic and Republican states respectively, but brought together with the addition of white they compose the colors of the American flag. Fairey had chosen the word *Progress* for the slogan, but the senator's staff opted for the more evocative *Hope*.
The *Gold* version of that silkscreen was later included in the portfolio given as a gift to the campaign's major financial supporters. Titled *Artists for Obama*, its various editions included works by such artists as John Baldessari, Jasper Johns, Ellsworth Kelly, Brice Marden, Richard Tuttle, Edward Ruscha, and Richard Serra.[3] Also in support of Obama, Robert Indiana reworked his iconic *Love* to read *Hope*. The Democratic party already had a tradition of involving leading artists in presidential and other elections: James Rosenquist created the print *Fireworks for President Clinton* for Clinton's re-election campaign in 1996 and, in 1992, Julian Schnabel donated his silkscreen *Vote* (in which he layered the word over a pre-existing image) in support of the campaign to elect women to the Senate.[4] For the 2008 presidential election, however, Vezzoli and Fairey went to the heart of the theme, both emphasizing the central role played by the image of the candidates. And Fairey's was so potent that it was defined no less than the "most efficacious American political illustration since *Uncle Sam Wants You*." [5]

[3] *Artists for Obama*, portfolio, Gemini G.E.L. printing studio (Los Angeles, 2008),
[4] https://umma.umich.edu/exhibitions/2017/in-focus-julian-schnabel
[5] P. Schjeldahl, "Hope and Glory, A Shepard Fairey Moment," in *The New Yorker*, February 15, 2009.

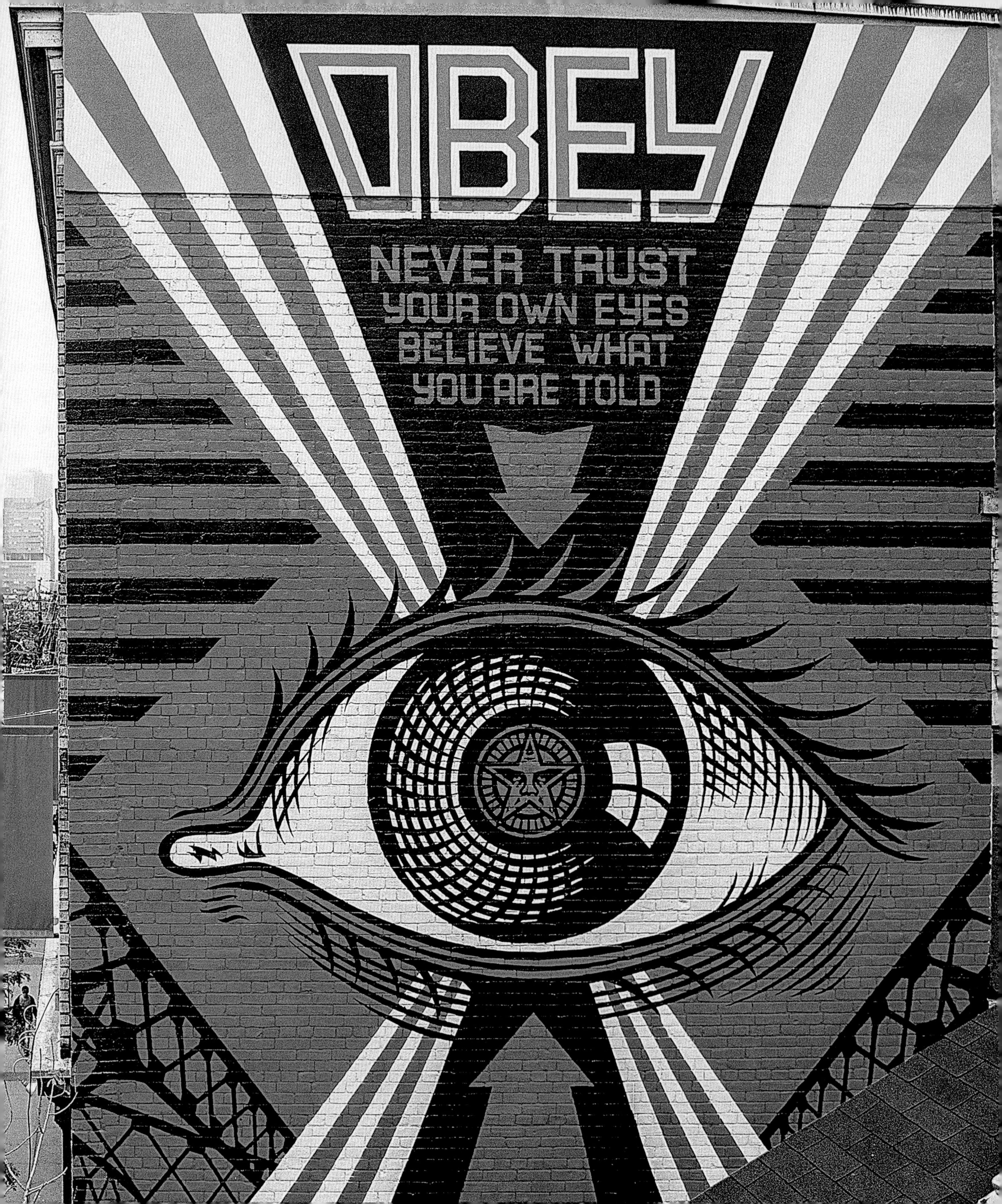
OBEY
NEVER TRUST
YOUR OWN EYES
BELIEVE WHAT
YOU ARE TOLD

NON OBBEDIRE

DO NOT OBEY

Giuseppe Ottavianelli, Giuseppe Pizzuto

Possiamo sostenere che l'arte di Shepard Fairey sia la trasposizione visiva dei due famosi saggi filosofici e politici di Jean-Jacques Rousseau: il *Discorso sull'ineguaglianza* (1755) e *Il contratto sociale* (1762). I concetti di Rousseau di sovranità popolare, volontà generale, libertà positiva e stato di natura vengono trattati in modo approfondito nella produzione di Fairey e sono al centro della mostra "3 decades of dissent" alla Galleria d'Arte Moderna di Roma.

L'esposizione si contraddistingue per un unico filo conduttore: il dialogo dell'arte di Fairey con le opere accuratamente selezionate dalla collezione GAM. I capolavori vanno dal 1907 al 1997 e portano la firma di Giacomo Balla, Antonio Donghi, Carlo Levi, Scipione, Renato Guttuso, Giulio Turcato, Mario Schifano, Pino Pascali, Claudio Abate, Luca Maria Patella e Fabio Mauri. La meticolosa ricerca curatoriale, esito di una collaborazione tra Wunderkammern e GAM, crea interferenze concettuali, tematiche e iconografiche attraverso lo spazio e il tempo.

Dopo aver curato la grande personale di quattrocento opere al MMOMA (il museo d'arte moderna di Mosca) nel 2018, Wunderkammern è oggi orgogliosa di portare l'arte di Shepard Fairey alla GAM di Roma, affiancando la sua opera ad alcune delle più importanti espressioni dell'arte moderna e contemporanea del nostro paese.

Il lavoro dell'artista americano, noto anche come OBEY, ha origine nell'interazione con il pubblico. Si basa sull'eredità americana dei graffiti, una realtà che fonde la vita e l'arte in un unico concetto fino a farle convergere nello spazio esterno, alimentate da un autentico bisogno espressivo. Insieme ai suoi colleghi della Street Art, Shepard Fairey definisce un nuovo meccanismo artistico: un flusso libero e democratico di interventi pubblici effimeri che si riflettono sull'intero sistema culturale e sociale. Tale

One could argue that Shepard Fairey's art is a visual transposition of Jean-Jacques Rousseau's renowned philosophical and political essays "Discourse on Inequality" (1755) and "The Social Contract" (1762). Rousseau's ideas of popular sovereignty, general will, positive liberty and state of nature are explored in-depth in Fairey's work and are indeed at the core of the exhibition *3 decades of dissent* at the Galleria d'Arte Moderna in Rome.

The exhibition is unique for the dialogue it creates between Fairey's art and a group of accurately selected works from the GAM collection, dating from between 1907 and 1997, by Giacomo Balla, Antonio Donghi, Carlo Levi, Scipione, Renato Guttuso, Giulio Turcato, Mario Schifano, Pino Pascali, Claudio Abate, Luca Maria Patella, and Fabio Mauri. The painstaking curatorial work carried out for the exhibition, a collaboration between Wunderkammern and GAM, has created a series of conceptual, thematic, and iconographic interferences between these works and Fairey's art that cross over space and time.

After having curated the exhibition of 400 works at the Museum of Modern Art of Moscow (MMOMA) in 2018, Wunderkammern is now proud to bring the art of Shepard Fairey to Rome, pairing his work to the highest levels of modern and contemporary Italian art.

The work of the American artist, also known as OBEY, is rooted in interaction with the public. It is based on the American legacy of graffiti art, which combines life and art into a single concept, bringing them to converge in outdoor space, fed by an authentic expressive need. Along with his fellow street artists, Fairey has defined a new artistic mechanism: a free, democratic flow of ephemeral public actions that reflect upon the entire cultural and social system. This process has been brought directly into the rooms of

procedimento viene portato direttamente nelle sale della GAM attraverso fotografie murali in bianco e nero di grande formato che raffigurano alcuni dei murales più rappresentativi realizzati dall'artista in tutto il mondo, andando ad accrescere in questo modo lo spazio del museo. Di conseguenza, l'ambiente funge da cornice dinamica per le trenta opere, selezionate per la loro importanza a livello estetico e concettuale, e consente allo spettatore di navigare attraverso l'evoluzione del linguaggio di Fairey degli ultimi trent'anni, dagli esordi nel mondo dell'arte da giovane punk diciannovenne alla sua condizione attuale: artista ormai quarantanovenne, più maturo, attivista, persona umile e autentica.

Sono molte le influenze nell'arte di Fairey e appaiono nelle sue opere in modo sia esplicito sia inconscio: l'avanguardia russa e il gruppo costruttivista, il futurismo italiano, l'arte concettuale di Barbara Kruger, il movimento della musica punk e rock, la cultura della Beat Generation, l'ingegneria della propaganda di Edward Bernays, l'avanguardia del dadaismo e il movimento Fluxus fondato da George Maciunas.

La Galleria d'Arte Moderna di Roma e la sua collezione rendono un'esperienza che sarebbe già di per sé ricca di contenuti ancora più pregna di connessioni e approfondimenti. Le opere presentano temi ricorrenti nella carriera dell'artista come la fenomenologia, l'autoaffermazione, la ribellione, l'abuso di potere, la distruzione ambientale, il razzismo, la disuguaglianza di genere, la xenofobia, la riforma dei finanziamenti elettorali, il complesso dell'industria militare, la propaganda, la guerra e la pace, e infine l'imperialismo economico.

Le persuasive immagini di Fairey accendono conversazioni e propongono strategie inedite per affrontare argomenti complessi attraverso messaggi acuti e taglienti, non diversamente dalle dichiarazioni e dalle argomentazioni di Rousseau.

Nelle prime righe del *Contratto sociale*, Rousseau scriveva: "L'uomo nacque libero, e dappertutto è in catene". Pertanto: "DO NOT OBEY", non obbedire. Piuttosto, manifesta il tuo dissenso e inizia una pacifica rivoluzione.

GAM though large-scale black and white photographic images illustrating some of the most representative murals created by the artist all over the world, thus expanding the space of the museum. This setting creates a dynamic frame for Fairey's thirty works on show, which have been selected for their aesthetic and conceptual importance and allow viewers to explore the development of his art over the last thirty years—from his debut in the art world as a nineteen-year-old punk to his current life at nearly fifty years of age, as a more mature artist and activist, as a humble and authentic individual.

There are many influences at play in Fairey's art, some of which are explicit in his work, others unconscious: the Russian avant-garde and Constructivism, Italian Futurism, the conceptual art of Barbara Kruger, punk rock, the Beat Generation, Edward Bernays's engineered propaganda, Dada, and George Maciunas's Fluxus movement.

The Galleria d'Arte Moderna and its collection render the experience of Fairey's art, already so rich in content, even more pregnant with connections and food for thought. The works on view present recurring themes in the artist's work, including phenomenology, self-empowerment, rebellion, abuse of power, environmental destruction, racism, gender inequality, xenophobia, campaign finance reform, the military industrial complex, propaganda, war and peace, and economic imperialism.

Fairey's potent images stimulate conversation and offer new strategies for taking on complex issues through sharp, penetrating messages, not unlike the reasoning and statements of Jean-Jacques Rousseau.

In the first lines of "The Social Contract," Rousseau wrote, "man is born free, but he is everywhere in chains." And so, *DO NOT OBEY*. Instead, express your dissent and kick off a peaceful revolution.

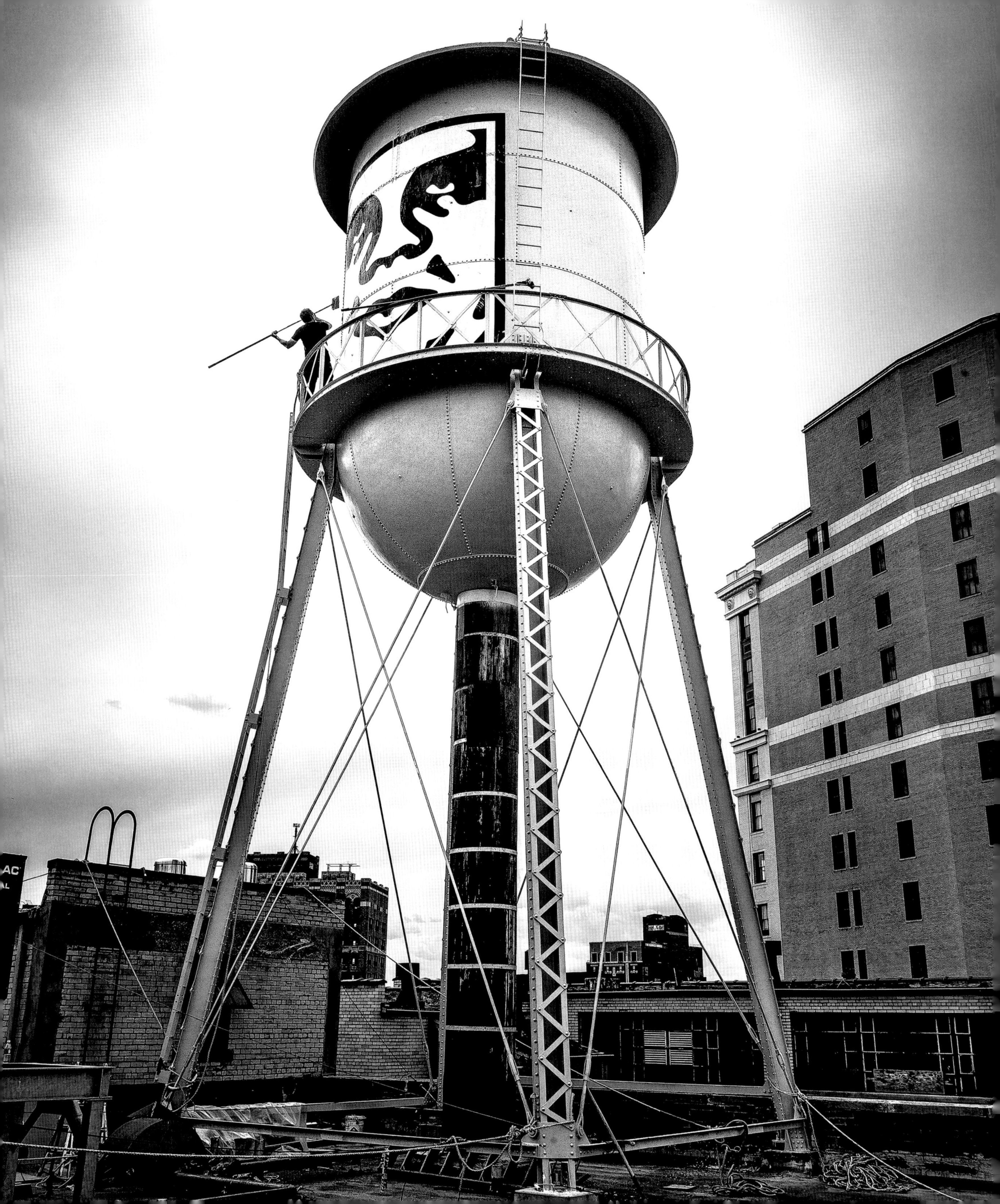

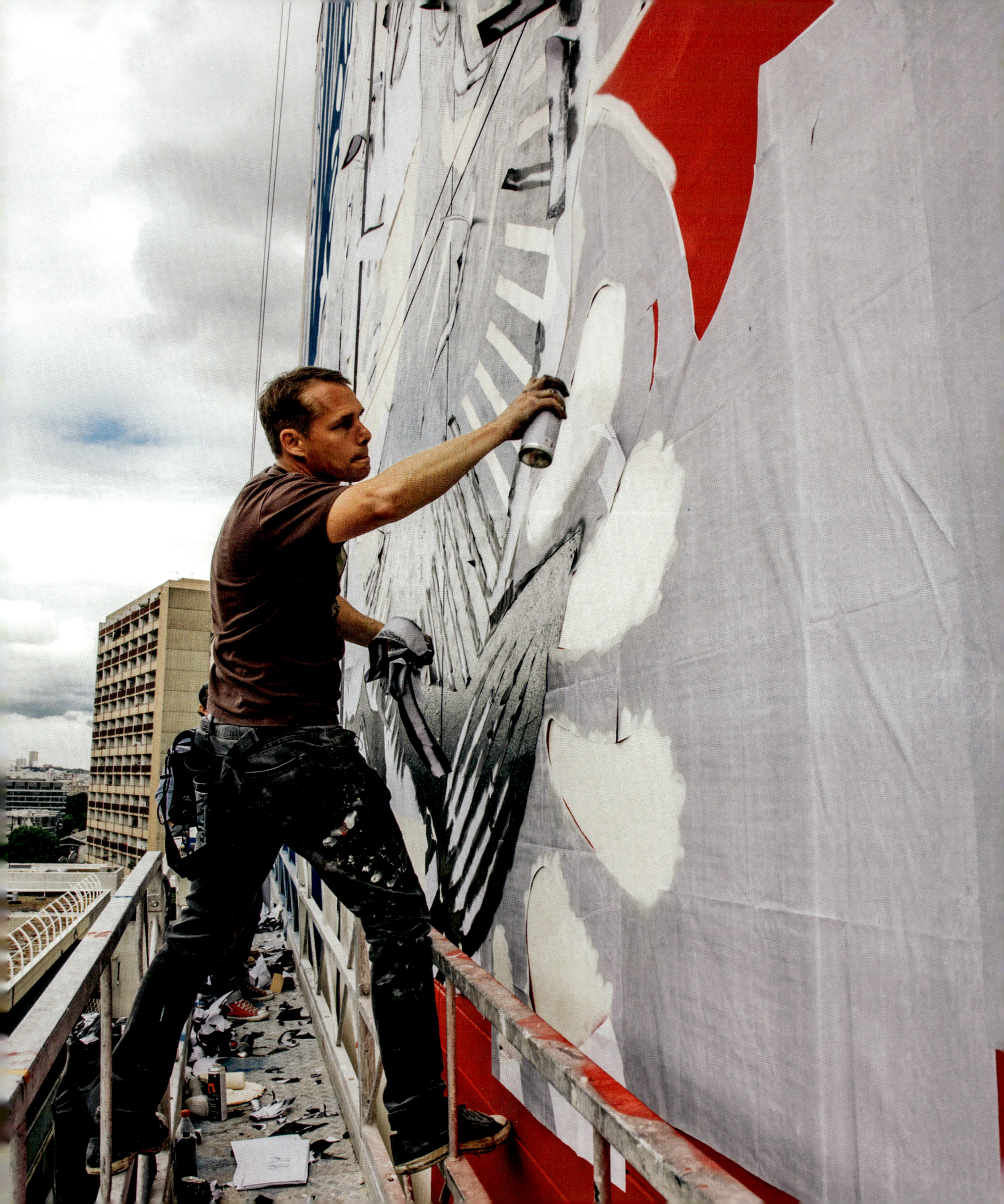

SHEPARD FAIREY: IL SUO PERSONALE ED ESCLUSIVO "ART LINKAGE"

THE PERSONAL AND EXCLUSIVE "ART LINKAGE" OF SHEPARD FAIREY

Claudio Crescentini

Davanti al pregiudizio alzare la posta:
meglio tacere?
Lo sapranno anche i muri.

Raise the stakes when facing prejudice:
would it be better to stay quiet?
Even the walls know the answer.

Jonathan Bazzi

Nell'attivazione della multidisciplinarietà delle connessioni logiche, applicata all'arte di Shepard Fairey, sentiamo il bisogno di innestare un riferimento decisamente extra-artistico ma che ben riesce a caratterizzare il fenomeno culturale costruito da e intorno all'artista. In particolare questa deduzione è estrapolata dalla genetica, che a nostro avviso agevola la considerazione dell'arte di Fairey come autentico e personale prodotto di *linkage*: termine scientifico che in italiano viene in genere tradotto come "associazione" o meglio "concatenazione" degli incroci di geni associati, cioè geni che sono contenuti in un medesimo cromosoma e che però non segregano autonomamente. "Geni che in uno stesso cromosoma si trasmettono esclusivamente per gruppi associativi o concatenazione obbligate"[1], nel senso che non sono caratteri indipendenti fra loro ma si trascinano l'un l'altro in gruppo. Proprio come, per traslato linguistico applicativo, succede nella natura creativa di

[1] Per un approfondimento del concetto, già altre volte utilizzato come metafora in campi extra-genetici ma mai in quello artistico, cfr. W.S. Klug, M.R. Cummings e C.A. Spencer, *Concetti di genetica*, a cura di M. Sari Gorla, Pearson Prentice Hall, Milano 2007, p. 347.

Looking at the multidisciplinarity of the logical connections in the art of Shepard Fairey, we feel compelled to consider a reference that falls clearly outside the purview of art but helps to define the cultural phenomenon that has been built by and around the artist. Specifically, our theory is extrapolated from the genetics that we believe favor seeing Fairey's art as a true, personal product of *linkage*. In this scientific context, *linkage* is an "association" or, better, "concatenation" of the crossing of associated genes, which is to say genes that are on the same chromosome but that do not, however, segregate autonomously. "Genes on the same chromosome that are inherited exclusively in associative groups or forced concatenations,"[1] in the sense that they are independent in nature but pull each other in a group. Just as it happens, to use an applied linguistics metaphor, with Fairey's creative nature, starting with his use of themes and icons from contemporary artistic communication

[1] On this concept, which has been used before as a metaphor outside the field of genetics but never in that of art, see W. S. Klug, M. R. Cummings, and C. A. Spencer, *Concepts of Genetics* (Upper Saddle River NJ: Prentice Hall, 2003), pp. 131 and 153.

Photo © Jon Furlong

Fairey, a partire dal suo uso di temi e icone della comunicazione artistica contemporanea razionalizzati mediante concatenazioni di elementi – geni associati, appunto – che nel tempo hanno finito per costruire quel suo segno visivo, originale e ormai altamente riconoscibile, "sparato" sui muri delle città del mondo. È il suo personale ed esclusivo *art linkage*, che diventa a sua volta concatenazione di deduzioni per un neologismo critico.

Lo stesso Fairey – così come molti critici d'arte – fa ripetutamente riferimento a una successione di influenze presenti nella sua arte, dal costruttivismo russo al dadaismo, al modernismo angloamericano[2] e, aggiungiamo noi, al futurismo italiano[3].

Al di là delle riscontrate – riscontrabili – influenze, dominante resta però l'implicazione semiotica dell'impiego, da parte dell'artista, dell'estetica della comunicazione definita "per il popolo"[4], ampiamente impiegata nel mondo contemporaneo a fini propagandistici e specificatamente in area politica[5].

Pensiamo ad esempio al ruolo che i mezzi di comunicazione di massa hanno assunto nel tempo, dallo "ieri" dei manifesti di propaganda della Russia stalinista – per rimanere nell'ambito delle influenze di Fairey – all'"oggi" dei social cinesi rispetto alla demonizzazione delle rivolte di Hong Kong. Passando per lo sfruttamento mediatico della "platea di testimoni oculari impietriti"[6] post 11 settembre.

[2] Per ora fermiamoci alle influenze dedotte dalle avanguardie storiche del Novecento, per proseguire poi con altre più evidenti e recenti: a partire dalla Pop Art, passando dalla cultura – una volta la definivano "sottocultura" – rock e punk (Sex Pistols, Black Flag, Public Enemy), per giungere a quella degli *skateboarders*.

[3] Cfr. C. Crescentini, *Il "presente" del Futurismo. Segni e stimoli dell'avanguardia italiana sui muri delle città globali*, in "dARTE", a. II, n. 3/12, 2017.

[4] Da considerare nella logica teoretica analizzata in C. Fracassi, *Bugie di guerra. L'informazione come arma strategica*, Mursia, Milano 2003. In tal senso e in un rapporto più articolato fra messaggio e pubblico, si veda anche F. Anania, *Storia delle comunicazioni di massa*, UTET Università, Torino 2007 (con bibliografia). Un minimale esempio analitico per un argomento di ben più vasta portata.

[5] Si tratta di uno degli argomenti di cocente e stringente attualità che, in questa sede, viene trattato ovviamente solo come riferimento relativo allo sfruttamento sistematico dell'immagine artistica, a scopo etico, da parte di Fairey.

[6] J. Habermas in G. Borradori, *Filosofia del terrore. Dialoghi con Jürgen Habermas e Jacques Derrida*, Laterza, Roma/Bari 2003, p. 32.

rationalized through concatenations of elements (associated genes) that have gradually constructed his original visual style, which is by this point highly recognizable, having been splashed on walls in cities all over the world. This is his personal and exclusive *art linkage*, which becomes in turn a concatenation of deductions leading to a critical neologism.

Fairey himself—as well as a number of art critics—has made repeated reference to a series of influences on his art, from Russian Constructivism, Dada and Anglo-American Modernism[2] to, we shall add, Italian Futurism.[3]

Beyond the perceived—perceivable—influences, what remains dominant are the semiotic implications of the artist's use of the aesthetics of "popular" communication,[4] heavily employed in the contemporary world for propagandistic ends and, specifically, of a political nature.[5]

We might think, for example, of the role taken on by mass communication means over time, from (to stay within the realm of Fairey's influences) the propaganda posters of the Stalinist Russia of yesterday to the function of Chinese social media in demonizing the revolts in Hong Kong today. And then the media exploitation of the "audience of petrified eyewitnesses"[6] after 9/11. So, we are referring to periods and political climates in which forced propagandistic information becomes a social phenomenon for po-

[2] For now, we shall focus on the influence of the twentieth-century historical avant-gardes, later turning to others that are more recent and clearer. Starting with Pop Art and then moving on to rock and punk culture, once called "subculture" (Sex Pistols, Black Flag, Public Enemy), and, finally, skate culture.

[3] See C. Crescentini, "Il 'presente' del Futurismo. Segni e stimoli dell'avanguardia italiana sui muri delle città globali," in *dARTE*, year II, no. 3/12, 2017.

[4] As theorized in C. Fracassi, *Bugie di guerra. L'informazione come arma strategica* (Milan: Mursia, 2003). In this sense and considering a more complex relationship between message and audience, see also F. Anania, *Storia delle comunicazioni di massa* (Turin: UTET Università, 2007), with bibliography. Just one analytic example within a far broader topic.

[5] This is one of today's most urgent and pressing topics and is of course being invoked here solely as a reference to Fairey's systematic use of the artistic image for ethical purposes.

[6] J. Habermas in G. Borradori, *Filosofia del terrore. Dialoghi con Jürgen Habermas e Jacques Derrida* (Rome–Bari: Laterza, 2003), p. 32.

Quindi, in quelle epoche e in quei climi politici in cui l'informazione forzata, a scopo propagandistico, diventa fenomeno sociale a fine politico, con "chiamata alle armi"[7] delle popolazioni civili spinte a partecipare attivamente alla definizione della conoscenza dei fatti veri o meglio, di quelli che s'intende far passare, in quel determinato/determinante momento storico, per "fatti veri".

Sono e vengono percepite come "immagini di emergenza"[8], scenario della precarietà, spesso periferica (non solo nel senso della geolocalizzazione), dove si cronicizzano ansie personali e paure collettive, nutrite da spiegazioni reali e non. Si tratti di guerre concrete o temute, di disastri ecologici accaduti o paventati, di pandemie reali e/o "propagate" dai media, di tragedie delle migrazioni clandestine o dei disagi identitari di chi, invece, è immigrato tranquillamente - ossimoro? - e vive da decenni nei propri nuovi paesi di "non-origine".

Ciò che importa è il senso stesso del messaggio per mezzo del quale tali ansie e paure vengono pubblicizzate e diffuse. È evidente che questo tipo di comunicazione attiene prima di tutto all'alterazione delle strutture mentali delle persone rispetto alle forme della percezione degli eventi in corso e al modo in cui la comunicazione può manipolarle e gestirle a proprio fine.

[7] La logica della propaganda di guerra, in questo caso, diventa totalitaria, così come bene esplicitato in Fracassi, *Bugie di guerra*.

[8] Cfr. E. Marcheschi, *Videoestetiche dell'emergenza. L'immagine della crisi nella sperimentazione audiovisiva*, Kapla, Torino 2015.

litical ends, with a "call to arms"[7] addressed to communities urged to actively participate in defining knowledge of real facts or, better, what are made to pass for "real facts" in that determinate/determining historical moment.

They are and come to be perceived as "emergency images,"[8] images of often peripheral (and not only in the sense of geolocation) precariousness, where personal anxieties and collective fears become chronic, nourished by real and false explanations. Actual or feared wars, real or dreaded ecological disasters, true and/or media "propagated" pandemics, tragedies suffered by illegal immigrants and the identity discomfort felt by those who immigrated without trouble—an oxymoron?—and have been living in their new countries of "non-origin" for decades.

What is important is the very meaning of the message through which these anxieties and fears are publicized and spread. As is clear, this type of communication concerns first and foremost the alteration of people's mental structures with respect to their perception of the events taking place and the way in which the message can manipulate and manage that perception toward its specific ends.

Shepard Fairey has artistically appropriated these processes of consensus building, shifting them from the political sphere to the artistic realm, always with

[7] In this case, the logic of war propaganda becomes totalitarian, as clearly explained in Fracassi, *Bugie di guerra*.

[8] See E. Marcheschi, *Videoestetiche dell'emergenza. L'immagine della crisi nella sperimentazione audiovisiva* (Turin: Kapla, 2015).

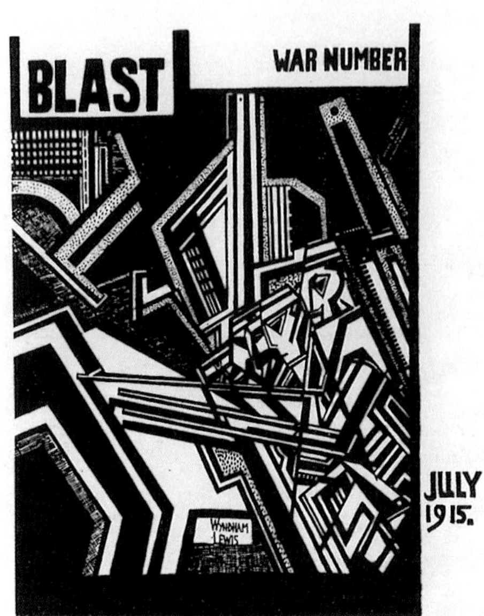

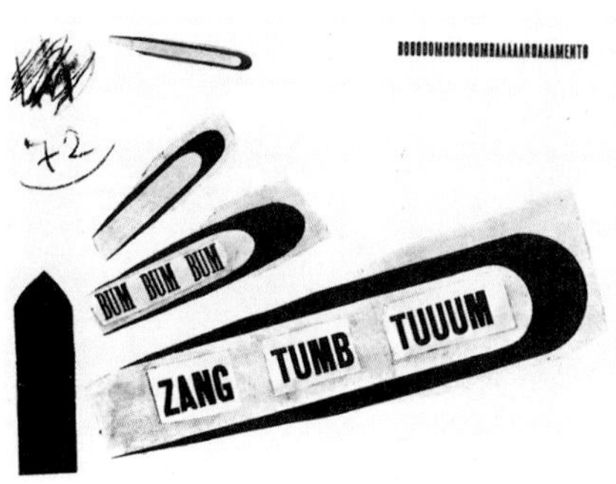

Copertina di / Cover of
"Blast – War number" London, Jul. 1915

Filippo Tommaso Marinetti, ***Booooombooooombaaaaardaamento*** 1915

Shepard Fairey, *EARTH CRISIS* 2019

Si tratta di evidenti operazioni di costruzione del consenso che Shepard Fairey ha saputo fare proprie, trasponendole dal piano politico a quello artistico, sempre con lo scopo di centrare e attivare l'opinione pubblica per spingerla verso azioni civili e quindi politiche. Senza però demonizzare il mezzo rispetto al fine: "Propaganda has a negative connotation, which it partially deserves, but I think there is some propaganda that is very positive. I feel that if you can do something that gets people's attention, then maybe they'll go and find out more about the person"[9].
Dalla politica all'arte e ritorno, per un'arte appunto che impiega sfrontatamente il messaggio sociale per le masse come tramite di argomenti e analisi diverse rispetto al convenuto. Non sono un caso perciò i suoi riferimenti grafici alla propaganda sovietica degli anni dieci e venti o al modernismo angloamericano[10] che ci rimanda, ad esempio, all'operazione visuale di "propaganda culturale" attuata da Wyndham Lewis con la rivista "Blast" (1914-1915), così come alla precedente grafica futurista – parole in libertà, collage, manifesti, copertine ecc. – di Filippo Tommaso Marinetti. Nel momento, quindi, in cui prevale l'estensione di una nuova idea dei compiti rappresentativi delle arti e, dal punto di vista emotivo, della verità psicologica piuttosto che dei dettagli realistici. Ancora, nel momento in cui questi termini, psicologico e realistico, vengono altresì destrutturati rispetto a ogni precedente composizione storica (Ezra Pound insegnava: "Make it new") che, a sua volta, spesso partendo proprio dall'enfasi del *lettering* avanguardista, Shepard Fairey (ri)definisce come segni artistici del presente, di una nuova – ennesima – lotta nel presente, nel nostro presente, della sua lotta – dissenso – che diventa poi nostra lotta civica comune.
Sempre contro comunque è l'arte di Fairey, per "mettere tutto in discussione ed è stato in grado di fare emergere le contraddizioni più evidenti del sistema. [Da] graffitista furtivo e portavoce delle minoranze [...] ha fatto del motto di Marshall McLuhan *The medium is the message* il suo cavallo di battaglia"[11]. A partire dal tema della tutela ambientale che nel 2015, in occasione della Conferenza delle Nazioni Unite per il Cambiamento Climatico (COP21) a Parigi, ha portato Fairey ad essere il primo artista in assoluto a installare sulla Torre Eiffel un'opera tridimensionale sull'argomento, *Earth Crisis Globe*, diventata poi fulcro di una serie attinente.
In trent'anni di dissidenza, altri fondamentali temi di Fairey sono diventati la lotta contro la violenza sulle donne e per la tutela dell'infanzia, la difesa della dignità umana contro la disuguaglianza di genere, la xenofobia e le logiche guerrafondaie nel mondo. Tutti temi a noi cari e a noi comuni. Temi che di volta in volta affondano nell'impegno di Shepard Fairey che "grida" dai muri delle città del mondo. Proprio come la giova-

---

[9] Dall'intervista all'artista di M. Gambino, *Shepard Fairey: The Artist Behind the Obama Portrait*, in smithsonianmag.com, 14 gennaio 2009.
[10] In questo grande calderone identificativo della denominazione "modernismo" inseriamo anche l'immaginismo e il vorticismo di Wyndham Lewis, scaturito direttamente dal futurismo.
[11] S. De Gregori, *Shepard Fairey in arte Obey. La vita e le opere del re della Poster Art*, Castelvecchi, Roma 2011, p. 8.

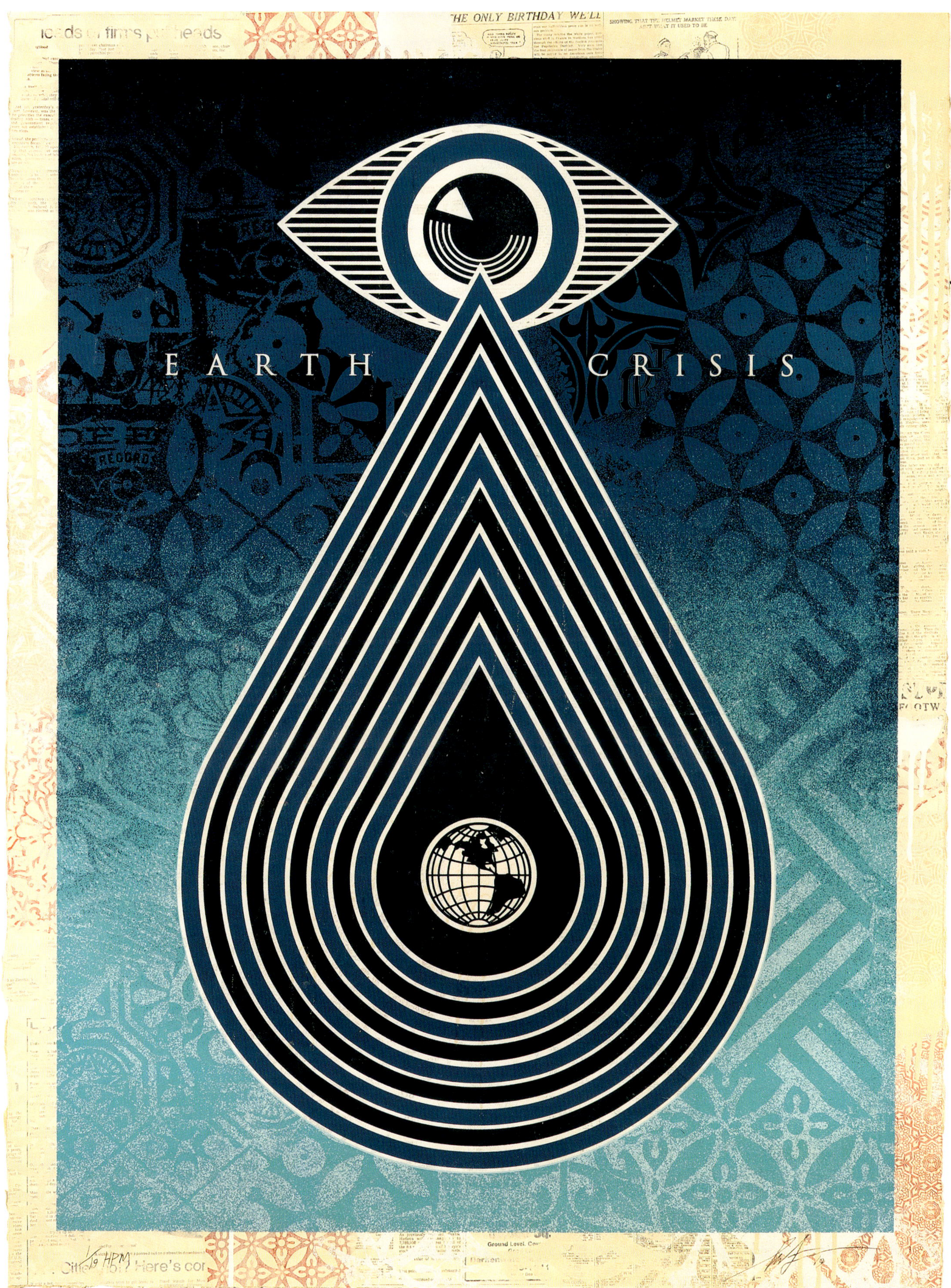

EARTH CRISIS

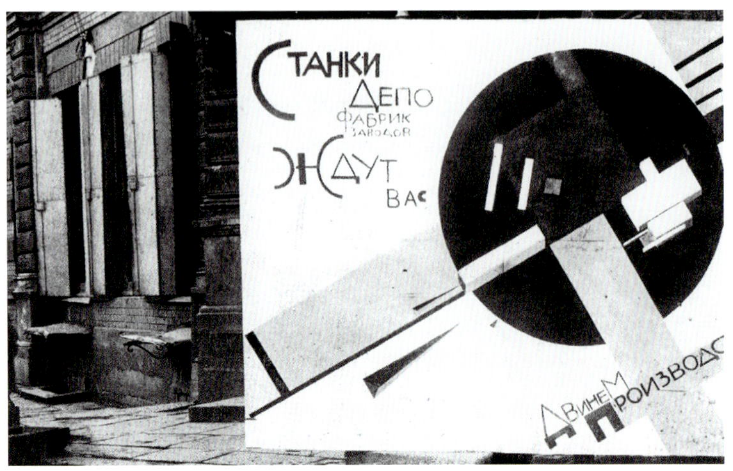

El Lissitzky, cartellone di propaganda / propaganda poster, Vitebsk, 1919

the aim of pinpointing and activating public opinion in order to steer it toward civil and therefore political action. Without, however, demonizing the means in regard to the end: "Propaganda has a negative connotation, which it partially deserves, but I think there is some propaganda that is very positive. I feel that if you can do something that gets people's attention, then maybe they'll go and find out more about the person."[9]

From politics to art and back, for a form of art that boldly uses the social messages for the masses as a vehicle for arguments and analyses that differ with respect to those intended at the beginning. Therefore, Fairey's visual references to the Soviet propaganda of the 1910s and '20s and Anglo-American Modernism[10] are not chance—the latter, for example, pointing us in the direction of Wyndham Lewis's operation of "cultural propaganda" in the magazine *Blast* (1914–15)—as well as the earlier Futurist graphic art (words in freedom, collages, posters, covers, etc.) of Filippo Tommaso Marinetti. This was a period when a new idea about the representative duties of the arts and, from the emotional perspective, about psychological truth rather than realistic details began to make itself felt; a period when these two terms, psychological and realistic, were deconstructed with respect to all previous historical compositions (Ezra Pound cried "Make it New"). Often starting from the emphasis of avant-garde lettering, Shepard Fairey (re)defines historic heritage as an artistic sign of the present, of a new, umpteenth struggle in the present, in our present: struggle and dissent that then become our shared civic struggles.

Fairey's art is always, however, "against," in order to "question everything. He was able to bring out the system's clearest contradictions. As a furtive graffiti artist and mouthpiece of the minorities ... he made Marshall McLuhan's motto *The medium is the message* his warhorse."[11] Beginning with the theme of protecting the environment, which led Fairey, in connection with the UN Climate Change Conference in 2015 (COP21), to be the first artist in history to install a three-dimensional work on the subject in the Eiffel Tower. Titled *Earth Crisis Globe*, it then became the linchpin of a related series.

In over thirty years of dissidence, other fundamental themes for Fairey have been the struggle against violence on women and for the protection of children, defense of human dignity and the struggle against

---

[9] From the interview with the artist in M. Gambino, "Shepard Fairey: The Artist Behind the Obama Portrait," in smithsonianmag.com, January 14, 2009.

[10] We shall also add Imagism and Wyndham Lewis's Vorticism, which came straight out of Futurism, to the vast identity mishmash of Modernism.

[11] S. De Gregori, *Shepard Fairey in arte Obey. La vita e le opere del re della Poster Art* (Rome: Castelvecchi, 2011), p. 8.

ne donna[12] del manifesto di Aleksandr Rodchenko del 1924, tanto amato da Fairey, che mettendo la mano alla bocca grida, con un *claim* di incondizionata naturalità, *LIBRI*[13]. Stimolo concreto – *art linkage* l'abbiamo definito – dell'arte di Shepard Fairey e che ha, come altro riferimento, l'attività grafico-tipografica di El Lissitzky. Si veda ad esempio il manifesto *Colpite i bianchi col cuneo rosso* (1919) nella sua versione, per così dire, pubblica, di propaganda urbana, sui muri di Vitebsk. Così come ci ha poi abituato Fairey, in un rituale di *art linkage* spropositato, già fin dal suo primo intervento artistico e dalla nascita quindi dell'eteronimo adottato, OBEY GIANT, con il quale ha mosso i primi passi "da gigante". Sublime gioco di parole.
Come conferma l'artista, "Questa immagine l'ho presa in prestito da Aleksandr Rodchenko, uno dei principali artisti del costruttivismo sovietico dopo la rivoluzione del 1917. Rodchenko sviluppò lo stile delle frecce e dei punti esclamativi, mi piace l'idea di fare qualcosa che sembri più importante di quello che è attraverso l'uso di questi mezzi. Lo stile del costruttivismo è stato molto influente, non solo sul mio lavoro, ma in molti progetti grafici di propaganda creati negli ultimi ottant'anni"[14].
In breve la cronaca, ormai diventata storia dell'arte contemporanea. USA, Stato di Rhode Island, Providence, Rhode Island School of Design, estate 1989: "Stavo insegnando a un amico come fare gli stencil e cercavo sui giornali delle foto da usare. Trovai una pubblicità con l'immagine di André e dissi al mio amico che mi sembrava adatta; ma rispose che gli sembrava stupida, e rinunciò. Al contrario, io pensai che fosse interessante e cominciai a produrre adesivi per divertimento"[15]. E la creazione fu.
Così l'inizio della carriera artistica di Shepard raccontato dallo stesso Shepard; di conseguenza, la nascita appunto del suo eteronimo, oltre che di un percorso di correlazioni creative e artistiche, solo a prima vista casuali, elaborate per "gruppi associativi" e "concatenazioni". Se poi realmente "obbligate" andrà ap-

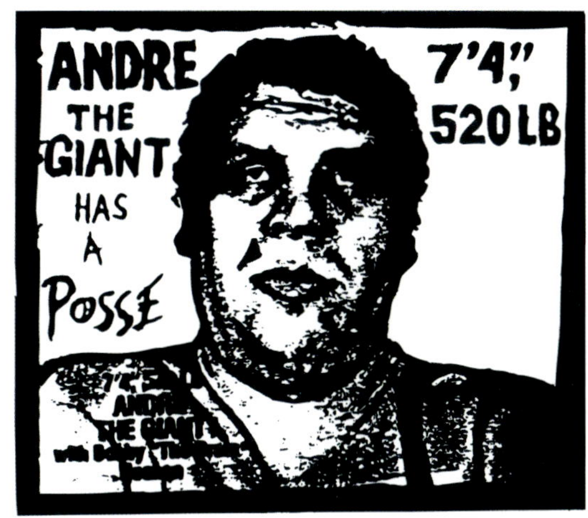

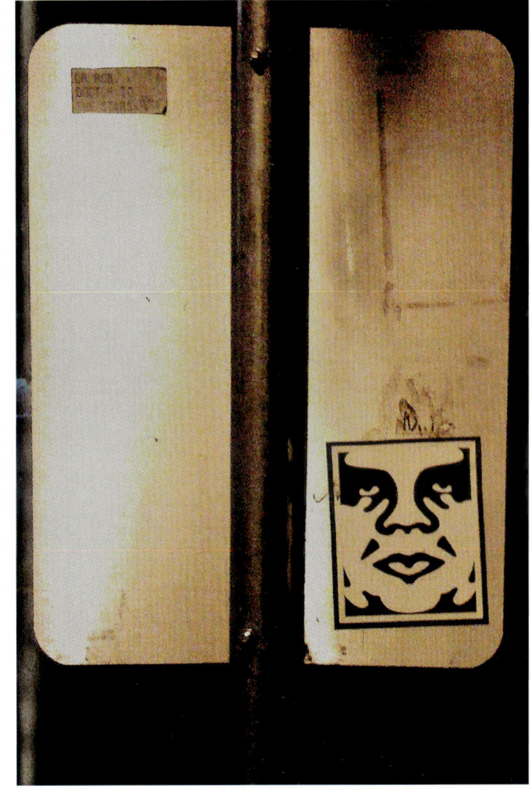

Shepard Fairey, ***ANDRE THE GIANT HAS A POSSE*** 1989

---

[12] Nella realtà era Lilja Brik, compagna di Vladimir Majakovskij.
[13] Si tratta di un riferimento iconografico e stilistico ampiamente trattato da molti studiosi di Fairey.
[14] La contestualizzazione di Shepard Fairey è riportata in De Gregori, *Shepard Fairey in arte Obey*, p. 12.
[15] Estratto da V. Arnaldi, *Chi è Obey? E perché fa tanto discutere?*, Red Star Press, Roma 2014, p. 26.

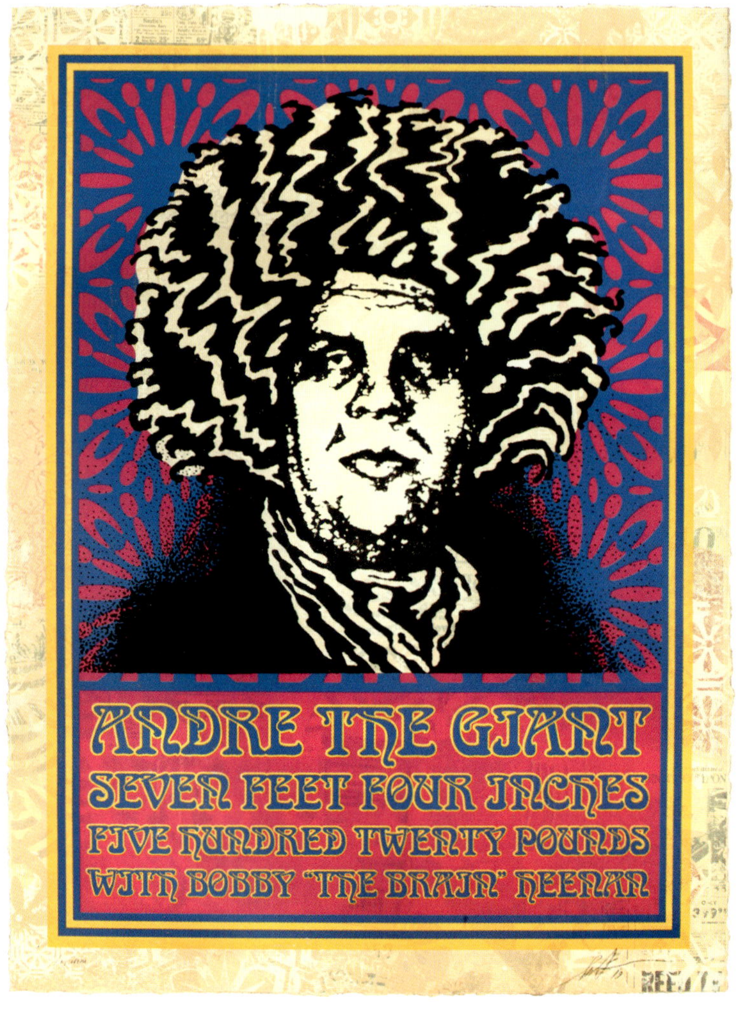

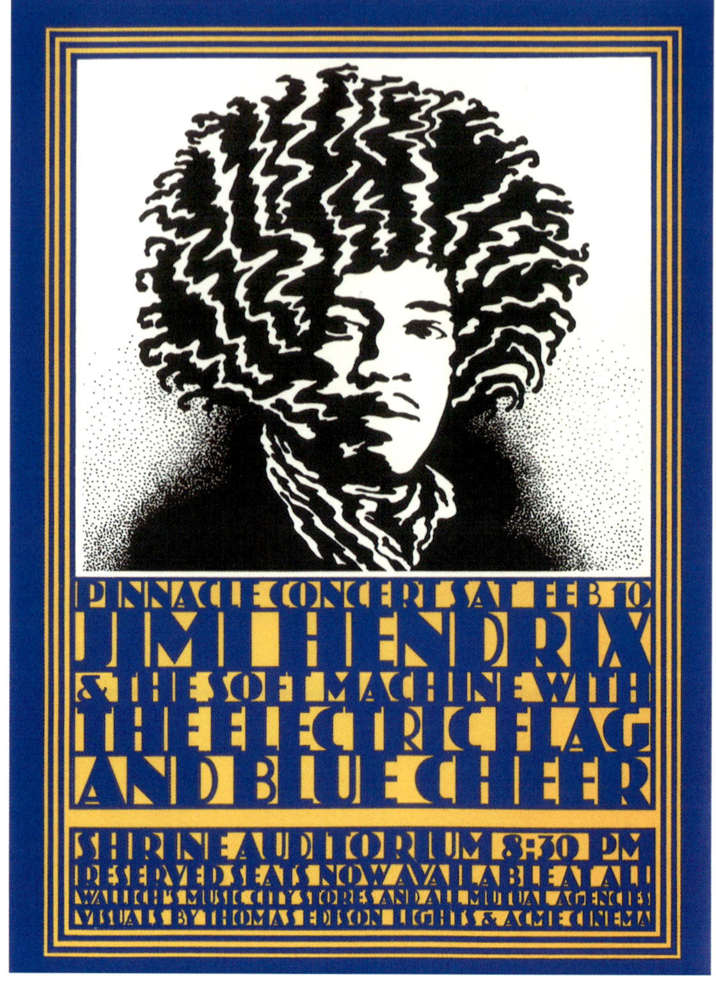

profondito nel tempo. Nel tempo dell'arte di Shepard Fairey *aka* OBEY GIANT.

Come più volte raccontato sia dall'artista sia in cataloghi e volumi sulla sua arte, sui palazzi delle strade di Providence inizia ad apparire la scritta *Andre the Giant Has a Posse*, con il volto e la citazione del *wrestler* André the Giant[16], *ring name* di André René Roussimoff coniatogli dall'immarcescibile e ancora sulla breccia Vince McMahon Senior. André, affetto da acromegalia[17], dalla seconda metà degli anni settanta e per tutti gli ottanta è stato uno dei massimi campioni della WWF (poi WWE). Esibito e sfruttato come una sorta di uomo-bestia, mostro violento e cattivissimo, in eterna rivalità con l'amico-nemico Hulk Hogan e il nemi-

[16] Nella versione urbana di Shepard Fairey cade la "e" accentata. E André diventa Andre.

[17] Si tratta di una malattia endocrina sviluppata a causa dell'eccesso di produzione di somatotropina che porta alla crescita sproporzionata della struttura ossea.

gender inequality, xenophobia, and warmongering worldwide. All themes that are important to us and that we share. Themes that are rooted in the work of Shepard Fairey, who "shouts" from the walls of the cities of the world. Just like the young woman in Alexander Rodchenko's 1924 poster,[12] much admired by Fairey, who puts her hand to her mouth and with unreserved naturalness shouts *BOOKS*[13] Another concrete stimulus (*art linkage*, as we defined it) for Fairey's art and another reference is the graphic and typographical work of El Lissitzky. See, for example, his *Beat the Whites with the Red Wedge* (1919) in its "public" version of urban propaganda as a poster on the walls of Vitebsk. Just as Fairey has gotten us used to, in a

[12] The young woman was Lilya Brik, Vladimir Mayakovsky's companion.

[13] This iconographic and stylistic reference has been much discussed by scholars working on Fairey.

Shepard Fairey, ***ANDRE PSYCHEDELIC*** 2019

Jimi Hendrix in concert, with Soft Machine, Electric Flag, and Blue Cheer, Los Angeles, Shrine Auditorium, 1968

co "per contratto" Killer Khan, ovvero "il gigante della Mongolia"[18]. André era un personaggio molto amato anche dai bambini, soprattutto dopo la partecipazione nel ruolo del gigante groenlandese Fezzik nel film *La storia fantastica* (1984). Tramite la traduzione della sua fisionomia da parte di Fairey, André diventa in breve tempo una vera e propria icona pop – realmente (pop)olare – perché, al contrario delle icone dei *pop artists* delle generazioni precedenti (una fra tutte l'illustre *Marilyn* di Warhol), Fairey ha avuto l'intuizione di entrare nel tessuto connettivo e visivo della città – e non dei musei e delle gallerie d'arte, o almeno non ancora – sfruttandone l'arredo urbano e i meccanismi sociali a questo connessi, inondando di sticker le strade di Providence, inserendo direttamente l'arte e la sua intuizione iconica nella città, fra la gente. E *Andre the Giant Has a Posse* nel tempo diventa il capolavoro della sua prima uscita pubblica.
Di nuovo grazie all'utilizzo dell'*art linkage*, André diventa l'ego pubblico di Fairey esteso sui muri, ma anche "altro", grazie al riscontro con la cultura e la comunicazione rock *very sixties*, da cui fioriscono nuove concatenazioni e sovrapposizioni stilistiche e iconiche di riferimento.
Ricordiamo che Providence è anche la città dov'è nato e vissuto per tutta la sua vita H.P. Lovecraft, forse il più grande precursore, con Edgar Allan Poe, della scrittura di fantascienza angloamericana, ricca di contaminazioni e di mix culturali e lessicali. Riconosciuto anticipatore della *weird fiction*, lo scrittore arginava

[18] In quel periodo questi erano fra i volti dello show-biz del wrestling più conosciuti nel mondo.

ritual of huge *art linkage*, since his very first artistic initiative and the emergence of his adopted heteronym OBEY GIANT, with which he took his first "giant leaps." A sublime play on words.
As the artist himself explained, "This poster image was borrowed from a design by Alexander Rodchenko, one of the primary Soviet Constructivist artists right after the Revolution of 1917. He developed the style of arrows and exclamation points that are characteristic of Soviet propaganda, and I really liked the idea of making something seem more important than it really is through the use of those devices. Rodchenko's style is really influential, not just on my work but on much of the propaganda-style artwork created over the past eighty years."[14]
Here is the story, by now a part of the history of contemporary art, in brief. The Rhode Island School of Design, Providence, Rhode Island, USA, summer of 1989: "I was teaching a friend how to make stencils and I looked for a picture to use in the newspaper, and there just happened to be an ad for wrestling with André the Giant and I told him that he should make a stencil of it. He said 'Nah, I'm not making a stencil of that, that's stupid!' but I thought it was funny so I made the stencil and I made a few stickers."[15] And the rest is, as we have noted, history.
This was the beginning of Fairey's career as an artist in his own words; it was also the birth of his heteronym as well as the beginning of a journey of creative and artistic correlations that only seem accidental at first glance—actually, they are always formulated through "associative groups" and "concatenations." If, then, they were truly "forced," this shall be studied over time: the time of the art of Shepard Fairey alias OBEY GIANT.
As frequently recounted both by the artist himself and in catalogues and volumes on his work, the sticker with the phrase *Andre the Giant Has a Posse* and an image of the face of the wrestler André the Giant,[16] ring name of André René Roussimoff coined for him by the inextinguishable and indefatigable Vince McMahon, Sr., started to appear on the buildings and street walls of Providence.

[14] De Gregori, *Shepard Fairey in arte Obey*, p. 12.
[15] V. Arnaldi, *Chi è Obey? E perché fa tanto discutere?* (Rome: Red Star Press, 2014), p. 26.
[16] In Shepard Fairey's urban version, the accented "e" was dropped and André became Andre.

la mancanza di precise assonanze passate per mezzo della necessità linguistica verso nuove concentrazioni sintattiche. Proprio come nel caso di Fairey, che ripropone la nascente cifra linguistica dell'arte urbana – dal graffitismo alla Street Art, passando per la Sticker Art – trasformandola però in linguaggio nuovo, moltiplicato dal *posse*. Perché non solo Andre the Giant *has a posse* ma ora anche Shepard *has the posse*, per cui i suoi sticker si moltiplicano e diffondono nelle città americane grazie ad altri sticker, uguali o simili, che altri *urban artists* incollano sui muri, nella *subway*, per le strade. Non dove capita, ma dove si sente più bisogno del segno di un'appartenenza. Non dove il pubblico lo richiede ma dove l'artista decide che il pubblico reagisca. E l'azione – Fluxus insegna – diventa decisione, tramite il segno e l'azione appunto dell'arte o per meglio dire, ma siamo già in un secondo momento dell'attività artistica di Fairey, l'azione politica dell'arte.

Pensiamo alla reale "azione politica" di Shepard Fairey innescata con l'intervento urbano su Barack Obama, *HOPE* (2008), di sicuro ancora oggi la sua operazione di Urban Art più popolare, nella quale ha ridefinito il volto di Obama creando l'immagine iconica che ha fatto poi il giro del mondo, simbolo del primo politico di origini afroamericane a ricoprire la carica di Presidente degli Stati Uniti. Lo stesso Obama, in una lettera a Fairey, poi resa pubblica, si congratulò direttamente con lui, affermando: "Ho il privilegio di essere parte della tua opera d'arte e sono orgoglioso di avere il tuo sostegno"[19]. Migliaia di manifesti "di speranza" che hanno invaso l'America, diventati poi argomento analizzato con ampia narrativa connessa rispetto a tutti gli altri interventi urbani di Fairey, con strascico di denunce di diritti d'autore, processi, condanne ecc.[20]

Anche se, come risponde Fairey a Luca Valtorta: "[Luca Valtorta] Sei diventato famoso per i poster di Obama con le scritte *Hope* e *Change* ('Speranza' e 'Cambiamento'). Sono diventati talmente iconici che si dice addirittura che possano essere stati determinanti per la sua vittoria. Ti ha soddisfatto la sua politica? / [Shepard Fairey] Stimo ancora la persona ma a volte non mi sono trovato d'accordo con la sua politica e qualche volta ri-

What We Want: Black Panther Party Platform 1966, poster

Shepard Fairey, ***JESSE NUBIAN*** 2019

---

[19] In Arnaldi, *Chi è Obey?*

[20] Per la cronaca "in italiano" intorno a questo intervento urbano, rimandiamo ad Arnaldi, *Chi è Obey?* e a De Gregori, *Shepard Fairey in arte Obey*, oltre che al saggio di Maria Vittoria Marini Clarelli presente in questo catalogo.

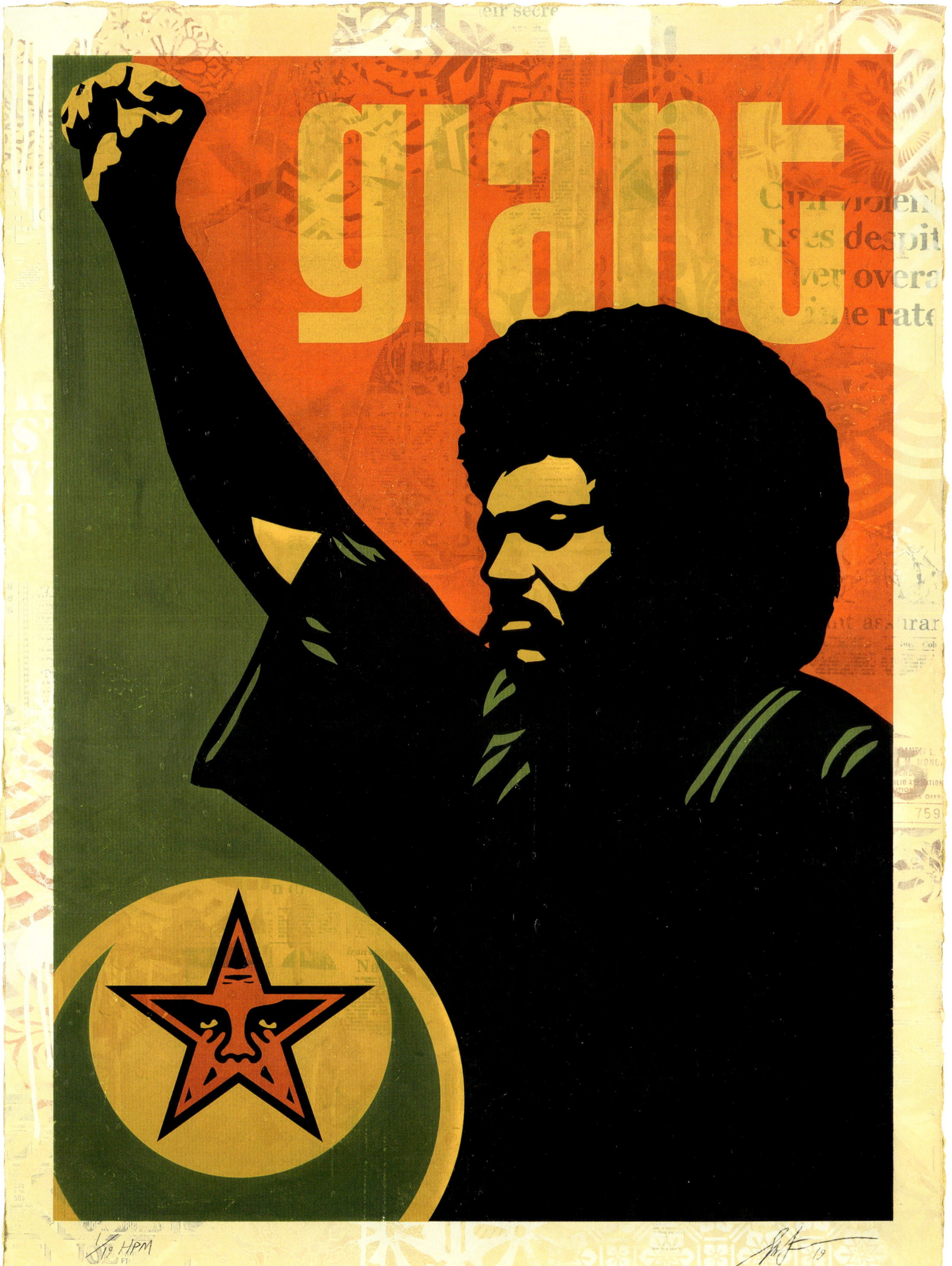
giant

tengo che non abbia calcato sufficientemente la mano contro i 'cattivi' come pensavo avrebbe dovuto. In generale, sono rimasto deluso perché credevo che avrebbe osato di più: non ha fatto nulla per fermare i droni per assassinare la gente, con tutti i rischi collaterali di coinvolgimento di innocenti, ha permesso che i servizi segreti spiassero i cittadini americani violando le leggi e ha permesso le deportazioni, però restano la riforma del sistema sanitario, le norme per l'ambiente e i diritti delle coppie omosessuali. Ovviamente non è possibile nemmeno lontanamente un paragone con Trump"[21]. La dissidenza è una cosa seria e, prima di tutto, politica.

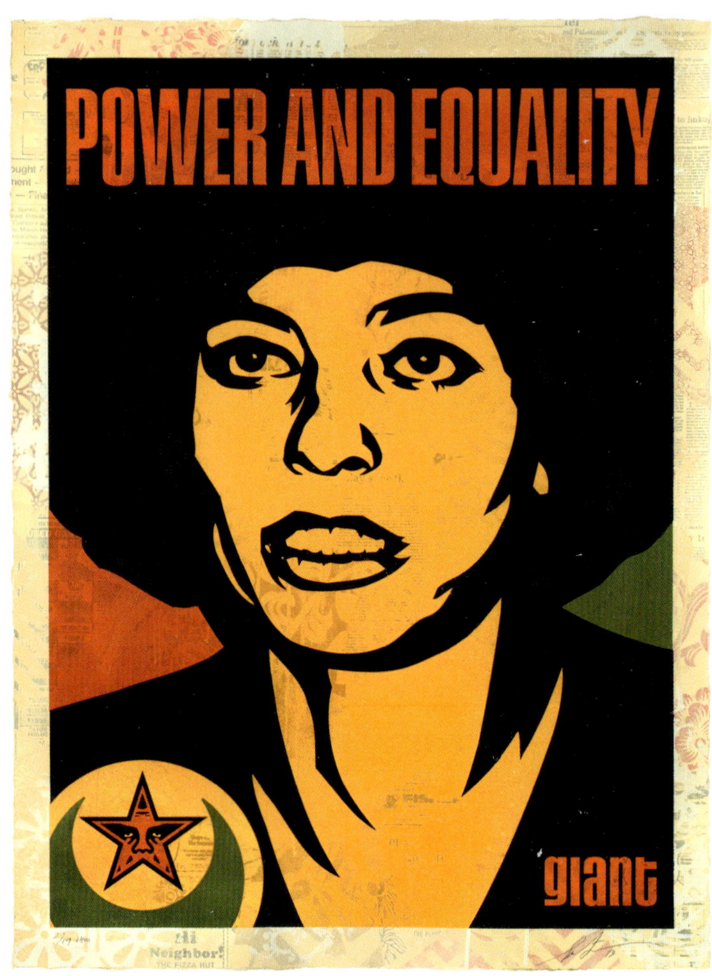

Shepard Fairey,
ANGELA NUBIAN 2019

Del resto l'artista ha da sempre definito il suo stile come politico, oltre che audace e iconico, basato "sulla stilizzazione e idealizzazione delle immagini"[22], come bene dimostrano altre sue opere, fra le quali la ridefinizione di un esplicito gesto di rivendicazione del *Black Power* attuata con *Jesse*, il reverendo Jesse Jackson.

In questo caso diventa più esplicita l'adozione, da parte di Fairey, del linguaggio visivo sessanta-settanta, quello post-hippy per capirci, che tanto successo e diffusione ha avuto fra la sua – nostra – generazione, soprattutto grazie alla musica rock (copertine di 33 giri, *fanzines*, poster, magliette ecc.), con particolare *feeling* appunto con lo stile propagandistico e il linguaggio grafico, in realtà molto aggressivo, proprio del *Black Power*. Così com'è evidente in una sua serie affine, *Power and Equality*, con l'inserimento di una nuova determinante icona, il volto/struttura di *Angela*, Angela Davis, anche questa recupero – *remake*? riappropriazione debita? – della cultura grafica e dello stile *black* e pre-Pop degli anni sessanta-settanta.

Fondamentale attivista del movimento afroamericano statunitense ed ex militante del partito comunista USA, l'icona Davis di Fairey ritorna spesso nelle sue opere, sui muri delle città e in installazioni museali, come nel grande "impianto visivo" esposto nel 2017 al MACRO Museo d'Arte Contemporanea Roma, all'interno della prima grande mostra romana su *street* e *urban art*: "Cross the Streets". L'artista era appunto presente, come sottolinea in catalogo Paulo Lucas von Vacano, "con la più grande opera mai vista in un museo europeo che tocca la questione dell'Islam, della femminilità, delle armi e dell'immigrazione, argomenti sempre più presenti nella nostra realtà"[23]. Anche per questa icona, e non poteva che essere così, torna potente il segno di Fairey, pura espressione dell'*art linkage* e quindi dei legami con la tradizione grafica della cultura dissidente del suo – nostro – recente passato, in un uso continuo di segni, culture e linguaggi impiegati come mezzi di propaganda attiva, etica e po-

---

[21] L. Valtorta, *OBEY, da Obama a Trump, la "speranza" è (quasi) morta: "L'arte deve toccare la vita"*, in Repubblica.it, 23 settembre 2017.
[22] In Arnaldi, *Chi è Obey?*, p. 58.
[23] P.L. von Vacano in *Cross the Streets*, catalogo della mostra (Roma, MACRO, 7 maggio – 1 ottobre 2017), a cura di P.L. von Vacano, Drago, Roma 2017, p. 27.

André, afflicted with acromegaly,[17] was one of the greatest champions of the WWF (then WWE) from the second half of the 1970s throughout the 1980s, put on display and exploited as a kind of man-beast or violent and evil monster, in eternal rivalry with his frenemy Hulk Hogan and "contract" enemy of Killer Khan, the "Mongolian giant."[18] André was much loved by children, especially for his role as Fezzik, the giant from Greenland in the film *The Princess Bride* (1984). Through Fairey's rendition and dissemination of his face, André quickly became a Pop icon—truly Pop-ular. Indeed, unlike many of the previous icons of Pop artists (Warhol's *Marilyn* one among many), Fairey's Andre literally entered the connective and visual tissue of the city, not just museums and art galleries (or at least not yet). By exploiting the urban setting and the social mechanisms linked to it and by flooding the streets of Providence with stickers, Shepard implanted his art and his iconic intuition directly into the city, amidst the people, into the people. And so it was that *Andre the Giant Has a Posse* was turned into the masterpiece of his public debut.

Again through *art linkage*, André became Fairey's public ego extended onto the walls; but it also became something else through the encounter with 1960s culture and rock music, out of which new stylistic and iconic juxtapositions and links emerged.

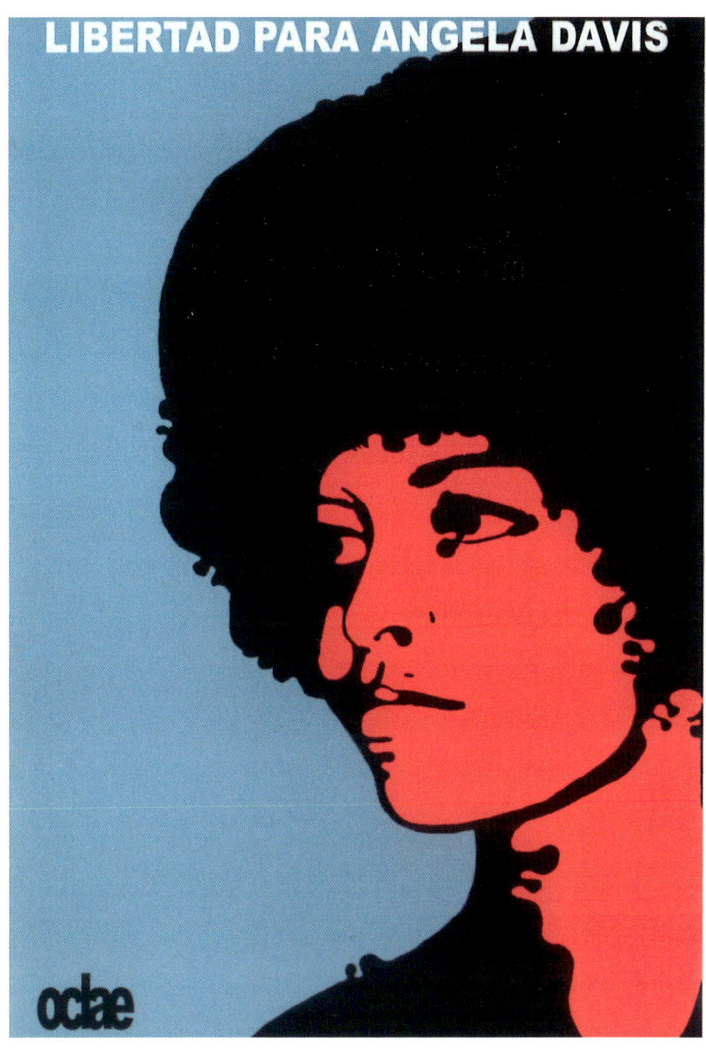

F. Beltrán, ***Libertad para Angela Davis*** 1971, poster

Providence was also the city of H. P. Lovecraft, perhaps the greatest precursor, along with Edgar Allan Poe, of Anglo-American science fiction writing, packed with cultural and lexical influences and combinations. The forerunner of weird fiction, Lovecraft remedied the absence of precise assonances with the past by means of new syntactic concentrations, which he felt as a true linguistic necessity. Just as with Fairey, who took up the nascent linguistic code of urban art—Graffiti, Street Art, Sticker Art—and transformed it into a new language, multiplied by the posse. Yes, because it was not only André the Giant who had a posse, but now Fairey had a posse too, through which his stickers multiplied and spread throughout America's cities also thanks to other identical or similar stickers stuck on walls, subways, and streets by other urban artists. Not randomly, but where there seemed to be the most need for a sign of belonging. Not where the public asked for it, but where the artist thought the public would react. And action, as the Fluxus guys taught, becomes decision through the sign and action of art; and then, in a later period of Fairey's artistic activity, through its political action.

---

[17] An endocrine disorder that develops from excess production of somatotropin, which causes the disproportionate growth of the bone structure.

[18] In that period, they were some of the most recognizable wrestlers in the world.

litica. Prima di tutto pacifista. Altro tema determinate per Fairey. Come in *Guns and Roses*, definita dal gioco linguistico e visivo fra rock – la poco velata citazione del titolo che riprende la denominazione del gruppo Guns N'Roses del torbido Axl Rose – e appunto i simboli pacifisti ancora *sixties*. Questa opera, come spiega lo stesso artista, "was originally created as a screen print in 2006 as one of my almost weekly print releases. It quickly became one of my most desired prints, possibly because of the resonance of its anti-war sentiment. The image was created by re-illustrating a well-known Chinese communist poster of guns, but I added flowers to the gun barrels as a means of symbolically contradicting their original pro-military message. Vietnam War protesters frequently put flowers in the barrels of the guns of National Guardsmen who attempted to contain rallies"[24].

Ancora di un'opera "di pace" stiamo quindi parlando, un tema dominante – lo ribadiamo – per Shepard Fairey, che va spesso a sovrapporsi a quello della comunicazione e della demonizzazione di questa tramite il controllo mondiale della persona e che, nella sua realtà artistica, non poteva che connetterlo con le parole di George Orwell. Nel 2008, infatti, Penguin Books gli commissiona le copertine di *1984* e della *Fattoria degli animali*, "Una scelta 'filosofica'. Più volte, fra dichiarazioni ed esposizioni [...] l'artista ha sollevato la questione Grande Fratello, parlando delle molte telecamere che spiano la vita degli americani. Non c'è artista più adatto di lui a far 'passare' il concetto"[25].

E il grande occhio del *Big Brother* di Fairey finisce per troneggiare sotto l'anno fatidico di Orwell. Anche qui si tratta di un occhio con una sua storia stilistica personale che rimanda a quello di Dio della grande tradizione iconica bizantina ma, più vicino alla cultura di Fairey, al lessico visivo della psichedelia, dove l'emblema dell'occhio è strutturato più come divagazione sull'Es e il subconscio rispetto all'allarme *privacy* di Shepard Fairey che invece si adatta perfettamente alle stesse paure di fine Novecento di Orwell. In definitiva le nostre del XXI secolo avanzato. Tutto ciò va ovviamente a legittimarsi con la sua storia artistica personale di dissenso civico e politico, quindi culturale, mediante un linguaggio che viene dalla strada per tornare a questa con la mediazione però dell'*art linka-*

[24] S. Fairey in *Force Majeure. The Art of Shepard Fairey*, catalogo della mostra (Mosca, MMOMA Moscow Museum of Modern Art, 19 settembre – 4 novembre 2018), a cura di MMOMA e Wunderkammern, in collaborazione con RuArts Foundation e Artmossphere, Milano 2018, p. 68.

[25] Arnaldi, *Chi è Obey?*, p. 74.

Here we are thinking of the real "political action" Shepard Fairey sparked off with his poster of Barack Obama, *HOPE* (2008), which is undoubtedly his most popular Urban Art campaign. His rendering of Obama's face became an iconic image that traveled all around the world as the symbol of the first African American to become President of the United States. Obama himself wrote a letter of appreciation (which was later published) to the artist, where he stated: "I am privileged to be a part of your artwork and proud to have your support."[19]

Thousands of "hope" posters flooded America and later became a subject analyzed and written about in connection with all of Fairey's other urban campaigns, accompanied by an accusation of copyright infringement, trial, and conviction.[20]

In an interview with Fairey in 2017, Luca Valtorta posed the question: "You became famous for your posters of Obama with the text *Hope* and *Change*. They became so iconic that some people even say that they might have helped him win the election. Are you happy with his politics?" And Fairey replied: "I still admire him as a person, but sometimes I've disagreed with his politics and other times I don't think he has been as severe with the 'bad guys' as I think he should have been. In general, I am disappointed because I thought he would be more daring: he didn't do anything to stop the drones for killing people, in spite of the collateral risk of harming innocents; he allowed the Secret Service to spy on American citizens, breaking the law; and he allowed deportations. However, he did improve the healthcare system, environmental regulations and rights for gay couples. Obviously, no comparison can

[19] See Arnaldi, *Chi è Obey?*

[20] For the Italian-language literature on this urban campaign, see Arnaldi, *Chi è Obey?* and De Gregori, *Shepard Fairey in arte Obey*, as well as the essay by Maria Vittoria Marini Clarelli in this catalogue.

be made whatsoever, no matter how distant, with Trump."[21] Dissidence is serious. And, first and foremost, it's a political matter. Indeed, Fairey has always defined his style as not only bold and iconic, but political, based on the "stylization and idealization of the images,"[22] as clearly seen in other works including his rendering of the Black Power salute in *Jesse* (a reference to the Reverend Jesse Jackson). In this case, Fairey's adoption of the post-hippy visual codes of the 1960s and '70s, a language that enjoyed tremendous success and wide circulation among his—our—generation especially through rock music in the form of record covers, fanzines, posters, T-shirts, etc., is more explicit. We find here a special affinity with the propaganda style and aggressive graphic language of the Black Power movement, as is also clear in the related series *Power and Equality*, which features a new fundamental icon, *Angela*, with the face and structure of Angela Davis: another remake and reappropriation of the graphic design culture and Black and pre-Pop style of the 1960s and '70s.

Fairey's icon of Davis—a leading figure in the African-American movement in the United States and former member of the American Communist Party—returns frequently in his work, on city walls and museum installations, including the vast "visual system" that he displayed in 2017 at MACRO Museo d'Arte Contemporanea, Rome as part of the city's first major Street and Urban Art exhibition: *Cross the Streets*. As emphasized by Paulo Lucas von Vacano in the catalogue, Fairey's contribution to the exhibition was "the largest work ever seen in a European museum on the issues of Islam, femininity, weapons, and immigration, subjects of increasing importance in the world today."[23]

Fairey's mark is inevitably potent in this icon as well, a pure expression of *art linkage* and so of ties with the graphic design tradition of the dissident culture of his—our—recent past, in a continuous deployment of signs, languages, and cultures used as means of active, ethical, and political propaganda. A pacifist propaganda first and foremost. And another one of Fairey's well-established themes. One example being *Guns and Roses*, defined by the linguistic and visual play between rock

ge. Stili, linguaggi e culture delle arti contemporanee che hanno sempre più distinto nel tempo i muri di Fairey. La sua lingua, per sintassi e per lessico, partendo da una tecnica di strada – sticker e poster – si apre ai linguaggi dell'arte corrispondendo in qualche modo a quella che possiamo definire come crisi del linguaggio "colto" dell'arte – quella per intenderci in mostra nei musei, nelle rassegne espositive internazionali e nelle gallerie dell'epoca – per l'uso del "dialetto" artistico, "stradale" appunto, urbano, innestato nelle città contemporanee proprio dai graffitari di New York degli anni ottanta. E da lì ai muri delle metropoli mondiali, mediante lo sfruttamento del "multilinguismo della Street Art che, a sua volta, rientra pienamente in quello ben più ampio di arte urbana, con tanti, diversi e complessi palinsesti linguistici svolti 'sulla strada', evoluti nel tempo [...]. Mutevoli e multiformi linguaggi artistici, in parte – almeno all'inizio – di protesta artistica e sociale, quindi politica, con un fine comune, [...] quello di generare nel pubblico una visione nuova dell'arte che parta dal basso e che viva – sopravviva – nel basso, sui muri appunto delle città o meglio del 'Museo in strada' delle città. Delle città globali"[26].

Shepard Fairey in particolare lo fa adottando quello che potremmo definire come "dialetto artistico", per mezzo del quale riesce a esercitare una presa maggiore sulla realtà, soprattutto su certe realtà periferiche e popolari, quelle giovanili per intenderci della *banlieu* globalizzata. "Art should be everywhere"[27].

---

[21] L. Valtorta, "OBEY, da Obama a Trump, la 'speranza' è (quasi) morta: 'L'arte deve toccare la vita,'" in Repubblica.it, September 23, 2017.

[22] Arnaldi, *Chi è Obey?*, p. 58.

[23] *Cross the streets*, exh. cat., MACRO, Rome, May 7 – October 1, 2017, ed. P. L. von Vacano (Rome: Drago, 2017), p. 27.

[26] C. Crescentini, *Per una diversa percezione dell'arte urbana. Roma, da* Keith Haring deleted *al "Museo in strada" e ritorno*, in *Action/Reaction. Arte Urbana e Street Art a Roma*, a cura di A.M. Cerioni, C. Crescentini, F. Pirani, S. Vacanti e D. Vasta, Palombi, Roma 2019, p. 32. Per quanto riguarda l'approfondimento del concetto di "Museo in strada" in una concentrata visione storica impegnata sull'attività artistica di Keith Haring in Italia, cfr. C. Crescentini, *La rivoluzione del canide di Keith Haring e il murale di via Laghetto a Milano. Antagonismo street*, in "dARTE", a. III, n. 6/18, 2018.

[27] Fairey in *Force Majeure*, p. 48.

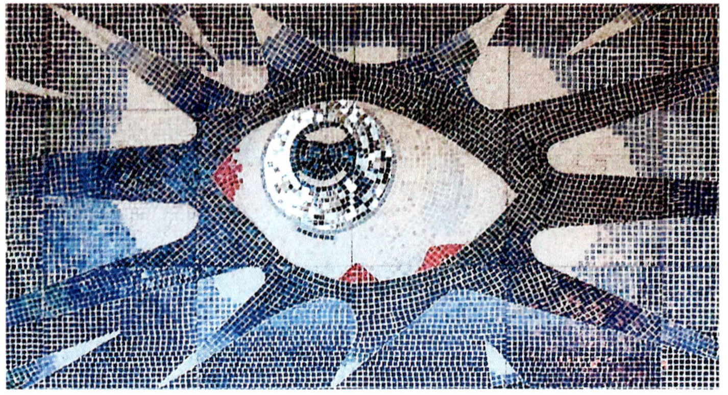

La sfiducia dell'artista verso la lingua colta, se non è tradotta mediante l'idioma della strada, ha però un significato che è, prima ancora che filologico, politico e sociale, frattura antropologica e intellettuale, oltre che sociale, delle nuove generazioni post-ideologiche degli anni ottanta-novanta, che non si esprime solo come *gap* generazionale ma soprattutto come distanza – o meglio "diversità" – sociale, culturale e di pensiero.
È evidente che la lingua – dell'arte – è una tipologia di linguaggio in qualche modo e in certi ambienti ritenuta aulica, mentre quello che potremmo definire come "dialetto" – dell'arte – quello di Fairey per intenderci, è voce dell'impellenza, dell'urgenza, della necessità. E nella nostra cultura molto spesso "impellenza", "urgenza" e "necessità" sono una sola cosa, pressante e vibrante. Proprio come insegnano i muri di Shepard Fairey che, in un certo qual modo, giustificano l'uso di quello che abbiamo definito "dialetto", finendo per legittimarlo con l'*art linkage*.
I suoi lavori, infatti, colgono perfettamente le oscillazioni della contemporaneità, le idiosincrasie e le urgenze, traducendole non in risposte ma in proclami, affermazioni, per mezzo dei quali gli spettatori sono invitati a confrontarsi, rendendosi allo stesso tempo testimoni dei cambiamenti del mondo e del corso della storia. Grazie proprio ai toni amplificati e *mainstream* dell'Urban Art e dell'artista-simbolo, oggi, di questa stessa.

(the title's thinly veiled citation of the hard rock band Guns N'Roses headed by the murky Axl Rose) and the pacifist symbols of the 1960s.
As the artist himself explained on this work, "[It] was originally created as a screen print in 2006 as one of my almost weekly print releases. It quickly became one of my most desired prints, possibly because of the resonance of its anti-war sentiment. The image was created by re-illustrating a well-known Chinese communist poster of guns, but I added flowers to the gun barrels as a means of symbolically contradicting their original pro-military message. Vietnam War protesters frequently put flowers in the barrels of the guns of National Guardsmen who attempted to contain rallies."[24]
Another work on "peace," therefore, which has always been a dominant subject, it bears stressing, for Shepard Fairey, often overlapped with the theme of communication and its demonization through the global control of the individual. The latter could not fail to connect him with the writings of George Orwell: so in 2008, Penguin Books commissioned him to design the covers of *1984* and *Animal Farm*, "A 'philosophical' choice. On multiple occasions, in statements and displays the artist has raised the issue of Big Brother, with reference to the numerous video cameras that spy on the lives of Americans. There is no better artist than him for getting the concept across."[25]
And so it was that the enormous eye of Fairey's *Big Brother* ended up looming beneath Orwell's fateful year. Here as well, it is an eye with its own personal stylistic history, referencing that of God in the great Byzantine icon tradition as well as, closer to Fairey's culture, the visual lexicon of psychedelia, where the emblem of the eye is structured more like a digression on the Id and the subconscious mind with respect to Shepard Fairey's privacy alarm, which is instead perfectly suited to Orwell's fears for the late twentieth century—indeed, our fears in the twenty-first.
All of this is obviously legitimated by his personal artistic history of civic and political (and therefore cultural)

[24] S. Fairey in *Force Majeure. The Art of Shepard Fairey*, exh. cat., MMOMA Moscow Museum of Modern Art, September 19 – November 4, 2018, curated by MMOMA and Wunderkammern, in collaboration with RuArts Foundation and Artmossphere (Milan, 2018), p. 68.
[25] Arnaldi, *Chi è Obey?*, p. 74.

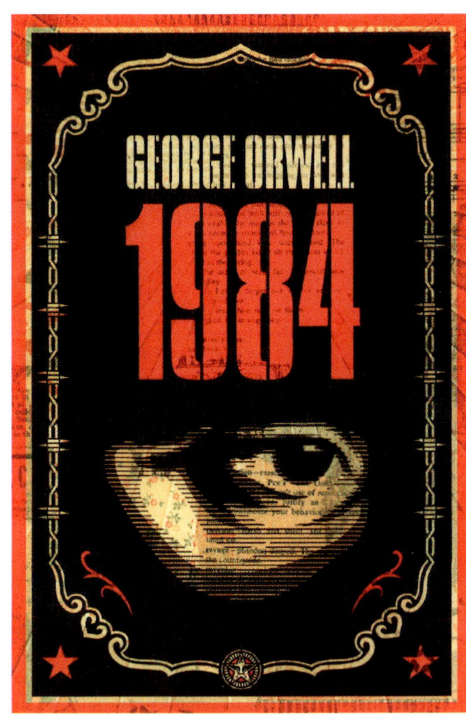

John Herrick, ***The Psychedelic Eye Mosaic***
1966, mosaico da un disegno di / mosaic after a drawing by John Lennon

Shepard Fairey, ***George Orwell, 1984***
2008, copertina / cover

dissent through a language that comes from the street and is then returned to it with the mediation of *art linkage*: the styles, languages, and cultures of contemporary art that have always most distinguished Fairey's walls.

Starting from the street techniques of stickers and posters, the syntax and lexicon of his work opens up to the languages of art, corresponding somehow to what we might define the crisis of the "cultured" art (that on display in museums, international exhibitions and galleries of the time), in his use of the urban artistic "dialect" that sprouted up in contemporary cities via the graffiti artists of New York in the 1980s. And from there to the walls of cities all over the world, precisely through the exploitation of the "multilingualism of Street Art which, in turn, is fully part of the more broadly defined Urban Art, filled with so many different, complex linguistic palimpsests, played out on the streets and evolved over time ... Changeable and multiform artistic languages of artistic and social, and therefore political, protest, at least at the beginning, with the common aim of generating a new vision of art in the eyes of the public that starts from below and lives—survives—below, on the walls of the cities or better, of the global cities' Museum in the Street."[26]

Shepard Fairey does this by adopting what we might define as an "artistic dialect" through which he is able to get a firmer grip on reality, especially the peripheral and popular reality of young people in the globalized *banlieue*. "Art should be everywhere."[27]

Besides its philological, political, and social significance, the artist's mistrust of cultured language, when not translated through the street idiom, is expressive of the anthropological and intellectual fracture of the new, post-ideological generations of the 1980s and '90s, which is not only a generational gap but most of all a social, cultural, and intellectual distance—or better, "diversity."

It is clear that, in a certain way and in some circles, the language of art is held to be lofty, while what we might describe as Fairey's art "dialect" is a voice of urgency and need. And in our culture, "urgency" and "need" are very often the very same pressing and vibrant thing. Just as we learn from Shepard Fairey's walls, which somehow justify the use of what we have defined as "dialect," which ends up legitimized by the *art linkage*.

His works perfectly grasp the oscillations, idiosyncrasies, and urgencies of contemporary life, translating them into proclamations and statements, never answers, through which viewers are asked to take a look at themselves, at the same time becoming witnesses to changes in the world and the flow of history. Thanks to the amplified and mainstream tones of urban art and the artist who is, today, its main symbol.

---

[26] C. Crescentini, "Per una diversa percezione dell'arte urbana. Roma, da *Keith Haring deleted* al *Museo in strada* e ritorno," in *Action / Reaction. Arte Urbana e Street Art a Roma*, eds. A. M. Cerioni, C. Crescentini, F. Pirani, S. Vacanti, and D. Vasta (Rome: Palombi, 2019), p. 32. For an in-depth look at the notion of "museum in the street" in a focused historical study centered on Keith Haring's artistic activity in Italy, see C. Crescentini, "La rivoluzione del canide di Keith Haring e il murale di via Laghetto a Milano. Antagonismo street," in *dARTE*, year III, no. 6/18, 2018.

[27] Fairey in *Force Majeure*, p. 48.

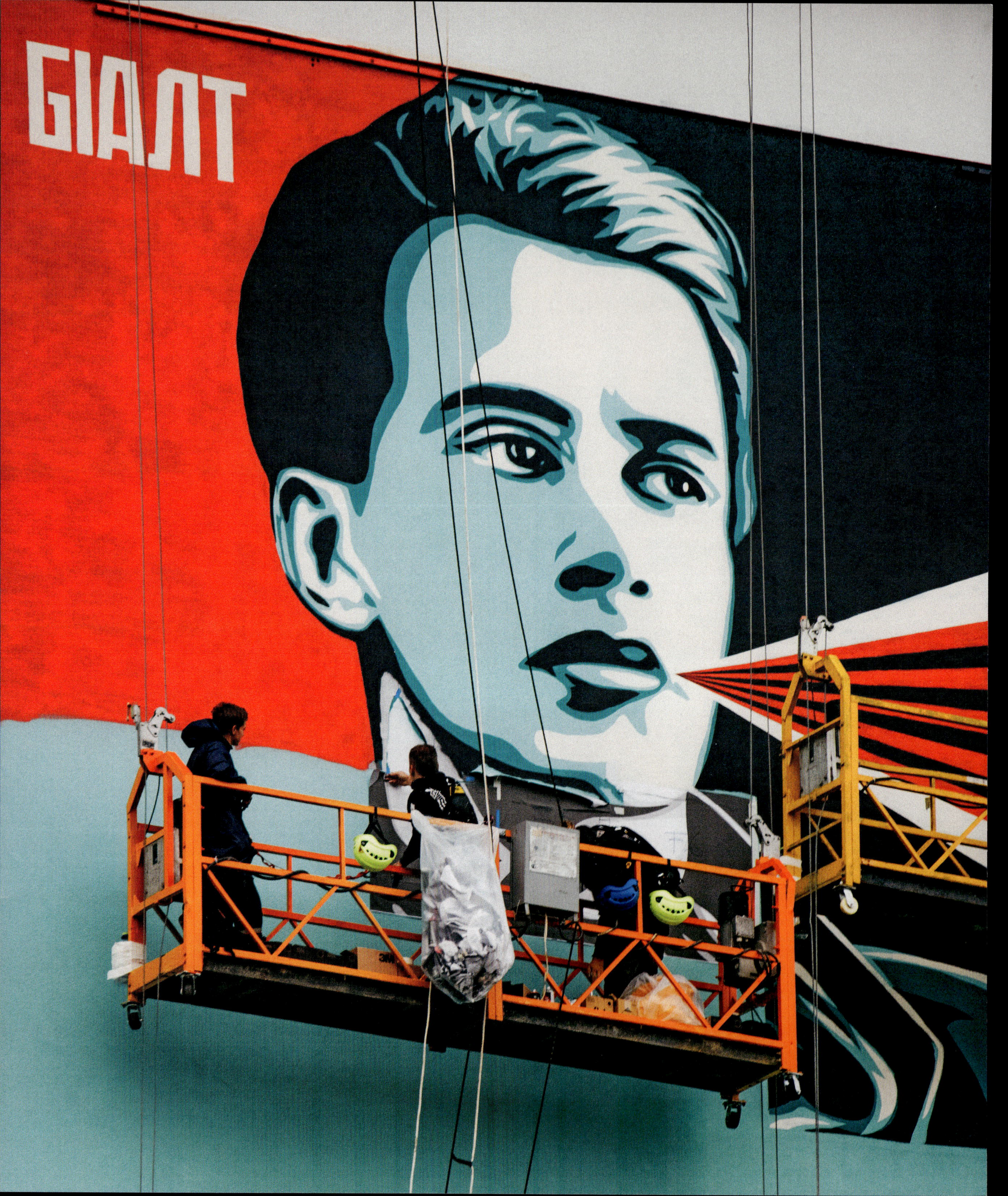
GIANT

L'ARTE È UN MARTELLO

ART IS A HAMMER

Federica Pirani

Art is a Hammer è il titolo di una grande pittura murale dedicata al poeta russo Vladimir Majakovskij realizzata da Shepard Fairey nel 2018 in occasione della sua mostra personale, intitolata significativamente "Force Majeure", al MMOMA (il museo di arte moderna di Mosca)[1].
Il volto del giovane poeta rivoluzionario è ripreso da una fotografia d'epoca; i lineamenti sono stilizzati, un'ombra azzurra colora una parte del viso mentre l'altra è bianca, illuminata, e risalta sullo sfondo rosso e nero. Dalla bocca esce uno slogan, parole e frasi inquadrate da una forma geometrica triangolare che allude a un megafono. Tutta la composizione è costruita sull'alternanza di quattro colori – rosso, nero, azzurro e bianco – che si contrappongono uno all'altro differenziando il testo dallo sfondo. L'immagine è una citazione quasi letterale del famoso manifesto pubblicitario *LIBRI* realizzato nel 1924 da Aleksandr Rodchenko, uno tra i maggiori esponenti del costruttivismo russo, in occasione di una fiera dell'editoria che si svolgeva a Leningrado. In questo lavoro, come nel murale di Fairey, il recupero dell'immagine fotografica, stilizzata e sintetica, si contrappone alla tessitura geometrica astratta che la circonda; allo stesso modo le lettere, pur acquisendo il valore di forme colorate, mantengono intatta la forza del messaggio

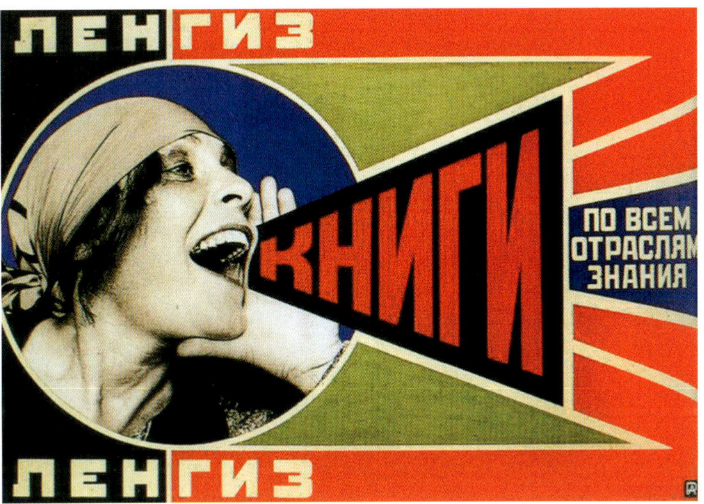

Art is a Hammer is the title of a large mural dedicated to the Russian poet Vladimir Mayakovsky that Shepard Fairey made in 2018 for his solo exhibition, meaningfully titled *Force Majeure*, at the Museum of Modern Art in Moscow (MMOMA).[1]
The face of the young revolutionary poet was taken from a period photograph; his features are stylized and a blue shadow colors one side of the face, while the other is white and illuminated and stands out against the red and black background. A slogan

[1] *Force Majeure. The Art of Shepard Fairey*, catalogo della mostra (Mosca, MMOMA Moscow Museum of Modern Art, 19 settembre – 4 novembre 2018), a cura di MMOMA e Wunderkammern, in collaborazione con RuArts Foundation e Artmossphere, Milano 2018.

[1] *Force Majeure. The Art of Shepard Fairey*, exh. cat., MMOMA Moscow Museum of Modern Art, September 19 – November 4, 2018, curated by MMOMA and Wunderkammern, in collaboration with RuArts Foundation and Artmossphere (Milan, 2018).

Shepard Fairey lavora al murale / working on the mural ***Art is a Hammer*** Moscow, 2018
Aleksandr Rodchenko, ***LIBRI*** / ***BOOKS*** manifesto pubblicitario / advertising poster, 1924

emerges from the figure's mouth—words and phrases set in a triangular frame that alludes to a megaphone. The entire composition is built on the alternation of four colors (red, black, blue, and white) that contrast with one another and differentiate the text from the background. The image is an almost literal citation of the famous poster *BOOKS* made by Alexander Rodchenko, one of the greatest Russian Constructivists, in 1924 for a book fair in Leningrad. In this work, as in Fairey's mural, the stylized and summary reworking of the photographic image contrasts with the abstract geometric forms around it, just as the letters acquire the value of colored shapes while maintaining the power of the direct message, the slogan, that they represent.

Indeed, Fairey himself has identified Constructivism as having been one of his greatest sources of inspiration between the 1990s and the first decade of the new century. In the artist's own words, "My mural, *Art is a Hammer*, is a tribute to the Russian Constructivist art style" and the phrase that appears in the image, *Art is not a mirror to reflect society but a hammer with which to shape it*, attributed to Mayakovsky and a view shared by the artist, becomes an effective, concise expression of his own poetics.[2]

Beyond the frequent citations and revisitations of the repertoire of Soviet manifestos that we can easily detect in many of Fairey's works (as, for that matter, in those of Barbara Kruger to whom he is often compared), the consonances and, I would say, inclinations, are deeper and more aware, probably dating back to his education at the Rhode Island School of Design, where he earned a degree in illustration in 1992.

When Rodchenko and his wife Varvara Stepanova began to use the concise, clear, and direct language of photomontage in the early 1920s for illustrating books, periodicals, posters, and advertising, they invented not only a new signature style but also a different and extremely powerful new way of communicating.[3] In the Soviet Union, a geographic area that contained disparate populations, languages, dialects, and ethnicities, photomontage proved to be an extremely effective propaganda tool, perfect for

immediato, dello slogan che rappresentano.

È lo stesso Fairey, peraltro, che racconta come il costruttivismo sia stato tra la fine degli anni novanta e il primo decennio del nuovo secolo la sua più importante fonte di ispirazione: "Il mio murale *Art is a Hammer* è un tributo allo stile del costruttivismo russo". E anche la frase che appare nell'immagine, *L'arte non è uno specchio che riflette il mondo ma un martello con cui scolpirlo*, attribuita a Majakovskij e condivisa dall'artista, diventa un'efficace e sintetica espressione della sua poetica[2].

Al di là delle pur frequenti citazioni e rivisitazioni dal repertorio dei manifesti sovietici che facilmente si possono riscontrare in numerosi lavori di Fairey, come peraltro in quelli di Barbara Kruger con la quale spesso viene confrontato, le consonanze e, direi, le attitudini, sono più profonde e consapevoli, probabilmente risalenti agli anni della sua formazione alla Rhode Island School of Design dove si laureò con una tesi sull'illustrazione nel 1992.

Quando all'inizio degli anni venti, insieme alla moglie Varvara Stepanova, Rodchenko iniziò a usare il linguaggio sintetico, chiaro e diretto del fotomontaggio per illustrare libri, riviste, manifesti e cartelloni pubblicitari, inventò non solo una nuova cifra stilistica ma un diverso e potentissimo nuovo modo di comunicare[3]. Nel territorio dell'Unione Sovietica, che racchiudeva popolazioni, lingue, dialetti ed etnie diverse, il fotomontaggio si rivelò infatti uno strumento di propaganda estremamente efficace, adatto a raggiungere le masse analfabete per trasmettere messaggi rivoluzionari. Immagini ritagliate da gior-

---

2 Fairey in *Force Majeure*, p. 42.

3 Sui fotomontaggi sovietici si veda, fra molto altro, *L'utopia della visione. Fotomontaggi sovietici, 1917-1950*, catalogo della mostra (Roma, Museo di Roma, 23 giugno – 19 settembre 2004), a cura di O. Sviblova, S. Bourassovski, A. Lavrentiev, F. Pirani e S. Tozzi, Gangemi, Roma 2004 (in collaborazione con Moscow House of Photography); *Aleksandr Rodchenko*, catalogo della mostra (Roma, Palazzo delle Esposizioni, 11 ottobre 2011 – 8 gennaio 2012), a cura di O. Sviblova e V. Rodčenko, Skira, Milano 2011.

2 Fairey in *Force Majeure*, p. 42.

3 On Soviet photomontage, see, among many others, *L'utopia della visione. Fotomontaggi sovietici 1917–1950*, exh. cat., Museo di Roma, Rome, June 23 – September 19, 2004, eds. O. Sviblova, S. Bourassovski, A. Lavrentiev, F. Pirani, and S. Tozzi (Rome: Gangemi, 2004, in collaboration with Moscow House of Photography); *Aleksandr Rodchenko*, exh. cat., Palazzo delle Esposizioni, Rome, October 11, 2011 – January 8, 2012, eds. O. Sviblova and V. Rodčenko (Milan: Skira, 2011).

nali e fotografie venivano assemblate in composizioni dall'impianto geometrico e dinamico, fortemente innovative, nelle quali l'uso di inquadrature insolite, scorci dall'alto verso il basso o viceversa, particolari ingranditi, simmetrie e ribaltamenti, e l'impiego di brevi messaggi a caratteri chiari facevano assumere all'immagine connotazioni emotive di forte impatto[4].
Se la dinamicità delle linee-forza futuriste e il collage dada possono essere considerati le principali fonti d'ispirazione del fotomontaggio sovietico, gli esiti di quella ricerca, che coniugava forme auliche e popolari, si trasformarono in una nuova estetica che pose le basi del moderno messaggio pubblicitario comprendendone altresì le insidie e le potenzialità rivoluzionarie.
Per i costruttivisti l'arte può essere propaganda, una presa di posizione necessaria, che utilizza la sperimentazione delle avanguardie per la ricerca di un effetto di comunicazione immediata.
L'utopia rivoluzionaria e la propaganda come invito all'azione portarono gli avanguardisti russi a spezzare lo statuto autonomo dell'arte. Si interessarono a nuovi ambiti di intervento - dall'architettura al design, dall'allestimento all'editoria, dalla moda al cinema - ma soprattutto fecero deflagrare l'esperienza artistica nella vita quotidiana, trasformando le strade in "una festa dell'arte destinata a tutti".
E così Majakovskij, insieme con i futuristi Burljuk e Kamenskij, nel marzo del 1918 tappezzò Mosca di manifesti con il *Decreto N° 1 sulla democratizzazione delle arti*. Nel Manifesto si leggeva: "Pittori e scultori devono prendere i barattoli di vernice e, con i pennelli della loro arte, illuminare, dipingere tutti i lati, le facciate e gli angoli delle città, delle stazioni ferroviarie e le mandrie di vagoni ferroviari eternamente in fuga".
Manifesti, stampe, volantini e riviste diventarono più importanti delle opere d'arte tradizionali perché potevano essere diffusi facilmente e raggiungere milioni di persone. La predilezione per la ricezione collettiva dell'arte, così come l'uso di strumenti meccanici per la

[4] Si parte dall'uso della fotografia perché questa "sta nella composizione generale in forma di contrasto dialettico, essa è tanto oggettiva - nel senso che la fotografia sostituisce il reale, non lo rappresenta, ne restituisce la presenza, non l'immagine - quanto le forme geometriche sono astratte". Cfr. E. Grazioli, *Arte e pubblicità*, Mondadori, Milano 2001, p. 76.

transmitting revolutionary messages to the illiterate masses. Images cut out from newspapers and photographs were assembled into dynamic, geometric, powerfully innovative compositions, in which the adoption of unusual framing, views from above and below, enlarged details, short messages in clear lettering, symmetry, and reversal filled the image with powerful emotional features.[4]
While Futurist lines of force and Dadaist collage can be considered the main sources of inspiration for Soviet photomontage, the results of this experimentation, which joined high and low forms, morphed into a new aesthetic that laid the bases for the modern advertising message, comprehending both its pitfalls and revolutionary potential.
For the Constructivists, art could be propaganda, a necessary stance, which used the avant-gardes' experimental languages in search of the effect of direct communication.
Revolutionary utopia and propaganda as call to action led the Russian avant-garde artists to shatter the autonomous statute of art. They became interested in new fields and disciplines, from architecture and design to display design, publishing, fashion and cinema, but most importantly they disseminated art into everyday life, transforming the streets into a "festival of art for all."
And so in March 1918, together with the Futurists Burliuk and Kamensky, Mayakovsky covered the streets of Moscow with posters emblazoned with their *Decree No. 1 Concerning the Democratization of Art*. The poster read: "Painters and sculptors need to get cans of paint and use their brushes to brighten and paint all of the sides, facades, and corners of the city, the train stations and the herds of train cars eternally in flight."
Posters, prints, fliers, and magazines became more important than traditional works of art because they were easier to circulate and could reach millions of people. The preference for the collective reception

[4] The starting point is photography because "It functions in the composition overall as a form of dialectical contrast, it is as objective—in the sense that the photograph replaces, rather than represents, the real, it restores its presence, not its image—as geometric shapes are abstract." See E. Grazioli, *Arte e pubblicità* (Milan: Mondadori, 2001), p. 76.

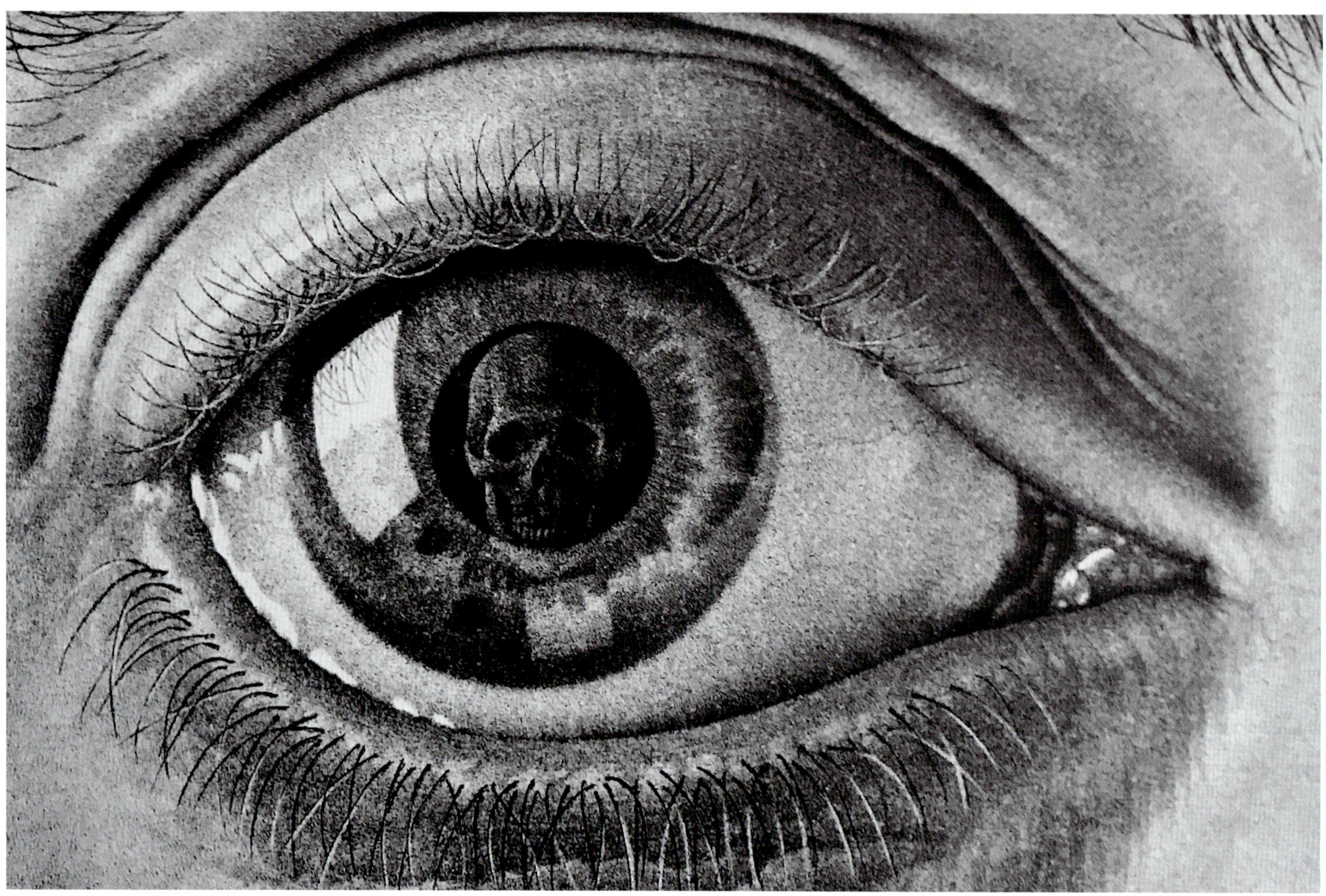

riproduzione in serie delle immagini, è del resto esplicitata dallo stesso Majakovskij nell'*Ordinanza all'esercito dell'Arte* del 1918, quando scrisse: "Le strade sono i nostri pennelli, le piazze sono le nostre tavolozze"[5].
L'idea democratica dei muri delle strade come tele da dipingere o, meglio, del muro come medium di un possibile messaggio di dissenso e dello spazio pubblico come un forum di espressioni diverse e non come luogo sottratto all'uso collettivo e di esclusiva competenza degli inserzionisti a pagamento, sono concetti ribaditi spesso da Fairey e già presenti nel suo libro del 2009 *Obey. Supply & Demand*[6]. Ma se questa attitudine è comune a molte delle espressioni artistiche racchiuse nella definizione della Street Art, il rapporto di Fairey con la poetica dell'avanguardia sovietica è più complesso e ramificato, includendo non solo una ripresa costante di cifre stilistiche – dal manifesto di

[5] Ivi, p. 74.
[6] S. Fairey, *Obey. Supply & Demand. The Art of Shepard Fairey*, Gingko Press, Berkeley CA 2009, p. 280. Le traduzioni sono tratte dal volume di S. De Gregori, *Shepard Fairey in arte Obey. La vita e le opere del re della Poster Art*, Castelvecchi, Roma 2011.

of art, as well as the use of mechanical tools for the reproduction of images in series, was explicated by Mayakovsky in his *Order to the Army of Art* (1918), in which he wrote, "The streets are our brushes, the squares our palettes."[5]
The democratic idea of the walls along city streets as canvases for painting or, better, as the medium for a possible message of dissent, and public space as a forum for different expressions rather than a place closed to collective use, available solely for paid advertising, are all concepts that have been frequently stressed by Fairey and already discussed in his 2009 volume, *Obey. Supply & Demand*.[6] But while these ideas are shared in many of the artistic expressions that fall within the category of Street Art, Fairey's relationship with the poetics of the Russian avant-garde is more complex and multifaceted, in-

[5] Ibid., p. 74.
[6] S. Fairey, *Obey. Supply & Demand. The Art of Shepard Fairey* (Berkeley CA: Gingko Press, 2009), p. 280.

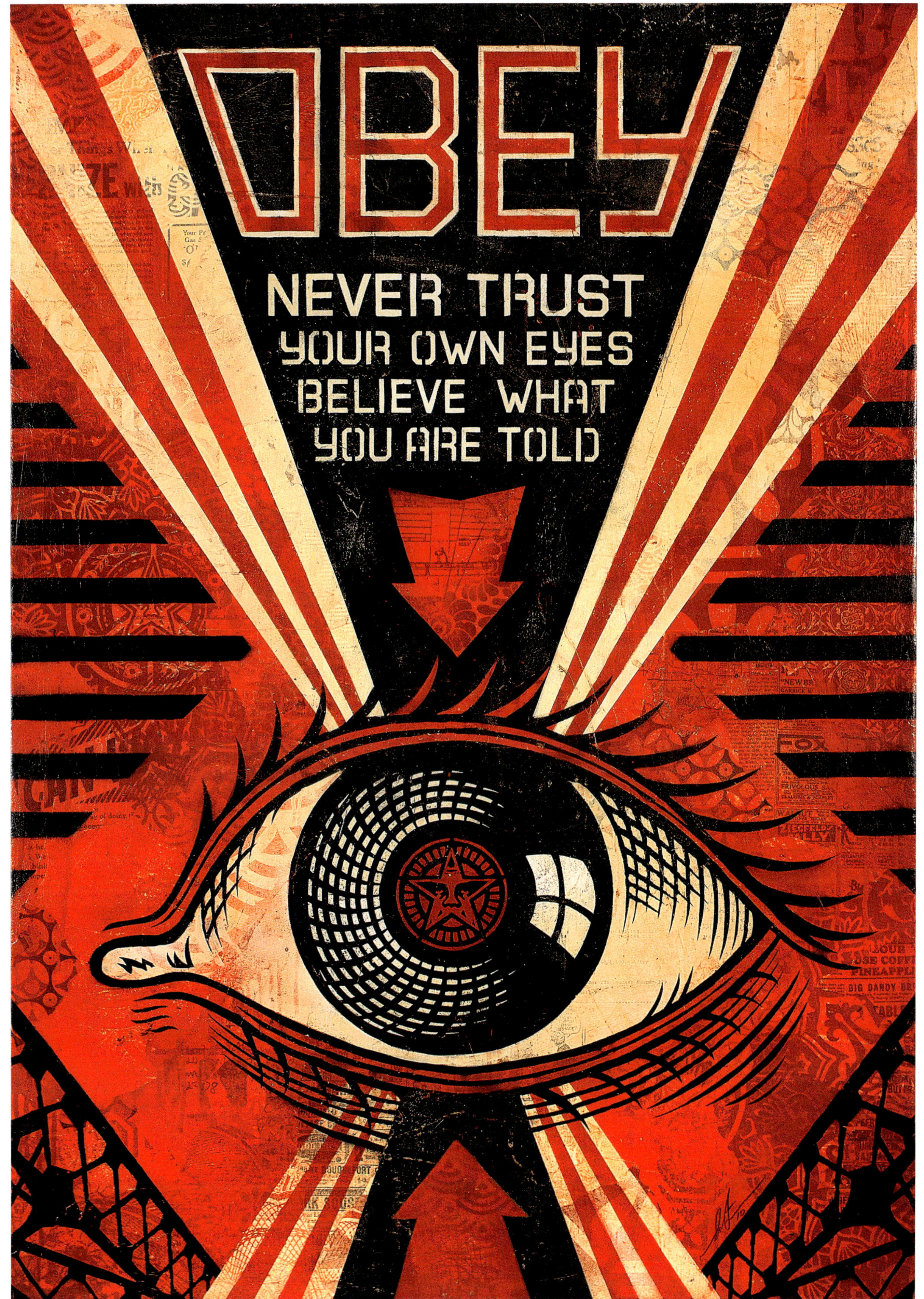
OBEY
NEVER TRUST
YOUR OWN EYES
BELIEVE WHAT
YOU ARE TOLD

p. 46 ~ **Maurits Cornelis Escher**, ***Occhio* / *Eye*** 1946

p. 47 ~ **Shepard Fairey**, ***OBEY EYE*** 2010

OBEY Giant incorniciato da punti esclamativi alle stelle rosse a cinque punte - ma anche un'analogia con quel movimento d'avanguardia nella molteplicità dei campi di intervento dell'azione artistica unita a una consapevolezza del valore ambivalente della comunicazione pubblicitaria. Come i costruttivisti, e a differenza di molti *street artists*, l'operatività di Fairey si applica, infatti, a innumerevoli ambiti: dagli interventi in strada alle mostre nei musei, dagli studi grafici alle riviste, alle gallerie, dalle etichette musicali alla collaborazione con brand globali[7], dalla OBEY Clothing, la sua linea di abbigliamento, fino alle campagne benefiche e politiche (contro Bush e per Obama).

Quando Fairey riconosce l'influenza del costruttivismo russo e di Rodchenko in particolare - "Rodchenko sviluppò lo stile delle frecce e dei punti esclamativi, mi piace fare qualcosa che sembri più importante di quello che è attraverso l'uso di questi mezzi. Lo stile del costruttivismo è stato molto influente, non solo sul mio lavoro, ma in molti progetti grafici di propaganda creati negli ultimi ottant'anni"[8] - non si limita a considerazioni di natura stilistica e compositiva. Ciò che probabilmente sottende l'uso iterativo di alcuni stilemi dell'avanguardia, al di là dello specifico messaggio veicolato dai costruttivisti, è la cognizione della possibile funzione "rivoluzionaria" dell'azione artistica: "Esteticamente l'arte deve essere seducente, ma se manifesta anche un punto di vista è molto meglio. Non penso che gli artisti debbano essere solo artisti, ma che possano esserlo anche esprimendo opinioni su qualcos'altro[9].

[7] "Considero la mia strategia dentro/fuori le aziende come un effetto Robin Hood, uso il loro denaro per produrre adesivi, manifesti e stencil", in Fairey, *Obey. Supply & Demand*, p. 279.

[8] Ivi, p. 94. Le traduzioni sono tratte da De Gregori, *Shepard Fairey in arte Obey*. Vedi anche V. Arnaldi, *Chi è Obey? E perché fa tanto discutere?*, Red Star Press, Roma 2014.

[9] Intervista di J. Beer a S. Fairey in *Shepard Fairey: OBEY Obama. The Designer's Endorsement as a Striking Poster Series*, in "Creativity", 30 gennaio 2008.

cluding not only a constant borrowing of stylistic features—from the *OBEY Giant* poster framed by exclamation marks to the five-point red stars—but also a similar use of multiple fields of action for the artistic work together with awareness of the ambivalent value of advertising communication. Indeed, like the Constructivists (and unlike many street artists), Fairey works in a vast range of spheres: the street, museum exhibitions, graphic design, magazines, galleries, record labels, global brands,[7] OBEY Clothing (his clothing line) and even charity benefits and political campaigns (against Bush and for Obama). Fairey's recognition of the influence of Russian Constructivism, and that of Rodchenko in particular ("Rodchenko developed the style of arrows and exclamation points and I really liked the idea of making something seem more important than it really is through the use of those devices. Rodchenko's style is really influential, not just on my work but on much of the propaganda-style artwork created over the past eighty years" [8]), is not limited to issues of style and composition. What probably underpins the repeated use of a few particular stylistic features of the avant-garde, beyond the specific message circulated by the Constructivists, is awareness of the possible "revolutionary" function of artistic activity. According to Fairey, art must be aesthetically seductive, of course, but if it also succeeds in expressing a point of view, it's even better: artists can still be artists if they convey their opinions on something else."[9]

The process that led to the creation of Fairey's most famous icon (along with the portrait of Obama), the image of *Andre the Giant Has a Posse* (1989), was also a kind of photomontage. In just a few short years, the image, a photograph of the French wrestler cut out of a magazine and circulated in the form of stickers and posters, spread and transformed, covering the walls of cities all over the United States. Various artists were

[7] "I would consider my inside/outside strategy toward corporations somewhat of a Robin Hood effect, I use their money, which becomes my money, to produce stickers, posters, stencils, etc.". See Fairey, *Supply & Demand*, p. 279.

[8] Ibid., p. 94.

[9] S. Fairey interviewed by J. Beer in "Shepard Fairey: OBEY Obama. The Designer's Endorsement as a Striking Poster Series," in *Creativity*, January 30, 2008.

Del resto, anche il procedimento che ha portato alla creazione della più famosa icona di Fairey (insieme al ritratto di Obama), l'immagine di *Andre the Giant Has a Posse* (1989), è proprio una sorta di fotomontaggio. Si tratta, infatti, di una fotografia del lottatore francese ritagliata da una rivista che nel giro di pochi anni, sotto forma di sticker e di manifesto, si propaga e si trasforma tappezzando i muri delle città statunitensi. In quegli anni diversi artisti adottarono la Sticker Art come forma espressiva: gli adesivi, infatti, hanno un basso costo di produzione, si attaccano agevolmente e velocemente limitando i rischi dell'intervento, hanno una buona persistenza all'esterno e sono, per lo più, collocati all'altezza dello sguardo del passante, quindi facilmente visibili. Quello che poi diventerà l'emblema di OBEY, il suo nome in codice, nasce forse casualmente ma diventa subito una straordinaria invenzione di senso – o meglio, di non senso. Il protagonista è una sorta di *freak*: le sue dimensioni, altezza e peso, scritti in libbre e pollici accanto all'immagine, sono fuori dal normale. Sembra un soggetto tratto dall'umanità di Diane Arbus, la fotografa americana che seppe concentrare il suo lavoro su figure *borderline*, persone che "sono nate con il loro il trauma, che hanno già superato il test della vita". Proprio come André, affetto da gigantismo fin da piccolo.
Eppure l'immagine di Fairey colpisce e sconcerta non solo per l'assenza di un significato dato. Laddove c'è un vuoto di senso, chi osserva tende a partecipare all'interpretazione di quel vuoto; intimamente può identificarsi o sottrarsi, ma non rimane mai indifferente, non subisce.
Se ci aspettiamo che nelle strade ci siano solo immagini che veicolano messaggi pubblicitari eloquenti ed espliciti, siamo nella condizione di percepire passivamente quell'intrusione visiva. Ma se ci accorgiamo della persistenza di qualcosa che non propone o impone un proprio senso, è probabile che cercheremo di attribuirglielo, attivando una partecipazione diretta alla formazione del significato, qualunque esso sia. Per questo nei testi critici su Fairey, così come nei suoi scritti, di frequente compaiono i nomi di Marshall McLuhan e di Hermann Rorschach. Quando McLuhan parla di "media caldi" e "media freddi" pone l'accento proprio sulle particolarità del mezzo con cui si veicola il messaggio, fino a condizionarne il senso. Un medium

using Sticker Art as an expressive form in those years: stickers are inexpensive to make, can be attached to surfaces quickly and easily, limiting the risk of being caught, last for a long time outdoors, and are for the most part placed at eye level, and so can easily be seen. What later became the emblem of OBEY, his code name, might have originated by chance but immediately became an extraordinary bearer of meaning—or better, non-meaning. The subject is a kind of "freak," his dimensions, height and weight, noted in pounds and inches next to the image, being well beyond the norm. He seems like one of the subjects portrayed by Diane Arbus, the American photographer who focused her attention on borderline figures, people who "were born with their trauma. They've already passed their test in life." Just like André, who had been afflicted by gigantism from a very young age.
And yet Fairey's image is not only striking and disconcerting for the absence of a given meaning. Where there is an absence of meaning, the viewers tend to try to interpret that void, they might privately identify with it or shun it away, but they will not remain indifferent, they will not put up with it.
If we expect the images in the street to always and only circulate meaningful, explicit advertising messages, we are passive perceivers of that visual intrusion. But if we become aware of the persistence of something that does not propose or impose a specific meaning, we will probably try to give it one, becoming active participants in the formulation of that meaning, whatever it might be. This is why the names of Marshall McLuhan and Hermann Rorschach make frequent appearances in critical texts on Fairey and in his own writing. When McLuhan talks about "hot media" and "cool media," he is placing the accent on the specificities of the means used to convey the message, which in the end condition its meaning. A "cool" medium like a sticker, which stylizes and simplifies the photographic image (McLuhan talks about

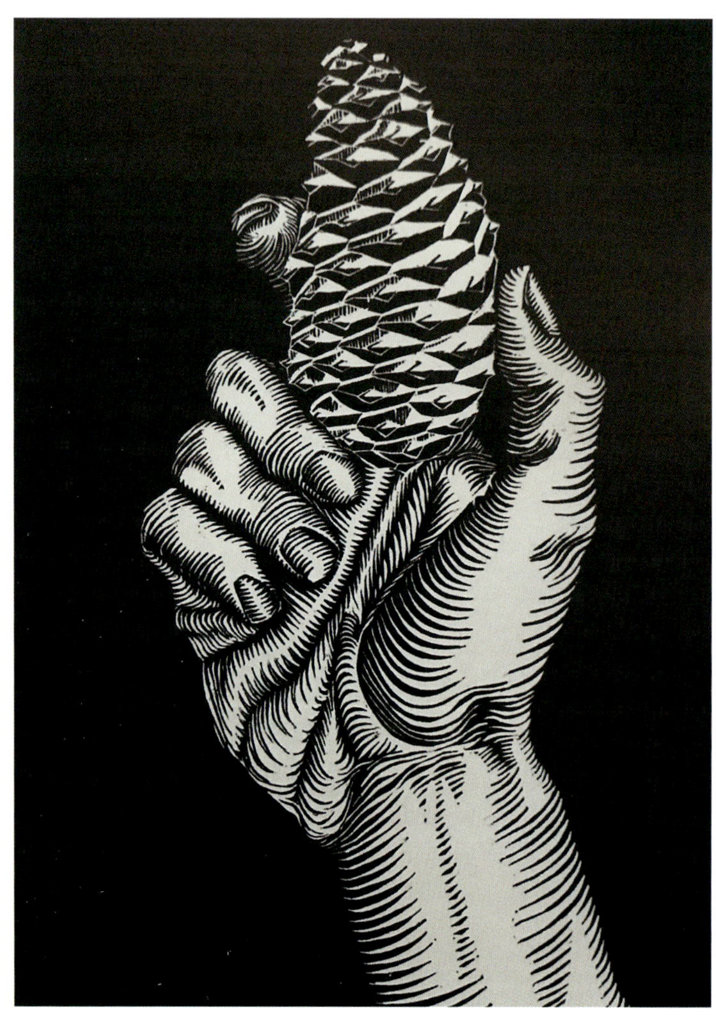

Maurits Cornelis Escher, ***Mano con pigna / Hand with Fir Cone*** 1921
Shepard Fairey, ***IMPERIAL GLORY*** 2012

"freddo" come uno sticker, che stilizza e semplifica l'immagine fotografica (McLuhan parla di "cartoon"), prevede un alto grado di partecipazione o di completamento da parte del pubblico[10]. Analogamente, la psicodiagnostica sottesa ai test di Rorschach presuppone che le macchie simmetriche di inchiostro che vengono mostrate a chi vi si sottopone non implichino nessun significato dato, in modo che ciascuno possa esprimere liberamente ciò che gli viene in mente osservandole. "Ogni interpretazione di un'immagine ambigua, che sia una macchia di inchiostro o un lottatore professionista, è una riflessione della personalità di qualcuno. Per me questo è molto importante", sostiene Fairey. "Ad esempio: osservando André da una certa prospettiva

cartoons), needs to be completed by or requires a high degree of participation from the public.[10] Similarly, the psycho-diagnostics of Rorschach tests presupposes that the symmetrical splotches of ink presented to the person taking the test do not imply any given meaning, so that everyone is free to express what comes to mind when they look at them. As Fairey wrote, "Any interpretation of an ambiguous image, whether it's an inkblot or a professional wrestler, is a reflection of someone's personality. That was very important to me. I felt like Andre sat in a very ambiguous zone where from another perspective he might be ugly, sinister, and scary, but from another perspective he's goofy and benevolent." [11]

---

[10] Vedi tra i tanti saggi di M. McLuhan, *Understanding Media* (1964); ed. italiana consultata *Gli strumenti del comunicare*, Il Saggiatore, Milano 1979, p. 31.

[10] See in particular M. McLuhan, *Understanding Media: The Extension of Man* (New York: McGraw-Hill, 1964).
[11] Fairey, *Obey. Supply & Demand*, p. 280.

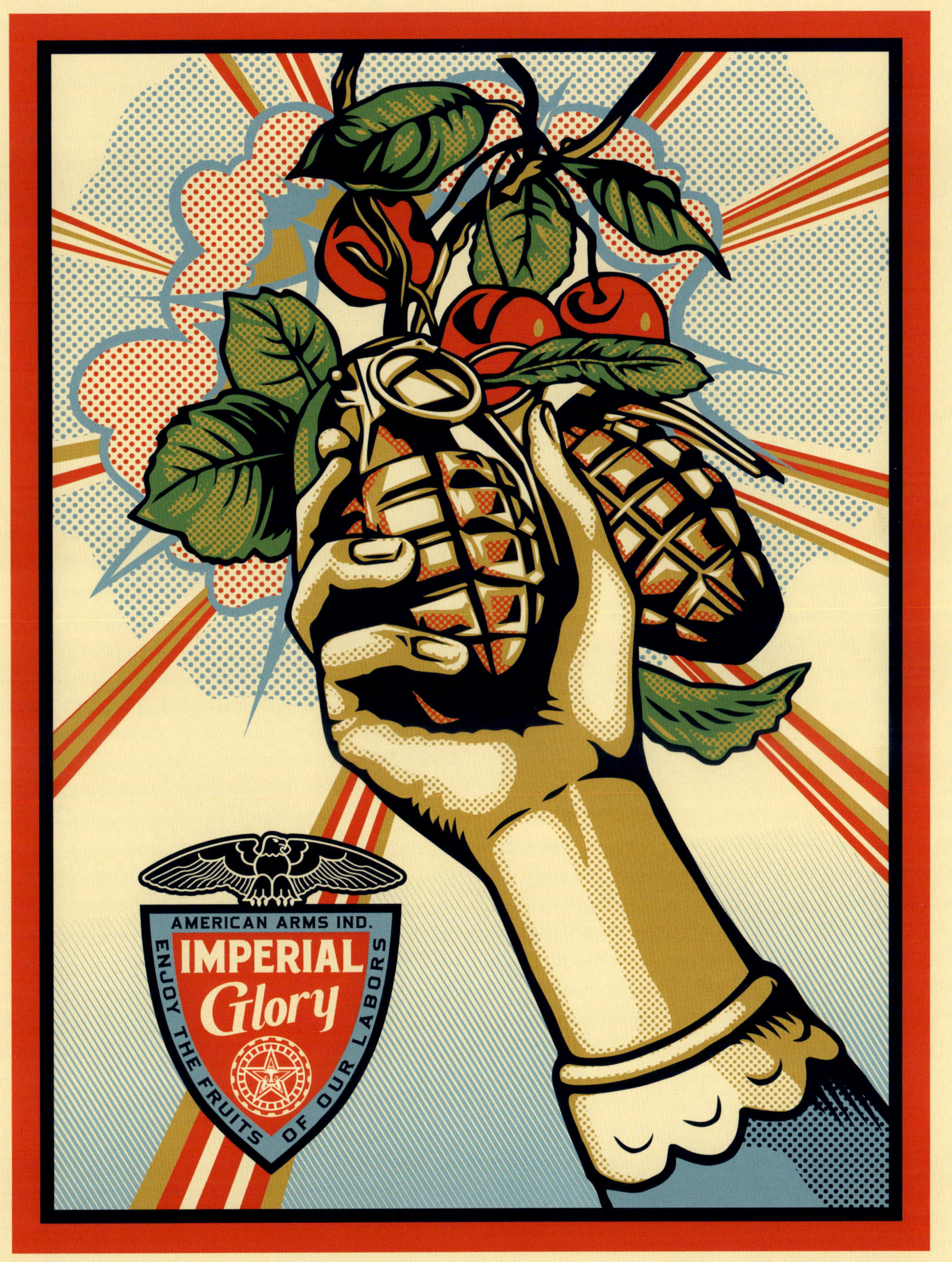
AMERICAN ARMS IND.
IMPERIAL
Glory
ENJOY THE FRUITS OF OUR LABORS

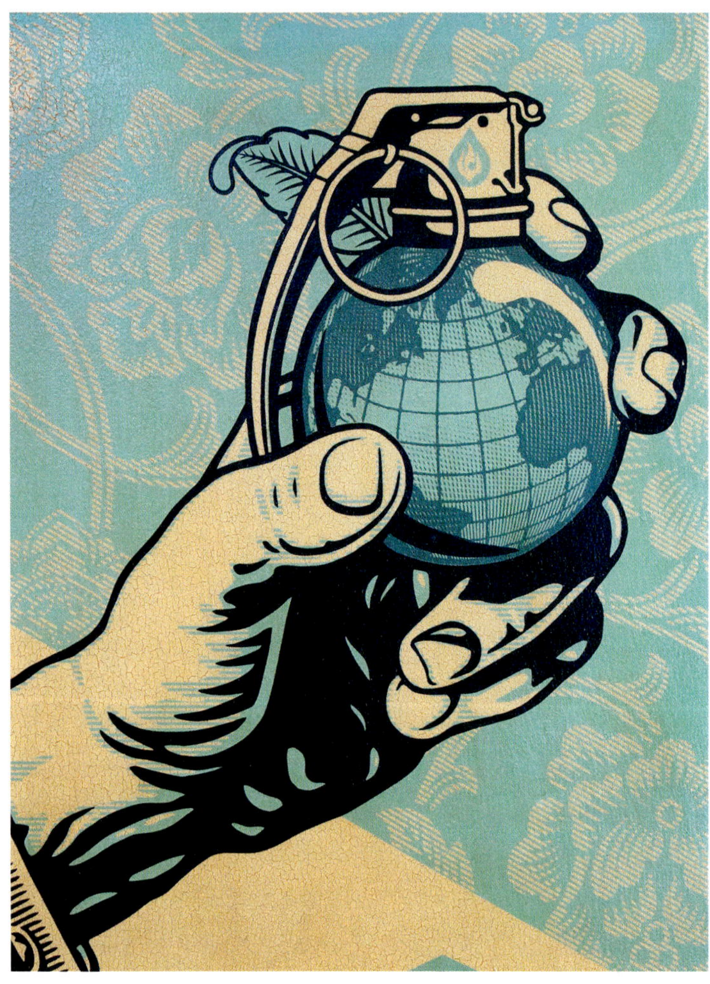

Shepard Fairey, ***ROYAL TREATMENT SKULL*** 2016

potrebbe risultare sinistro, timoroso o inquietante, mentre da un'altra benevolo, buono, sciocco"[11].

"La mia arte è ispirata dalla ricchezza della storia dell'arte e del design"[12], ed effettivamente, oltre ai tributi ad artisti come Rodchenko e Majakovskij, Barbara Kruger, Jasper Johns, Keith Haring e Jean-Michel Basquiat, come anche agli anonimi disegnatori della propaganda maoista e nord-vietnamita, è possibile individuare altri autori che sono stati oggetto di riflessione per Fairey. Ad esempio l'arte di Kurt Schwitters, che da un percorso dadaista approda all'attività grafica e pubblicitaria, soprattutto a partire dal 1923. Il suo interesse per le parole, le lettere, le forme, i collage di testi stampati, ritagliati e incollati, lo studio dei ritmi e delle pause visive, le parole come forme astratte, fino ad arrivare al paradosso della pubblicità astratta, una pubblicità che non comunica nulla, senza significato, senza oggetti e senza merce, non possono che avere incuriosito un artista così attento ai meccanismi della comunicazione di massa come Shepard Fairey[13]. Analogamente, alcune invenzioni visive di Maurits Cornelis Escher – uno degli artisti più eccentrici e originali del XX secolo, le cui immagini sono peraltro diventate, a partire dagli anni settanta, tra le più popolari e riprodotte su copertine di dischi, libri, magliette e poster – possono avere interessato Fairey per l'attenzione all'ambiguità visiva dello spazio rappresentato, l'uso di particolari simbolici ed emblematici, l'impiego di elementi decorativi astratti nel trattamento degli sfondi. Alcune similitudini sembrano evidenti, come l'occhio ingrandito in uno specchio concavo che riflette l'esterno dell'immagine mentre la pupilla diventa un teschio (Escher) e *L'occhio* di OBEY, o la pigna trattenuta da una mano di Escher che si trasforma in una bomba nel manifesto di Shepard Fairey.

Peraltro le immagini di Escher divennero famosissime proprio negli Stati Uniti attraverso l'uso che ne fece la grafica e l'editoria pubblicitaria, dalle copertine di Mickey Mouse a quelle di Martin Mystère, da Mad Man

---

[11] Fairey, *Obey. Supply & Demand*, p. 280.

[12] Fairey in *Force Majeure*, p. 65.

[13] Scrive Grazioli a proposito della ricerca di Schwitters degli anni venti: "Una grafica e una pubblicità fatta di arte come un'arte tutta fatta di grafica". Cfr. Grazioli, *Arte e pubblicità*, p. 84.

"My art is inspired by the rich history of art and design"[12] and indeed, in addition to tributes to masters such as Rodchenko and Mayakovsky, Barbara Kruger, Jasper Johns, Keith Haring, and Jean Michel Basquiat, as well as the anonymous designers behind Maoist and North-Vietnamese propaganda, we can also spot other artists who have been the object of Fairey's reflection. Kurt Schwitters for example, whose Dadaist beginnings guided him toward graphic design and advertising, especially as of 1923. His interest in words, letters and shapes, his collages made out of cut-out printed texts, his study of rhythms and visual pauses, of words as abstract forms, and then the paradox of abstract advertising, which communicates nothing and has no meaning, objects or merchandise, could not have failed to intrigue an artist so attentive to the mechanisms of mass communication.[13] Similarly, some of the work of Maurits Cornelis Escher—one of the most eccentric and original artists of the twentieth century, whose images became extraordinarily popular starting in the 1970s and were reproduced on record covers, books, T-shirts, and posters—might have interested Fairey for his attention to the visual ambiguity of the represented space, the use of symbolic and emblematic details, and the inclusion of abstract decorative elements in the backgrounds. Some similarities seem clear, such as between Escher's enlarged eye in a concave mirror that reflects the exterior of the image while the pupil becomes a skull and Obey's *Eye*; or Escher's pinecone held in a hand that morphs into a bomb in Shepard Fairey's poster.

For that matter, Escher's images became extraordinarily famous in the US precisely through their use in graphic design and advertising publishing, from the Mickey Mouse and Martin Mystère covers to Mad Man and the covers of Pink Floyd albums (1985). Those enigmatic and paradoxical works almost became a manifesto for the psychedelic movement of the 1970s and even Mick Jagger tried, in vain, to use Escher's

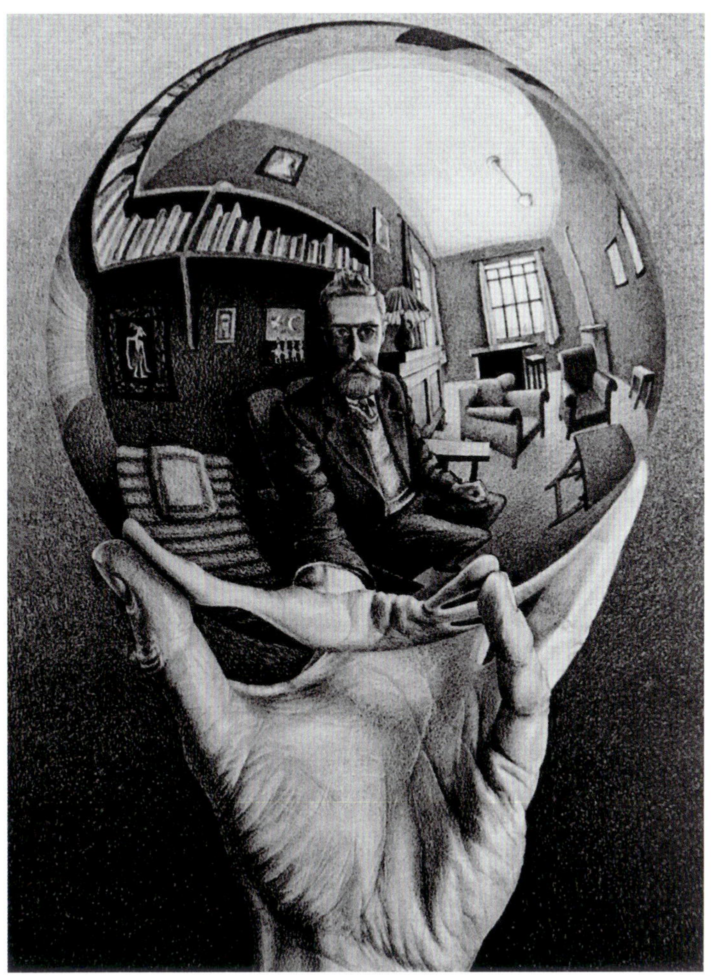

Maurits Cornelis Escher, ***Mano con sfera riflettente* / *Hand with Reflecting Sphere*** 1935

---

[12] Fairey in *Force Majeure*, p. 65.

[13] On Schwitters's work in the 1920s, Grazioli wrote: "Graphic design and advertising made up of art like art made up entirely of graphic design." See Grazioli, *Arte e pubblicità*, p. 84.

alle copertine dei dischi dei Pink Floyd (1985). Del resto, quelle opere enigmatiche e paradossali diventarono quasi dei manifesti per il movimento psichedelico degli anni settanta e perfino Mick Jagger cercò, invano, di utilizzare un'opera di Escher, *Verbum (terra, acqua, cielo)*, per la copertina di un album dei Rolling Stones[14].

L'estrema libertà creativa porta Fairey a scandagliare la complessità della ricerca iconica dell'avanguardia del secolo scorso, come anche quella delle più sofisticate e innovative espressioni grafiche, comprendendone la forza comunicativa. Quello che agli occhi della critica sembrò un asservimento dell'arte alla propaganda politica diviene nello sguardo di Fairey la consapevolezza senza pregiudizi dell'uso di alcuni strumenti e tecniche per trasmettere efficacemente un messaggio di impegno.

Le tematiche sociali e umanitarie quali la difesa dell'ambiente, la lotta alla discriminazione sociale, al razzismo e alla xenofobia, il pacifismo, la difesa della democrazia si trasformano in un linguaggio popolare e diretto che magnetizza lo sguardo e si propaga senza mediazioni. È una "propaganda etica"[15] che ha il preciso scopo di coinvolgere e sensibilizzare il pubblico ai temi del presente e di dare speranze per fronteggiare le difficoltà di un futuro incerto.

"Il mondo", ha scritto OBEY, "è un luogo turbolento e imprevedibile. Quindi, come artista che si occupa di questioni sociali e politiche attuali, reagisco a eventi di forza maggiore nel loro svolgersi, spesso sperando che un momento di sconvolgimento che richiede la nostra attenzione offra l'occasione per un'affermazione artistica forte. La mia arte s'ispira alla ricchezza della storia dell'arte e del design, con l'obiettivo di catturare ciò che è universale ed eterno ma al tempo stesso potente, in un pressante momento di crisi e di bisogno"[16].

[14] Cfr. *Escher. Paradossi grafici tra arte e geometria*, catalogo della mostra (Reggio Emilia, Palazzo Magnani, 19 ottobre 2013 – 23 febbraio 2014), a cura di M. Bussagli, F. Giudiceandrea e L. Grasselli, Skira, Milano 2014.

[15] G. Marziani in Artemagazine.it, 3 luglio 2020.

[16] Fairey in *Force Majeure*, p. 65.

work *Verbum (Earth, Water, Sky)* for the cover of one of the Rolling Stones albums.[14]

Fairey's extreme creative freedom has led him to explore in depth the complexity of the twentieth-century avant-garde's iconography, as well as the most sophisticated and innovative graphic expressions, understanding all their unprecedented communicative power. What scholars have seen as the enslavement of art to political propaganda has become for Fairey awareness without preconceptions of the use of some tools and techniques to effectively transmit a message of commitment.

Social and humanitarian themes like protecting the environment, opposition to social discrimination and racism, the fight against xenophobia, pacifism, and the defense of democracy are conveyed through a popular, straightforward language that mesmerizes the eye and spreads without mediation. It is a form of "ethical propaganda"[15] specifically aimed to engage the public and raise awareness of the issues of our time while offering hope for facing the difficulties of an uncertain future.

As Fairey wrote, "The world is a turbulent and unpredictable place so as an artist addressing social and political issues in the moment I respond to force majeure events as they unfold, often in hopes that a moment of disruption commanding attention provides an opportunity for a powerful artistic statement. My art is inspired by the rich history of art and design with my aim being to capture what is universal and timeless while also potent in an urgent moment of crisis and need."[16]

[14] See *Escher. Paradossi grafici tra arte e geometria*, exh. cat., Palazzo Magnani, Reggio Emilia, October 19, 2013 – February 23, 2014, eds. M. Bussagli, F. Giudiceandrea, and L. Grasselli (Milan: Skira, 2014).

[15] G. Marziani in Artemagazine.it, July 3, 2020.

[16] Fairey in *Force Majeure*, p. 65.

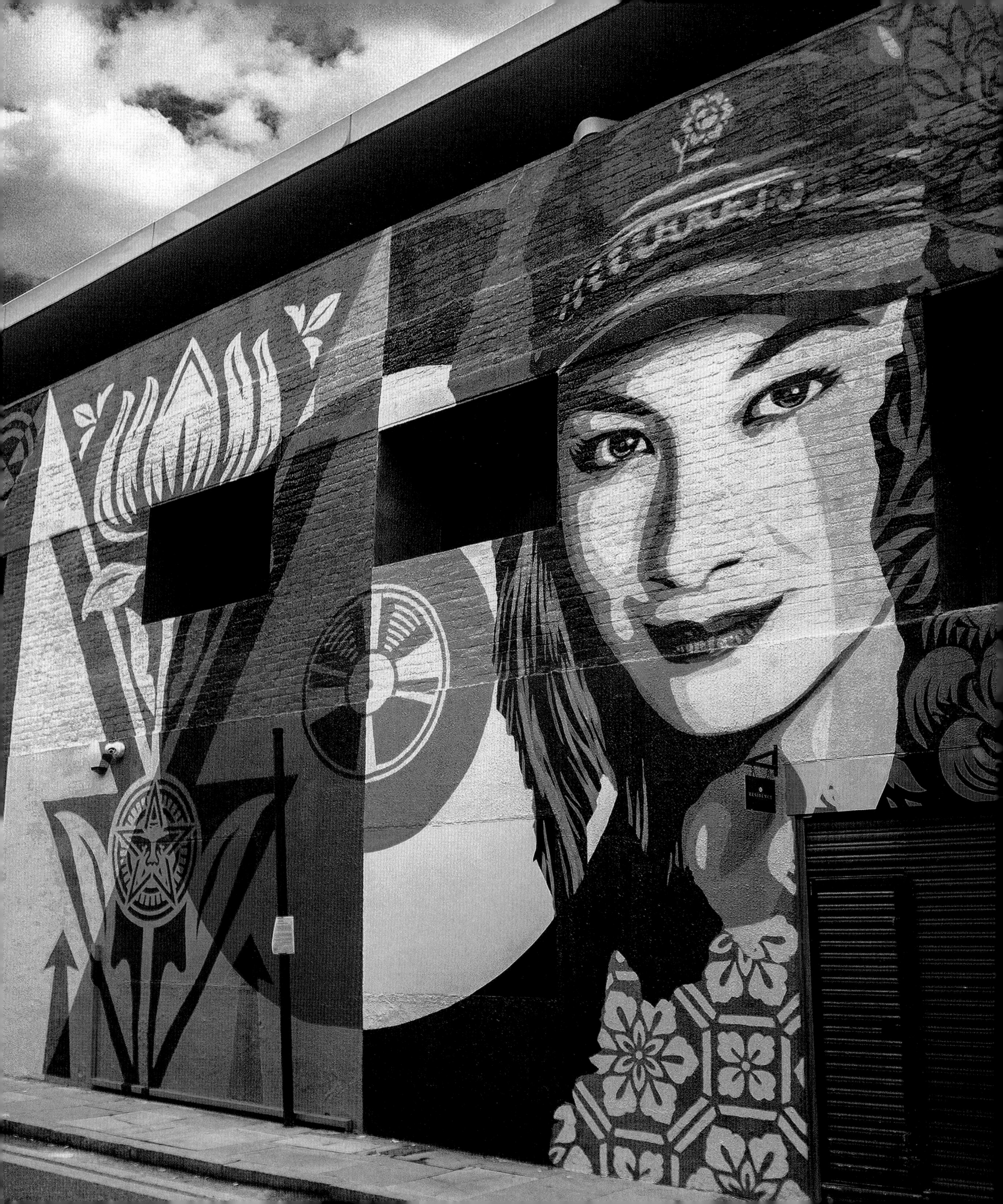

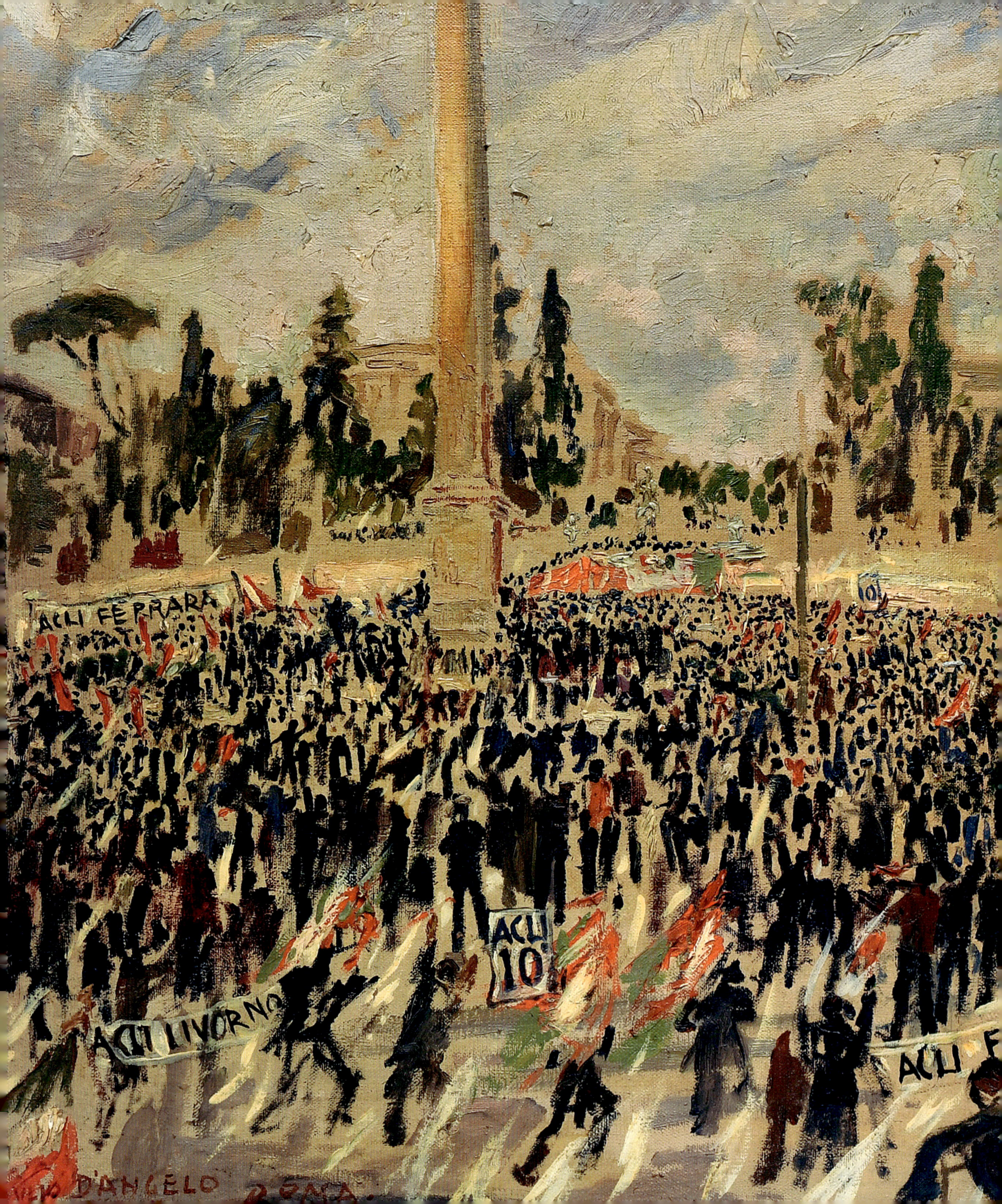
ACLI FERRARA
ACLI 10
ACLI LIVORNO
ACLI F
D'ANGELO
ROMA.

LE ICONOGRAFIE DEL MARGINALE DI SHEPARD FAIREY E LE OPERE DELLA GALLERIA D'ARTE MODERNA TRA AFFINITÀ E RIMANDI NELLE PRATICHE DELL'IMMAGINARIO

SHEPARD FAIREY'S ICONOGRAPHY OF THE MARGINAL AND WORKS FROM THE GALLERIA D'ARTE MODERNA: AFFINITIES AND REFERENCES IN THE PRACTICES OF THE IMAGINATION

Arianna Angelelli | Daniela Vasta

Dall'interferenza statica "nel mare di immagini e messaggi del mondo" che con la sua opera d'arte Shepard Fairey, popolare sostenitore dell'arte pubblica, cerca di attivare per le strade, si è passati alle interferenze tra le sue pitture, serigrafie, stencil e collage e le opere della collezione della Galleria d'Arte Moderna di Roma. Le immagini di propaganda, le parodie dell'autorità e le modifiche delle icone della cultura popolare dell'artista americano sono accostate a quelle della collezione romana secondo una logica, semplice ma accattivante, di similitudini ideologiche, affinità concettuali, stilistiche (cromatiche e compositive) e iconografiche nel tentativo non di avviare un mero dialogo sull'assorbimento-accostamento di immagini, ma di creare un percorso di consapevoli e ricercate suggestioni.
Le immagini intense e seducenti di persone e oggetti utilizzate da OBEY come simboli per decostruire e ricreare immagini forti e frasi emotivamente poten-

From the static interference in "the world's sea of images and messages" that Shepard Fairey, a popular supporter of public art, tries to create with his art on the street, to a new interference between his paintings, screen prints, stencils, and collages and works in the collection of the Galleria d'Arte Moderna in Rome. Here, the American artist's propaganda images, parodies of authority, and alterations of the icons of popular culture have been paired with works of the Roman collection following a simple but engaging logic of ideological affinities and conceptual, stylistic (chromatic and compositional), and iconographic consonances. This is not merely an attempt to initiate dialogue on the absorption/juxtaposition of images but rather an endeavor to create a journey made up of mindful, sophisticated evocations.
The intense and captivating images of people and objects that OBEY uses as symbols for deconstructing and recreating powerful images and emotionally

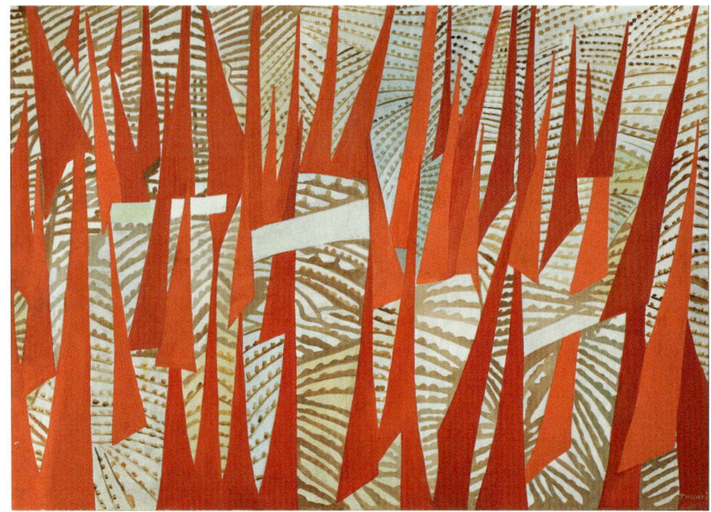

p. 56 ~ **Giulio D'Angelo**, ***Comizio a Porta del Popolo*** 1955, particolare / detail

Giulio Turcato, ***Comizio*** 1949-1950

ti[1] sono politicamente cariche, utilizzano metafora, umorismo ed elementi decorativi accattivanti per ottenere risultati provocatori ma belli. Con la sua arte OBEY da una parte si rivolge al potere e all'autorità istituzionale, dall'altra incita il ruolo della controcultura e degli individui indipendenti per mettere in discussione il paradigma dominante, con un principio simile a quello delle due opere *Comizio a Porta del Popolo* di Giulio D'Angelo (1955) e *Comizio* di Giulio Turcato (1949-1950). Se la prima, proponendo uno dei soggetti prediletti dall'artista, raffigura, in primo piano e sullo sfondo di Piazza del Popolo, una folla indistinta all'interno della quale spiccano alcuni striscioni con varie scritte ("ACLI FERRARA", "ACLI LIVORNO")[2],

potent messages[1] are politically loaded and employ metaphor, humor and seductive decorative elements to achieve provocative but beautiful results. With his art, on the one hand OBEY addresses power and institutional authority and, on the other, urges counterculture and independent individuals to take a role in questioning the dominant paradigm, following a principle similar to that in the two works *Comizio a Porta del Popolo* by Giulio D'Angelo (1955) and *Comizio* by Giulio Turcato (1949–50). While the former, depicting one of the artist's preferred subjects, portrays an indistinct crowd on Piazza del Popolo carrying a variety of banners ("ACLI FERRARA," "ACLI LIVORNO"),[2] Turcato's painting reflects the social tensions of the 1950s

---

[1] L'implicita filosofia alla base di ciò è quella del mettere ogni cosa in discussione per "indagare e decostruire tutto, poiché una persona e il simbolo semplificato che è diventata non sono sempre la stessa cosa" (Shepard Fairey).

[2] Diverse le opere di Giulio D'Angelo che ritraggono scorci di Roma sempre pullulante di gente e di vita, nelle quali l'artista, pittore sanguigno e irrequieto, dà sfogo alla sua esuberanza cromatica, i cui riferimenti stilistici sono da ritrovarsi tra il post-impressionismo studiato a Parigi e la pittura di Filippo De Pisis. L'artista nei suoi scritti dichiara: "La folla, le piazze e le strade tumultuose sono i miei soggetti preferiti [...] sia nelle strade di Catania in festa, sia nelle piazze di Roma, sia nei comizi a Piazza del Popolo o al Palatino, o nei concerti di Piazza San Marco a Venezia, sia Parigi durante il *défilé* del 14 luglio fra Place de la Concorde e Piazza della Bastiglia, ho sempre dipinto le folle con passione". G.R. Ansaldi, *Ricordo di Giulio D'Angelo*, in "L'Urbe", n. 3-4, 1979, pp. 55-58.

---

[1] The implicit philosophy at the base of Fairey's action is that of questioning everything in order to "investigate and deconstruct everything, because a person and the simplified symbol that he or she has become aren't always the same thing" (Shepard Fairey).

[2] Giulio D'Angelo made numerous works portraying glimpses of Rome teeming with people and life in which the sanguine, restless painter gave free rein to his exuberant palette, the stylistic references for which included the Post-Impressionism that he studied in Paris and the work of Filippo De Pisis. In his writings, the artist explained, "noisy crowds, piazzas and streets are my favorite subjects ... the festive streets of Catania, the piazzas of Rome, the rallies in Piazza del Popolo or at the Palatine, the concerts in St Mark's Square in Venice, Paris during the défilé on July 14 from Place de la Concorde to Place de la Bastille, I have always painted crowds with passion." G. R. Ansaldi, "Ricordo di Giulio D'Angelo," in *L'Urbe*, no. 3–4, 1979, pp. 55–58.

la tela di Turcato rispecchia le tensioni sociali degli anni cinquanta e sessanta del Novecento[3]. Turcato, attivo in vari movimenti – Art Club, Forma 1, Fronte Nuovo delle Arti – che proponevano un rinnovamento del linguaggio figurativo e del suo ruolo sociale affinché l'arte italiana si inserisse all'interno degli orizzonti europei guardando anche agli Stati Uniti d'America, risolve il motivo popolare con mezzi pittorici astratti che risentono del post-cubismo. Tutti segni cromatici disposti con alternanza irregolare e ondulata: bandiere rosse di forma triangolare con il vertice posto verso l'alto su sfondo chiaro, vicino al bianco, virato in azzurro e beige e riempito da una fitta tessitura grafica, punti e tasselli marroni uniti da tratti continui con andamento e spessore differenziato per zone. A queste figure si sovrappongono tre forme rettangolari bianche[4]. Alla stessa stregua dell'operazione concettuale di OBEY, anche Turcato risolve una delle più frequenti espressioni popolari e sociali di quegli anni in chiave simbolica. La forma triangolare delle bandiere e il loro svettare fino agli estremi lembi della superficie della tela, così come gli striscioni bianchi che vi si frappongono orizzontalmente e le linee curve e ondeggianti che lasciano intendere la presenza di migliaia di persone, non alludono a un dinamismo di derivazione futurista, a un movimento della folla inneggiante con i propri vessilli. Al contrario le bandiere, alte e sovrastanti, sembrano ferme e piatte; verticali, si contrappongono all'orizzontalità della folla e della tela, mantenendone ben salda la bidimensionalità. Il dipinto, lontano da qualsiasi visione prospettica, si pone come un assoluto frammento ideale, puro, di forma e astrazione.

[3] Il tema dei *Comizi* proposto in una serie di opere, tra le quali quella in questione è probabilmente l'ultima versione, prende anche il titolo di *Bandiere*, *Festa popolare*, *Primo maggio*, *Composizione*. La serie nasce da un avvenimento reale: "In quegli anni si facevano molti comizi. Ricordo più che quello al Foro Italico il comizio che si è svolto al Colosseo e io vedevo dall'alto, dal colle Oppio". M. Calvesi, *Turcato*, München 1985, p. 37.

[4] Giulio Turcato, descrivendo l'opera in un'intervista del 1983, ironizzava: "Veramente io il *Comizio* lo vedo così; però è un quadro abbastanza veristico; ci sono quella specie di triangoli rossi che rappresentano le bandiere rosse che sono la massa, la massa che poi non si individua mica più in un individuo, si individua in un individuo-massa che è il comunismo. Sarà simbolismo questo, non lo so, ma mi pare che si possa capire".

and '60s.[3] Turcato, who was active in movements (Art Club, Forma 1, Fronte Nuovo delle Arti) that sought the modernization of the language of art and its social role in order to situate Italian art within the broader European context, also looking to the United States, expressed the motif using an abstract approach to painting influenced by Post-Cubism. The work is entirely made up of irregularly arranged, undulating chromatic signs: elongated triangular red banners narrowing upward to a sharp point against a pale, almost white background with hints of light blue and beige, filled with a dense graphic texture made up of brown elements connected by continuous lines and differing in width and design per zone. This imagery is overlapped by three white rectangular shapes.[4]
In the same vein as Fairey's conceptual operation, Turcato also portrayed one of the most common popular and social expressions of those years through symbolism. The elongated triangular shape of the flags and their extension to the upper edge of the painted surface, the white banners interposed horizontally among them, and the curved, undulating lines suggesting the presence of thousands of people do not allude to Futurist dynamism and the movement of the elated, banner-waving crowd. On the contrary, the tall, overlapping flags seem still and flat. Their verticality contrasts with the horizontality of the crowd and the canvas, firmly maintaining the two-dimensionality of the image. The painting, untouched by any form of perspective, is presented as an absolute, ideal, and pure fragment of form and abstraction.
Shepard Fairey's powerful and revolutionary images such as *Earth Crisis* and his large body of environmen-

[3] Turcato explored the theme of mass meetings in a series of works, this probably being the last; other titles that he used for the subject include *Bandiere*, *Festa popolare*, *Primo maggio* and *Composizione*. The series developed out of an actual event: "There were a lot of rallies in those years. The one that I remember the most was at the Colosseum, and I saw it from above, from the Oppio Hill." See M. Calvesi, *Turcato* (Munich, 1985), p. 37.

[4] Describing the work in an interview in 1983, Giulio Turcato explained: "To be honest, this is how I see the *Comizio*, although it's a pretty veristic painting. There are those red triangles, which represent the red flags which are the mass of people, the mass that can't even be distinguished into individuals anymore, it is an individual-mass, communism. I guess this is symbolism, I don't know, but I think it is understandable."

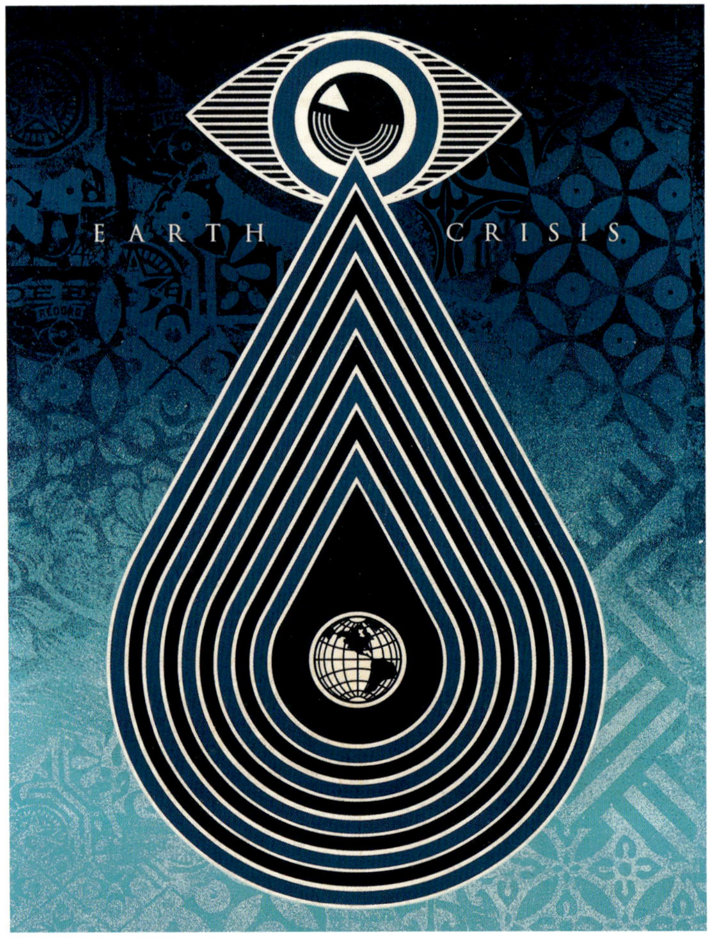

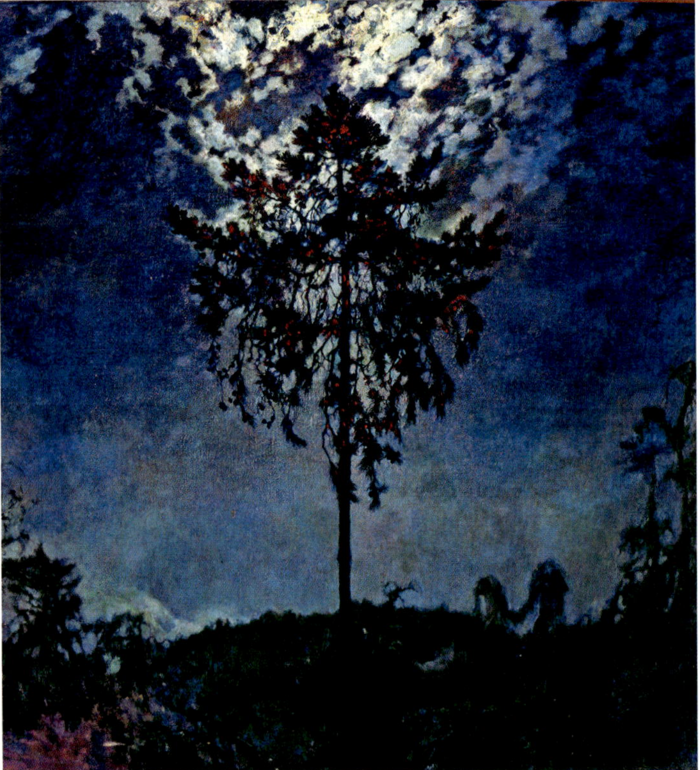

Alle immagini potenti e rivoluzionarie di Shepard Fairey come *Earth Crisis* e un nutrito *corpus* di lavori a tema ambientale dove ogni opera d'arte è creata con tonalità blu e acqua, a ricordo della necessità di aria, acqua e vegetazione pulite per sostenere il pianeta[5], sono accostate opere della Galleria d'Arte Moderna dalla forza onirico-visionaria, quali i bozzetti di Adolf Hirémy-Hirschl, e dall'atmosfera sospesa ed enigmatica del blu della *Ninfa addormentata* di Antonio Discovolo.

Nei tre bozzetti antecedenti al 1912 – anno del polittico *Sic transit* – Hirschl esegue uno studio sul gruppo di figure apocalittiche che si trasformano in un vortice luminoso; sulla raffigurazione della Dea Roma evanescente come un'apparizione angelica che, nel terzo bozzetto, viene riproposta in una resa molto più vicina alla soluzione definitiva adottata nel polittico, sia per impianto complessivo della composizione sia per la posizione frontale della figura avvolta da un alone luminoso che la rende angelica, accentuando il valore simbolico e allegorico del dipinto.

Al centro della tela Discovolo mette in risalto la sagoma scura di un grande albero con il fusto sottile e la chioma di foglie rosse che si stagliano contro l'azzurro scuro del cielo, squarciato in alto dalla chiara luce lunare. In basso a destra, tra la vegetazione, si scorge una figura femminile distesa: la ninfa, cui fa riferimento il titolo del dipinto. La dimensione notturna della scena è resa mediante un sottile gioco cromatico in cui dominano le sfumature del blu e dell'azzurro, esaltate dal contrasto con i toni più radi del grigio, del bianco e del rosa. Il paesaggio, da sempre genere prediletto dall'artista, si carica di un senso di attesa e mistero di chiara valenza simbolista nel quale il dato naturalistico viene declinato in una forte propensione simbolica con l'esecuzione di scene cariche di suggestioni notturne, rese attraverso una pittura sommaria tesa alla ricerca di effetti luminosi di grande fascino.

---

[5] "L'installazione, i murales, le opere d'arte e le stampe sono tutte piattaforme diverse per trasmettere il messaggio che siamo di fronte a una crisi globale. Penso che l'arte sia un modo per coinvolgere le persone. L'arte può avviare conversazioni quando gli altri media falliscono. Se a uno spettatore piace il mio murale, se gli piace la mia installazione, come le mie opere d'arte, questo può fargli considerare a cosa si rivolge l'immagine. Questo nuovo *corpus* di opere riflette e si basa su tutta la mia storia dell'arte a tema ambientale. Spero che richiami visivamente e che faccia scattare la necessaria conversazione sulla protezione del nostro pianeta per le generazioni future" (Shepard Fairey).

tally-themed works in blues and water hues to express the planet's need for clean air, water, and plant life,[5] have been paired here with dream-like, visionary works such as Adolf Hirémy-Hirschl's sketches and with the suspended, enigmatic blue atmosphere of Antonio Discovolo's *La ninfa addormentata*.

In the three sketches from before 1912 (the year of the polyptych *Sic transit*), Hirschl studied the group of

[5] "The installation, the murals, the fine art, the prints—they are all different platforms to put across the message that we are facing an earth crisis. I think that art is a way to engage people. Art can initiate conversations when other media fail. If a viewer likes my mural, if they like my installation, like my art pieces, that may make them consider what the image is addressing. This new body of work reflects on and builds upon my entire history of environmentally-themed art. I hope that it appeals visually and sparks the needed conversation about protecting our planet for future generations" (Shepard Fairey).

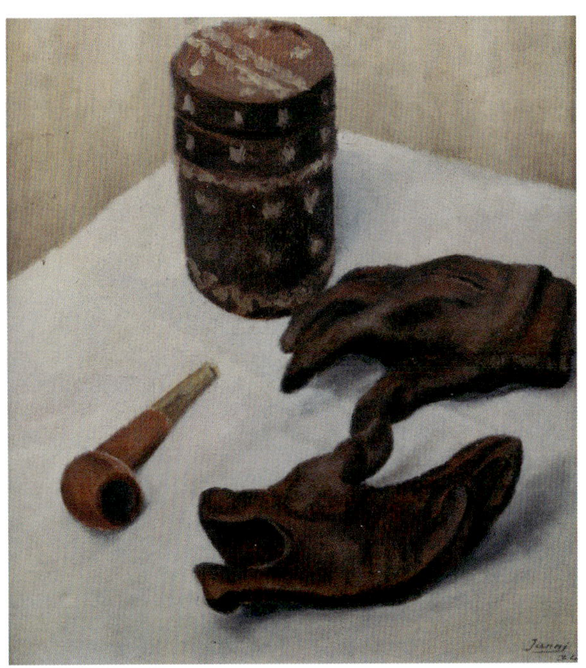

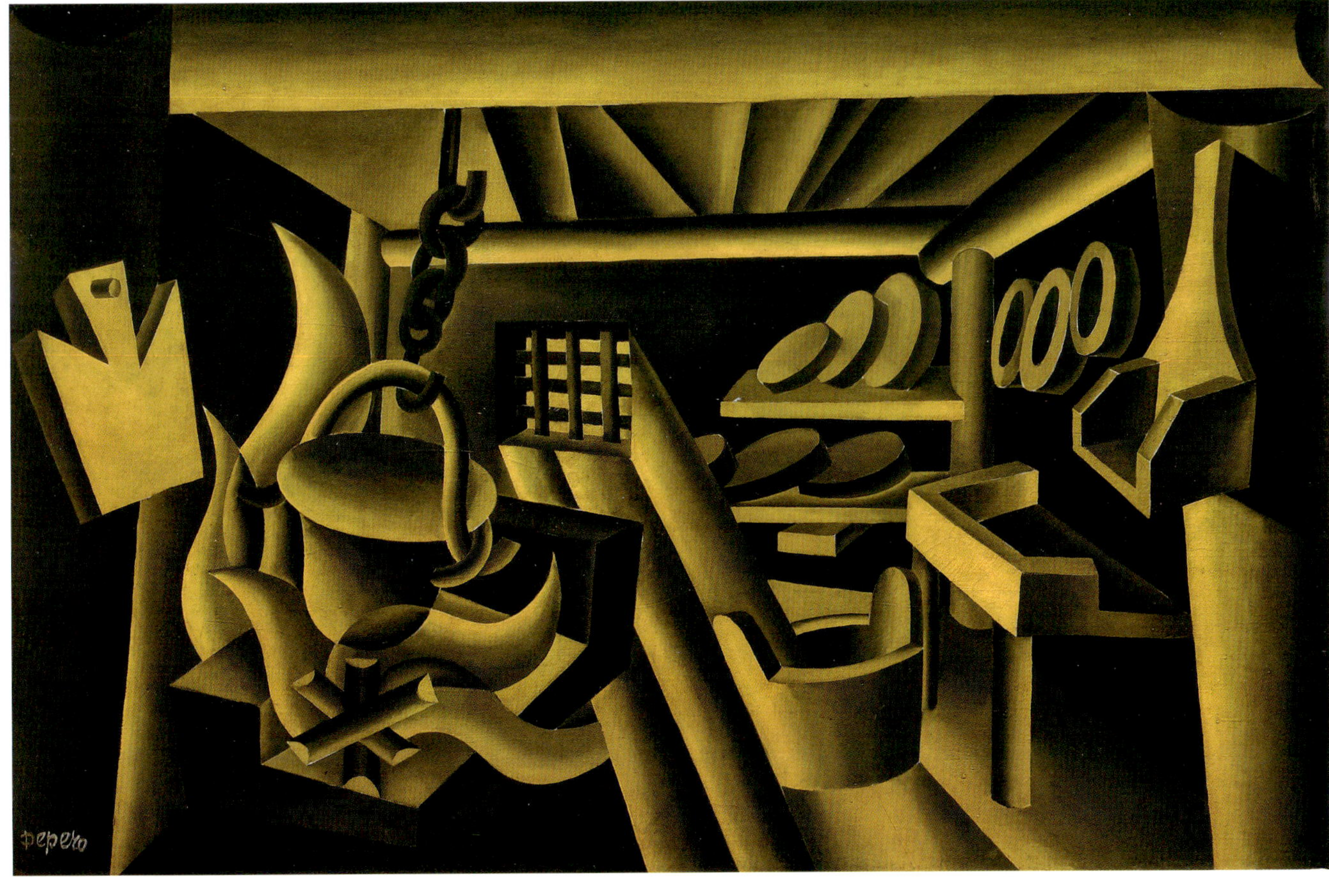

Shepard Fairey, *EARTH CRISIS* 2019

Antonio Discovolo, *La ninfa addormentata* 1921

Guglielmo Janni, *Natura morta con guanti* 1934

Fortunato Depero, *Polenta a fuoco duro (Polenta a fuoco vivo)* 1924-1926

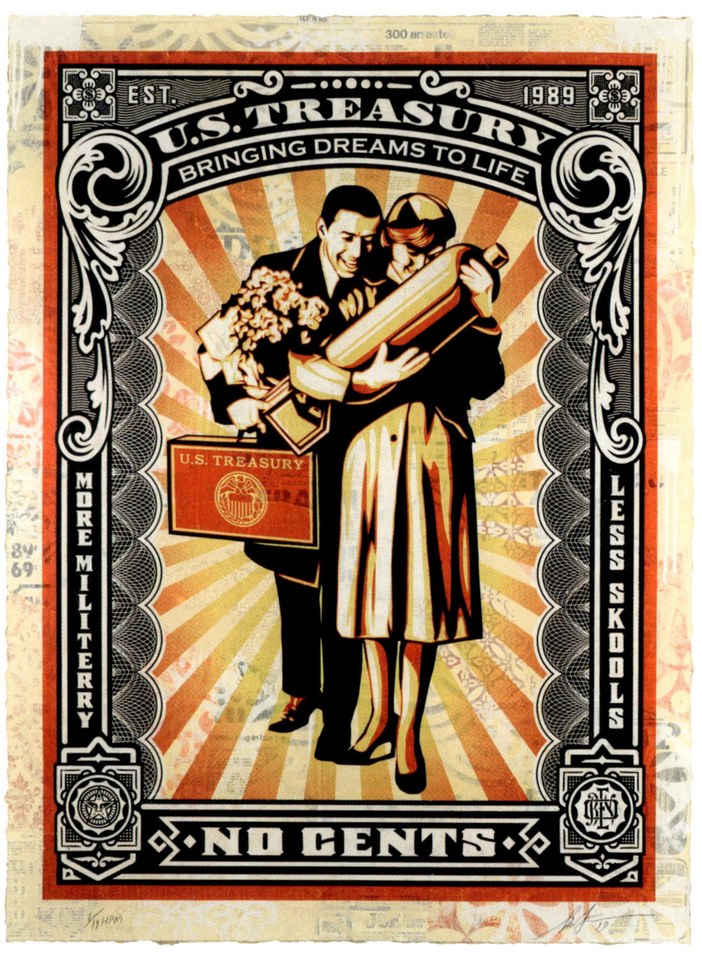

Shepard Fairey, *PROUD PARENTS* 2019
Mario Sironi, *La famiglia* 1927
Bruno Saetti, *Bimba con fiori* 1936
p. 64 ~ Shepard Fairey, *WAR BY NUMBERS* 2019
p. 65 ~ Emilio Notte, *Bambina che legge* 1930

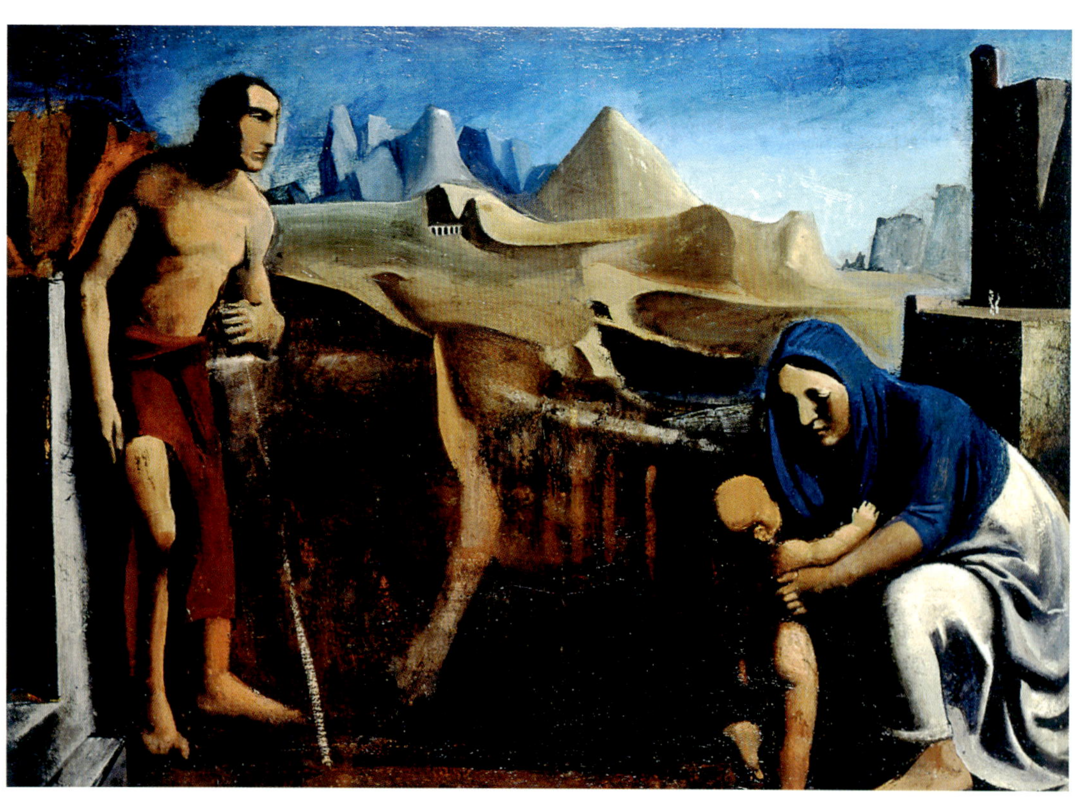

apocalyptic figures morphing into a luminous whirl and the Goddess Roma, evanescent like an angelic apparition. In the third sketch, she is closest to the definitive form adopted in the polyptych, both as regards composition and the frontal pose of the figure, which is enveloped in a luminous halo that makes it truly angelic—something that accentuates the symbolic and allegorical nature of the painting.

In the middle of the canvas, Discovolo emphasized the dark shape of a large tree with a slender trunk and red leaves that stands out against the dark blue of the sky, pierced above by the pale light of the moon. At the lower right, the nymph of the title is lying amidst the greenery. The nocturnal atmosphere was created through a subtle play of hues dominated by shades of blue and enhanced by the contrast with occasional hints of gray, white and pink. The landscape (his preferred pictorial genre) is loaded with a clearly symbolist atmosphere of mystery and expectation: nature is always expressed symbolically in scenes packed with elements evocative of night, rendered in a summary painting style concentrated on the search for powerful evocative light effects.

A group of Shepard Fairey's works in which the object/target is treated like a tool, symbol, stereotype, and instrument of propaganda, the subjects ranging from war and peace to political corruption, global warming and empowerment, has been put into relation with the concept of the epiphany of the object, which is inherent in a few of the still lifes in the Roman collection conceived as uninterrupted meditations on the meaning of things. These images express the artists' attempt to communicate the certainty that, through them, there is no need for long journeys to arrive at meaning: if the aura of the object is lost in the very instant of its industrial production, work on the still life is like a sign, an indication of the urgent need to "give voice" to mute, inanimate things destined to destruction and wear. And so, in the post-Impressionist climate of the Roman Secessions, we find the still lifes of Enrico Lionne, Pasquarosa Bertoletti and Cipriano Efisio Oppo, but even more significantly the *Natura morta con guanti* (1934) by Guglielmo Janni and Fortunato Depero's *Polenta a fuoco duro* (1924–26).

In the same desecrating vein, Fairey's *Proud Parents* (2019) has been paired with the *Famiglia del pastore* by Mario Sironi (1927) and *War by Numbers* (2019) with *Bambina che legge* by Emilio Notte (1930) and *Bimba con fiori* by Bruno Saetti (1936). The desire to recapture

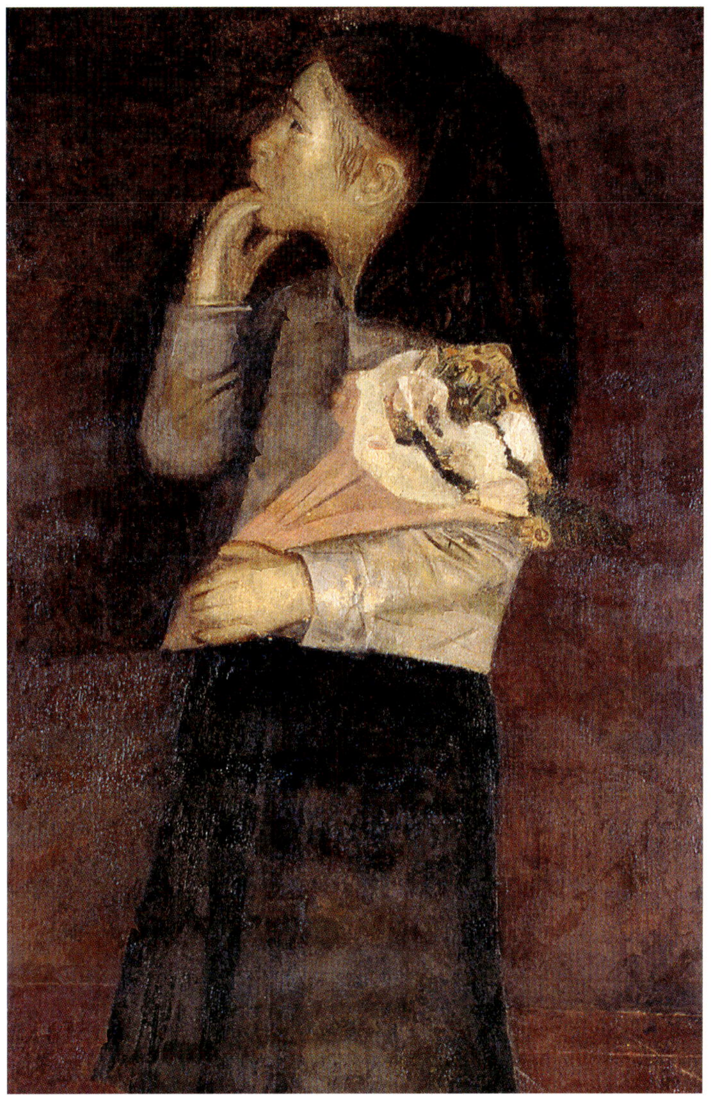

La logica sottesa al raggruppamento di alcune opere d'arte di Shepard Fairey in cui l'oggetto/bersaglio è trattato come strumento, simbolo, stereotipo e mezzo di propaganda con argomenti che includono la guerra e la pace, la corruzione politica, il riscaldamento globale e l'*empowerment* è stata, per assioma, avvicinata al concetto di epifania dell'oggetto insito in alcune nature morte della collezione romana per il modo di essere concepite come meditazione ininterrotta sul significato delle cose. Tali immagini si pongono come un tentativo dell'artista di comunicare la certezza che tramite esse non occorrano lunghi viaggi per approdare alla scoperta del senso, secondo quel principio che, se l'aura dell'oggetto si perde nel momento stesso della sua produzione industriale, la ricerca sulla natura morta si presenta come una spia, un indizio di quella necessità non più procrastinabile di "far parla-

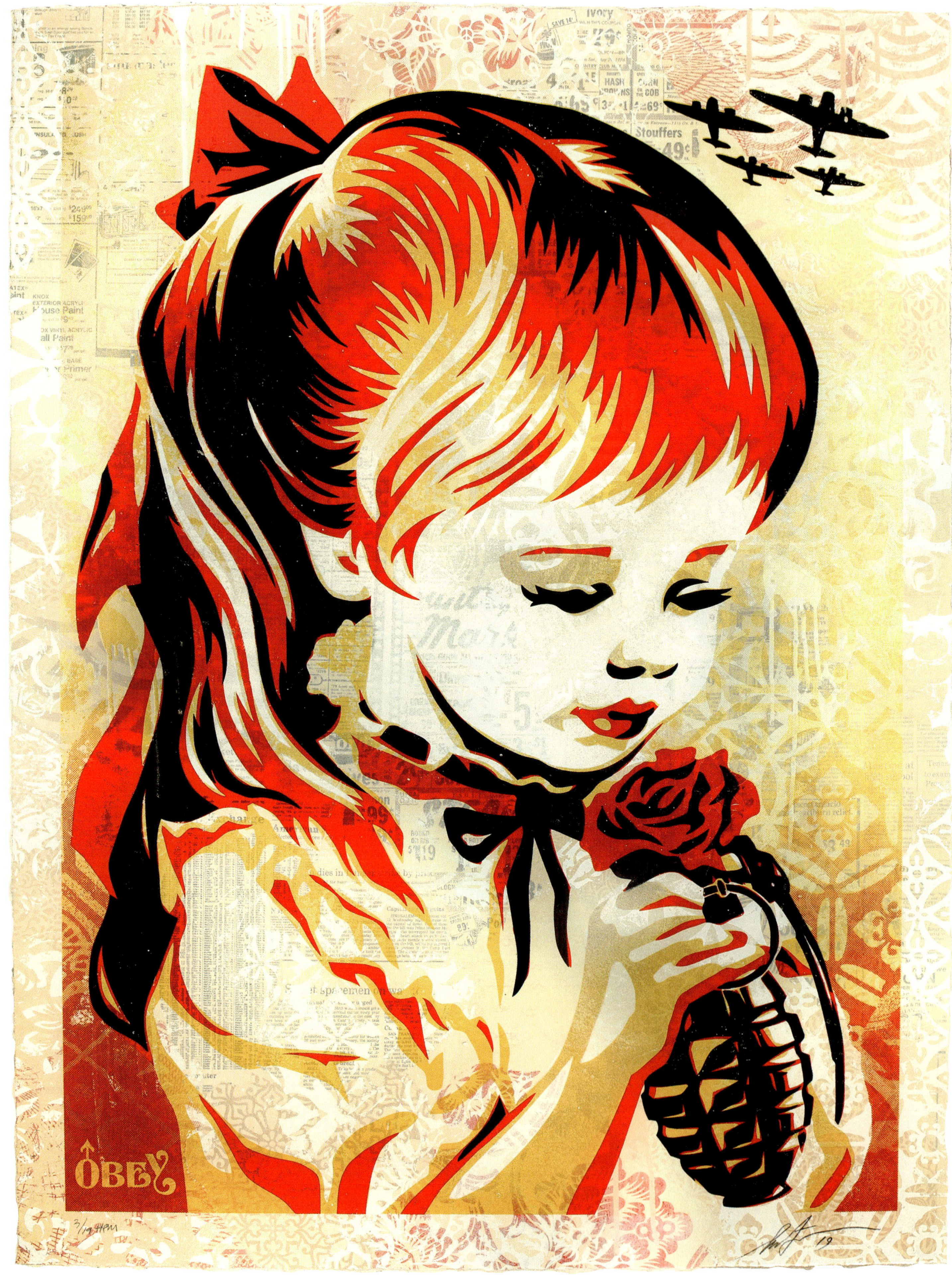
Stouffers
OBEY

re" cose mute e inanimate destinate alla distruzione e al logoramento. Così, nel clima post-impressionistico delle Secessioni romane, si presentano le nature morte di Enrico Lionne, Pasquarosa Bertoletti e Cipriano Efisio Oppo, ma ancor di più la *Natura morta con guanti* (1934) di Guglielmo Janni e *Polenta a fuoco duro* (1924-1926) di Fortunato Depero.
Sulla stessa scia dissacrante si impongono gli accostamenti di *Proud Parents* (2019) di OBEY con la *Famiglia del pastore* di Mario Sironi (1927) e *War by Numbers* (2019) con *Bambina che legge* di Emilio Notte (1930) e *Bimba con fiori* di Bruno Saetti (1936). Su identici binari paralleli sembra muoversi la stessa volontà – attraverso la forza iconica e simbolica di tematiche rappresentative di una umanità eroica e primordiale – di recuperare l'arcaica energia e la quasi biblica solennità degli antichi valori. Evidente in Sironi nella rielaborazione del tema della maternità nell'immagine rinascimentale della Madonna con il Bambino, così come nel gioco di parallelismo tra la bambina di Fairey e quella con i fiori di Saetti, e nell'alto valore attribuito da Emilio Notte alla comunicazione del sapere e al significato della trasmissione della cultura nel dipingere spesso soggetti relativi alla sua esperienza di insegnante.
Ma è nelle figure di persone, nei tanti ritratti, che Shepard Fairey mostra quanto la grande arte sia in grado di fondere con forza piacere e provocazione intellettuale. L'artista crea immagini iconiche di eroi, eternizzate nel tempo attraverso opere basate più su questioni critiche e meno su figure distinte. Le persone che illustra, piuttosto che personaggi riconoscibili, sono rappresentative dei diversi americani più colpiti dalle politiche attuali e dalle questioni sociali. Nei ritratti si attua quel processo di decostruzione dei significati per iniziare le necessarie conversazioni su cause e questioni in cui credere: le figure perdono individualità a favore dell'omogeneità come sintomo di una società in declino, mettendo in discussione i simboli e i metodi della macchina e del sogno americano. Alle immagini di Shepard Fairey si accostano i ritratti di figura della collezione della Galleria d'Arte Moderna, un vero e proprio *excursus* pittorico tra figure e corpi, reali o vagheggiati, presi dalla vita o frutto di elaborazioni formali e culturali, per mettere in luce la diversità del rapporto fra l'artista e il soggetto, la figura umana maschile o femminile. Anche nelle opere romane, attraverso il variegato mosaico delle differenti personalità degli artisti e dei diversi esiti formali e stilistici

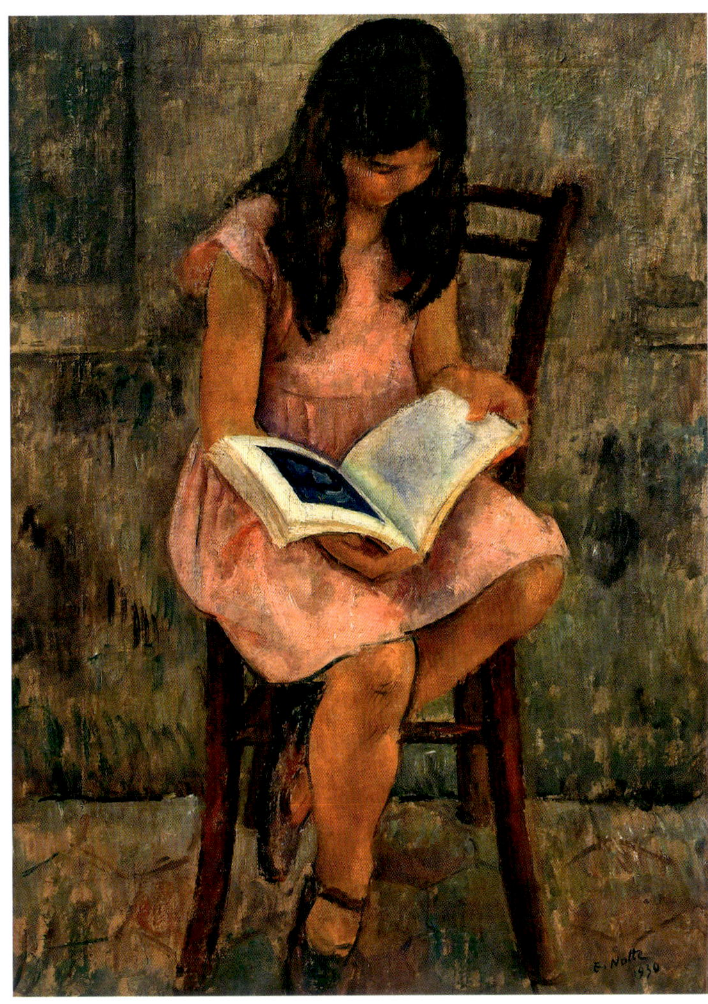

the archaic energy and almost Biblical solemnity of ancient values through the iconic and symbolic force of themes representing a heroic, primordial humanity seems to move on similar parallel tracks. This is clear in Sironi's reworking of the theme of motherhood in the Renaissance image of the Madonna and Child, as well as in the game of parallelism between Fairey's little girl and Saetti's young child with flowers, and in the high value ascribed by Emilio Notte to the communication of knowledge and the significance of the transmission of culture, expressed through his frequent choice to paint subjects related to his experience as a teacher.
But it is in the images of people, in his countless portraits, that Shepard Fairey demonstrates the capacity of great art to powerfully meld pleasure and intellectual provocation. The artist creates iconic images of heroes, eternalized through works which are based more on critical issues than distinguished figures. The people that he portrays are not so much recog-

nizable figures as representatives of the Americans most affected by current politics and social concerns. In his portraits, he carries out a process of deconstructing meaning in order to kick-start the necessary conversations about causes to believe in. His figures lose their influence as individuals in favor of homogeneity, they become symptoms of a society in decline, questioning the very symbols and methods of the American dream and machine.

Fairey's portraits have been paired with portraits from the collection of the Galleria d'Arte Moderna in a pictorial excursus among figures and bodies, real or ideal, taken from life or formally and culturally crafted, with the aim of highlighting the diversity of the relationship between artist and subject, the male and the female. In the Roman works as well, the variegated mosaic of the different personalities of the artists and the diverse formal and stylistic features of their works reveal the full force of the representation of the human body and its capacity to take on multiple meanings, become an icon, tool, symbol.

The true subject of *Il Cardinal decano* (1930) by Gino Bonichi—one of the most important artists of the twentieth century and the undisputed leader of the Roman School, better known by his pseudonym Scipione—is not the deacon of the college of cardinals but rather Christianity itself and Rome: not the triumphant city but the dark, crumbling one of his own time, epitomized by the figure of the prelate, portrayed in a symbolic-expressionist vein. Through the portrait of the elderly cardinal Vincenzo Vannutelli, with his facial features distorted, Scipione aimed to represent not the glorious Rome of a lost past but the opulent, dark city of his own time, with implicit reference to Christianity, which, having lost its initial motivation, has become power hungry. The tangible signs of physical and moral degeneration are visually expressed in the decomposition of his body and the unnaturally long and skeletal hands, a reference to the death that has already overtaken him. While the pairing with Scipione's painting is conceptual and symbolic in nature, the parallelism established between Fairey's work and the *Ritratto di Afro Basaldella* (1936) by Carlo Levi and the *Autoritratto* by Renato Guttuso (1937) is purely aesthetic.

Among the works in this genre, Fairey has devoted many of his pieces to women and the iconic figures of feminism, producing numerous portraits devoted to the cause of gender equality. His works, which offer a panorama of his thinking on the female sphere,

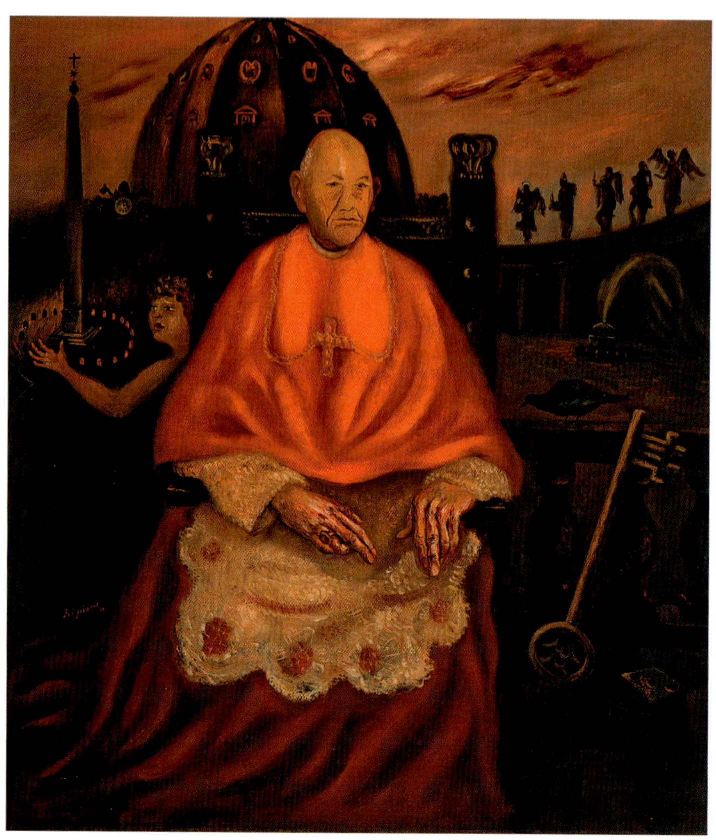

Scipione, *Il Cardinal decano* 1930

Renato Guttuso, *Autoritratto* 1937

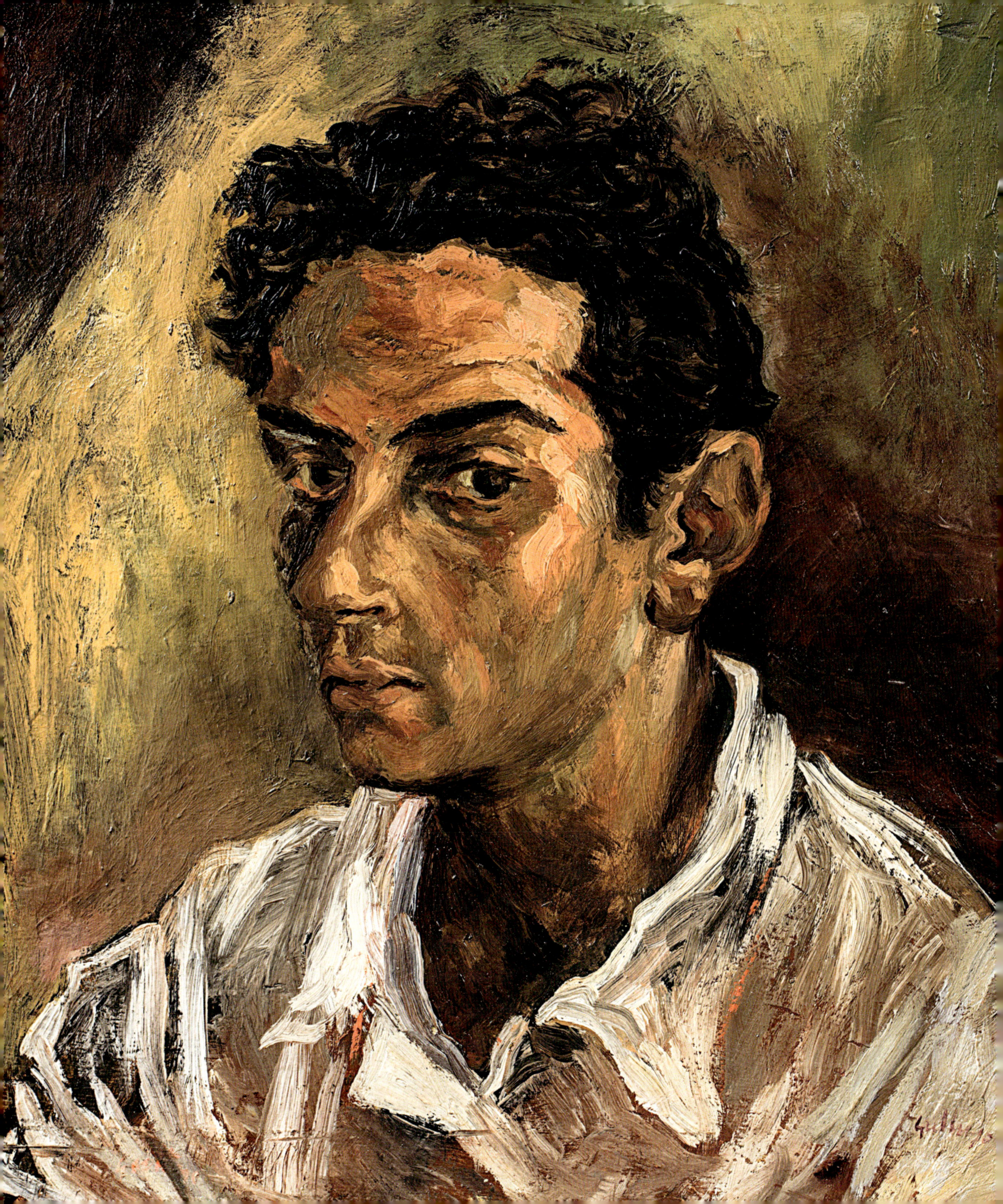

delle loro opere, la rappresentazione della figura umana trova tutta la sua evidenza e la sua capacità di assumere molteplici significati, farsi icona, strumento, simbolo o più semplicemente persona.
Il reale soggetto nel *Cardinal decano* (1930) di Gino Bonichi – artista meglio conosciuto con lo pseudonimo di Scipione, uno degli autori più significativi del secolo appena trascorso e protagonista indiscusso della Scuola Romana – non è il decano del collegio cardinalizio, ma la cristianità e Roma: non la città trionfante, bensì quella oscura e decadente a lui contemporanea simboleggiata dalla figura del prelato proposta in chiave simbolico-espressionista. Attraverso il ritratto dell'anziano cardinale Vincenzo Vannutelli, snaturato dall'artista nei tratti somatici del volto, Scipione vuole rappresentare non la Roma gloriosa di un passato scomparso, ma la città opulenta e oscura del suo tempo con implicito riferimento al cristianesimo che, perduta la spinta iniziale, è diventato avido di potere. I segni tangibili della degenerazione fisica e morale sono iconograficamente evidenti nel disfacimento del corpo, nelle mani lunghissime e scheletriche come richiami alla morte che già lo avviluppa. Se l'accostamento all'opera di Scipione è di natura concettuale-simbolica, in forza di richiami puramente estetici si giustificano parallelismi tra le opere dell'artista americano e il *Ritratto di Afro Basaldella* (1936) di Carlo Levi e l'*Autoritratto* di Renato Guttuso (1937).
Fra le opere di tale ambito, dalle tematiche sviscerate nel profondo, Shepard Fairey dedica molti dei suoi lavori alle donne, ai personaggi iconici del femminismo, realizzando molti ritratti dedicati alla propaganda della parità di genere. I suoi lavori, in cui si ricava una panoramica del pensiero dell'artista sul mondo femminile, ovvero l'idea della donna come centro tolemaico del mondo dove si intrecciano militanza, erotismo e indipendenza, sono accostati alle tante figure femminili delle opere della Galleria d'Arte Moderna. Dall'idealizzante e simbolico nudo nella tela *Alla fonte* di Nino Costa (1862-1897) – dove, immersa in un'atmosfera di lirica seduzione, la donna diventa una ninfa dal corpo candido che rivela una bellezza che intriga e, nella chioma dai riflessi di fuoco, il segno di chi incanta – alla fantasia accesa dalle sensuali e provocanti forme della *femme fatale*, carnale promessa di estatici rapimenti dei sensi, e alla donna "alla moda" *Violette* di Enrico Lionne (1913), fino all'accattivante e ambiguo sguardo misterioso di Elisa, moglie di Giacomo Balla, ritratta nel dipinto

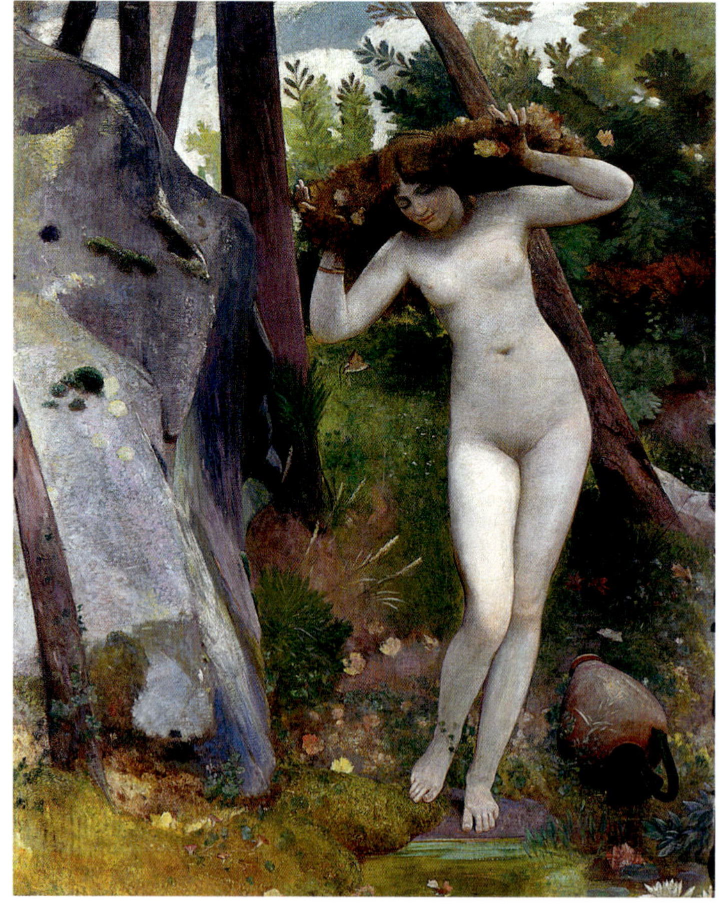

Nino Costa, *Alla fonte* 1862-1897
Giacomo Balla, *Il dubbio* 1907-1908

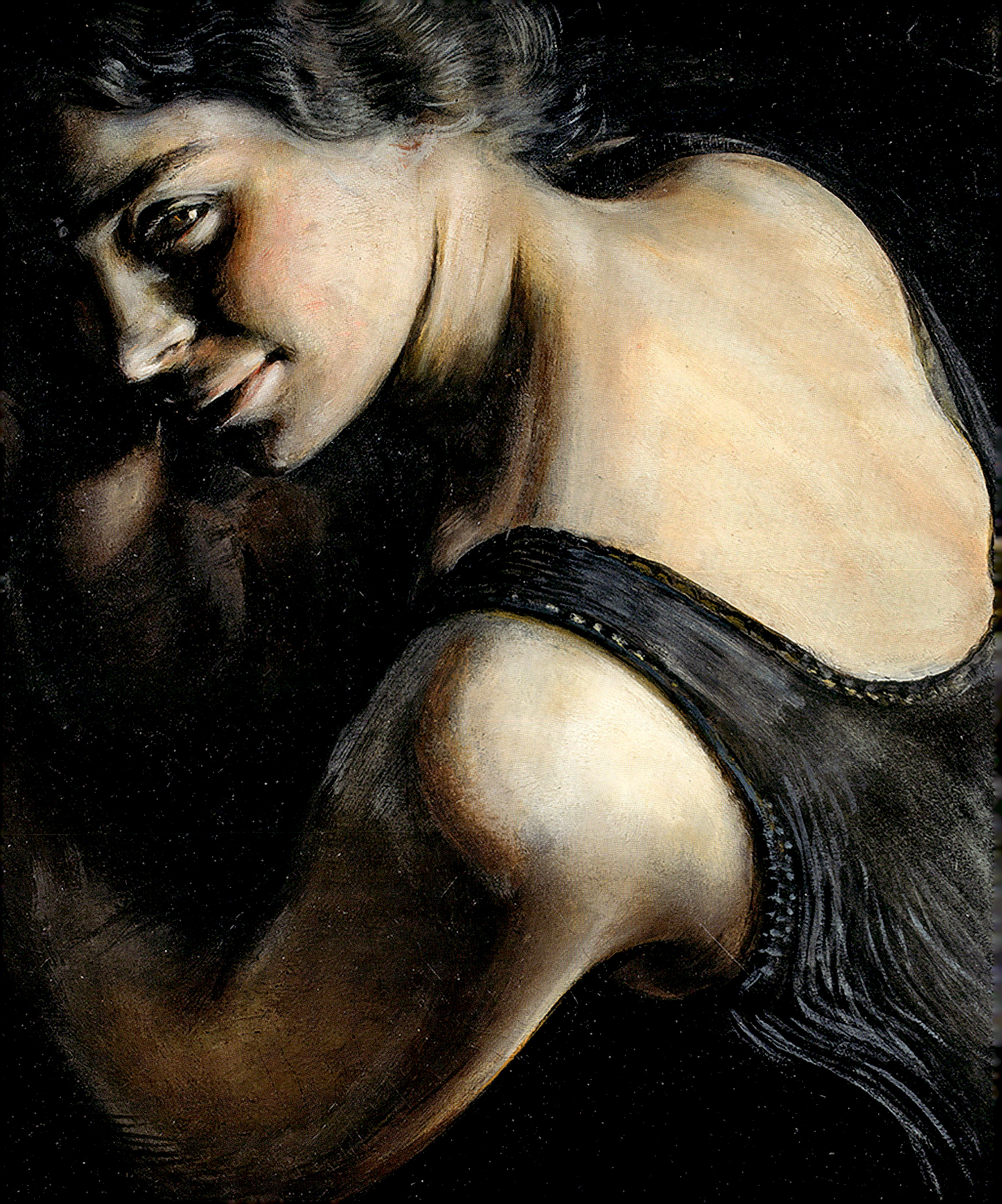

Il dubbio (1907-1908)[6]. E poi ancora le donne astratte, prive di naturalezza, di caratterizzazione ed espressività, dipinte con grande sintesi cromatica e assoluto dominio di linea e luce, di Primo Conti, Virgilio Guidi, Fausto Pirandello, Antonio Donghi e Emanuele Cavalli. L'esigenza di Shepard Fairey di esprimere, quasi "gridare", con la forza comunicativa propria della sua arte, i temi umanitari insieme ai valori al di sopra delle leggi, le utopie sociali, i messaggi pacifisti ed ecologisti con cui inneggiare alla pace e all'amore anziché alla guerra, alla bellezza anziché al male, denunciando criticità sociali, problemi e ingiustizie con opere come *Make Art Not War* (2019)[7], rende immediato il raffronto concettuale con la sacrale figura femminile, fissata in una posa ieratica di forte impatto decorativo, del dipinto di ispirazione simbolista *L'angelo dei crisantemi* (1921) e del *Ritorno dalla trincea* (1915-1917), entrambi di Giuseppe Carosi, e non troppo forzati gli accostamenti figurativi tra *My Florist is a Dick* (2019) e alcune opere

---

6 "Con bellissima espressione interrogativa dall'ombra si volge verso la luce [...], un fuggevole sorriso sfiora il labbro, luminosa è la pupilla, le belle braccia s'intravedono nell'ombra; la morbidezza dei capelli e il disegno magistrale delle spalle in luce sullo sfondo nero donano mistero e fascino alla figura che si volge interrogativa anche nell'atteggiamento, l'espressione domanda qualcosa a cui è difficile rispondere". E. Balla, *Con Balla*, Milano 1984, vol. I, p. 107.

7 "Abbiamo tutti un motivo legittimo per essere indignati dalle ingiustizie, ma dobbiamo usare questa rabbia come motivazione [...]. Inoltre, se avete uno sbocco costruttivo per la vostra voce, usatelo! Posso dirvi per esperienza che la risposta creativa è terapeutica e un modo potente per radunare alleati!" (Shepard Fairey).

specifically the idea of woman as the Ptolemaic center of the world where militancy, eroticism, and independence intertwine, have been put in relation to the numerous female figures in works in the museum's collection. From the idealized and symbolic nude in *Alla fonte* by Nino Costa (1862–97)—where, immersed in an atmosphere of lyrical seduction, the woman becomes a lily-white nymph of intriguing beauty, her fire-streaked hair betraying one who enchants—to the fevered fantasy of the sensual, provocative forms of the femme fatale, carnal promise of ecstatic raptures, and the "fashionable" *Violette* by Enrico Lionne (1913), up to the bewitching, ambiguous mysterious gaze of Elisa, Giacomo Balla's wife, depicted in *Il dubbio* (1907–08).[6] And then the abstract women, lacking all naturalness, characterization and expressiveness and portrayed with strong chromatic synthesis and total domination of light and line by Primo Conti, Virgilio Guidi, Fausto Pirandello, Antonio Donghi and Emanuele Cavalli.

Shepard Fairey needs to express, almost "shout," with all the communicative power of his art, humanitarian themes along with values that go beyond law, social utopias, pacifist and ecological messages celebrating peace and love over war, beauty over evil, exposing problems, injustices and social criticalities in works such as *Make Art Not War* (2019).[7] This makes comparison with the sacred female figure, fixed in a powerfully decorative hieratic pose, conceptually instinctive: see for example the symbolist paintings *Angelo dei crisantemi* (1921) and *Ritorno dalla trincea* (1915–17), both by Giuseppe Carosi. This is also true for the not overly forced figurative pairings between *My Florist is a Dick* (2019) and a few works in the justicialist vein for the subject represented, such as Pippo Rizzo's *Campeggio di balilla* (1929) and Domenico Belli's *Tribunale tigrino* (1936).

---

6 "With a beautiful questioning expression, she turns from the darkness to the light ... a fleeting smile brushes her lips, her pupil gleams, her beautiful arms can be glimpsed in the darkness; the softness of her hair and masterful description of her shoulders illuminated against the black background lend mystery and fascination to the figure, who turns questioningly, even in her attitude, her expression asking something to which it is difficult to respond." E. Balla, *Con Balla* (Milan, 1984), vol. I, p. 107.

7 "We all have a legitimate reason to be outraged by this injustice, but we need to use that rage as motivation ... And if you have a constructive outlet for your voice, use it! I can tell you from experience that creative response is therapeutic and a powerful way to rally allies!" (Shepard Fairey).

di stampo giustizialista per il tipo di soggetto rappresentato come *Campeggio di balilla* (1929) di Pippo Rizzo e il *Tribunale tigrino* di Domenico Belli (1936).
È in forza di una certa sospensione delle figure tra l'essere e l'esistere, per la denuncia di una non-vita con la creazione di una nuova dimensione attraverso il solo operato artistico, nella difesa di principi quali la giustizia e la dignità, per il messaggio diffuso di un'arte libera, che un'immagine come *Defend Dignity* (2019) è accostata alla *Cassandra* di Janni (1934-1935) e all'atmosfera sospesa e di mistero che vanifica qualsiasi possibile valenza erotica della *Susanna* di Felice Casorati (1929).

A.A.

The suspension of figures between being and existing, the denunciation of a non-life with the creation of a new dimension through artistic action alone, in defense of principles such as justice and dignity, and the widespread message of a free art are what underpins the pairing of images like *Defend Dignity* (2019) with Janni's *Cassandra* (1934–35) and the suspended and mysterious atmosphere that thwarts all possible erotic meaning in Felice Casorati's *Susanna* (1929).

A. A.

INTERFERENZE. IL POTERE, I SUOI VOLTI, I SUOI SIMBOLI

INTERFERENCES. POWER, ITS FACES AND ITS SYMBOLS

L'iconografia di Shepard Fairey stigmatizza il "sistema di oppressione" costituito dall'azione coordinata dei poteri politici, militari e finanziari deputati al controllo delle coscienze e alla sorveglianza dei singoli e delle comunità, un "grande fratello" orwellianamente inteso che impregna le democrazie contemporanee. L'uomo in divisa è una delle icone di questo sistema. Da qui derivano alcuni accostamenti con le opere della collezione d'arte contemporanea.
Nel ritratto fotografico *Pino Pascali - Cannone* (1965), Claudio Abate, sapiente ritrattista, enfatizza la forza dissacrante del lavoro di Pascali, "il senso dell'opera

Shepard Fairey's iconography stigmatizes the "system of oppression" shaped by the coordinated action of political, military, and financial powers in charge of controlling thoughts and monitoring individuals and communities, an Orwellian "big brother" that permeates contemporary democracies. The man in uniform is one of the icons of this system. And this was the starting point for a few pairings with works from the contemporary art collection.
In the photographic portrait *Pino Pascali - Cannone* (1965), Claudio Abate, a masterful portraitist, emphasizes the desecrating power of Pascali's work, "the

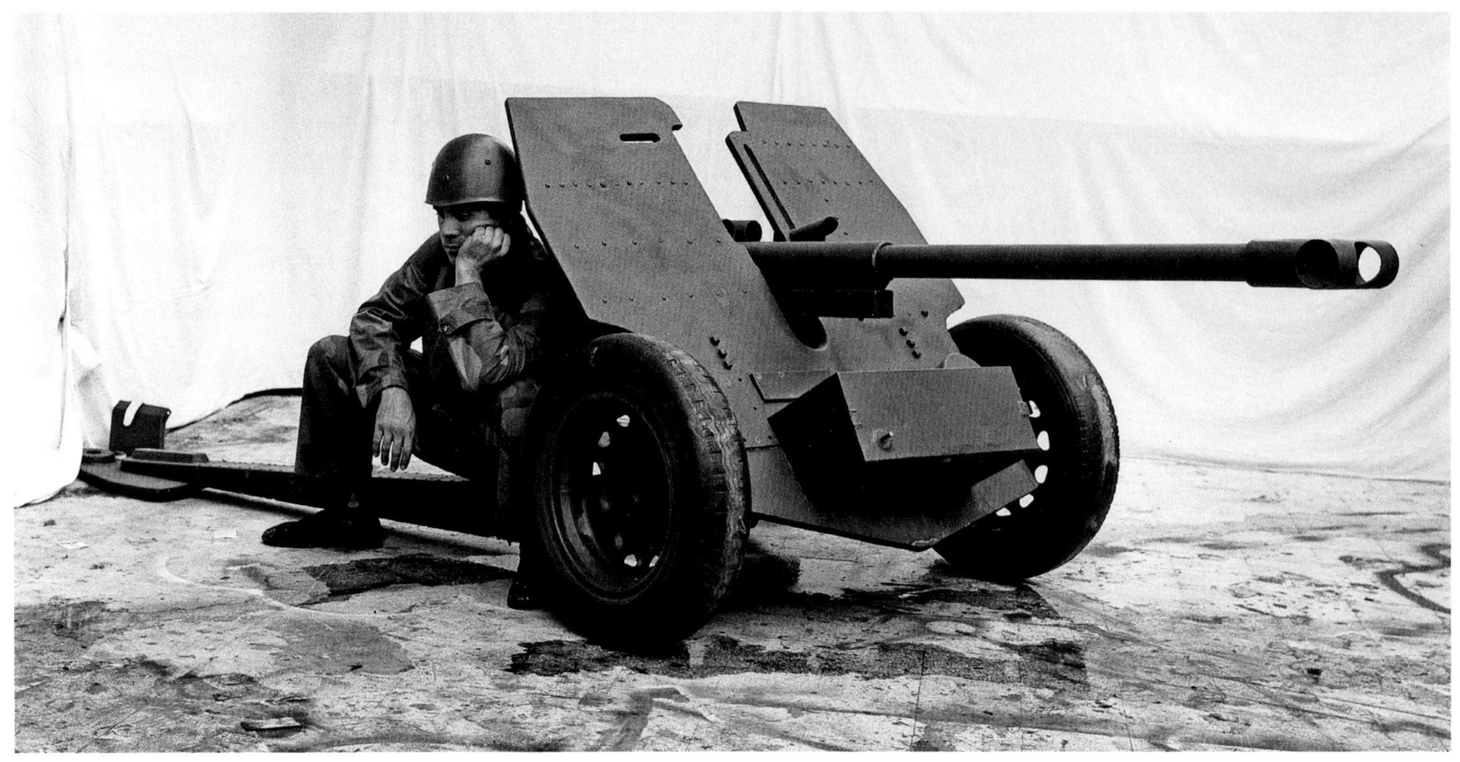

Claudio Abate,
Pino Pascali – Cannone
1965

e l'intendimento del suo autore"[8]. L'artista che, in uniforme, siede pensoso accanto a una delle sue macchine da guerra-giocattolo, restituisce uno sguardo disincantato e perplesso sulle gerarchie militari e sulla guerra come vuoto idolo del potere. Le *Armi*, assemblaggi realizzati da Pascali negli anni sessanta aggregando rottami, lamiere e rifiuti meccanici, nella loro natura di simulacri inoffensivi traducono lo spirito metaforico e fantasioso con cui i bambini "giocano" alla guerra e, allo stesso tempo, sembrano indirizzare un *caveat* alla politica. L'approccio spregiudicato e ludico di Pascali, la profonda critica operata dall'artista pugliese nei confronti della civiltà urbana, tecnologica e industriale e l'allusione antropologico-sociale delle sue opere hanno più di una risonanza con il lavoro di Shepard Fairey, che affronta temi impegnativi come il sessismo, il razzismo e la xenofobia della società americana attraverso l'ironia, la decostruzione sistematica del potere e dei suoi controllori in divisa (si veda ad esempio *My Florist is a Dick*). Fairey denuncia la sproporzione fra il crimine e la punizione, la continua minaccia ai diritti civili, la programmatica alimentazione delle paure, la necessaria presa di coscienza cui i cittadini sono chiamati.

---

[8] *Macro. Nuove acquisizioni. Due anni di crescita della collezione*, catalogo della mostra (Roma, MACRO, 6 giugno - 30 dicembre 2005), Charta, Milano 2005, p. 32. L'opera, donata da Abate in occasione della mostra realizzata nella galleria vetrata del MACRO nel 2002, è parte di un progetto più ampio che ritrae i protagonisti e i luoghi della scena artistica nazionale e internazionale, con particolare riferimento alla cultura d'avanguardia a Roma. Cfr. anche M. Calvesi, P. Ginsborg e F. Pirani, *Novecento. Arte e storia in Italia*, catalogo della mostra (Roma, Scuderie del Quirinale - Mercati di Traiano, 30 dicembre 2000 - 1 aprile 2001), Skira, Milano 2001, pp. 503, 528; *Arte e politica. Opere dalla Collezione MACRO #4*, catalogo della mostra (Roma, MACRO, 21 ottobre - 10 maggio 2017), a cura di C. D'Orazio, Teseo, Roma 2016, pp. 18-19.

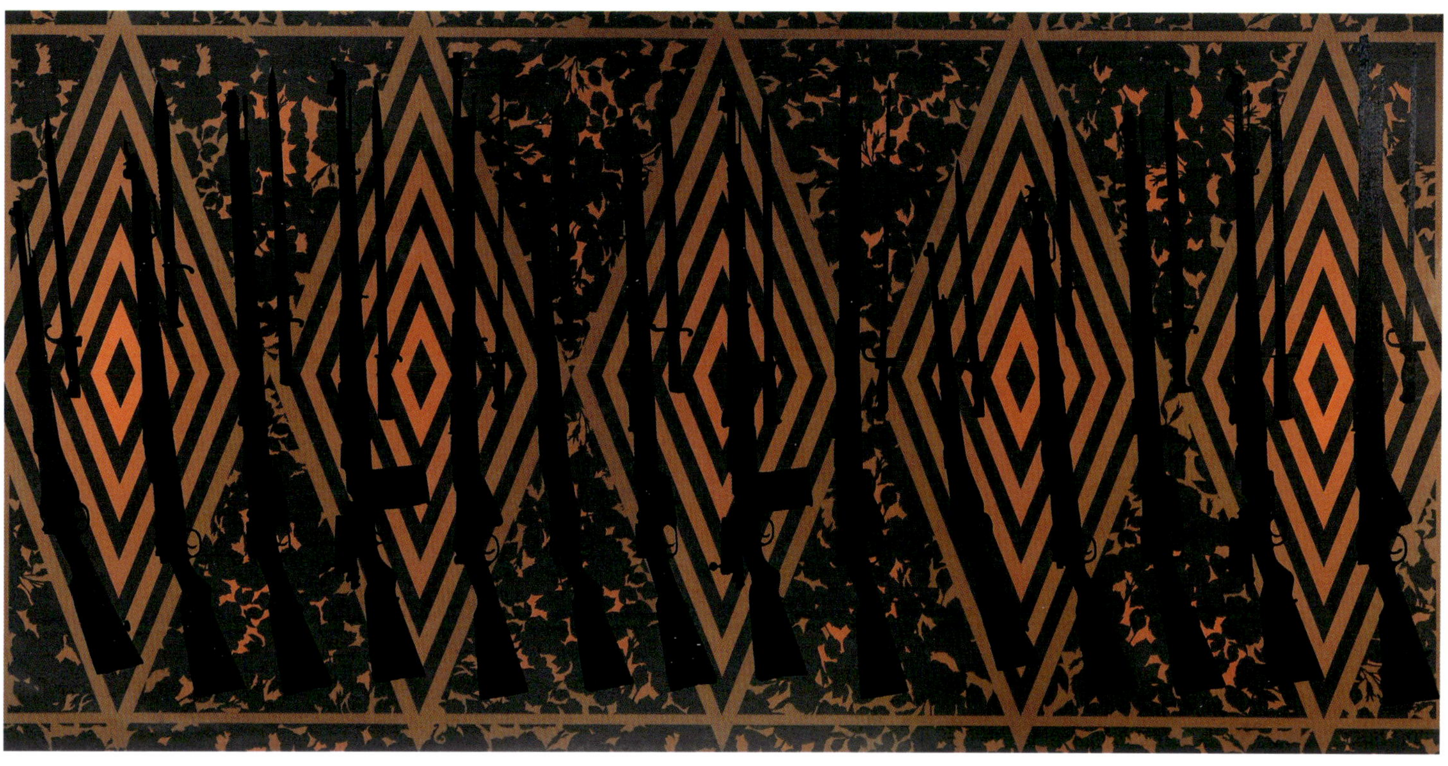

Giuseppe Salvatori,
La resa delle armi 1996

meaning of the work and the understanding of its author."[8] The artist sits in uniform, pensive, next to one of his toy war machines, a disenchanted look in his eye, perplexed over military hierarchies and war as an empty idol of power. As inoffensive simulacra, his *Armi*, assemblage weapons made by Pascali in the 1960s out of scrap, sheet metal, and mechanical refuse, translate the metaphorical and imaginative spirit of children "playing" war and, at the same time, seem to launch a warning to politics. Pascali's uninhibited, playful approach, his deep criticism of urban, technological, and industrial civilization and the anthropological/social allusion of his work more than resonate with Shepard Fairey's art, which deals with demanding themes like sexism, racism, and the xenophobia of American society through irony and the systematic deconstruction of power and its uniformed enforcers (see, for example, *My Florist is a Dick*). Fairey denounces the disproportion between crime and punishment, the continuous threat to civil rights, the programmatic feeding of fears, the necessity of consciousness-raising among citizens.

---

[8] *Macro. Nuove acquisizioni. Due anni di crescita della collezione*, exh. cat., MACRO, Rome, June 6 –December 30, 2005 (Milan: Charta 2005), p. 32. The work, donated by Abate for the exhibition in MACRO's glass gallery in 2002, is part of a larger project that portrays the leaders and places of the Italian and international art scene, in particular avant-garde culture in Rome. Also see M. Calvesi, P. Ginsborg, and F. Pirani, *Novecento. Arte e storia in Italia*, exh. cat., Scuderie del Quirinale – Mercati di Traiano, Rome, December 30, 2000 – April 1, 2001 (Milan: Skira, 2001), pp. 503, 528; *Arte e politica. Opere dalla Collezione MACRO #4*, exh. cat., MACRO, Rome, October 21 – May 10, 2017, ed. C. D'Orazio (Rome: Teseo, 2016), pp. 18–19.

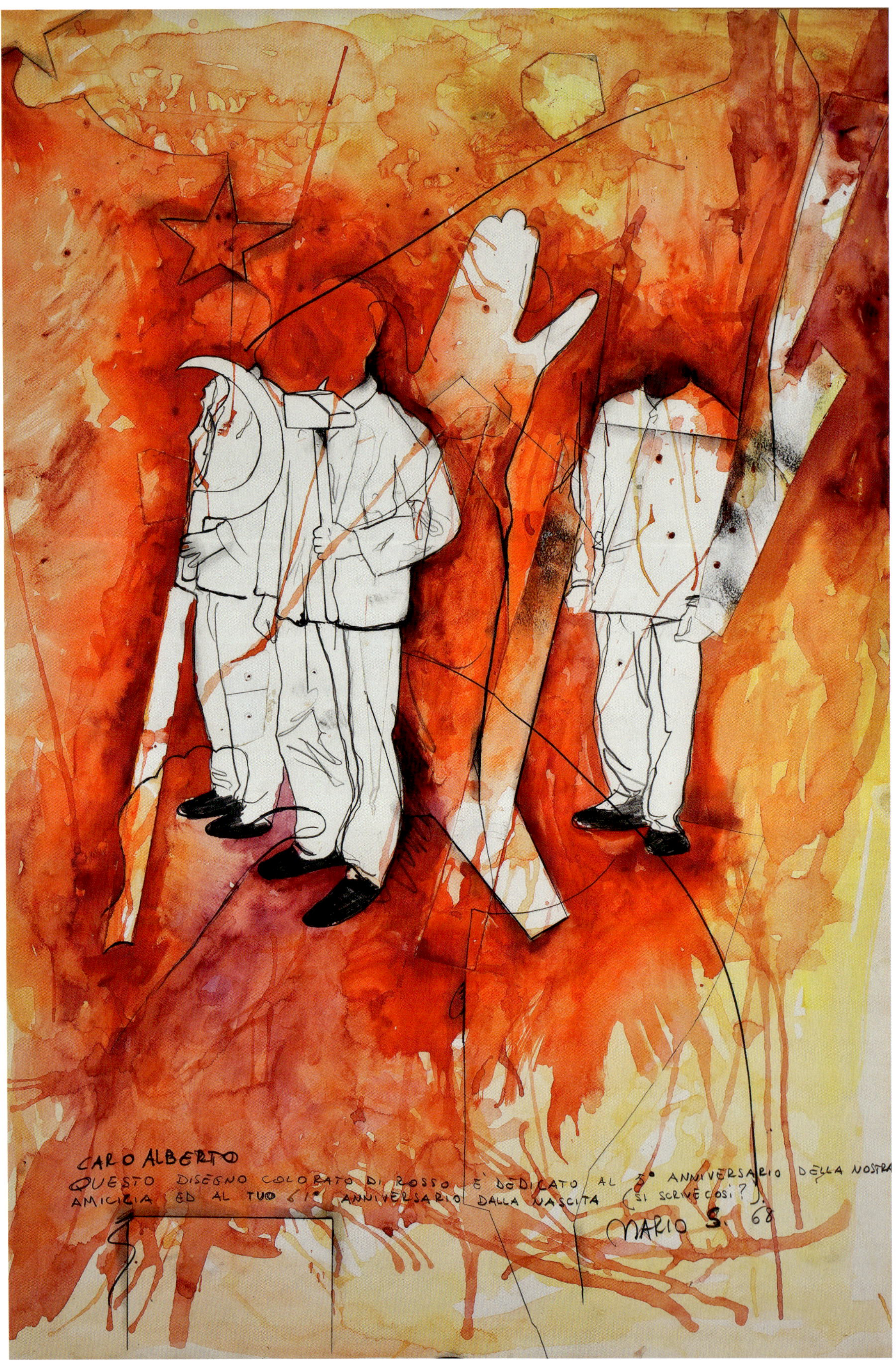

Mario Schifano, *Compagni, compagni* 1968

Fabio Mauri, *Non esiste l'anima? Se la Germania ne ha due!* 1992-1997

Il tema delle armi – così evidente ad esempio in *Guns and Roses*, efficace traduzione di quel "mettete dei fiori nei vostri cannoni" che ha accompagnato generazioni di pacifisti – ha suggerito l'accostamento con la tela di Giuseppe Salvatori *La resa delle armi* (1996). Salvatori è stato suggestionato da un documentario televisivo sul rito della resa delle armi di una tribù africana ribelle e "dalla nobiltà dei gesti con cui i guerrieri, in silenzio, deponevano i fucili per terra, uno accanto all'altro, fino a formare un tappeto elegante e mostruoso. La teoria dei fucili, l'irrazionale della guerra, decanta il suo potenziale di morte mentre si mescola con le geometrie rassicuranti dei rombi gialli e neri e degli svolazzi del fondo della superficie"[9]. L'impaginazione razionale, isometrica, con cui l'autore ha allineato le sagome nere dei fucili è metamorfica, evocativa di una foresta, e trascrive la dialettica fra natura e cultura. A sottolineare la solennità del rito concorrono il ritmato, regolare allineamento delle armi, la ripetitività del motivo decorativo geometrico, la sapiente alternanza della tempera opaca e dello smalto lucido. Nelle intenzioni dell'autore, peraltro, il dipinto dovrebbe essere esposto non a parete ma sul pavimento, steso orizzontalmente proprio come un tappeto. Protagonista del ritorno alla pittura degli anni ottanta, Salvatori si esprime attraverso la forza simbolica degli oggetti (un fiore, un insetto, un volatile, un elemento architettonico, una figura umana) e un'espressività ridotta e sintetica, memore della lezione metafisica, in equilibrio perfetto fra figurazione e astrazione, fra descrittivismo e concetto, con una tentazione persino calligrafica.

Amplia ulteriormente la riflessione sul tema politico l'accostamento con il dipinto di Mario Schifano *Compagni, compagni* (1968), in cui le tre figure al centro della scena sono contornate dai simboli della falce, del martello e della stella a cinque punte. Al di là dello spunto biografico – l'artista dedica l'opera all'amico scrittore Alberto Moravia in occasione del sessantunesimo compleanno – questo dipinto è sintomo di

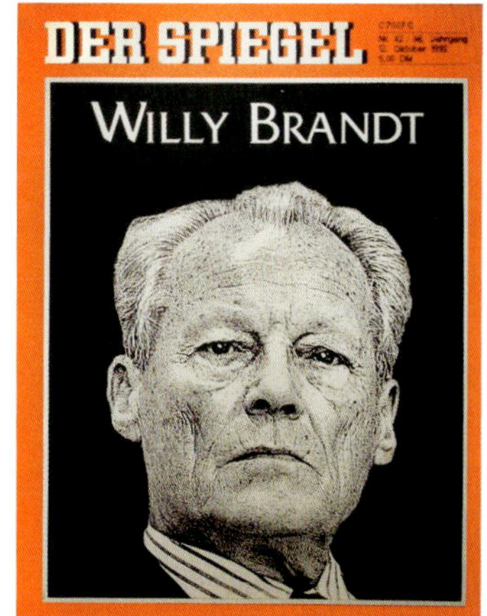

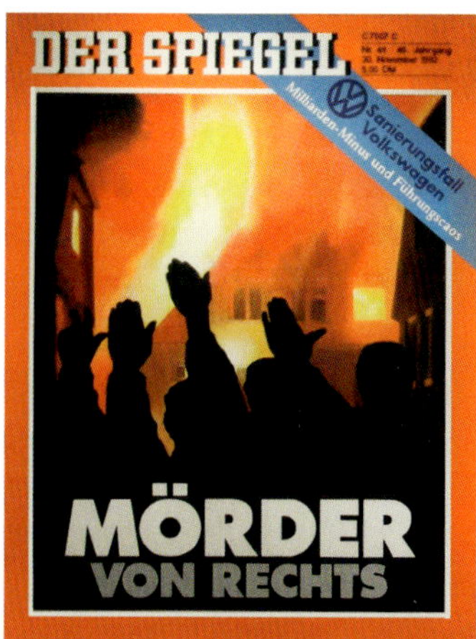

NON ESISTE L'ANIMA? SE LA GERMANIA NE HA DUE!
(UDITA IN TRENO, BERLINO 1997)

The theme of weapons—so clear in works like *Guns and Roses*, an effective translation of the "put flowers in your cannons" sentiment of generations of pacifists—suggested the pairing with Giuseppe Salvatori's *La resa delle armi* (1996). Salvatori was inspired by a television documentary on the ritual of the surrender of the weapons of a rebel African tribe and "the nobility of the warriors' gestures as they deposited their guns on the ground, one next to the other, until they resembled an elegant, monstrous carpet. The line of guns, symbolizing the irrationality of war, expresses its potential for death while mixing with the reassuring geometry of the yellow and black diamonds and the flourishes that form the background."[9] The artist's rational, isometric layout of the black shapes of the guns is metamorphic, evocative of a forest, and transcribes the dialectic between nature and culture. The solemnity of the ritual is emphasized by the rhythmic, regular alignment of the weapons, the repetition of the geometric decorative motif and the masterly alternation of mat tempera and glossy enamel. The artist also made the work to be laid horizontally out on a floor, like a rug, and not hung on a wall. A leading

[9] G. Bonasegale, *Campi asimmetrici*, in *Arte contemporanea. Lavori in Corso, 2*, catalogo della mostra (Roma, Ex Birrificio Peroni, 17 dicembre 1997 – 10 marzo 1998), a cura di G. Bonasegale, De Luca, Roma 1997, p. 18. L'opera è stata acquistata nell'ambito della rassegna *Lavori in corso* ma era stata presentata l'anno precedente al MLAC dell'Università di Roma "La Sapienza": cfr. *Atti '96*, catalogo della mostra (Roma, MLAC, 19 aprile – 13 maggio 1996), a cura di A. Monferini, Carte segrete, Roma 1996.

[9] G. Bonasegale, "Campi asimmetrici," in *Arte contemporanea. Lavori in Corso, 2*, exh. cat., Peroni Former Brewery, Rome, December 17, 1997 – March 10, 1998, ed. G. Bonasegale (Rome: De Luca, 1997), p. 18. The work was acquired in connection with the exhibition *Lavori in corso* but had been displayed the previous year at MLAC, the museum of the Università di Roma "La Sapienza." See *Atti '96*, exh. cat., MLAC, Rome, April 19 – May 13, 1996, ed. A. Monferini (Rome: Carte segrete, 1996).

una stagione di impegno politico e culturale in cui intellettuali e artisti interpretano il proprio ruolo come inevitabilmente *engagé*. Schifano ha preso le mosse da una fotografia di tre lavoratori cinesi: in un processo di progressiva astrazione e sublimazione dello spunto iniziale, le sagome dei personaggi sono svuotate, isolate, ingrandite, sottoposte a manipolazioni cromatiche. Se la Repubblica Popolare Cinese costituisce un riferimento allo stesso tempo storico e "mitico" di una rivoluzione attuata e possibile, la replicazione della figura allude forse criticamente alla serialità del lavoro e della comunicazione di massa, incentrata sulla moltiplicazione e l'iterazione, la manipolazione e la sofisticazione dell'immagine. Anche Shepard Fairey, erede dichiarato della Pop Art e del New Dada (Andy Warhol, Robert Rauschenberg, Roy Lichtenstein e Jasper Johns sono suoi espliciti modelli), lavora a partire da "prelievi" dal mondo della comunicazione: immagini fotografiche, propagandistiche e pubblicitarie vengono estratte dal loro contesto originario, modificate, alterate, ridotte, ricollocate su un nuovo sfondo e reimmesse nel circuito della comunicazione di massa con nuovi significati.

Molti dei ritratti di Shepard Fairey sono dedicati a personaggi politici del passato e del presente, da Mao Zedong a Nixon, da Lenin a Obama. Da qui l'accostamento con il dittico di Fabio Mauri *Non esiste l'anima? Se la Germania ne ha due!* (1992-1997), in cui l'artista accosta la gigantografia di due copertine del settimanale tedesco "Der Spiegel" raffiguranti rispettivamente Willy Brandt, cancelliere e storico leader del partito socialdemocratico tedesco, e un raduno neonazista; la didascalia aggiunta a commento sarebbe stata "udita in treno, Berlino, 1997", inquietante *vox populi* sintomo di una memoria ancora da purificare. In queste "due anime" della Germania Mauri individua a ben vedere una sorta di doppia identità che insidia le democrazie occidentali, minacciate da tentazioni dittatoriali e rigurgiti più o meno presentabili: "questione tedesca sì, ma questione di tutti noi"[10]. Il dittico in questione è un significativo esempio della riflessione politica di Mauri, che sin dagli anni sessanta individua nell'ideologia una delle matrici dell'identità europea, un passato oneroso ancora da metabolizzare

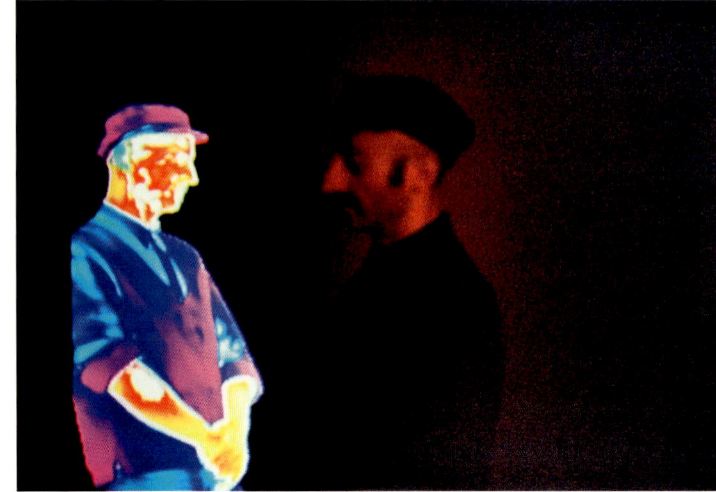

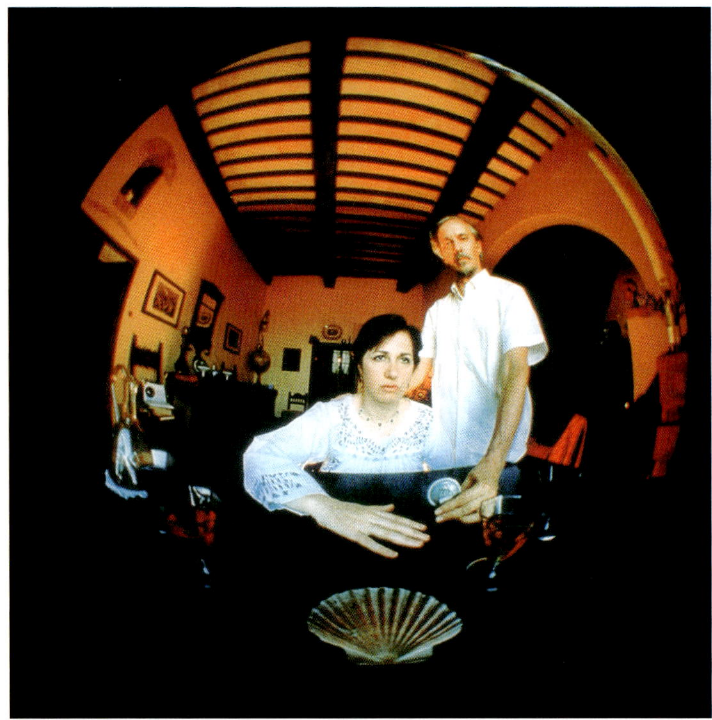

Paolo Monti, *Flottage. Particolare n. 86* 1996
Luca Maria Patella, *Gli Arnolfini Mazzola at Madmountain* 1985

[10] Bonasegale, *Campi asimmetrici*, p. 9. L'opera è giunta nelle Collezioni Capitoline in seguito ad acquisto nell'ambito della rassegna *Lavori in corso*. Cfr. *Arte e politica*, pp. 32-33.

figure of the return to painting in the 1980s, Salvatori expresses himself through the symbolic power of objects (a flower, an insect, a bird, an architectural element, a human figure) and a reduced, concise expressiveness, reminiscent of Metaphysical Art, in perfect balance between figuration and abstraction, descriptivism and concept, with an even calligraphic impulse.
Reflection on the political theme is continued in the pairing with *Compagni, compagni* (1968) by Mario Schifano, in which the three figures in the middle of the scene are surrounded by the symbols of the sickle, the hammer, and the five-point star. Besides the biographical element (the artist dedicated the work to his friend the writer Alberto Moravia on the occasion of his sixty-first birthday), this painting is a symptom of a period of political and cultural involvement during which artists and intellectuals understood their role to be inevitably *engagé*. Schifano was inspired by a photograph of three Chinese workers: in a process of progressive abstraction and sublimation of the original image, he then emptied out, isolated, enlarged, and chromatically altered the shapes of the figures. If the People's Republic of China is at once both a historical and a "mythical" reference to an actual and possible revolution, the replication of the figure might allude critically to the serial nature of the work and to mass communication, based on multiplication and iteration and the manipulation and adulteration of images. Shepard Fairey, professed heir of Pop Art and Neo-Dada (Andy Warhol, Robert Rauschenberg, Roy Lichtenstein, Jasper Johns are his explicit models), also uses "borrowings" from the communication sphere, extracting photographic, propagandistic, and advertising images from their original context, modifying, altering, reducing, and relocating them on a new background and returning them to the circuit of mass communication with brand new meanings.
Many of Shepard Fairey's portraits are of political figures of the past and present, from Mao Zedong and Nixon to Lenin and Obama, and this was the reason for the pairing with the diptych by Fabio Mauri, *Non esiste l'anima? Se la Germania ne ha due!* (1992–97). In this work, the artist juxtaposed giant posters of two covers of the German weekly *Der Spiegel* depicting, respectively, Willy Brandt, chancellor and historical leader of the German Social Democratic party, and a neo-Nazi rally. The caption read "*udita in treno, Berlino, 1997*" (heard on the train, Berlin, 1997), a disturbing *vox populi*, symptom of a memory still in need of purifying. Mauri identified a kind of double identity in these two German "souls" that undermines Western democracies, threatened by

e smaltire. Già nella performance del 1971 *Che cosa è il fascismo* Mauri esplorava l'identità dei regimi dittatoriali mettendone in scena, attraverso l'azione degli attori e danzatori coinvolti, le adunate, i comizi, gli inquietanti saggi ginnici, il pensiero razzista antisemita. Mauri ha riflettuto poi nello specifico sull'identità tedesca nella performance del 1989 *Che cosa è la filosofia. Heidegger e la questione tedesca. Concerto da tavolo*, dove viene drammatizzato il contrasto fra l'enorme tradizione culturale della Germania e gli aspetti tragici e disumani della sua storia nazionale, mescolati insieme, confusamente, giacché "il bene e il male parlano la stessa lingua" – chiosa l'artista. Una riflessione, quella sul volto nascosto del potere, ben presente nel lavoro di Shepard Fairey, interessato a smascherare il lato oscuro delle democrazie e le contraddizioni della società americana, ambiguo coacervo di violenza e libertà, retorica dell'autodeterminazione e meccanismi di controllo e manipolazione.
Talvolta gli accostamenti sono di carattere puramente formale, più che concettuale: come quando i ritratti di Mao e di Lenin rinviano, per mera suggestione associativa, a un'interessante stampa fotografica dell'artista e architetto Paolo Monti, *Flottage. Particolare n. 86* (1996). Questo lavoro è giunto nelle collezioni capitoline in seguito ad acquisto nell'ambito della XII Esposizione Nazionale Quadriennale d'Arte di Roma: in quell'occasione Monti ha allestito un ambiente attraverso il quale i visitatori venivano ripresi da termo-cineprese a infrarossi (della tipologia di quelle usate in ambito militare nei rilevamenti notturni) in grado di trascrivere i corpi in termini di impronte cromatiche. In una singolare intersezione fra arte e scienza, i centri emozionali del corpo umano diventano perciò mappe fluorescenti, sagome dinamicamente intessute di incandescenti partiture

dictatorial impulses and more or less presentable revivals: "yes, it's the German question, but it touches all of us."[10] The diptych is an important example of Mauri's political reflection, which hinged on his identification, in the 1960s, of ideology as one of the matrices of European identity, a burdensome past that is still not metabolized and digested. In his 1971 performance *Che cosa è il fascismo*, performed by actors and dancers, Mauri explored the identity of despotic regimes by staging gatherings, rallies, and unsettling gymnastic demonstrations all tinged with anti-Semitic thought. Mauri later specifically explored German identity in the 1989 performance *Che cosa è la filosofia. Heidegger e la questione tedesca. Concerto da tavolo*, which dramatized the contrast between Germany's vast cultural tradition and the tragic, inhuman aspects of its national history, confusedly mixed together since, as the artist observed, "Good and Evil speak the same language." A reflection on the hidden face of power that we also find front and center in the work of Fairey, interested in unmasking the dark side of democracies and the contradictions of American society, an ambiguous accumulation of violence and liberty and the rhetoric of self-determination on the one hand, and mechanisms of control and manipulation on the other.

In some cases, the pairings are less conceptual than purely formal in nature, such as the association of the portraits of Mao and Lenin with an interesting photographic print by the artist and architect Paolo Monti, *Flottage. Particolare n. 86* (1996). This work entered the Capitoline Collection on the occasion of the 12th Rome Quadriennale, for which Monti set up a space where visitors were filmed with thermal infrared cameras (the kind used by the military at night) that could transcribe their bodies in terms of chromatic imprints. In a singular intersection of art and science, the emotional centers of the human body became fluorescent maps, dynamically woven forms made up of incandescent zones of color and energy.[11]

Another pairing in the area of the portrait and its revisitation has been made between Fairey's provocative *Proud Parents* and the unusual photographic self-portrait by Luca Maria Patella, *Gli Arnolfini Mazzola at Madmountain* (1985). Besides the unusual technique (the artist used a camera obscura to make the image instead of a normal camera), what is interesting about this work is its use of citation: as is clear from the title (as well as a few details: the circular mirror, the spatial layout, the hieratic pose of the couple, the gesture the woman makes with her left hand), the work refers to both the *Arnolfini Wedding Portrait* (1434) by Jan van Eyck and the *Self-portrait* (1524) by Francesco Maria Mazzola, better known as

[10] Bonasegale, "Campi asimmetrici," p. 9. The work was purchased into the Capitoline Collections on the occasion of the exhibition *Lavori in corso*. See also *Arte e politica*, pp. 32–33.

[11] *XII Quadriennale. Italia 1950–1990. Ultime generazioni*, exh. cat., Palazzo delle Esposizioni, Rome, September 25 – November 25, 1996 (Rome: De Luca, 1996), pp. 164 and 345. See also *P. Monti. Flottage*, exh. cat., Roma, Galleria Planita, March 25–31, 1996 (Rome: Euroma La Goliardica, 1996); *P. Monti. Flottage*, exh. cat., Musis, Rome, September 20 – October 20, 1997, eds. M. Semeraro, A. Arevalo, and A. Orsini (Rome: Studio 22 Edizioni, 1997).

di colore e di energia[11].

Restando nell'ambito del ritratto e della sua rivisitazione, un altro accostamento che viene proposto al visitatore è quello fra il provocatorio *Proud Parents* di Shepard Fairey e l'inconsueto autoritratto fotografico di Luca Maria Patella *Gli Arnolfini Mazzola at Madmountain* (1985). Al di là delle peculiarità tecniche – l'artista ha eseguito questo scatto senza l'ausilio della macchina fotografica, con una camera ottica allestita artigianalmente – è interessante l'utilizzo della citazione: sono palesi già nel titolo, ma anche in taluni dettagli (lo specchio circolare, l'impaginazione spaziale, le pose ieratiche degli sposi, il gesto della mano sinistra di lei), riferimenti da un lato ai celebri *Coniugi Arnolfini* (1434) di Jan van Eyck, dall'altro all'*Autoritratto* (1524) di Francesco Maria Mazzola detto il Parmigianino. Dai due modelli deriva anche l'effetto spaziale di convessità, come se la scena fosse imprigionata in una sorta di lente deformante, dentro la quale Patella e la moglie Rosa Foschi

[11] *XII Quadriennale. Italia 1950-1990. Ultime generazioni*, catalogo della mostra (Roma, Palazzo delle Esposizioni, 25 settembre – 25 novembre 1996), De Luca, Roma 1996, pp. 164, 345. Cfr. *P. Monti, Flottage*, catalogo della mostra (Roma, Galleria Planita, 25-31 marzo 1996), Euroma La Goliardica, Roma 1996; *P. Monti, Flottage*, catalogo della mostra (Roma, Musis, 20 settembre – 20 ottobre 1997), a cura di M. Semeraro, A. Arevalo e A. Orsini, Studio 22 Edizioni, Roma 1997.

Carla Accardi, ***Azzurro Arancio*** 2003

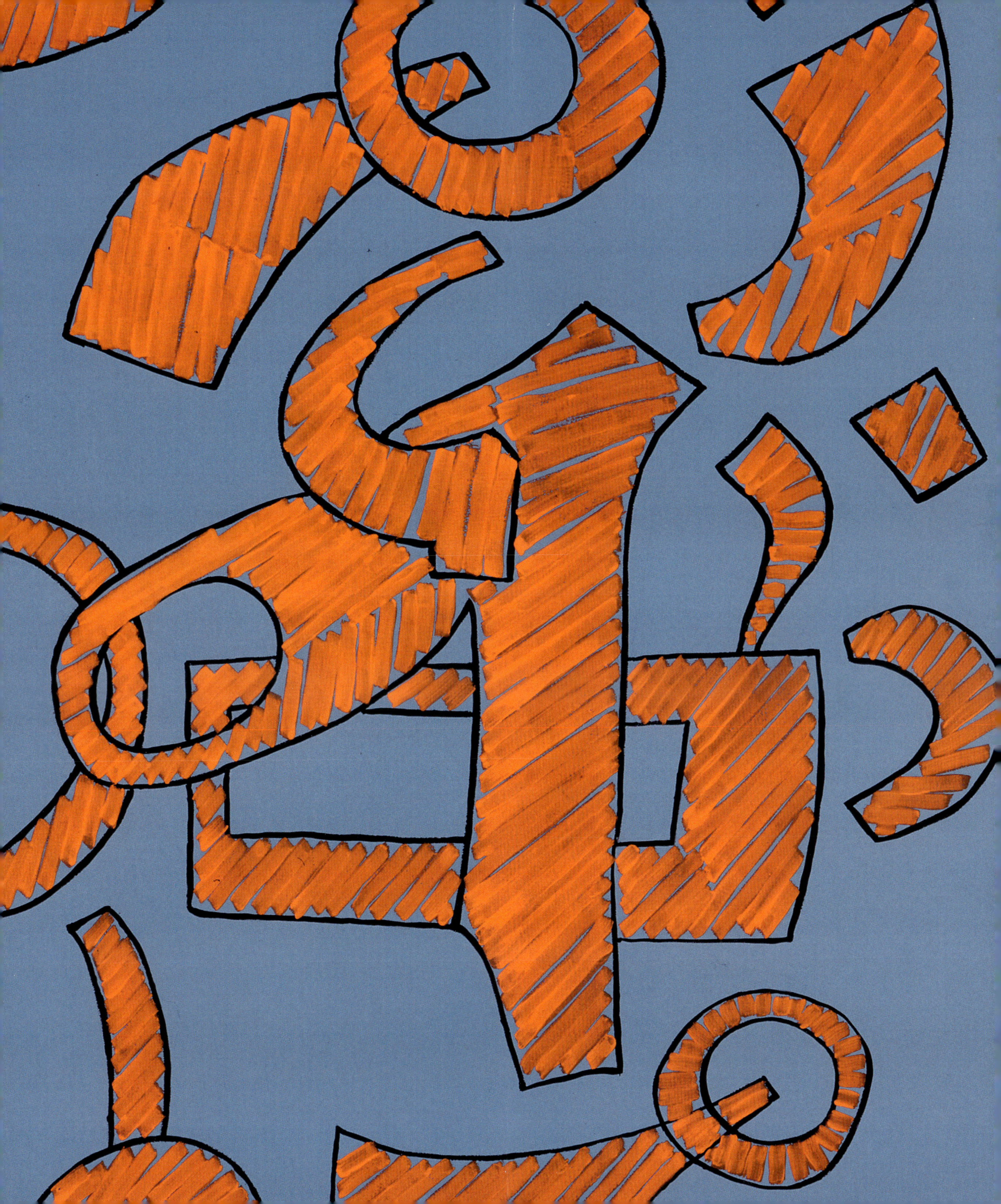

compaiono nella loro casa "a Madmountain", "a Montefolle", toponimo che rinvia a uno scritto del 2003 in cui l'artista descrive un luogo surreale in cui "Rosa e Luca appaiono illuminati e immersi nella globalità di vaste camere della loro dimora alchemica e cosmica"[12]. La conchiglia è un oggetto "parlante" e allude forse al cognome del pittore, anche se può rimandare alla figura di san Giacomo e al simbolo universale del pellegrino. L'attitudine immaginifica ed enigmatica di Patella e l'uso della tradizione storico-artistica, con esiti ermetici e parodistici allo stesso tempo, si coniugano qui con una percezione precaria e fragile, sospesa fra realtà, illusione e sogno. Da un mero rimando iconografico nasce anche l'accostamento con *Sguardi di contatto* di Renzo Zecchini, uno dei cinque scatti della serie *Mad Season* presentati dal fotografo romano alla Quadriennale del 1996[13].

Shepard Fairey parte dalla semiotica della comunicazione ed esplora in modo onnivoro, riappropriandosene, il mondo della cultura di massa e delle arti visive: cartellonistica politica, poster cinematografici, design industriale, graffiti, Street Art e pubblicità costituiscono costanti fonti di ispirazione, unite a incursioni nel neodadaismo e nella Pop Art americana e nel rigoroso geometrismo del costruttivismo russo. Alcune "interferenze" nascono da richiami formali, da consonanze di stile più o meno stringenti. *Azzurro Arancio* (2003)[14] di Carla Accardi è un esempio tardo delle "scritture", variamente sperimentate dall'artista siciliana e qui interpretate attraverso la forza oppositiva dei colori complementari e l'efficacia di segni grandi e invasivi. *Autoritratto interno d'artista* (2015) di Francesco Guerrieri è una bizzarra declinazione di quelle ricerche percettivo-geometriche che hanno caratterizzato sin dagli anni sessanta il percorso dell'artista, anche in seno a gruppi costituiti (Grup-

[12] L.M. Patella, *MONTEFOLLE, su lidi di luce / mai di nessuno prima*, Editrice Le Balze, Montepulciano 2003, s.p. Cfr. anche *EgosuperEgoalterEgo. Volto e corpo contemporaneo dell'arte*, catalogo della mostra (Roma, MACRO, 27 novembre 2015 – 8 maggio 2016), a cura di C. Crescentini, Palombi, Roma 2015, p. 90. Questa stampa fotografica è giunta nelle Collezioni Capitoline, insieme all'analogo autoritratto familiare *Luca&Rosa Arnolfini cosmici* (1973), in seguito a donazione della Fondazione Morra.

[13] *XII Quadriennale*, pp. 221, 379.

[14] *Macro. Nuove acquisizioni*, pp. 36-37.

Parmigianino. These two references also inspired the convex spatial effect, as if the scene were imprisoned in a kind of deforming lens, inside of which Patella and his wife Rosa Foschi are shown in their home "at Madmountain," a place name that refers to a text from 2003 in which the artist described a surreal place in which "Rosa and Luca are shown illuminated and immersed in the entirety of the vast chambers of their alchemical and cosmic home."[12] The shell is a "speaking" object and might allude to the painter's surname ("patella" is the Italian for limpet mussel), although it could also be a reference to St James and the universal symbol of pilgrimage. Patella's highly imaginative, enigmatic approach and his use of the art-historical tradition to create simultaneously hermetic and parodic results are united here with a precarious, fragile perception suspended between reality, illusion, and dream. A simple iconographic reference also underpins the pairing with the Roman photographer Renzo Zecchini's *Sguardi di contatto*, one of the five works in the series *Mad Season* that Zecchini presented at the 1996 Quadriennale.[13]

Shepard Fairey starts from the semiotics of communication and omnivorously explores and reappropriates the world of mass culture and the visual arts: political art, film posters, industrial design, graffiti, Street Art, and advertising are constant sources of inspiration, together with forays into Neo-Dada and American Pop Art as well as the rigorous geometry of Russian Constructivism. Some of the "interferences" emerge from formal references and more or less stringent stylistic affinities. The work *Azzurro Arancio* (2003)[14] by Carla Accardi is a late example of the Sicilian artist's variously expressed "writings," interpreted here through the contrast of complementary colors and the effectiveness of large, invasive signs.

[12] L. M. Patella, *MONTEFOLLE, su lidi di luce / mai di nessuno prima* (Montepulciano: Editrice Le Balze, 2003), n.p. See also *EgosuperEgoalterEgo. Volto e corpo contemporaneo dell'arte*, exh. cat., MACRO, Rome, November 27, 2015 – May 8, 2016, ed. C. Crescentini (Rome: Palombi, 2015), p. 90. This photograph entered the Capitoline Collections along with the similar family portrait *Luca&Rosa Arnolfini cosmici* (1973), donated by the Fondazione Morra.

[13] *XII Quadriennale*, pp. 221, 379.

[14] *Macro. Nuove acquisizioni*, pp. 36–37.

po 63, Sperimentale P)[15], e qui messe alla prova in un definire "negando", dato che la sagoma bianca della testa si deduce indirettamente, per sottrazione, dalla raggiera delle linee-struttura radiali colorate, che dilagano anche sulla cornice in un *continuum* dinamico centrifugo[16]. Suggestioni formali più o meno remote hanno suggerito l'accostamento con i dipinti di Giovanni Cardona (*Attesa*, 1960-1970), Sergio Pucci (*Grande spirale su fondo nero*, 1966) e Filippo Canaletti Gaudenti (*Periferia*, 1959).

Al di là dei richiami più o meno letterali, è sempre interessante proporre inattese "reazioni chimiche" fra artisti anche molto lontani nel tempo, nello spazio, nei percorsi personali. Le attrazioni metatestuali sono in grado talvolta di illuminare meglio le ragioni poetiche e le scelte stilistiche degli uni e degli altri. Questo è ancora più vero per un artista che ha fatto dell'opzione interlinguistica, del *melting pot* comunicativo, il proprio codice, mescolando e rileggendo gli spunti più disparati per la formulazione di una coraggiosa arte pubblica e politica, che invita all'*empowerment* le comunità urbane e gli individui, che sta nella *polis* e che anzi mira a riconquistarne gli spazi, contendendoli a quelli pervasivi e ottundenti della pubblicità. Le forzature diacroniche suggerite dalle "interferenze" illustrano alcune delle molteplici vie di approvvigionamento del composito dizionario figurativo di Shepard Fairey, dell'inconfondibile "OBEY Style", straordinario risultato di uno spregiudicato attraversare le culture, le classi sociali, le epoche storiche, gli *slang* particolari, per formulare una lingua virale e universale, romanticamente e pacificamente sovversiva.

D.V.

Autoritratto interno d'artista (2015) by Francesco Guerrieri is a peculiar expression of the work on perception and geometry that characterized this artist's work since the 1960s, including as part of the collectives Gruppo 63 and Sperimentale P,[15] and experimented with here in a form of defining through negation, the white shape of the head indirectly deduced, by subtraction, from the halo of colorful radial structural lines, which also spread onto the frame in a dynamic, centrifugal continuum.[16] The pairings with the paintings by Giovanni Cardona (*Attesa*, 1960–70), Sergio Pucci (*Grande spirale su fondo nero*, 1966), and Filippo Canaletti Gaudenti (*Periferia*, 1959) are also based on formal assonances.

Besides the more or less literal references, it is always interesting to create unexpected "chemical reactions" between artists who are temporally, spatially, and artistically quite distant from one another. Meta-textual attractions are sometimes better able to illuminate the poetic motivations and stylistic choices of both. This is even truer in the case of an artist who has chosen inter-linguistics and the communicative melting pot to create his own code, mixing and reinterpreting the most disparate ideas in order to formulate courageous public and private art that promotes the empowerment of urban communities and individuals. An art that resides in the *polis*, indeed aiming to take back its spaces now pervaded and dulled by advertising. The diachronic stretches proposed by the "interferences" illustrate some of the myriad supply lines of Shepard Fairey's composite figurative dictionary, that of the unmistakable "OBEY Style," the extraordinary fruit of his open-minded exploration crossing over cultures, social classes, historical periods, and varieties of slang in order to formulate a romantically and pacifically subversive viral, universal language.

D.V.

---

[15] Cfr. D. Vasta, *Roma anni Sessanta|Ottanta: riflessioni e ricerche su forma geometrica e movimento*, in *Visioni geometriche | Geometric visions*, catalogo della mostra (Roma, MACRO, 22 giugno – 17 dicembre 2017), a cura di A. Arconti e D. Vasta, Teseo, Roma 2017, pp. 14-20.

[16] Cfr. *Lia Drei Francesco Guerrieri. La regola e l'emozione 1962-1973*, catalogo della mostra (Roma, MACRO, 11 novembre 2016 – 15 gennaio 2017), a cura di F. Pirani e G. Simongini, Manfredi Edizioni, Roma 2016, p. 31; *EgosuperEgoalterEgo*, pp. 95, 127.

[15] See D. Vasta, "Roma anni Sessanta|Ottanta: riflessioni e ricerche su forma geometrica e movimento," in *Visioni geometriche | Geometric visions*, exh. cat., MACRO, Rome, June 22 – December 17, 2017, eds. A. Arconti and D. Vasta (Rome: Teseo, 2017), pp. 14–20.

[16] See *Lia Drei Francesco Guerrieri. La regola e l'emozione 1962-1973*, exh. cat., MACRO, Rome, November 11, 2016 – January 15, 2017, eds. F. Pirani and G. Simongini (Rome: Manfredi, 2016), p. 31. See also *EgosuperEgoalterEgo*, pp. 95, 127.

TAVOLA BIOGRAFICA
BIOGRAPHICAL TABLE

1970

Shepard Fairey nasce a **Charleston, South Carolina**, il **15 febbraio**.

Shepard Fairey was born in **Charleston, South Carolina**, USA, on February 15.

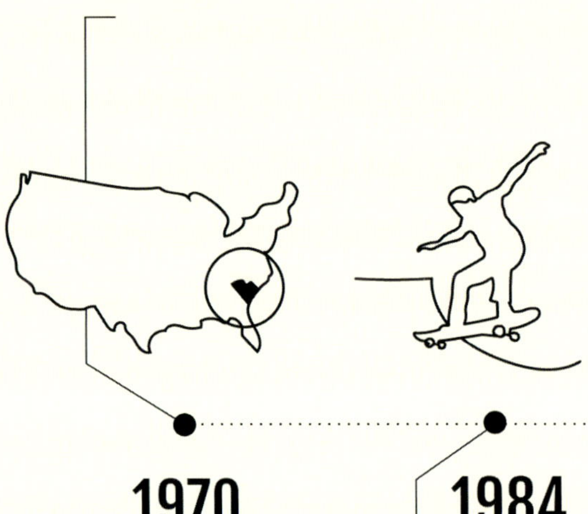

1984

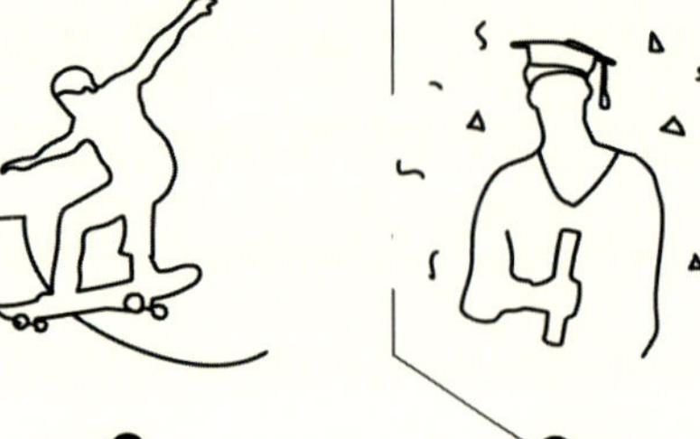

Diventa uno ***skater*** e inizia ad ascoltare **musica punk rock**. I suoi primi **stencil** per skateboard e T-shirt sono di questo periodo.

He started **skateboarding** and listening to **punk rock**. His first **stencils** on skateboards and T-shirts date from this time.

1988

Si **diploma** presso la **Idyllwild Arts Academy** di Idyllwild, California.

He **graduated** from the **Idyllwild Arts Academy** in Idyllwild, California.

1989

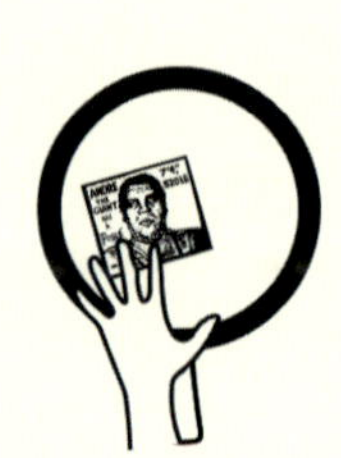

Realizza lo **sticker *Andre the Giant Has a Posse***. In origine semplice strumento per istruire un amico, si trasforma in seguito in una campagna di ***street stickering*** e negli anni successivi nella campagna artistica **OBEY GIANT**.

Fairey created the ***Andre the Giant Has a Posse* sticker** as an innocuous tool to train a friend, but then it evolved into a **street sticker campaign** and in later years into the **OBEY GIANT** art campaign.

1992

Consegue il **Bachelor of Arts** presso la **Rhode Island School of Design**. Apre una piccola **stamperia**, Alternate Graphics, a Providence, Rhode Island, dove tra il 1992 e il 1994 lavora su progetti di **graphic design** e studia tecniche di **serigrafia**.

He **graduated** from the **Rhode Island School of Design** as B.A. and founded a small **printing shop** called Alternate Graphics in Providence, Rhode Island, where in 1992–94 he worked on his own **graphic design** projects and explored **silk-screen** techniques.

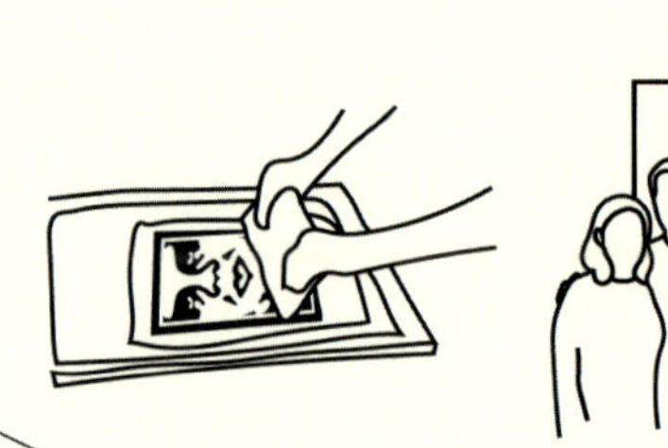

2003

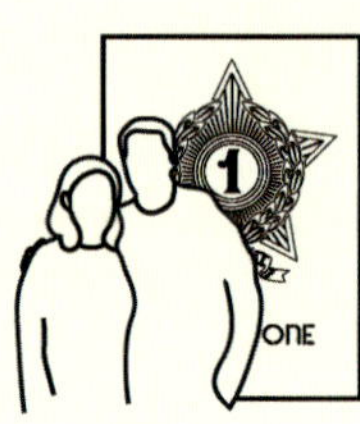

Fonda con la moglie Amanda lo **Studio Number One**, un'**agenzia creativa** che porterà avanti le sue idee accostando arte e industria commerciale.

Working with his wife Amanda Fairey, he founded a private **creative agency**, **Studio Number One** which would carry out the artist's ideas, bringing together art and commercial industry.

Crea il **poster *HOPE*** – ad oggi la sua opera più famosa – che ritrae **Barack Obama**, allora candidato alle presidenziali americane. L'opera, indipendente dalla campagna elettorale ufficiale, è un'iniziativa popolare e spontanea dell'artista.

He created the ***HOPE* poster**, his most famous work, portraying the then US presidential candidate **Barack Obama**. The work was originally conceived independent of the official campaign, as a grassroots initiative by the artist.

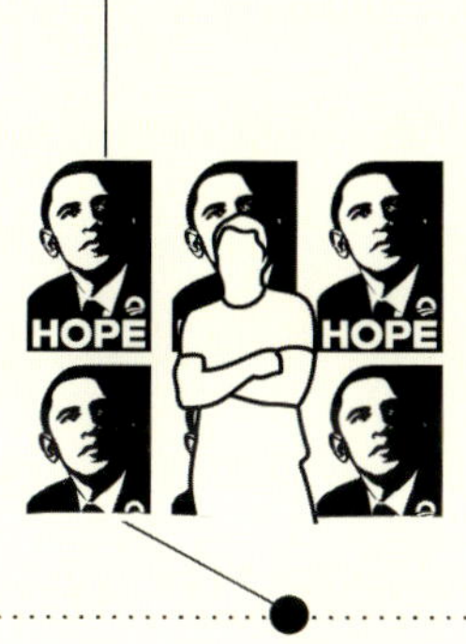

2008

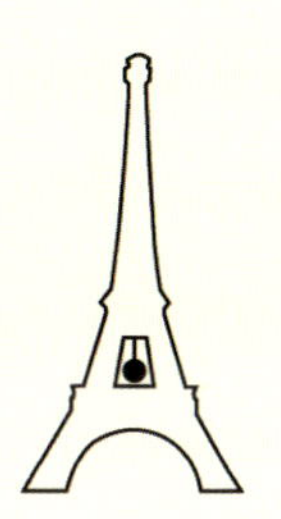

2015

Nel 2015, in occasione della **Conferenza ONU sui cambiamenti climatici** (COP21), tenutasi a **Parigi**, Fairey è il primo artista in assoluto a installare un'opera tridimensionale sulla **Tour Eiffel: *Earth Crisis Globe***.

In 2015, on the occasion of the **United Nations Conference on Climate Change** (COP21) in **Paris**, Fairey was chosen to be the first artist ever to install a three-dimensional work on the **Eiffel Tower**: ***Earth Crisis Globe***.

Collabora con **Amplifier** per creare insieme ad altri artisti una serie di poster per la campagna **We The People**, che annovera tra le proprie iniziative anche la **Women's March** contro la discriminazione sociale negli Stati Uniti. I poster sono disponibili gratuitamente sul sito web amplifier.org.

Shepard Fairey collaborated with **Amplifier** to create and launch a series of posters alongside other artists for the **We The People** campaign, counting among its initiatives the **Women's March** to fight against discrimination of different social groups in the US. The posters are availlable free of charge on the website amplifier.org.

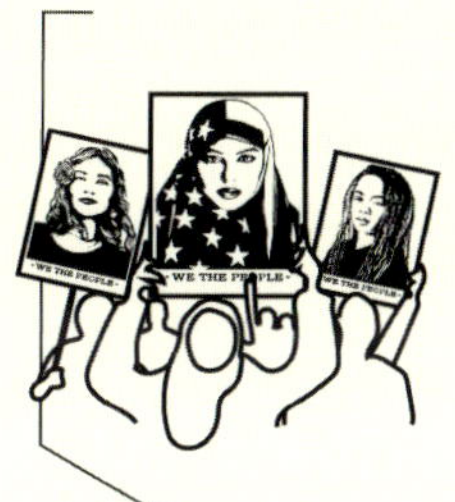

2017

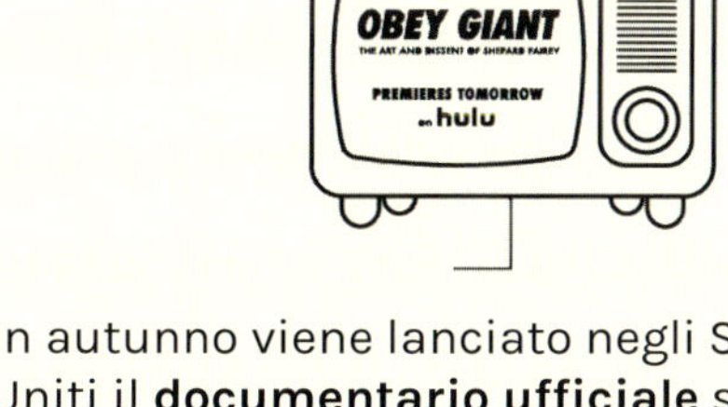

In autunno viene lanciato negli Stati Uniti il **documentario ufficiale** su Shepard Fairey realizzato da Hulu e intitolato **"OBEY GIANT: The Art and Dissent of Shepard Fairey"**. Contemporaneamente l'artista inaugura a Los Angeles la mostra **"Damaged"**, a oggi la sua personale più esaustiva.

In the fall, the **official documentary** on Fairey, Hulu's **"OBEY GIANT: The Art and Dissent of Shepard Fairey,"** was released in the United States. At the same time, in Los Angeles the artist opened his largest ever solo exhibition entitled ***Damaged***.

Nel 2018 il **Museo di Arte Moderna** di **Mosca** dedica una grande mostra a Shepard Fairey, in cui vengono esposte quasi quattrocento opere. L'esposizione, intitolata **"Force Majeure"**, è la prima personale di Fairey in Russia; per questo risulta particolarmente importante ed evocativa per la carriera dell'artista.

The **Moscow Museum of Modern Art** dedicated a large solo exhibition to Shepard Fairey, which included almost four hundred works. Entitled ***Force Majeure***, it was Fairey's first solo show in Russia, and for this reason it was particularly important and evocative for his career.

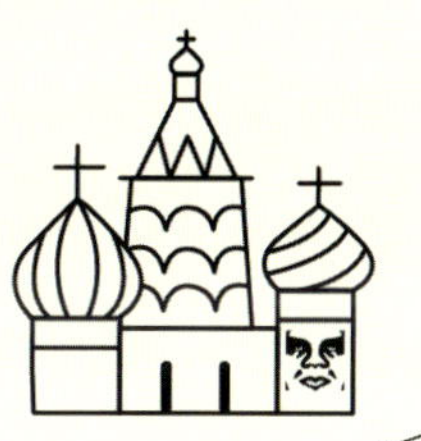

2018

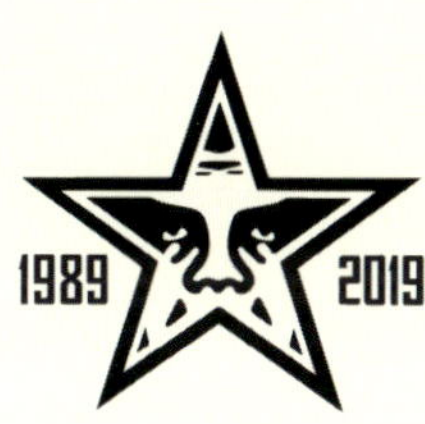

2019

In occasione dei **trent'anni** di carriera realizza una **mostra itinerante** a livello globale. Intitolata **"Facing the Giant: Three Decades of Dissent"**, è una riflessione sul suo percorso artistico che evidenzia la continuità e l'evoluzione del linguaggio e dei concetti espressi attraverso le sue opere. Shepard Fairey ha realizzato **oltre cento murales** in Europa e in altri paesi tra cui Canada, Stati Uniti, Russia, Sud Africa e Hong Kong.

In 2019 Fairey's career reached **30 years** and for the occasion the artist organized a **traveling exhibition worldwide: *Facing the Giant: Three Decades of Dissent***, a reflection on his career aimed at highlighting both the continuity and the evolution of his art and the concepts expressed through it. During his artistic career, he has made **more than 100 murals** in Europe and around the world, including Canada, the United States, Russia, South Africa, and Hong Kong.

LA MOSTRA

THE EXHIBITION

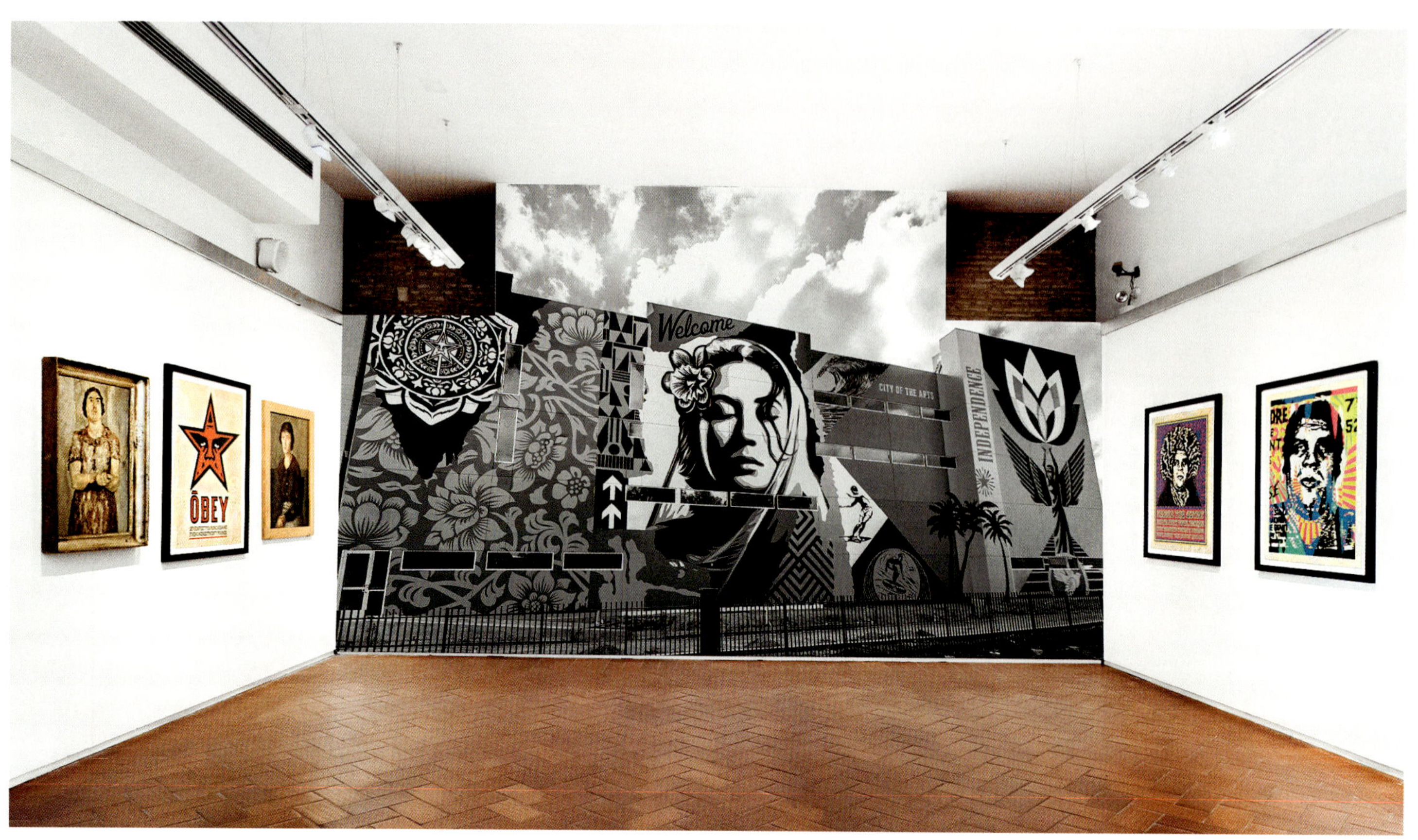
OBEY
Welcome
CITY OF THE ARTS
INDEPENDENCE

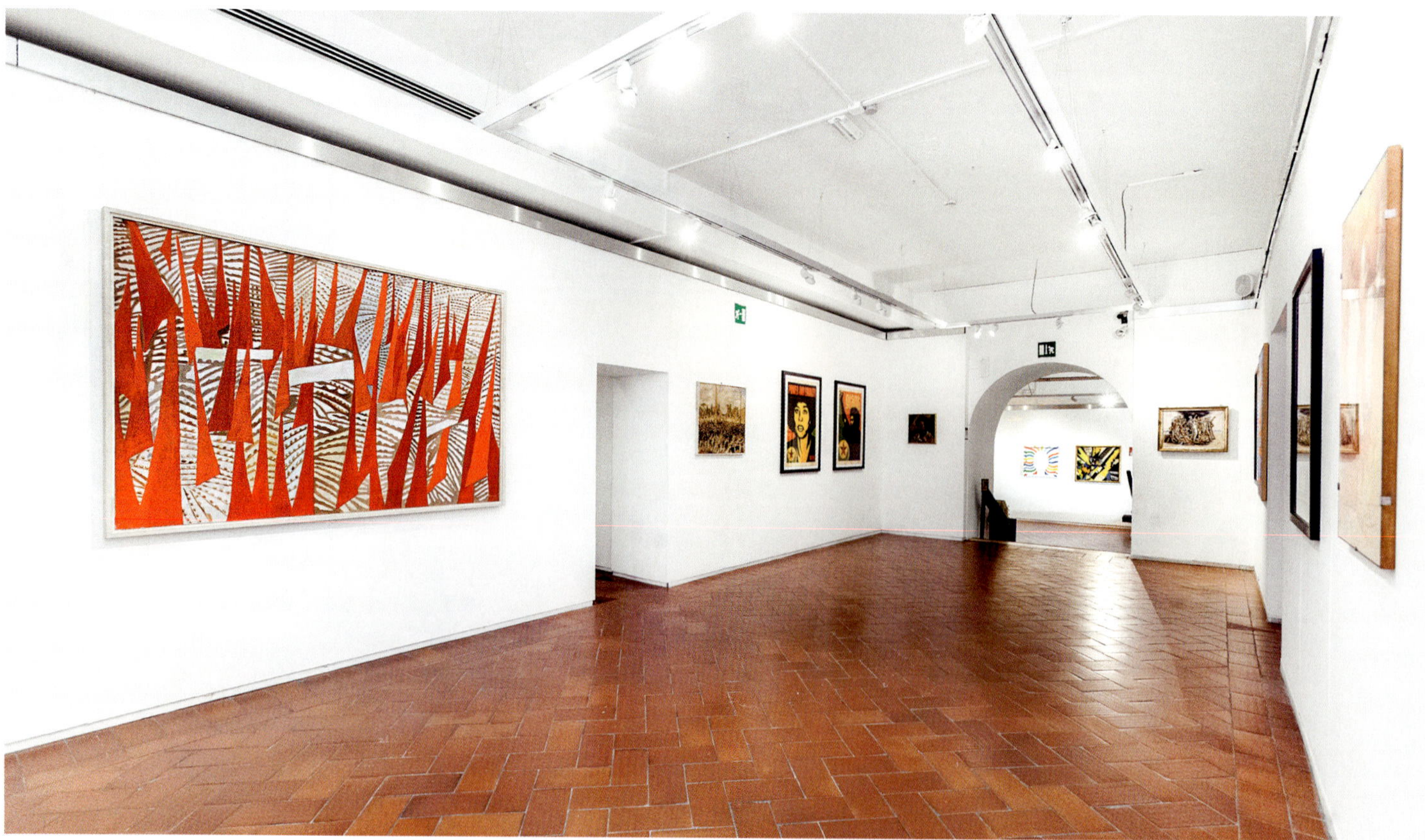

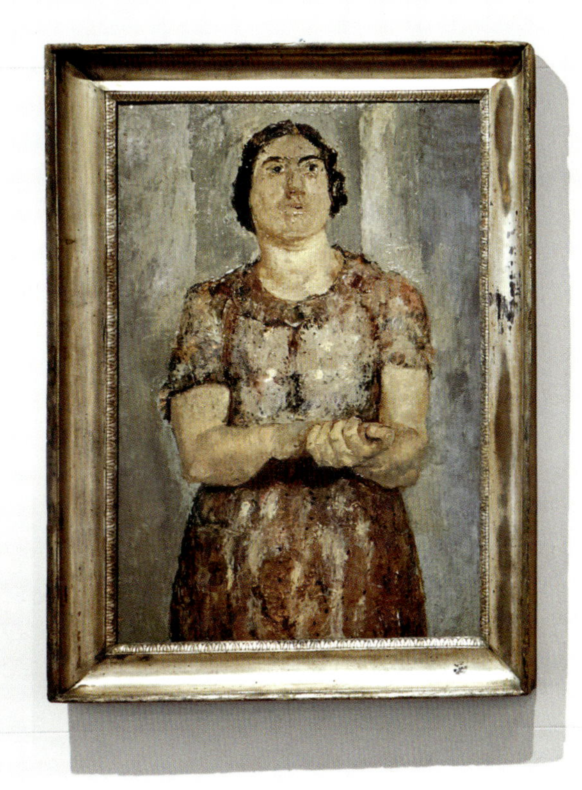

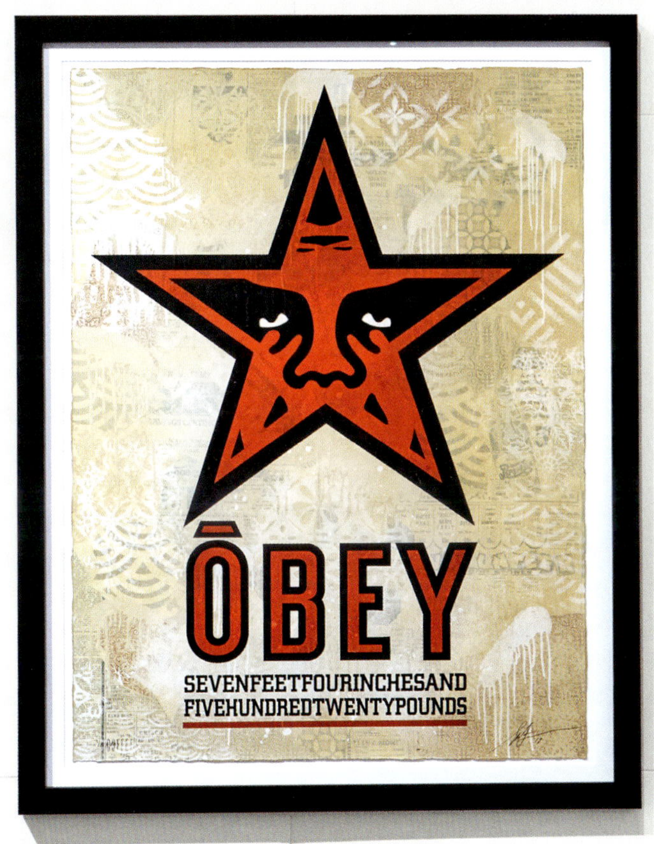
ŌBEY
SEVENFEETFOURINCHESAND
FIVEHUNDREDTWENTYPOUNDS

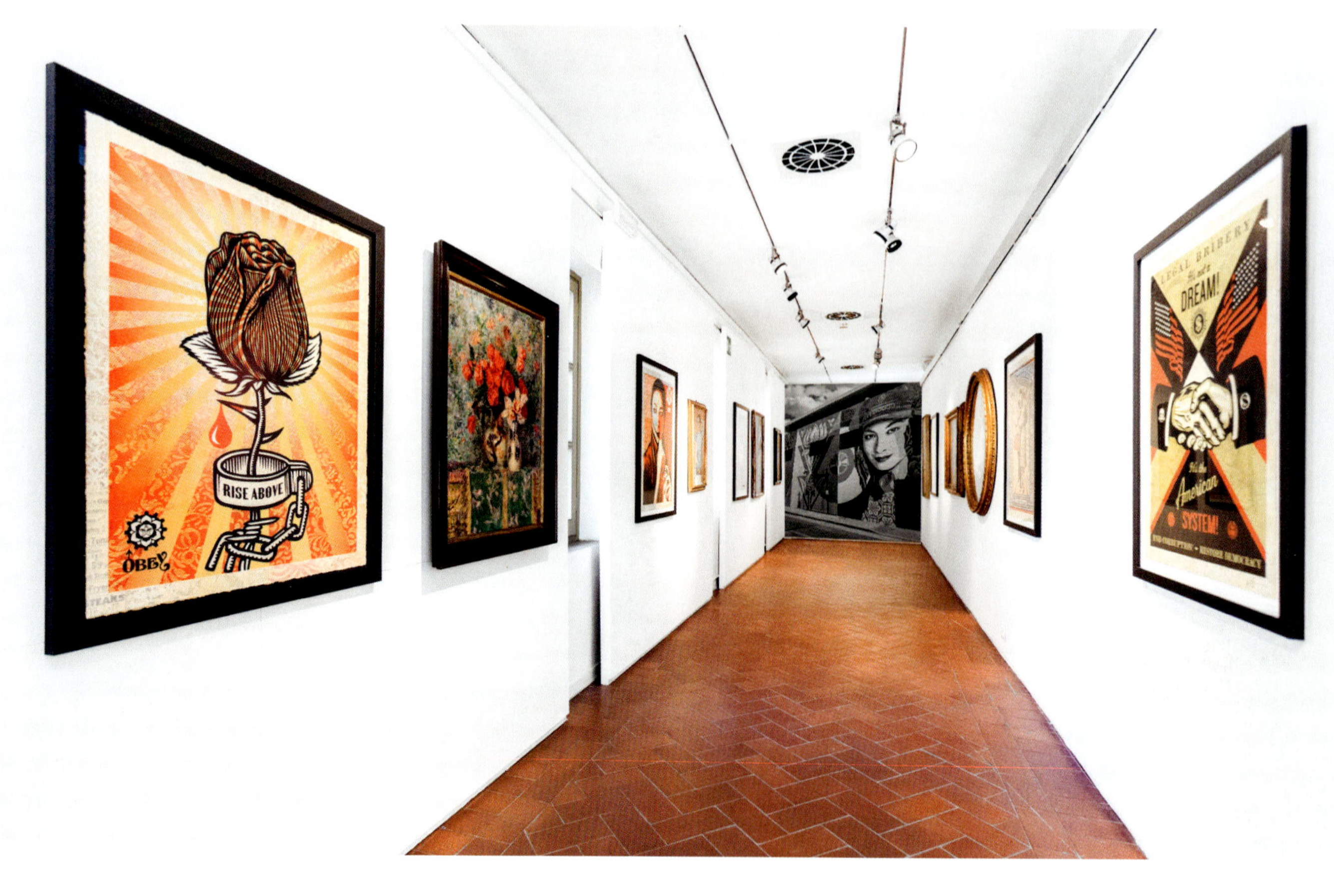
RISE ABOVE
OBEY
LEGAL BRIBERY
DREAM!
American
SYSTEM!

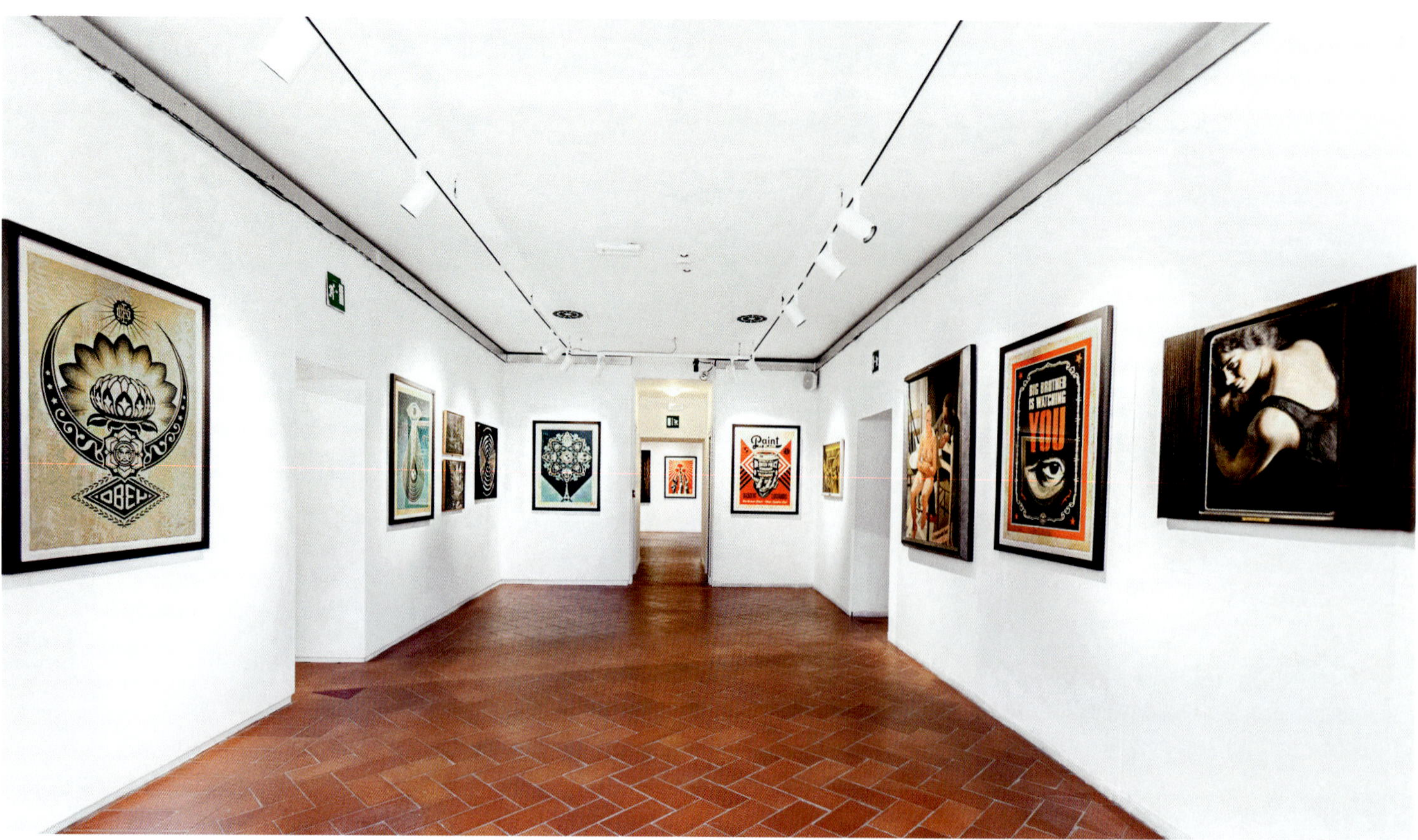
OBEY
BIG BROTHER IS WATCHING YOU

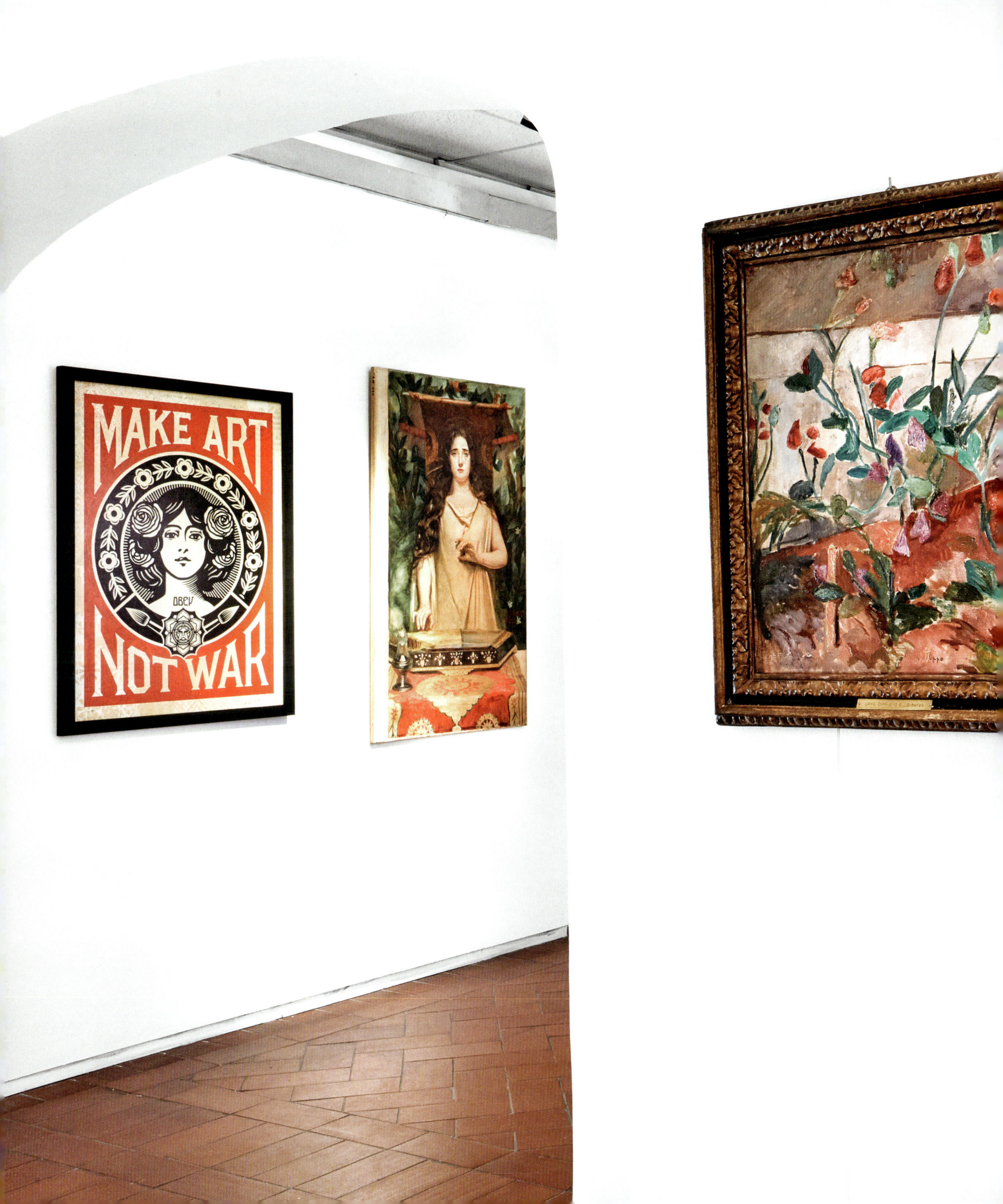

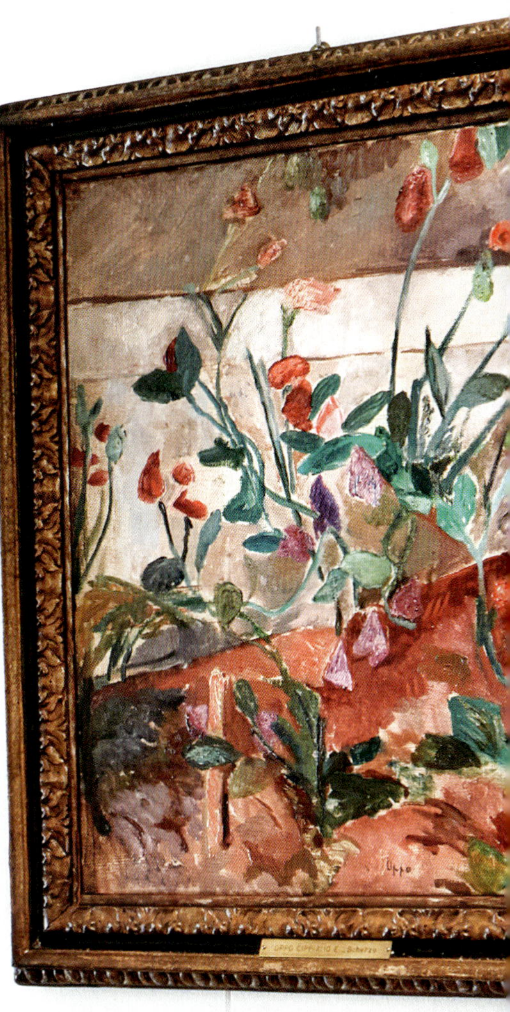

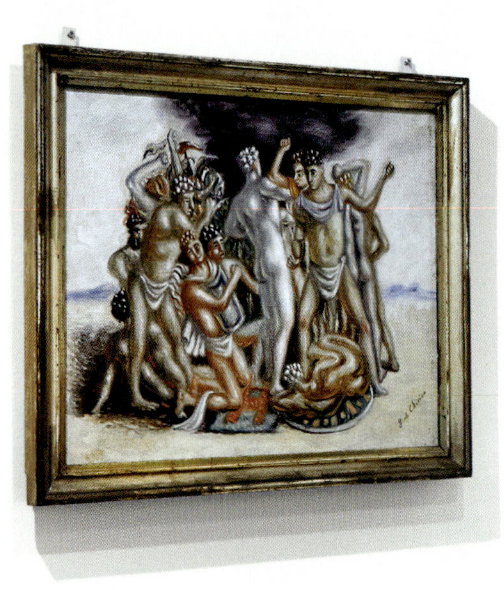

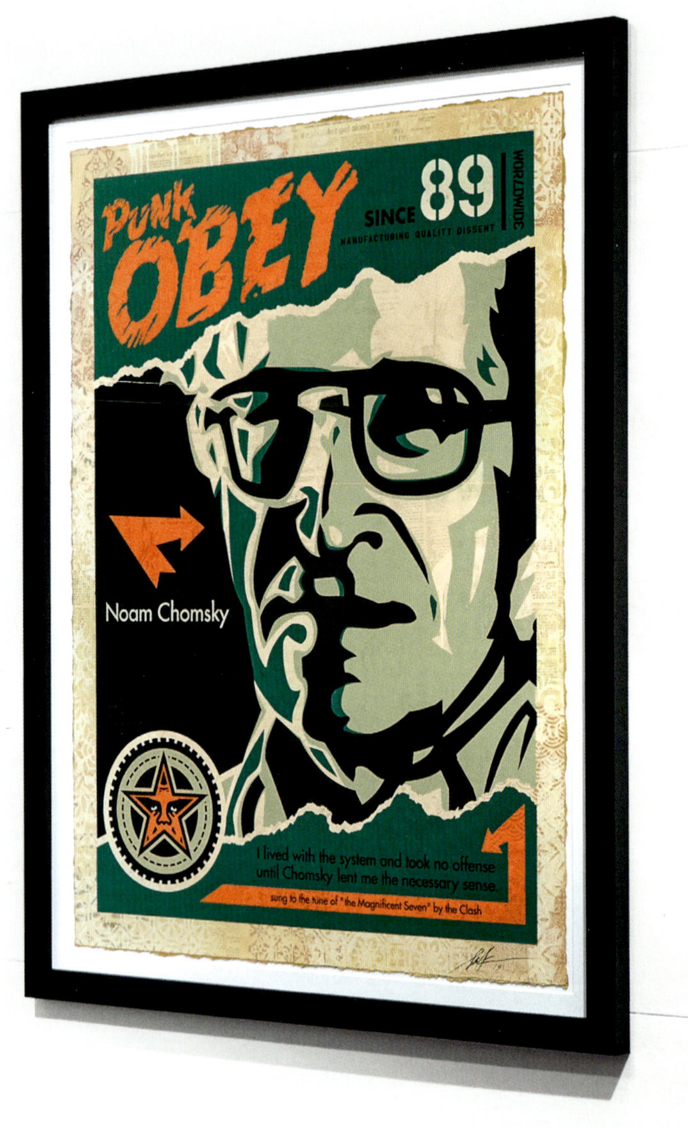

PUNK
OBEY
SINCE 89
WORLDWIDE
MANUFACTURING QUALITY DISSENT
Noam Chomsky
I lived with the system and took no offense
until Chomsky lent me the necessary sense.
sung to the tune of "the Magnificent Seven" by the Clash

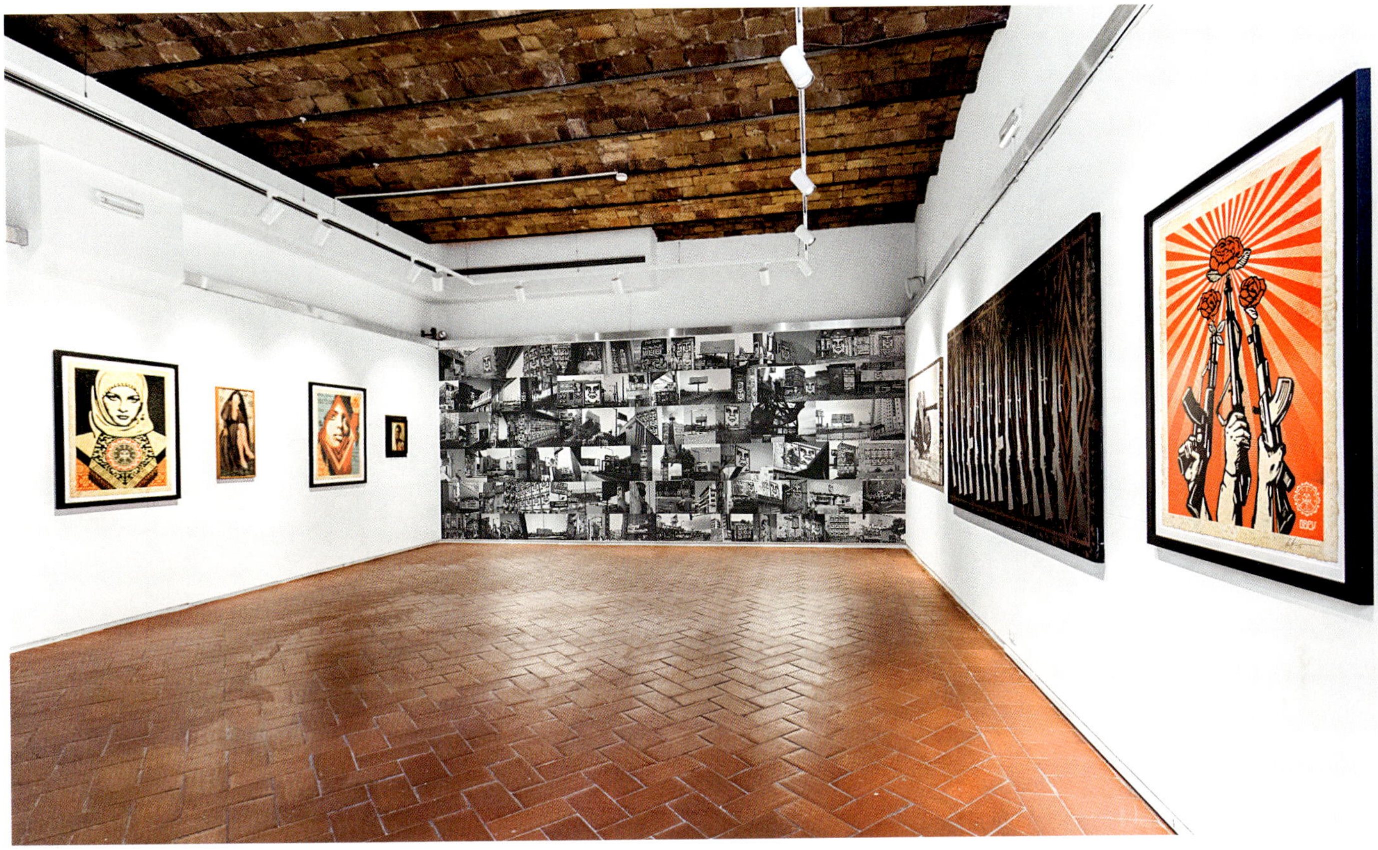

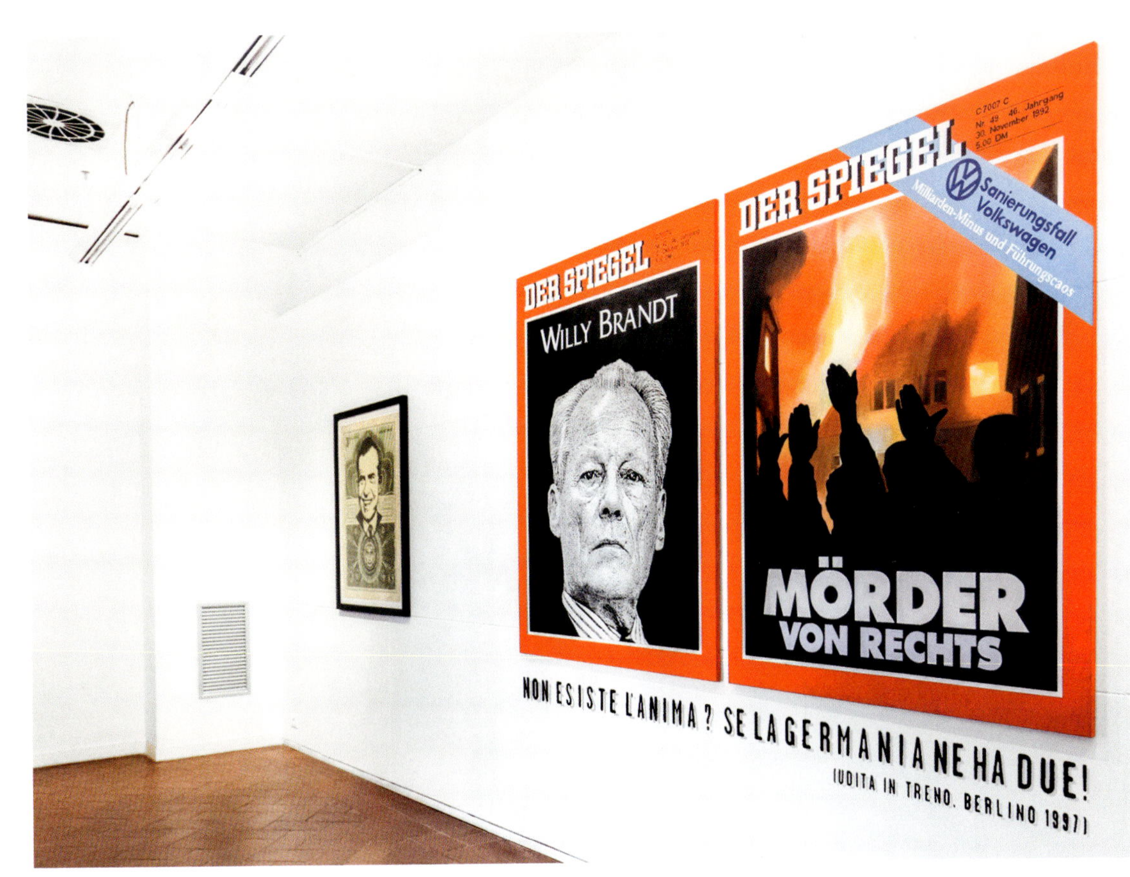
DER SPIEGEL
WILLY BRANDT
DER SPIEGEL
Sanierungsfall Volkswagen
Milliarden-Minus und Führungschaos
MÖRDER
VON RECHTS
NON ESISTE L'ANIMA? SE LA GERMANIA NE HA DUE!
(UDITA IN TRENO. BERLINO 1997)

OPERE

WORKS

Shepard Fairey, *HOPE* 2008

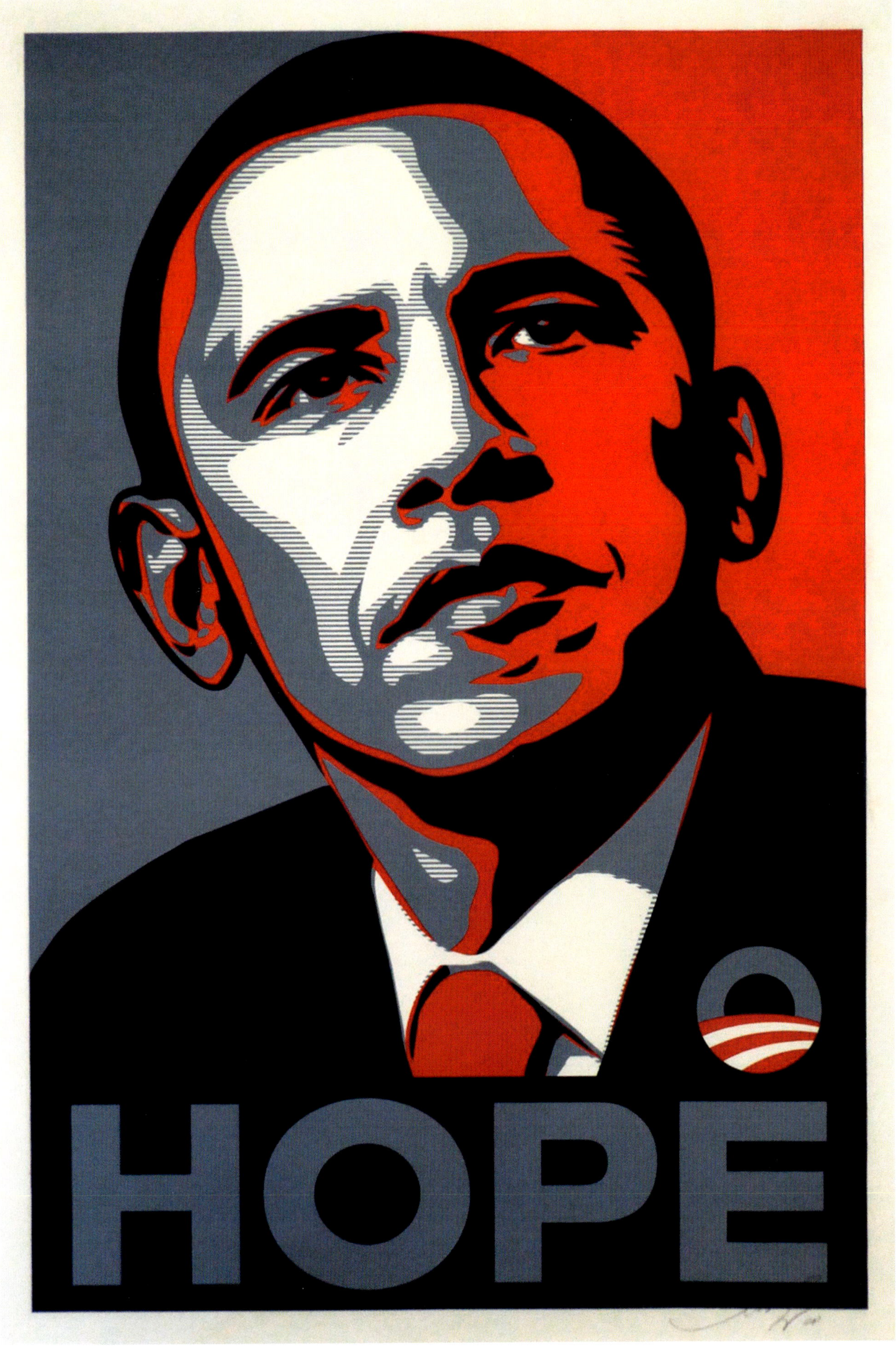
HOPE

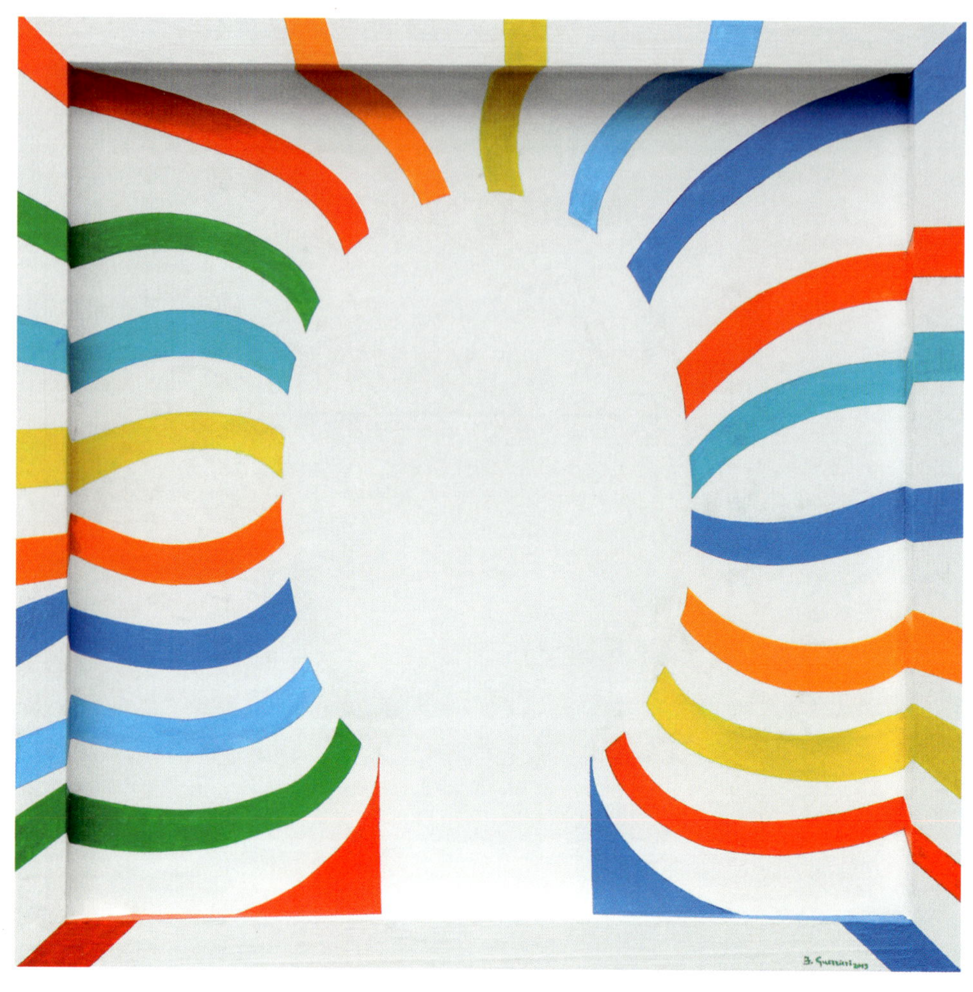

Francesco Guerrieri, ***Autoritratto interno d'artista*** 2015
Shepard Fairey, ***O.G. RIPS*** (1993) 2019

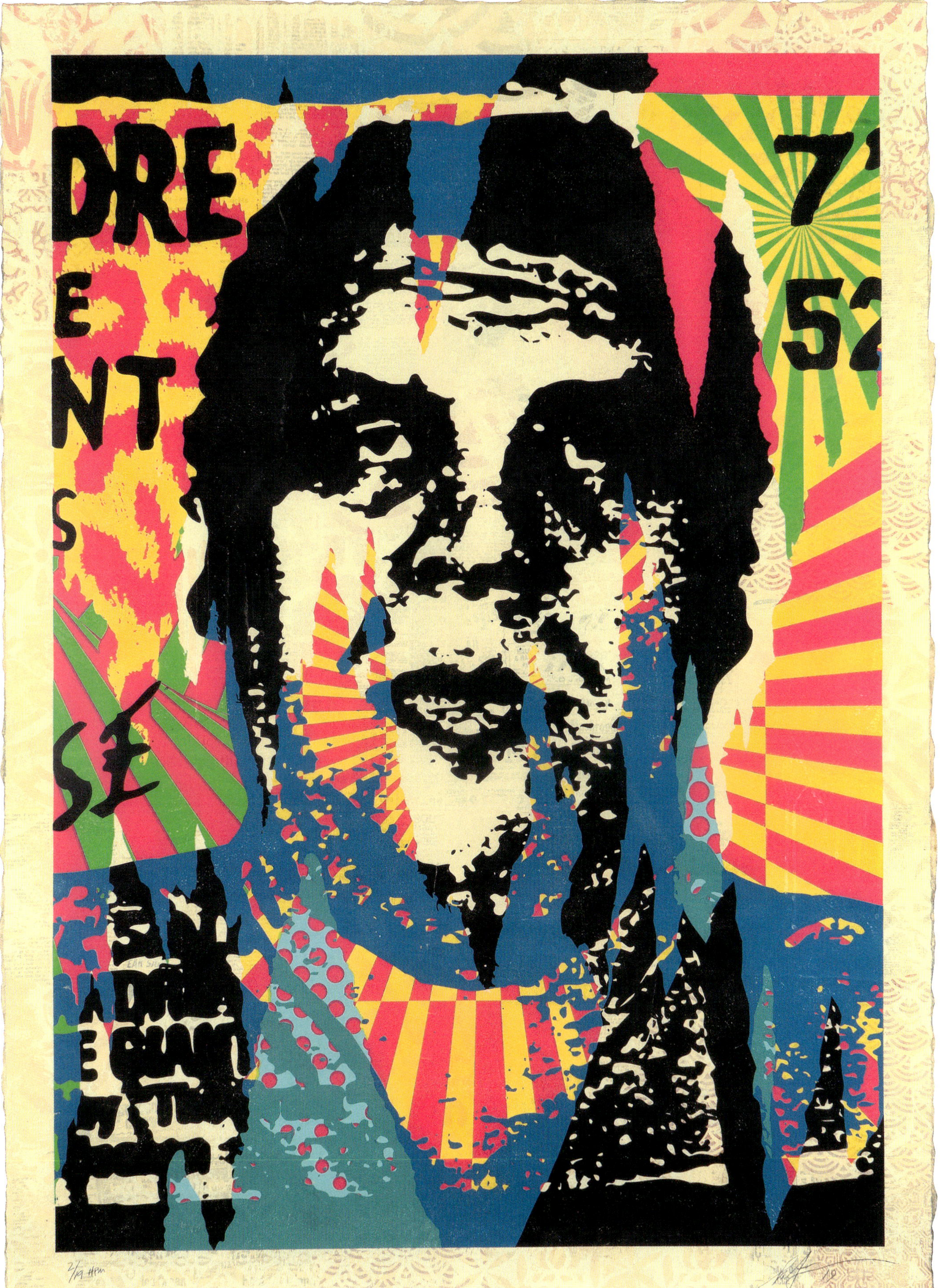
DRE
E
NT
S
7
52

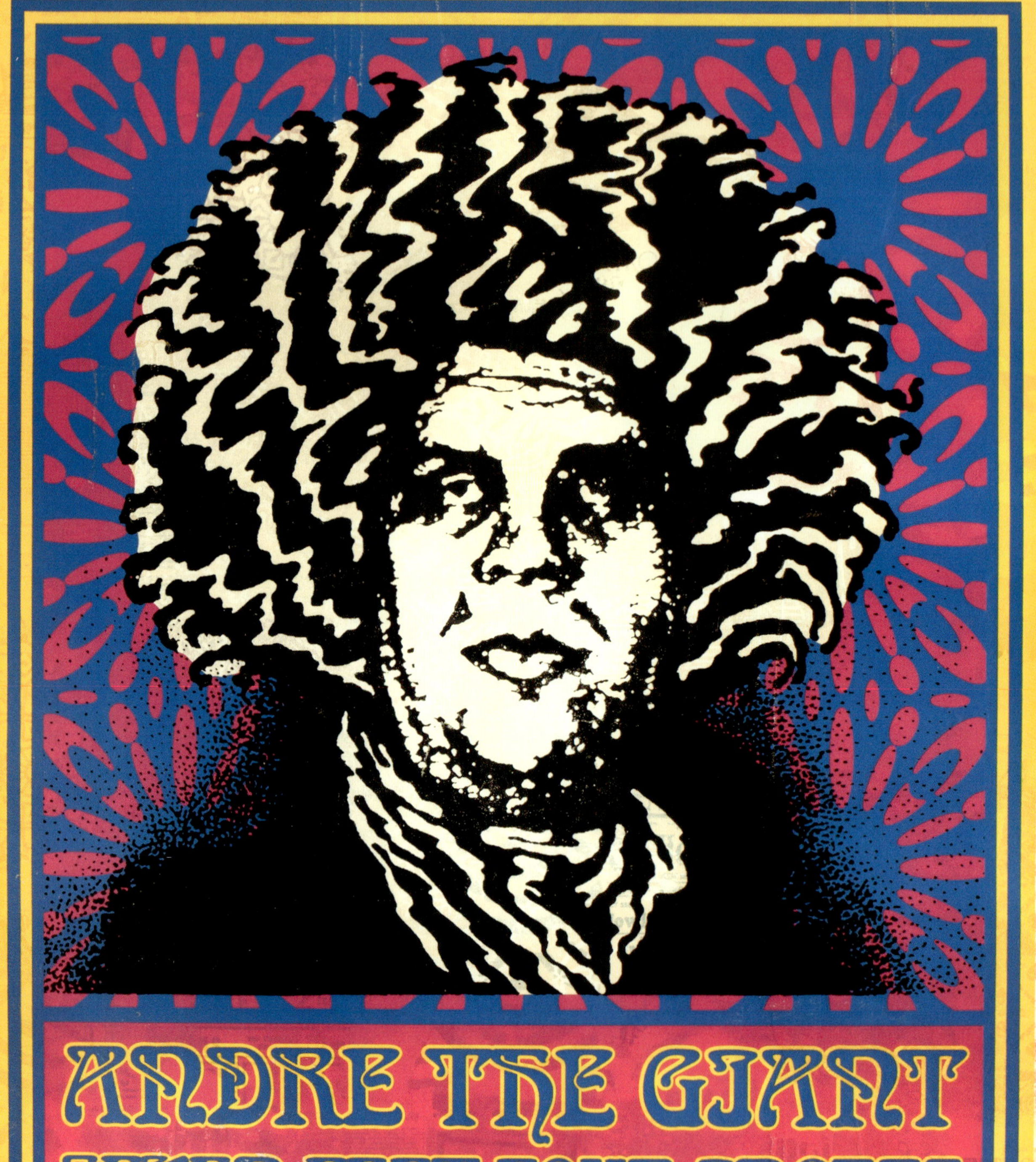
ANDRE THE GIANT
SEVEN FEET FOUR INCHES
FIVE HUNDRED TWENTY POUNDS
WITH BOBBY "THE BRAIN" HEENAN

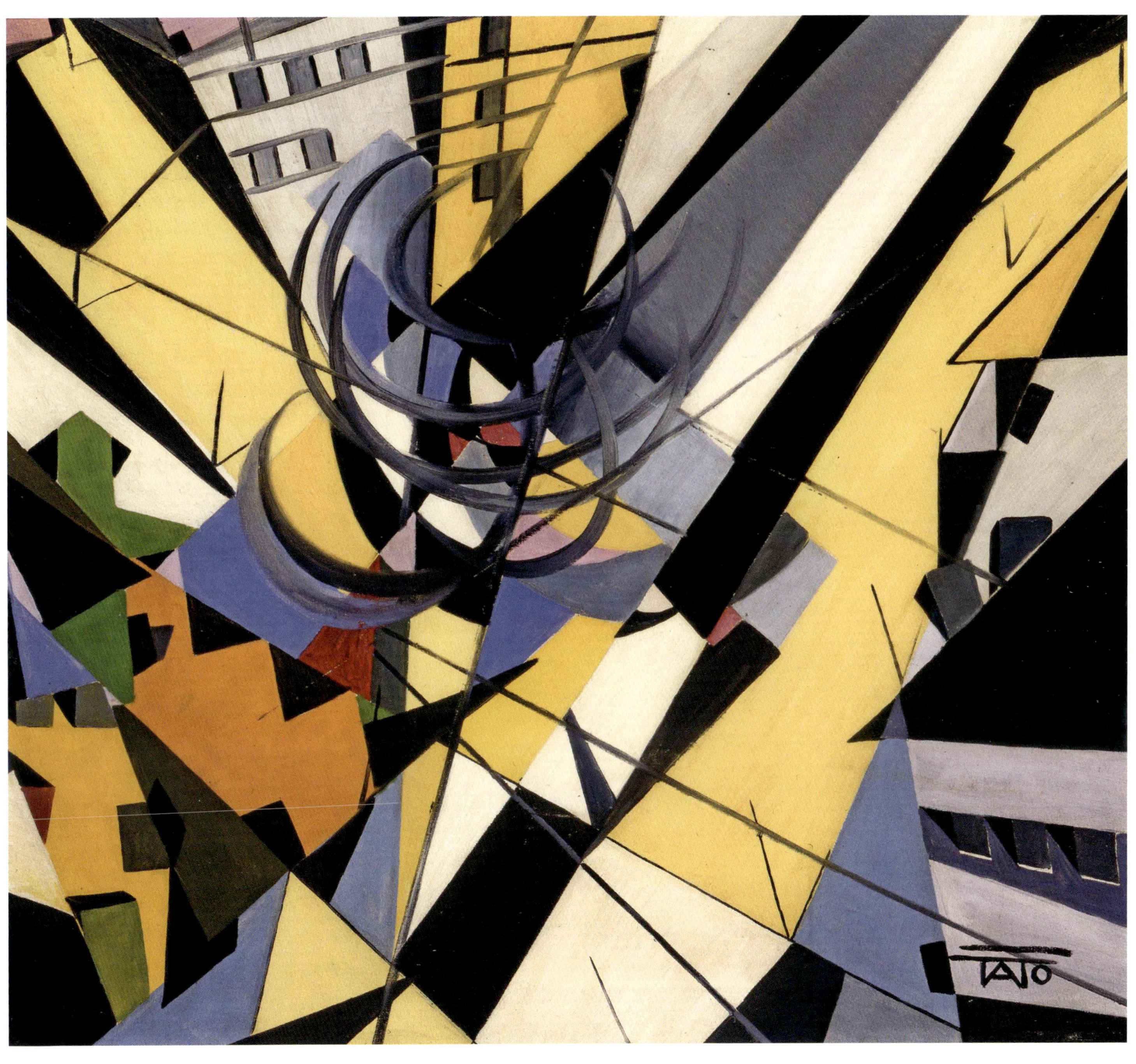

Shepard Fairey, *ANDRE PSYCHEDELIC* (1989) 2019

Tato, *Sensazione di volo – terzo tempo* 1929

O.G. RIPS (1989) 2019

Lo sticker di Andre, che Shepard Fairey creò ancora studente nel lontano 1989, è la pietra miliare della sua pratica artistica. In quest'opera, Fairey usa un'immagine ritagliata dell'adesivo originale per riflettere sui trent'anni di evoluzione della sua attività e sui drammatici cambiamenti sociali nel frattempo sopraggiunti. La sua carriera è iniziata applicando sticker negli spazi pubblici: una dichiarazione intenzionalmente ambigua che, nel corso dei decenni, si è trasformata in una pratica palesemente politica guidata dal desiderio di lanciare messaggi. Qui Fairey inserisce colori, strappi e disegni di un immaginario psichedelico: attraverso un design sconcertante, affronta lo storico passaggio dalle forme analogiche di diffusione delle notizie all'attuale bombardamento digitale di immagini e informazioni. L'artista invecchia il volto iconico di Andre coprendolo con linee colorate e lacrime, a significare il lavoro svolto per anni attaccando le sue opere nello spazio pubblico, un ambiente saturo di competizione, con la costante minaccia di essere arrestato. Gli strati di materiale e gli strappi sono anche un cenno alla natura effimera della Street Art. Per trent'anni Fairey ha incollato la sua arte nel paesaggio urbano per vederla poi rimossa da proprietari di immobili e impiegati comunali, consumata da Madre Natura e coperta dalle opere di altri artisti.

L'opera è una testimonianza dell'impegno e dell'ingegno che sono stati necessari per produrre, promuovere e distribuire lo sticker di Andre per trent'anni. Bisogna inoltre notare come la campagna di *stickering* di Fairey, iniziata molto prima di internet, abbia anticipato molti dei pilastri dell'era digitale. All'inizio l'artista, anticipando la diffusione virale delle immagini online, produceva in autonomia gli sticker pagando annunci nelle riviste di skateboard per promuovere la campagna e distribuendo gli adesivi gratuitamente. Quando la campagna ha raggiunto un punto critico a causa dell'enorme domanda di adesivi, non potendo continuare la produzione in autonomia, l'artista è stato costretto a far pagare ogni sticker anticipando così il modello di web business 2.0. È stato anche un precursore dei social media nella sua capacità di raggruppare persone che la pensano allo stesso modo e sono guidate dal medesimo intento: in questo caso, giovani ribelli che vogliono incollare sticker negli spazi pubblici di tutto il mondo. Successivamente, rendendo disponibili gli stencil OBEY per il download dal suo sito web, Fairey ha creato una apposita piattaforma open source.

The Andre sticker, which Fairey created as a student in 1989, is the cornerstone of his thirty-year practice. The artist uses a cropped image of the original sticker to reflect on three decades of evolution in his work and dramatic shifts in society. Fairey's career started with placing stickers in public space, an intentionally ambiguous statement that over decades transformed into an overtly political, message-driven practice. Fairey inserts colors, rips and patterns reminiscent of psychedelic imagery onto and around the iconic face. The disorienting design addresses the dramatic shift from analog forms of disseminating information to the current digital bombardment of imagery and information online. Fairey ages the iconic face by covering it with colored lines and tears, signifying years of work put in by the artist to establish himself by placing work in public space, a realm loaded with competing messages and the threat of arrest. The layers and rips are also a nod to the ephemeral nature of Street Art. For thirty years, Fairey has placed his art in the urban landscape, but it has been removed by property owners and civil servants, eroded by Mother Nature, and covered by other artists.

The work is a testament to the commitment and ingenuity required to produce, promote, and distribute the Andre sticker for thirty years. It is also a reminder that Fairey's sticker campaign, which started before the popularization of the Internet, predates several of the pillars of the digital age. Initially, Fairey produced the stickers himself, paid for ads in skateboard magazines to promote the campaign, and gave away free stickers, predating the viral dissemination of imagery online. When the campaign reached critical mass due to tremendous demand for the stickers, he could no longer afford to continue production and was forced to charge for each sticker—thereby predating the web 2.0 business model. His work also predates social media by bringing like-minded people together—in this case, rebellious youth to place his stickers in public space across the globe. Later, in making OBEY stencils available for download from his website, Fairey established an open source platform dedicated to defiance.

ANDRE PSYCHEDELIC (1993) 2019

Il successo immediato e diffuso dello sticker di Andre indusse Fairey a sviluppare strategie per espandere la portata della sua campagna e richiamare l'attenzione sull'adesivo originale disseminato nello spazio pubblico. Decise anche di modificare il design per diversificare l'immagine rispetto all'originale in bianco e nero: iniziò così a stampare sticker con gli stessi elementi ma accompagnati da disegni di animali e sfondi colorati in stile Op Art. Per creare combinazioni di colori che fossero in grado di attirare l'attenzione, Fairey studiò a fondo i poster psichedelici della fine degli anni sessanta. In particolare lo intrigavano le combinazioni cromatiche aggressive dei manifesti del leggendario locale di San Francisco The Fillmore. Fino alla creazione di *Andre Hendrix*, la dedizione di Shepard allo sticker originale e la sua straordinaria diffusione lo avevano reso diffidente rispetto all'ipotesi di incorporare Andre in altre opere. Il fascino dei poster psichedelici e la profonda ammirazione per l'immagine di Jimi Hendrix realizzata nel 1968 da John Van Hamersveld lo convinsero a inserire l'immagine di Andre in un'opera psichedelica. Questa svolta stilistica si sarebbe rivelata fondamentale: fu la prima serigrafia artistica con la sua versione del volto del lottatore.

The immediate success and proliferation of the Andre sticker compelled Fairey to develop strategies to expand the reach of his campaign and call attention to the original sticker in public space. However, he did want to alter the design as a means to diversify the Andre sticker from the original black and white image. He began to print stickers with the same illustration and text but with animal patterns and colorful Op Art backgrounds. His desire to create attention-getting color combinations resulted in extensive research into psychedelic posters from the late 1960s. Fairey was particularly drawn to the aggressive color combinations of posters made for the legendary San Francisco music venue The Fillmore. Up until the creation of *Andre Hendrix*, Shepard's dedication to the Andre sticker and its corresponding success made him wary of incorporating Andre into other works of art. Fairey's love of psychedelic posters in general and his deep admiration for John Van Hamersveld's 1968 image of Jimi Hendrix allowed him to insert Andre's face, taken from the original sticker, into a psychedelic design. This initial stylistic breakthrough would become a fundamental strategy throughout Fairey's artistic practice. The image would become the first fine art screen print featuring Fairey's version of the wrestler's face.

OBEY STAR (1996) 2019
EXCLAMATION (1996) 2019

Il successo e la diffusione della campagna di sticker *Andre the Giant Has a Posse*, che tanta attenzione ha suscitato nei media statunitensi, ha spinto Fairey a riconsiderare concettualmente il valore delle fattezze di Andre e a valutare i potenziali rischi legali connessi allo sfruttamento della sua immagine. Così alla fine del 1995, alla ricerca di un'immagine più generica che rappresentasse la minaccia delle forze che ci controllano, Fairey si è allontanato da Andre the Giant e ha creato un volto più ambiguo e meno specifico, riferito per certi aspetti al Grande Fratello di Orwell. L'evoluzione di Andre ha così prodotto l'icona "semplificata" OBEY, *OBEY Star* e il logo rosso OBEY ispirato al lavoro di Barbara Kruger. Queste icone, insieme a vari elementi dello sticker originale, sono tasselli fondamentali del repertorio di Shepard Fairey, la cui presenza ripetuta nelle sue opere fa il verso alle più sofisticate strategie pubblicitarie. Le frecce e i punti esclamativi che circondano il volto di OBEY in *Exclamation* ci riconducono direttamente a Rodchenko. A Fairey piaceva l'idea di far sembrare un'immagine "più importante di quanto non sia" ricorrendo agli espedienti della propaganda più efficace. La parola OBEY sotto l'icona della stella deriva da un altro riferimento, il film di John Carpenter *Essi vivono* (1988), in cui il personaggio principale, interpretato da Roddy Piper (un altro *wrestler* professionista), scopre nelle pubblicità la presenza di messaggi subliminali che, controllati da una élite aliena autoritaria, spingono gli umani a obbedire e a consumare. Pur nella sua esagerazione, il film è una metafora degli eccessi del capitalismo, delle forme di oppressione messe in atto dal sistema e della cecità della società rispetto alla narrativa dominante e ininterrotta che orienta la cultura del consumo. Il film ha ispirato Fairey a usare il termine OBEY come veicolo per provocare una risposta critica ai messaggi delle autorità. "Mettere tutto in discussione".

The success and proliferation of the *Andre the Giant Has a Posse* sticker campaign, which resulted in national media attention, pushed Fairey to consider the value of Andre's likeness conceptually and the potential legal hazards. At the end of 1995, with the desire to evolve toward a more open-ended image about ominous forces of control, Fairey moved away from Andre the Giant and created an ambiguous image of a face referencing Orwell's Big Brother. The evolution of Andre produced the simplified OBEY icon face, the *OBEY Star*, and the OBEY red box logo, which was inspired by the work of Barbara Kruger. These icons, along with various elements from the original sticker, became the building blocks of Shepard Fairey's visual repertoire. Their repeated incorporation into the artwork mimics the strategic mechanism used by brands and advertising. The use of arrows and exclamation marks surrounding the OBEY icon face in *Exclamation* borrows from the Russian Constructivist, Alexander Rodchenko. Fairey was attracted to the idea of making an image look "more important than it really is," by using devices from potent propaganda. The word OBEY under the star icon comes from another critical reference, John Carpenter's 1988 film, *They Live*, in which the main character, played by another pro-wrestler, Roddy Piper, discovers subliminal messages in advertisements, controlled by an authoritarian alien elite, that push humans to obey and consume. Although campy, the film serves as a metaphor for the excesses of capitalism, systemic forms of oppression, and society's blindness to the continuous narrative that drives consumer culture. *They Live* inspired Fairey to use the term OBEY as a vehicle to stimulate a critical response to messaging from authorities. "Question Everything!"

Shepard Fairey, ***OBEY STAR*** (1996) 2019

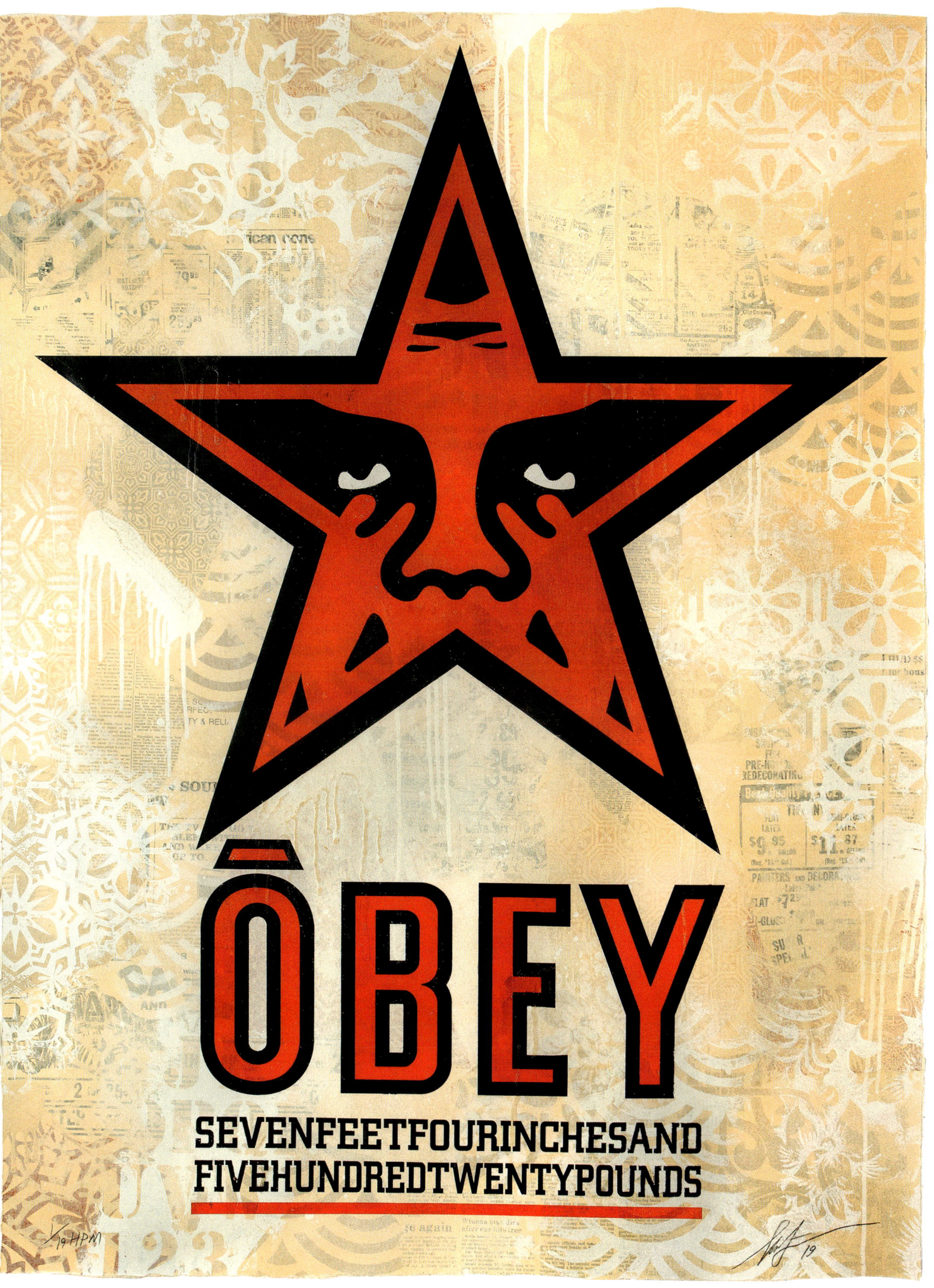

OBEY
SEVENFEETFOURINCHESAND
FIVEHUNDREDTWENTYPOUNDS

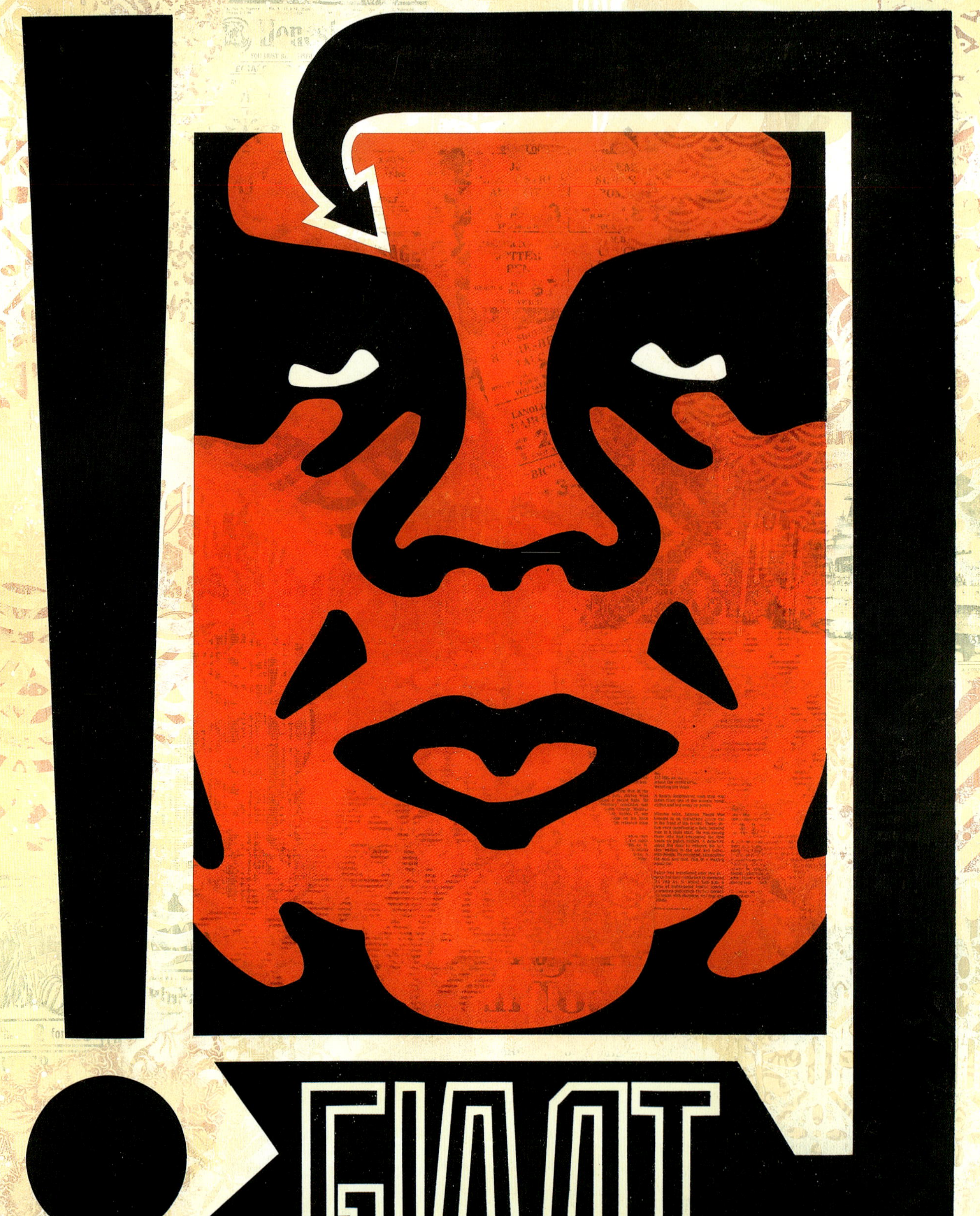

1/19 HPM

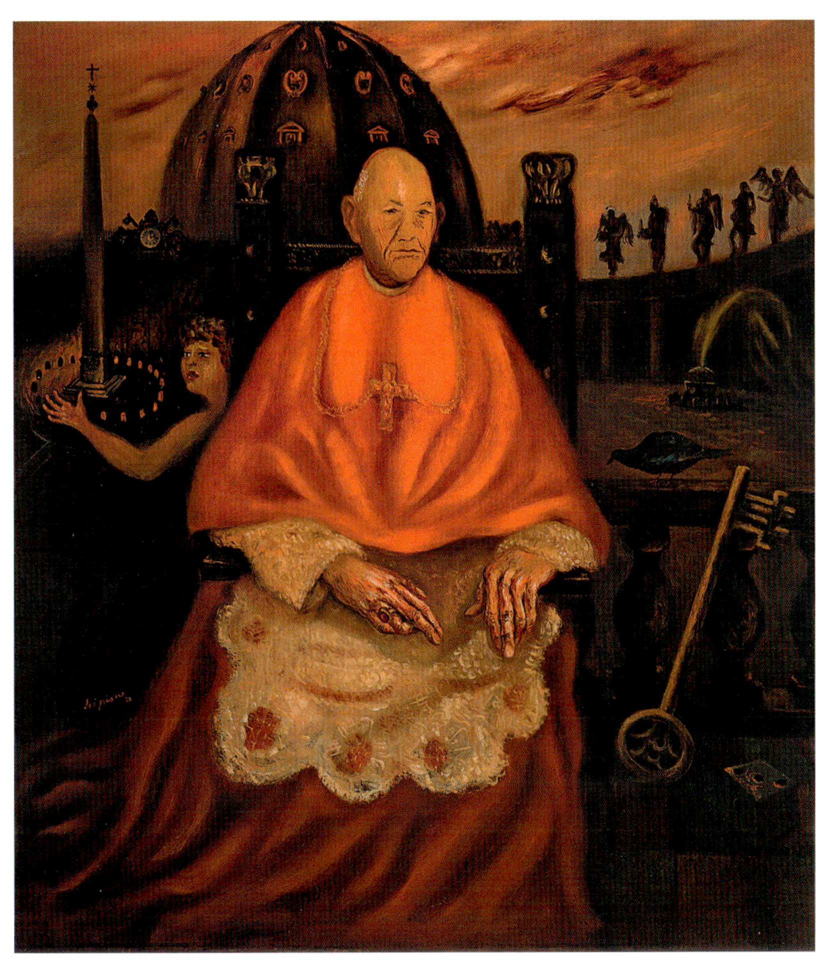

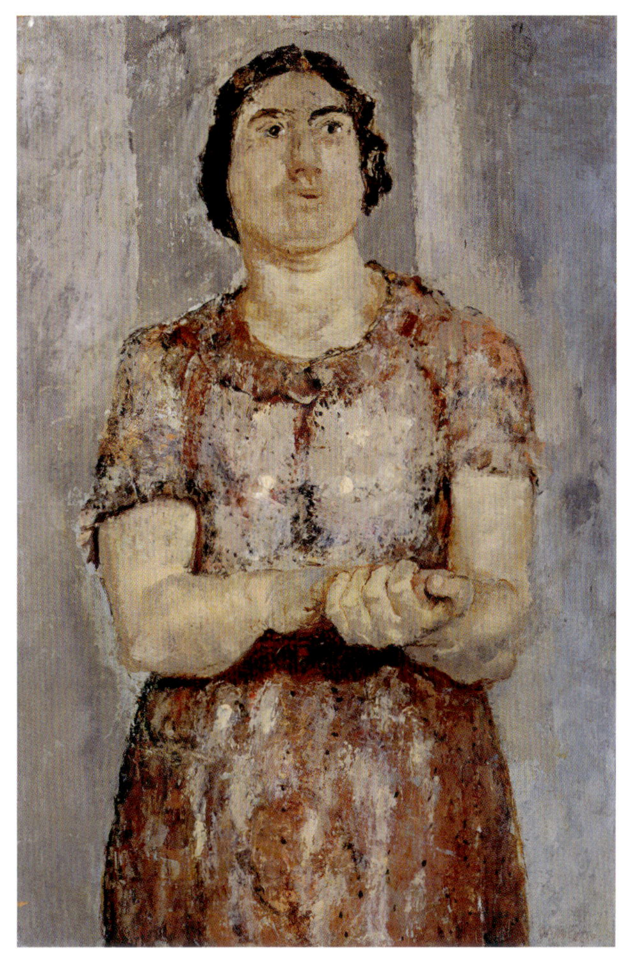

Shepard Fairey, *EXCLAMATION* (1996) 2019

Scipione, *Il Cardinal decano* 1930

Fausto Pirandello, *Figura meravigliata* 1930-1935

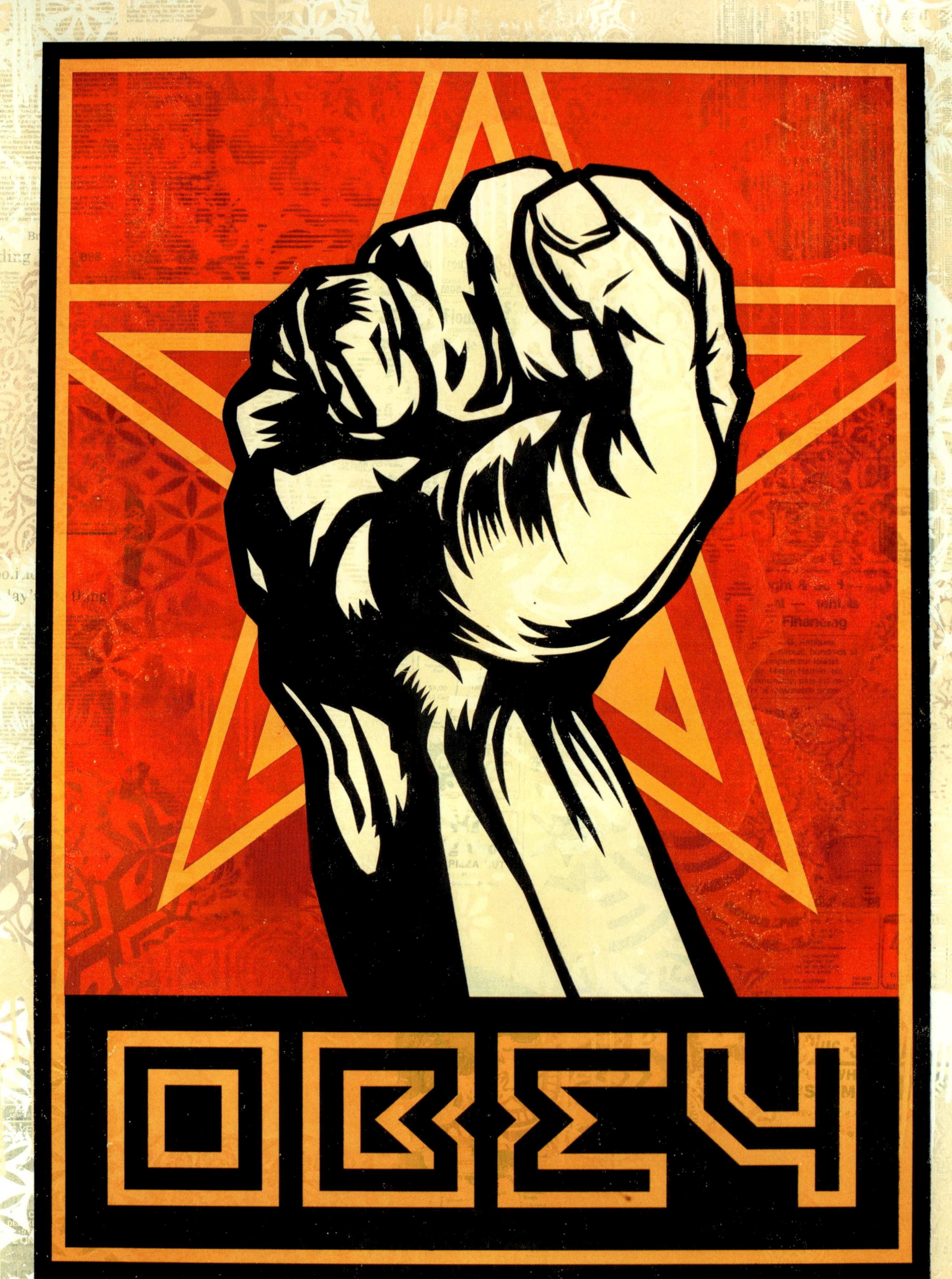

1/19 HPM

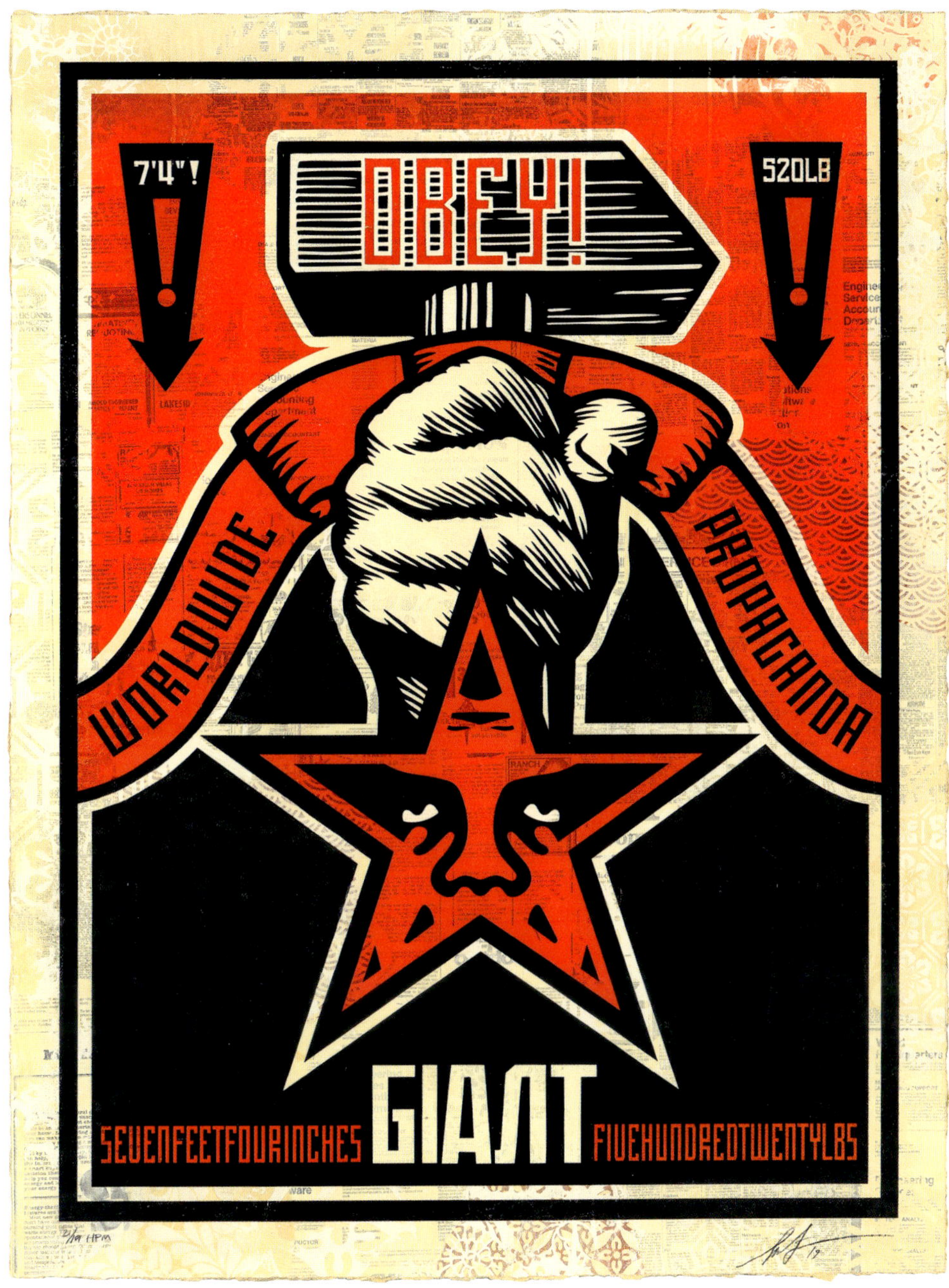

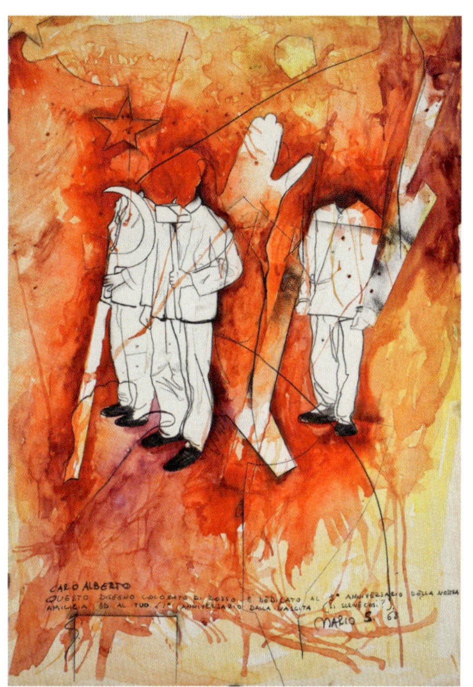

Shepard Fairey, *FIST* (2000) 2019
Shepard Fairey, *HAMMER* (2000) 2019
Mario Schifano, *Compagni, compagni* 1968

FIST (2000) 2019

Il pugno alzato è stato un simbolo iconico di resistenza per molte generazioni. Mascolino e monocromo, il gesto serrato irradia energia sullo sfondo di una doppia stella dorata. La scritta OBEY, il celebre invito di Fairey all'azione, rappresenta un comando visivo che esalta la protesta silenziosa ma potente. In questa stampa, che affonda le radici nei primi progetti di Street Art di Fairey, l'immagine di Andre the Giant è sostituita da un gigantesco pugno. Leggibilità e immediatezza di significato sono sempre state un segno distintivo delle opere di Fairey e qui sono usate con grande effetto, illustrando un simbolo familiare e universale di ribellione, reso con il suo stile inconfondibile.

The raised fist has served as an iconic symbol of resistance for many generations. Masculine and monochrome, the clenched gesture radiates energy against a double outlined golden star. Featuring Fairey's now well-known call to action, the accompanying OBEY below is a visual command that enhances the otherwise silent but powerful protest. With its origins in his earliest Street Art projects, this print replaces the typical Andre the Giant figurine with an oversized fist that stands in its place. Legibility and accessibility have always been a hallmark of Fairey's artwork and are used to great effect here, illustrating a universal, familiar symbol of rebellion, but rendered in Fairey's recognizable style.

HAMMER (2000) 2019

La composizione di *Hammer* è un classico esempio del lavoro di Shepard Fairey poiché unisce elementi storici del design e la sua iconografia facilmente riconoscibile. L'uso di frecce e punti esclamativi è un riferimento al costruttivismo russo, mentre il martello e il nastro sono ispirati ai manifesti di propaganda del realismo socialista. Gli elementi propri dell'immaginario iconico dell'artista sono qui la *OBEY Star*, creata nel 1996 basandosi sulla bandiera sovietica, e le scritte dello sticker *Andre the Giant Has a Posse*: *Seven Feet Four Inches* e *Five Hundred Twenty Pounds*. In un paesaggio urbano tappezzato di pubblicità, Fairey sceglie di utilizzare immagini associate al comunismo per attirare l'attenzione dei passanti. Gli sticker e le stampe che all'inizio attaccava con la colla di farina in giro per le città avevano lo scopo di scuotere le persone dalla routine quotidiana; una volta risvegliate, avrebbero dovuto mettere in discussione la natura di tutti gli altri messaggi visivi che popolavano lo spazio pubblico. Fino al 2000 l'opera di Fairey non aveva un messaggio apertamente politico: il ricorso allo stile e ai simboli del realismo socialista mutuati dalla propaganda sovietica aveva il solo scopo di destare le coscienze. Ma l'elezione di George W. Bush nel 2000, seguita dalle guerre in Iraq e Afghanistan, ha cambiato tutto.

The composition of *Hammer* is a classic example of a work by Shepard Fairey that combines historic design elements and his identifiable iconography. The use of arrows and exclamation marks is a reference to Russian Constructivism, while Social Realist propaganda posters inspire the hammer and ribbon. Fairey also inserts his iconic imagery, the *OBEY Star*, an element that borrows from the Soviet flag that he created in 1996, alongside references to the key elements of the *Andre the Giant Has a Posse* sticker, *Seven Feet Four Inches* and *Five Hundred Twenty Pounds*. In an urban landscape covered with advertising, Fairey has chosen to use imagery associated with communism to steal the viewers' attention. His images on stickers and wheat-pasted paper prints were intended to awaken the passers-by who encountered them from their daily routine. In the awakened state, the public was meant to question the nature of all other visual messages in public space. Until the year 2000, Fairey's work did not have an overtly political message. His use of a Socialist Realist style borrowed from Soviet-era propaganda posters was intended to arouse suspicion. The election of George W. Bush in 2000, followed by the wars in Iraq and Afghanistan, changed everything.

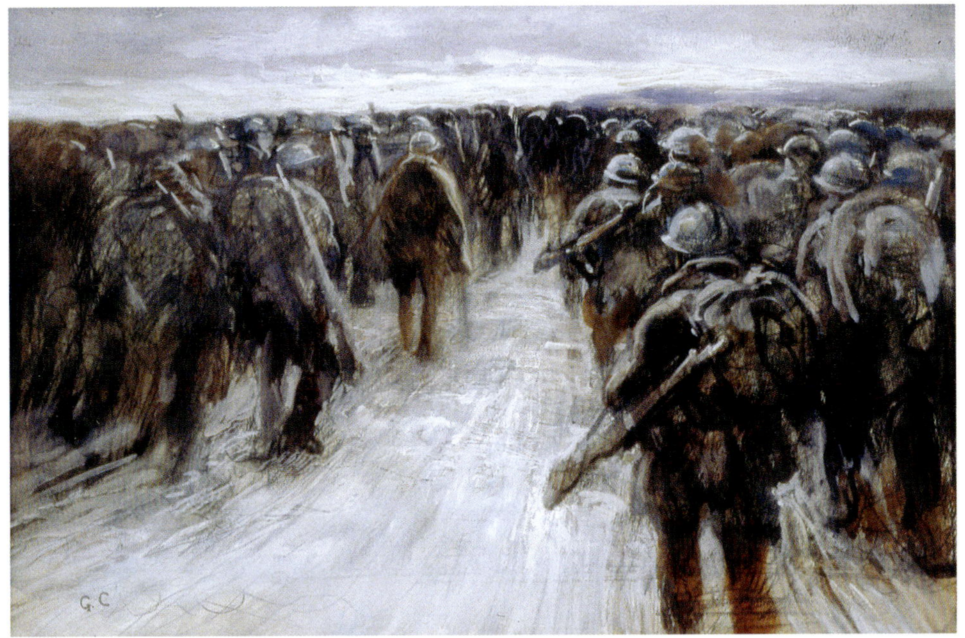

Giuseppe Carosi,
Ritorno dalla trincea 1915-1917

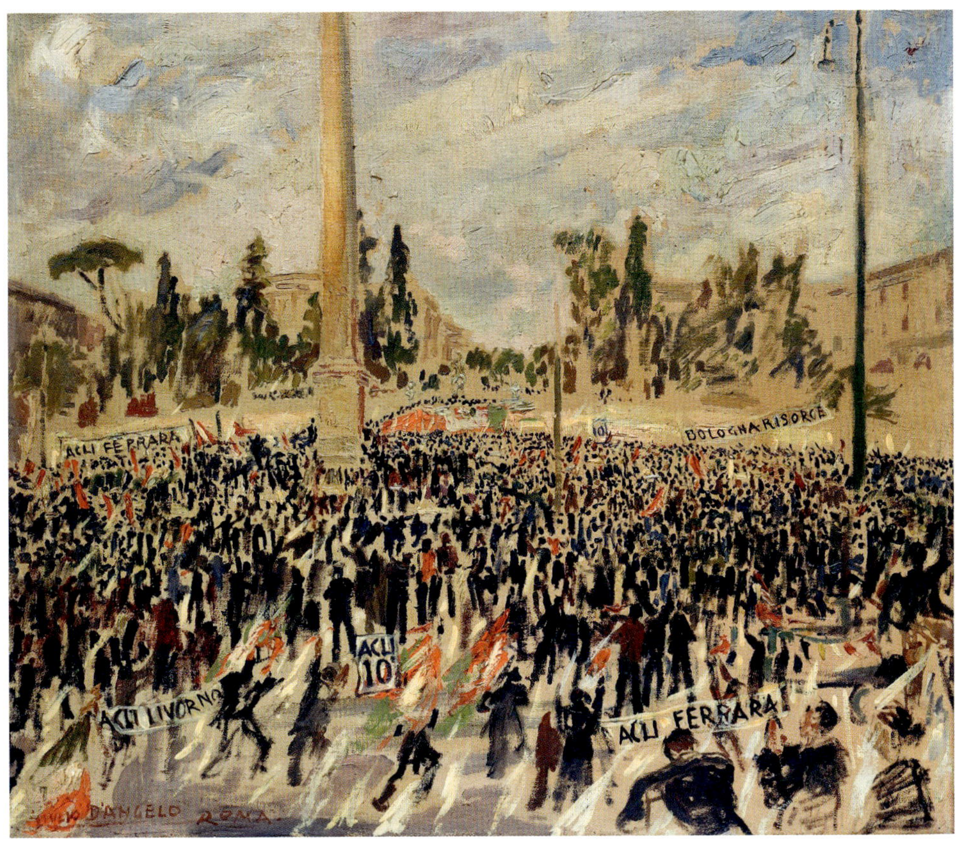

Giulio D'Angelo,
Comizio a Porta del Popolo 1955

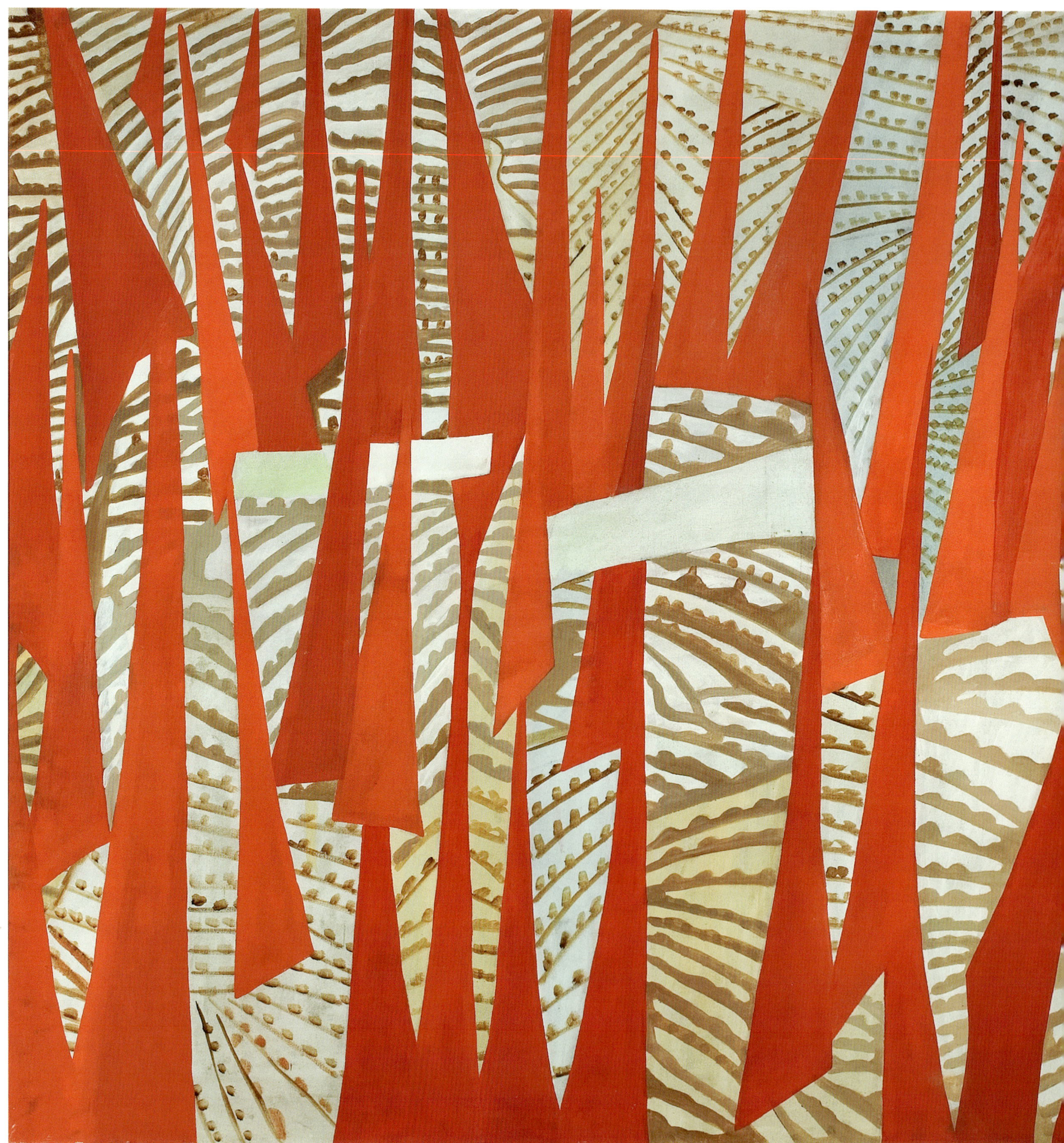

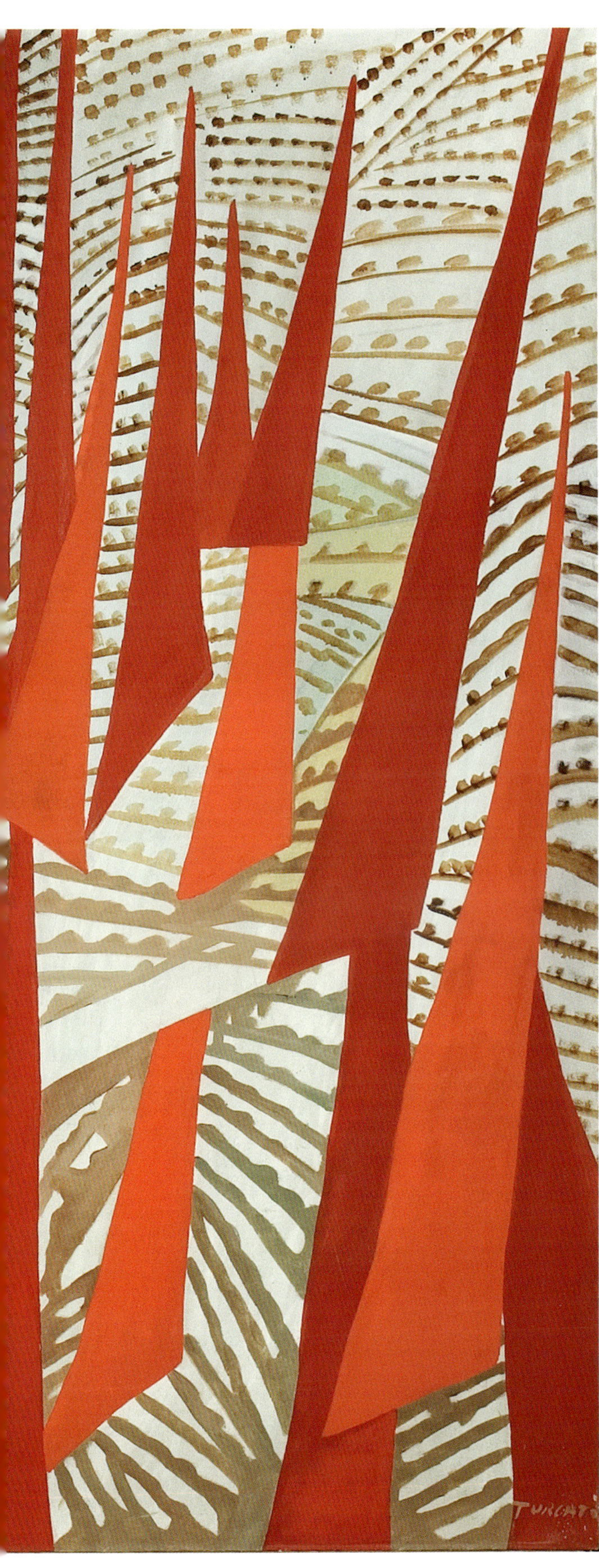

Giulio Turcato, *Comizio* 1949-1950

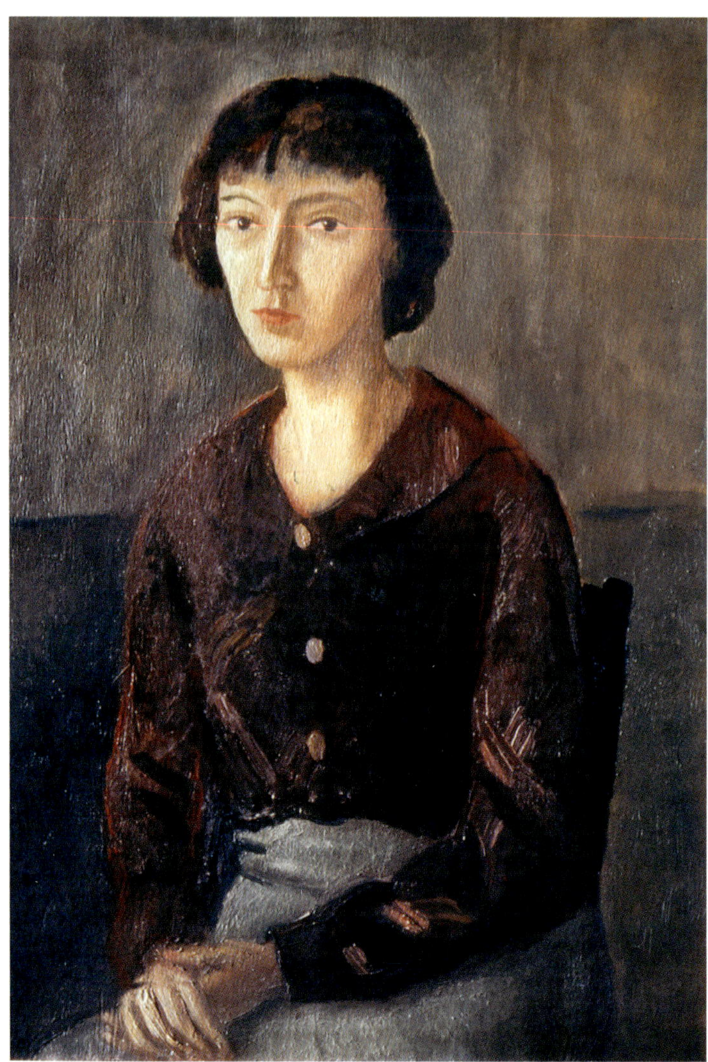

Virgilio Guidi, ***Ritratto di americana*** 1934-1935
Shepard Fairey, ***ANGELA NUBIAN*** (1998) 2019

ANGELA NUBIAN (1998) 2019
JESSE NUBIAN (1998) 2019

Angela Davis, femminista e attivista per i diritti civili, ha scritto nel suo libro più importante, *Women, Race and Class*, che "le donne nere hanno sopportato il terribile fardello dell'uguaglianza nell'oppressione". Consapevole degli ostacoli che le donne afroamericane devono continuamente affrontare negli Stati Uniti, Davis ha sempre sostenuto la necessità di smantellare le visioni fallaci e superficiali su razza e genere. Questo ritratto contiene alcuni elementi di incertezza che trasmettono una sorta di ambivalenza: la sua espressione risulta feroce o sobria a seconda dell'attitudine dello spettatore. Calma, posata e con lo sguardo rivolto verso l'alto, ostenta la sua pettinatura afro, poi diventata iconica, su cui si stagliano "Power and Equality", gli ideali di potere e uguaglianza che Angela promuove con il suo lavoro, imprescindibili perchè ci sia un reale progresso. L'immagine con il pugno alzato, un gesto reso famoso dal movimento Black Power degli anni sessanta, ci riporta all'attivista per i diritti civili e reverendo Jesse Jackson Sr. e alle sue innumerevoli proclamazioni di "I Am Somebody", tratto da una poesia scritta dal reverendo William Holmes Borders e recitata da Jackson in raduni, incontri e apparizioni televisive in cui esortava all'*empowerment* e al concetto di umanità condivisa, al centro del suo attivismo. Il ritratto di Fairey cattura tutto il senso di questo slogan, con Jackson potentissimo nella posizione di sfida ma dall'aspetto sempre e comunque profondamente umano.
Le due stampe appartengono alla serie *Brown Power*, che adotta il linguaggio visivo del movimento Black Power e usa una combinazione pan-africana di colori attenuata (rosso, nero e verde) per ritrarre diversi esponenti afroamericani della lotta per la libertà. Tuttavia, Fairey ha anche messo in evidenza la facilità con cui alcuni stereotipi della propaganda e dell'attivismo possono essere usati per scopi meno nobili. Incorporando sagome e figure sconosciute nella serie, l'artista invita gli spettatori a riesaminare la loro accettazione dell'estetica del potere e dell'attivismo per svelare come il simbolismo possa a volte superare la verità.

POWER AND EQUALITY

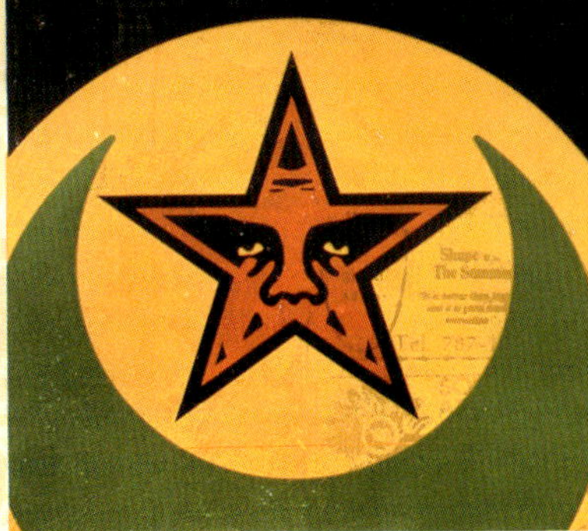

giant

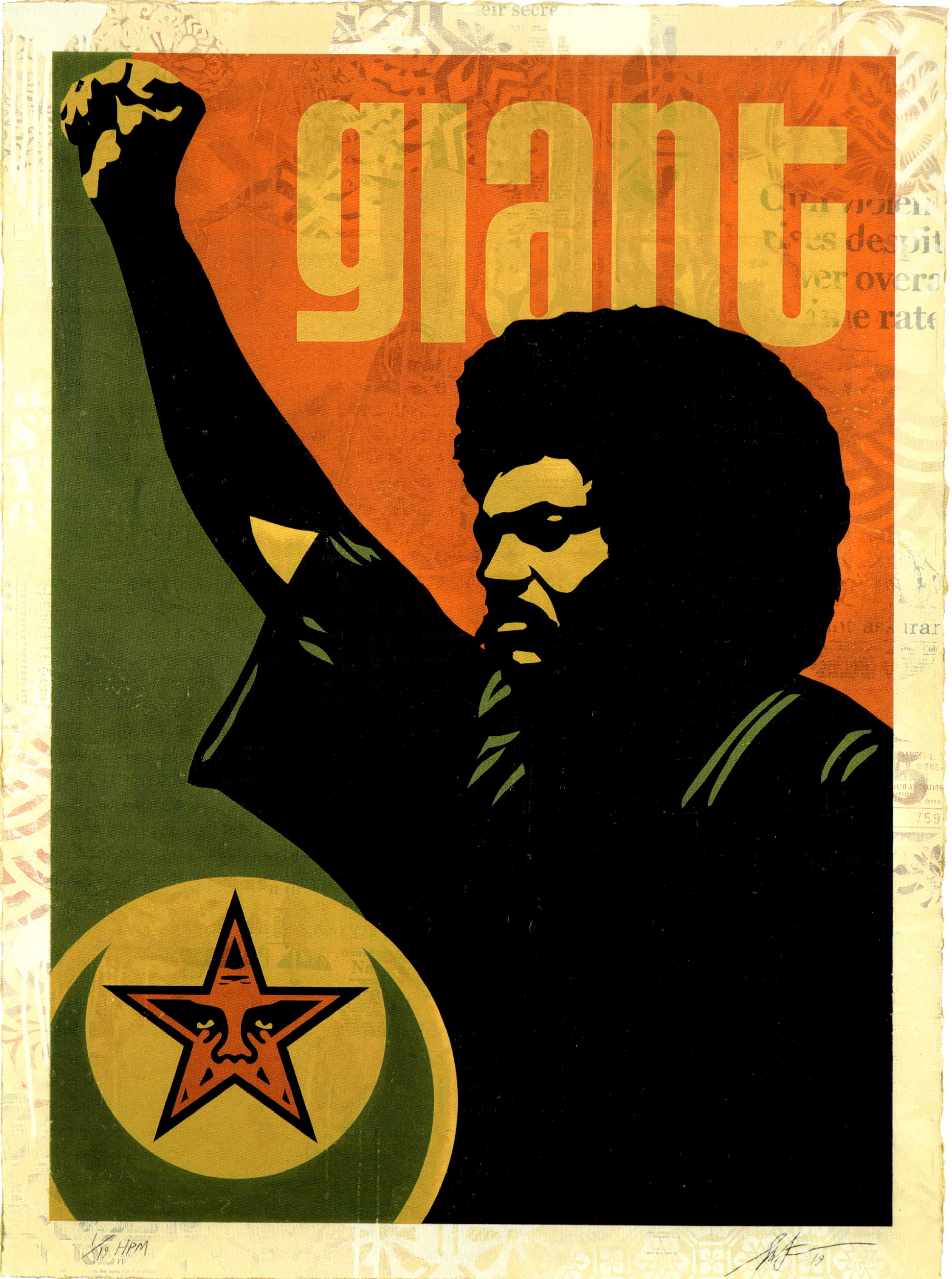
giant

ANGELA NUBIAN (1998) 2019
JESSE NUBIAN (1998) 2019

In her landmark text, *Women, Race and Class*, civil rights activist and feminist Angela Davis wrote, "black women bore the terrible burden of equality in oppression." Aware of the persistent obstacles that African-American women face in this country, Davis has long been an advocate for dismantling flawed and superficial views of race and gender. In this print, her portrait contains elements of uncertainty that convey this duality, her expression either ferocious or restrained depending upon the perspective of the viewer. Still, poised and looking upward, her now iconic Afro consumes the bold text imprinted atop—like a canvas for the ideals of "Power and Equality" that she promotes in her work and which must remain as core values if progress is to be made.

With his fist raised in a gesture made famous in the Black Power movement of the 1960s, we are reminded of civil rights activist and minister, the Reverend Jesse Jackson, Sr. and his countless proclamations of "I Am Somebody" from a poem of that title originally written by Reverend William Holmes Borders, Sr. Reverend Jackson recited this poem at numerous rallies, festivals, and television appearances as a call and response demonstration of empowerment and shared humanity that was central to his activism. This portrait captures the sentiment of this statement, echoing in his defiant stance but also remaining a human portrait.

Both prints on view are from the *Brown Power* series, which adopts the visual language of the Black Power movement and uses a softened Pan-African color scheme (red, black, and green) to portray several African-American freedom fighters. However, Fairey also questioned the ease with which familiar tropes of propaganda and activism can be used for less noble purposes. By incorporating unknown silhouettes and figures into the series, viewers are expected to examine their acceptance of the aesthetic of power and activism to reveal how symbolism can at times overcome the truth.

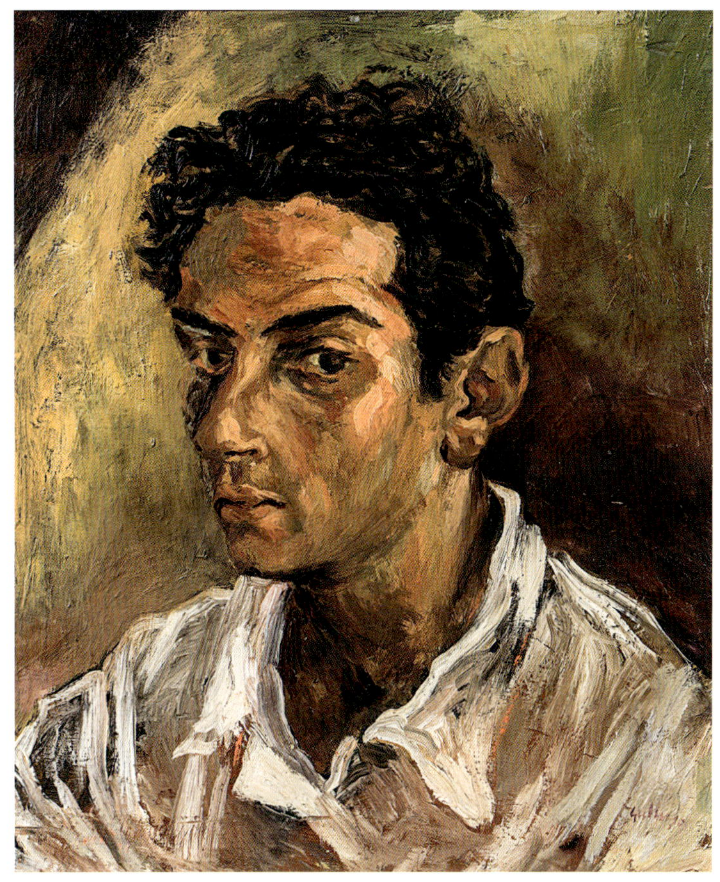

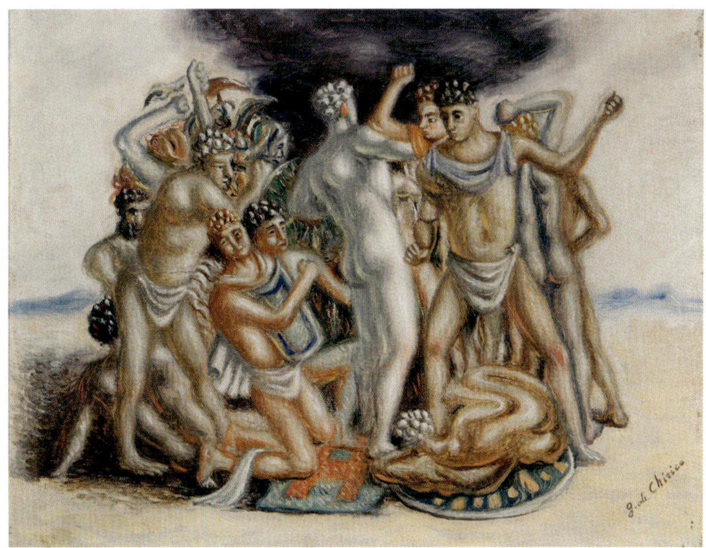

Shepard Fairey, ***JESSE NUBIAN*** (1998) 2019

Renato Guttuso, ***Autoritratto*** 1937

Giorgio de Chirico, ***Combattimento di gladiatori*** 1933-1934

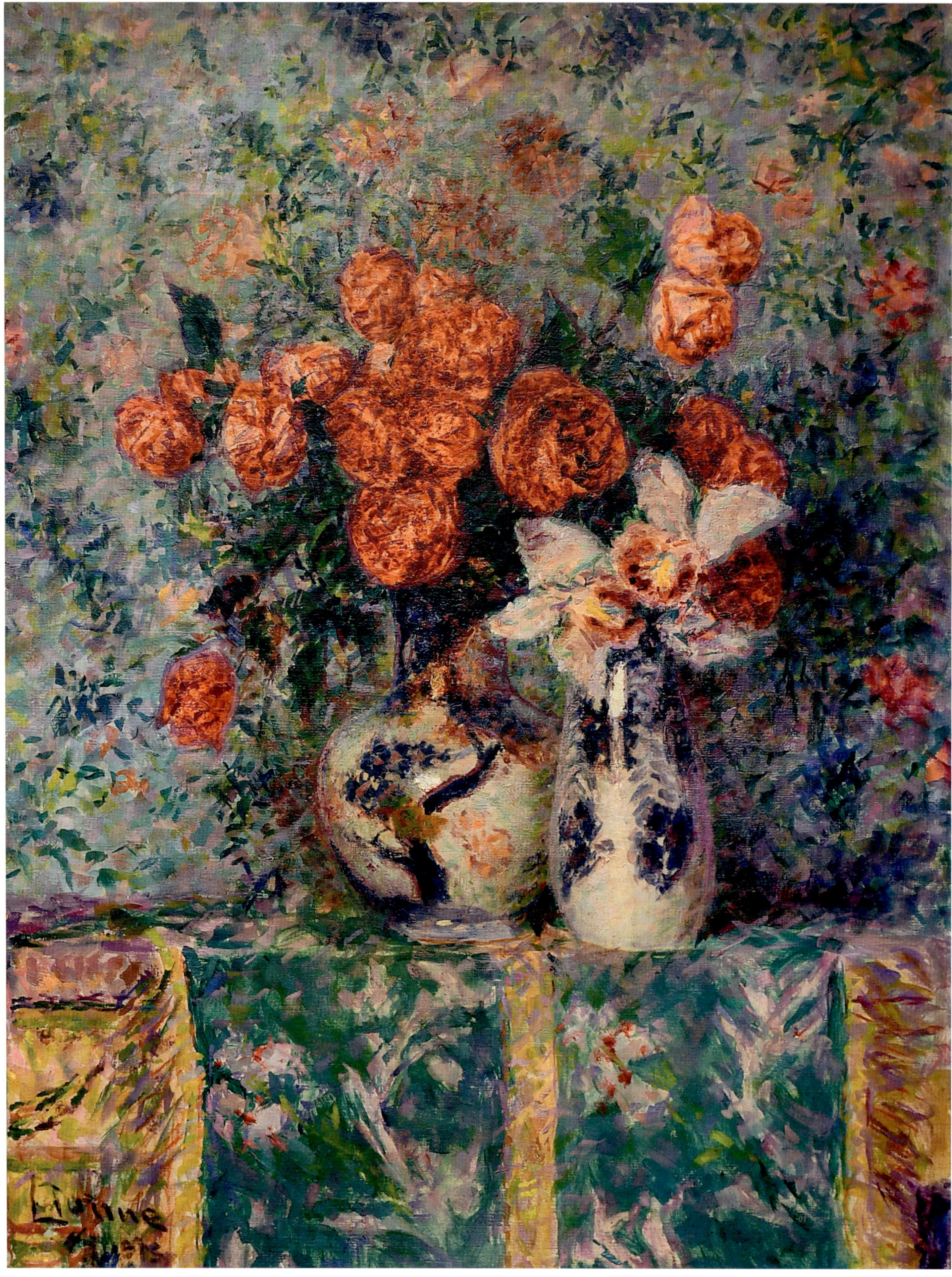

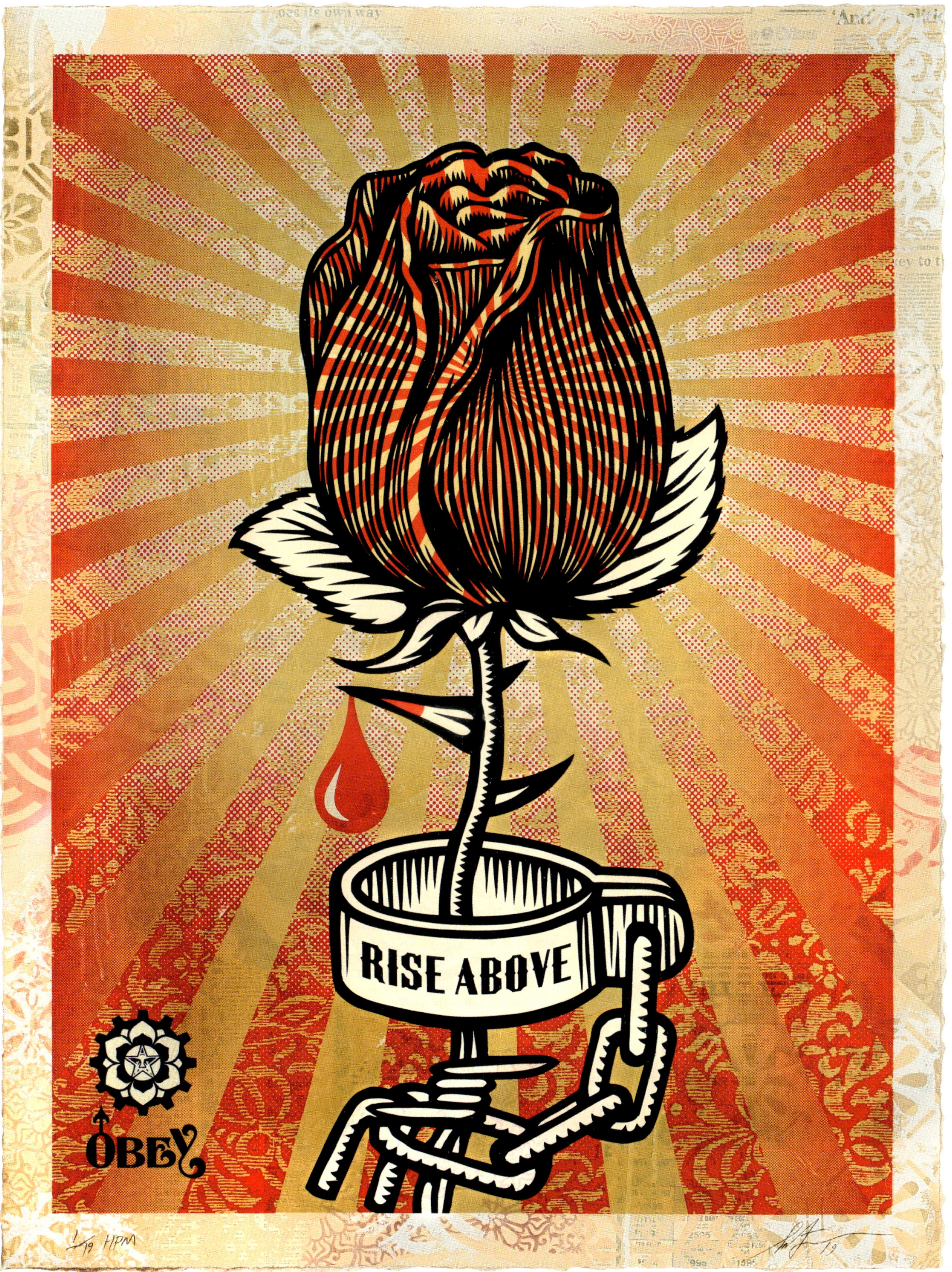
RISE ABOVE
OBEY

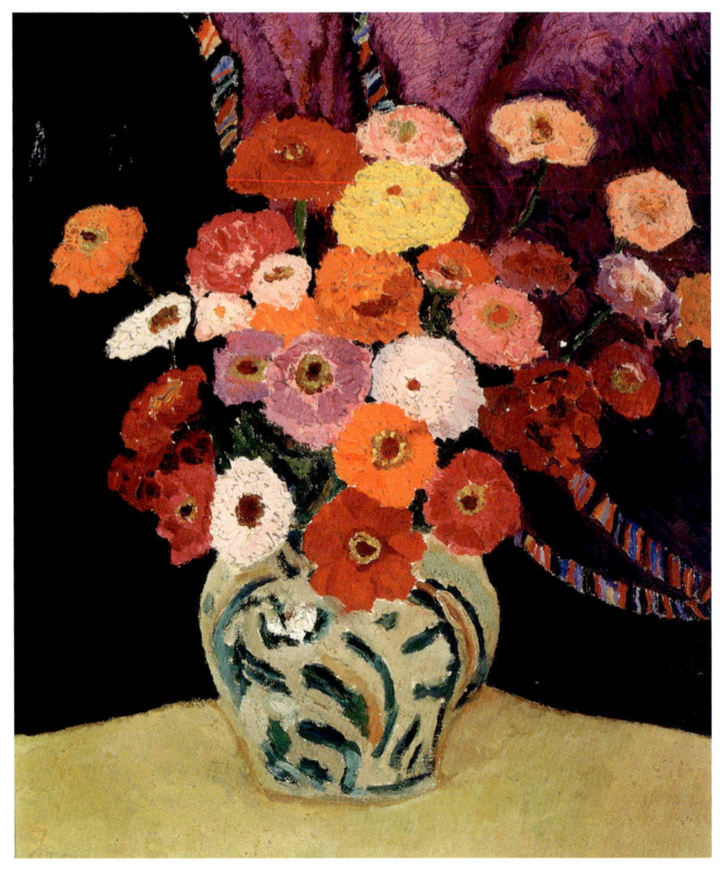

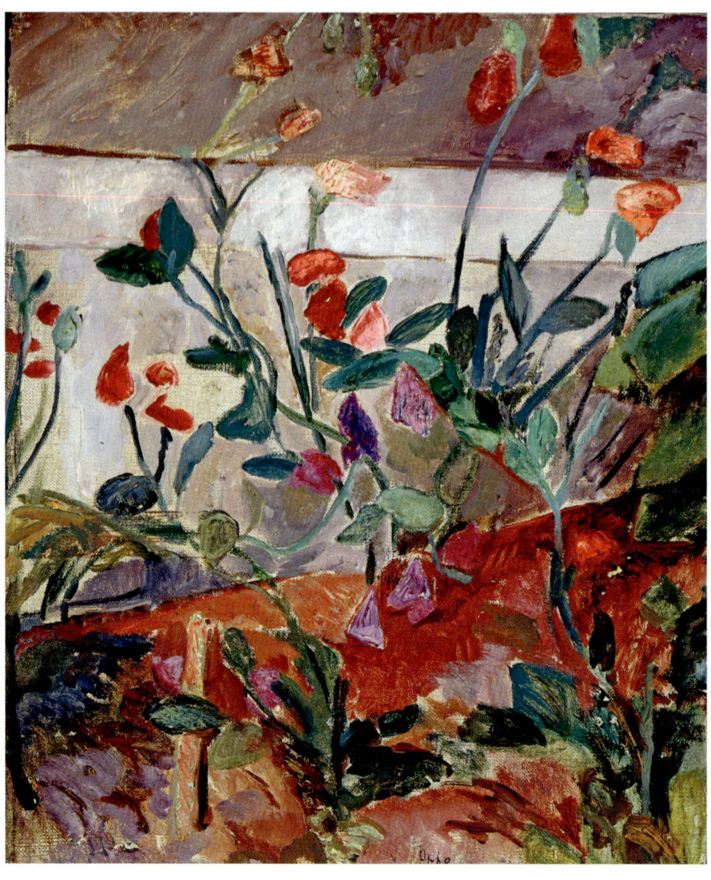

p. 116 ~ **Enrico Lionne** ***Fiori*** 1913

p. 117 ~ **Shepard Fairey**, ***ROSE SHACKLE*** (2006) 2019

Pasquarosa, ***Fiori*** 1916

Cipriano Efisio Oppo, ***Scherzo*** 1916

ROSE SHACKLE (2006) 2019

Nelle sue opere Fairey usa spesso l'immagine della rosa e non solo con funzione decorativa. Questo fiore, che di solito ha un ruolo centrale nella composizione o è comunque incluso tra gli elementi chiave del disegno, viene anche evocato come una specie resiliente, simbolo di bellezza e forza naturale. Ingrandita in modo da occupare una grande porzione della stampa, la rosa irradia energia dall'interno e si staglia eretta, nonostante il ceppo e la catena che ne legano lo stelo. Il messaggio di elevarsi al di sopra delle circostanze oppressive ("Rise above") è traslato sul piano umano da una enorme goccia di sangue che pende, senza cadere, da una delle spine sporgenti. Vedendola come metafora dell'individuo o della società in generale, in grado di sopportare e perseverare dinanzi alle avversità, Fairey esibisce la rosa come simbolo dello spirito attivista che da sempre guida la sua ricerca artistica.

Frequently used in Fairey's work, roses represent more than decorative elements. Regularly central to the action of the scene or included as a key design element, the rose is invoked as a resilient species, representing an organic sense of beauty and natural strength. Enlarged and consuming the full expanse of the print, the rose radiates energy from within and stands upright despite the shackle and chain that bind its stem. The artist humanizes the message of rising above oppressive circumstances by including an oversized drop of blood that hangs, but does not yet fall, from the protruding thorn. Acting as a metaphor for an individual or society-at-large that has endured and persevered in the face of adversity, Fairey positions the rose as a surrogate rendering of the activist spirit that guides his artistic career.

MUJER FATALE (2007) 2019

La donna mascherata, con il volto coperto e parzialmente in ombra, ha un'aria misteriosa mentre guarda lo spettatore dritto negli occhi. La sua etnia è indeterminata e quindi ognuno può proiettare su di lei la propria identità. La parola "mujer" (donna in spagnolo) del titolo e la maschera sono un riferimento al movimento zapatista del Messico del sud, un gruppo armato che si ribellò al governo messicano chiedendo diritti per gli indigeni e democrazia. Gli occhi della donna ricordano a Fairey quelli di Emma Peel (nell'interpretazione di Diana Rigg), l'eroina del programma televisivo degli anni sessanta *The Avengers*. L'opera è una celebrazione della femminilità e richiama alla mente le audaci e risolute protagoniste dei film di spionaggio di quel periodo.
Nel 2005 Shepard Fairey e sua moglie Amanda sono diventati genitori. Come padre di due bambine e marito di una donna dal carattere forte, Fairey ha affrontato il sessismo producendo immagini di donne potenti e provocatorie. I suoi ritratti femminili sono in parte una proiezione delle figlie, un riflesso della moglie e un attacco alla ritrattistica storica che proponeva donne nude, inermi e sottomesse.

The masked woman, her face covered and partially shaded, is mysterious. She looks directly at the viewer with determination. Her ethnicity is undetermined and the viewers can project their identity on the figure. The use of the word "Mujer," woman in Spanish, and the mask is a nod to the Zapatista movement in Southern Mexico, an armed group that rebeled against the Mexican government demanding indigenous rights and democracy. The eyes remind Fairey of Emma Peel, the heroine in the 1960s television program *The Avengers* played by Diana Rigg. The work is a celebration of femininity, as the audacious and assertive women portrayed in the spy films of the 1960s. In 2005, Shepard Fairey and his wife Amanda became parents. As the father of two daughters and being married to a woman with a strong character, Fairey addressed sexism through images of powerful, defiant women. His portraits of women are in part a projection of his daughters, a reflection of his wife, and an assault on historical portrayals of women appearing nude, powerless, and submissive.

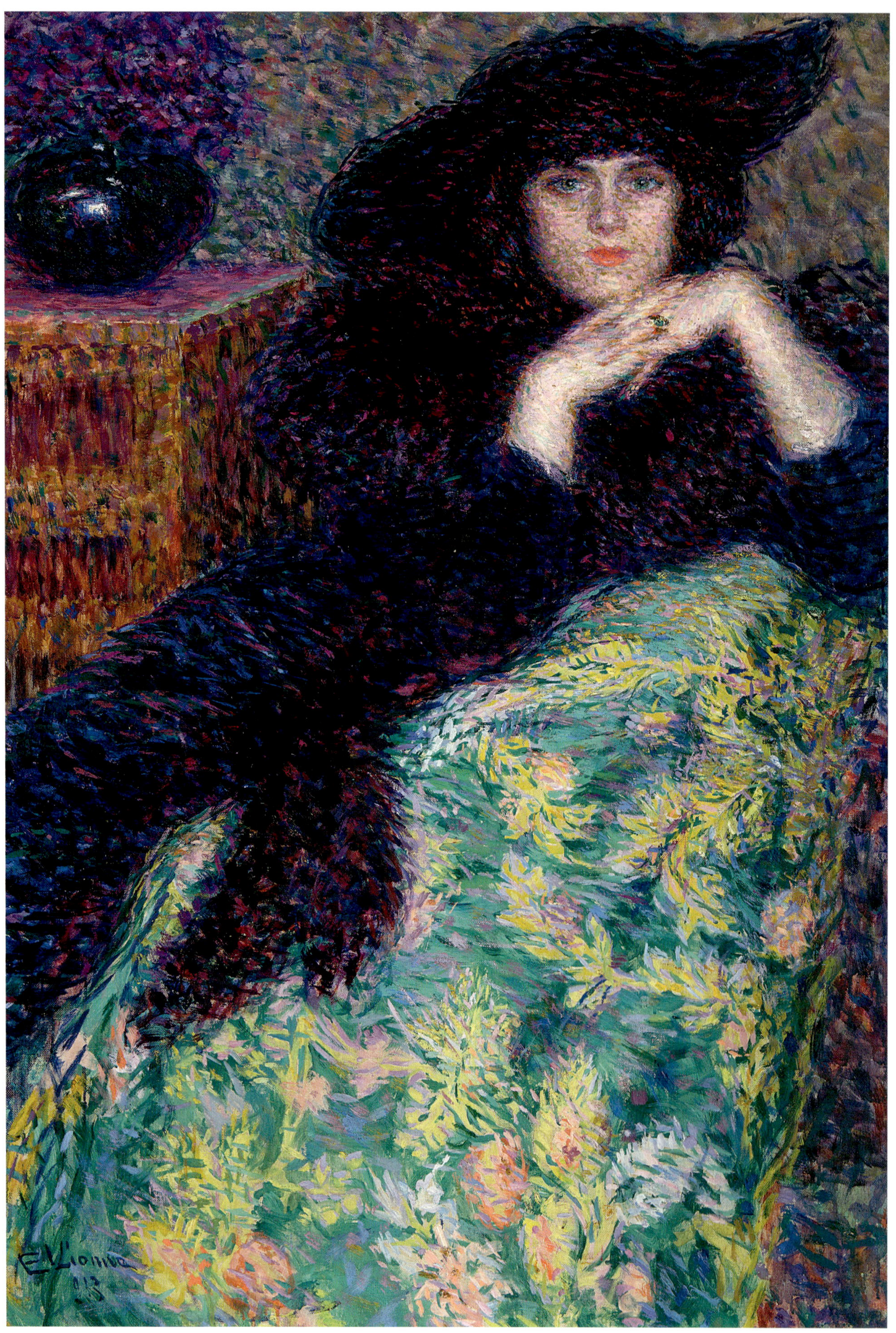

Enrico Lionne,
Violette 1913

Shepard Fairey,
MUJER FATALE
(2007) 2019

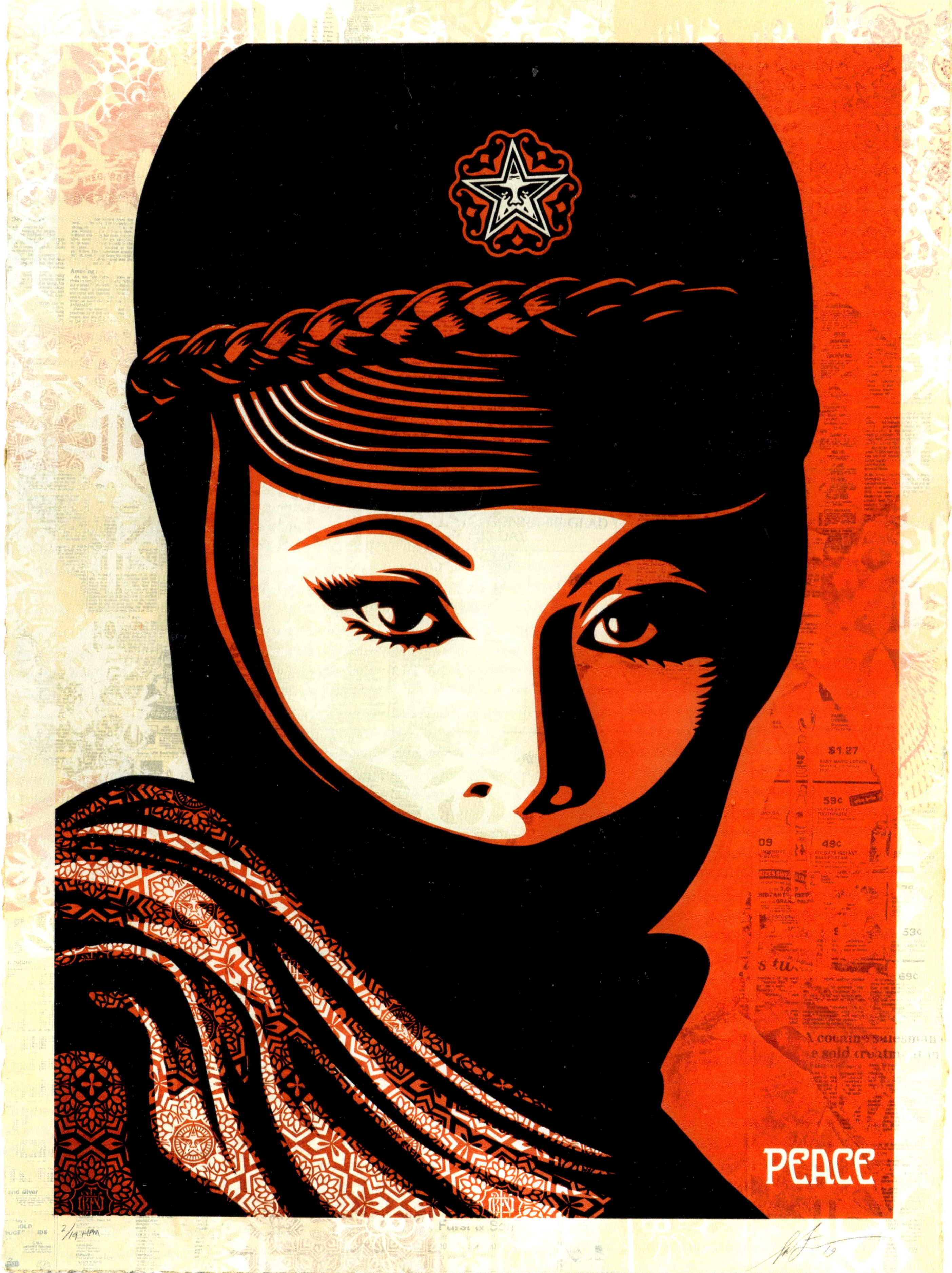

PEACE

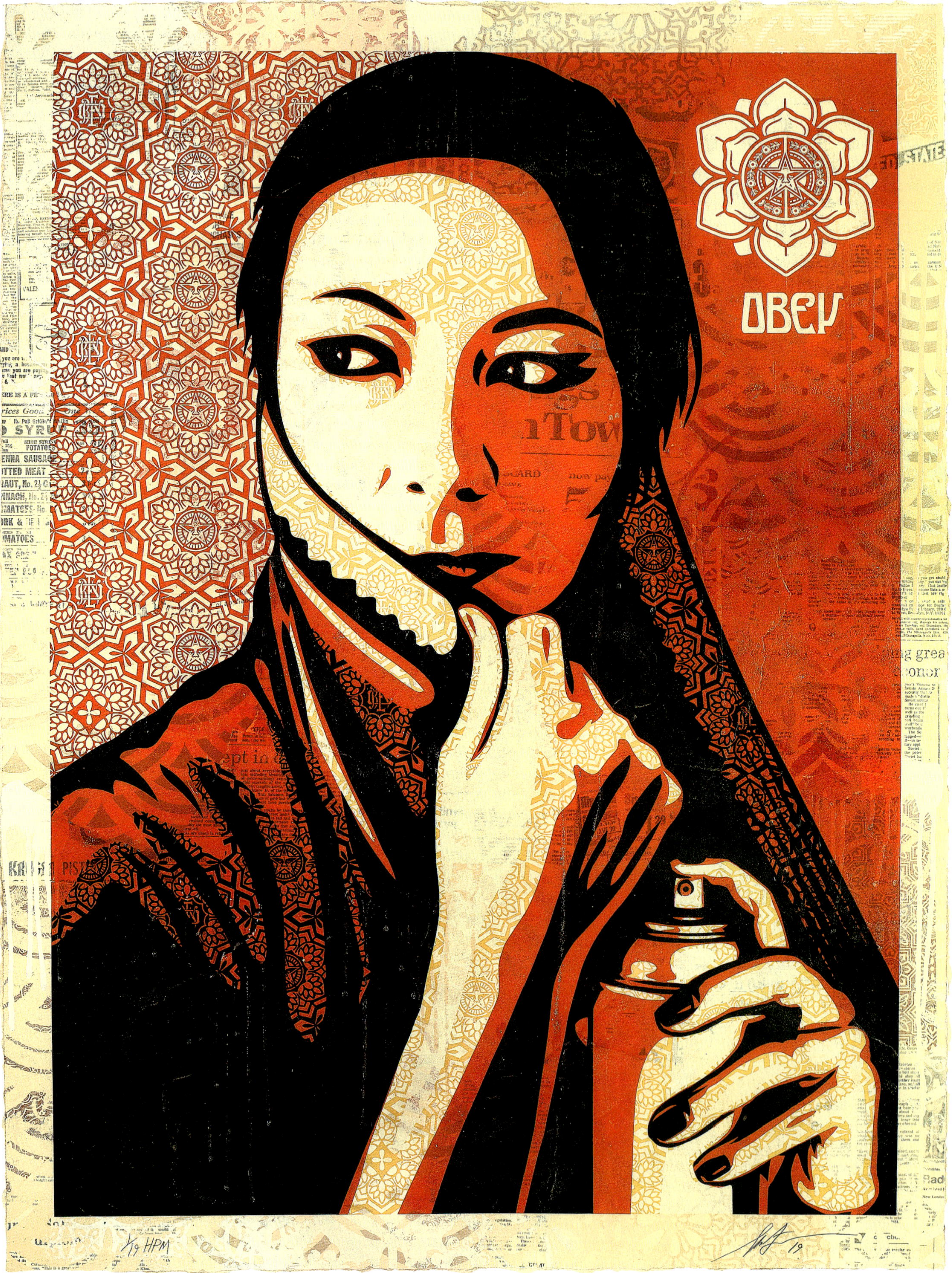
OBEY

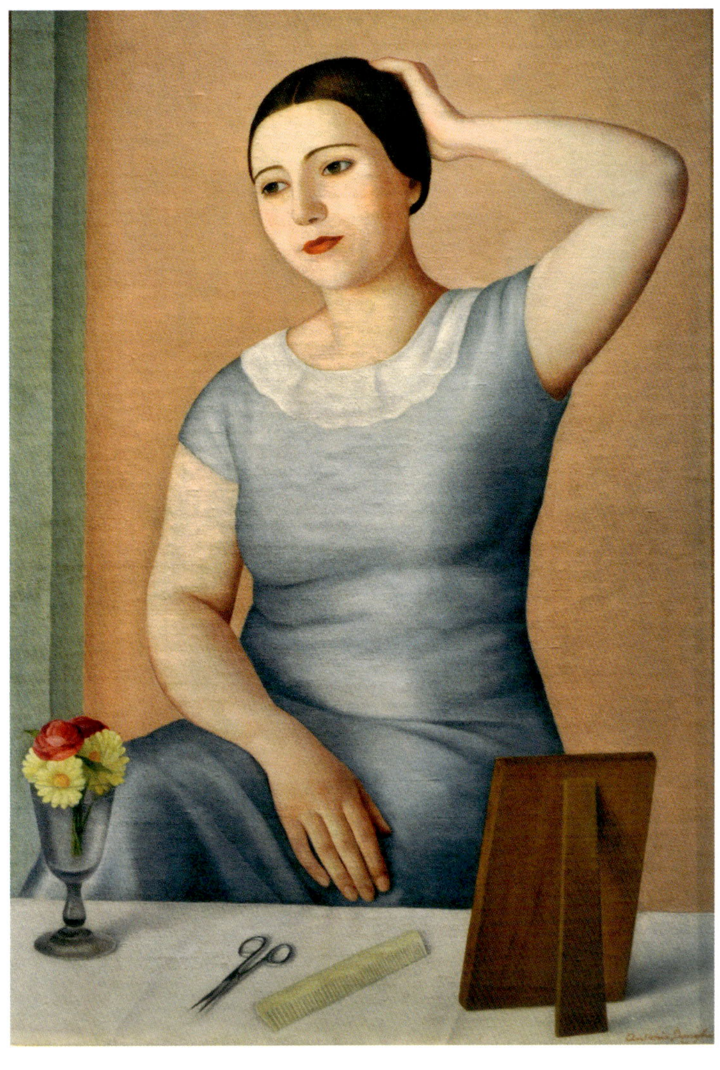

Shepard Fairey, ***COMMANDA*** (2007) 2019
Antonio Donghi, ***Donna alla toletta*** 1930

COMMANDA (2007) 2019

La stampa è un ritratto di fantasia raffigurante Amanda, la moglie di Shepard Fairey. Il titolo, che nasce dall'unione del suo nome con la parola "command" (ordine), è una descrizione verbale del suo carattere deciso e volitivo. Sebbene sia un soggetto familiare, l'artista la ritrae parzialmente velata, con lo sguardo che rifugge dallo spettatore. Nonostante l'aria misteriosa, le intenzioni di Amanda sono molto chiare: la bomboletta spray che tiene con la mano sinistra, mentre con l'altra nasconde parzialmente il viso, è lo strumento della pratica di Street Art prediletta da Fairey. Protagonista/antagonista di razza mista, Amanda contribuisce a ribaltare gli stereotipi della ritrattistica femminile, diventando per l'artista il modello universale per eccellenza: una donna impetuosa, indipendente e intraprendente.

This print is a fictionalized portrait of Shepard Fairey's wife, Amanda. The title, which is a hybrid of her name and the word "command," acts as a verbal description of her confident and powerful character. Although a familiar subject, the artist renders her partially veiled and diverts her attention away from the viewer. Holding a spray can in one hand and cloaking her face with the other, she looks mysterious but her intentions are clear. Shown as an anonymous female purveyor of the Street Art practice favored by Fairey, as a mixed-race protagonist/antagonist she helps to upend traditional tropes of female portraiture. Instead, Fairey presents her as a universal model of women in his eyes, who are fierce, independent, and proactive.

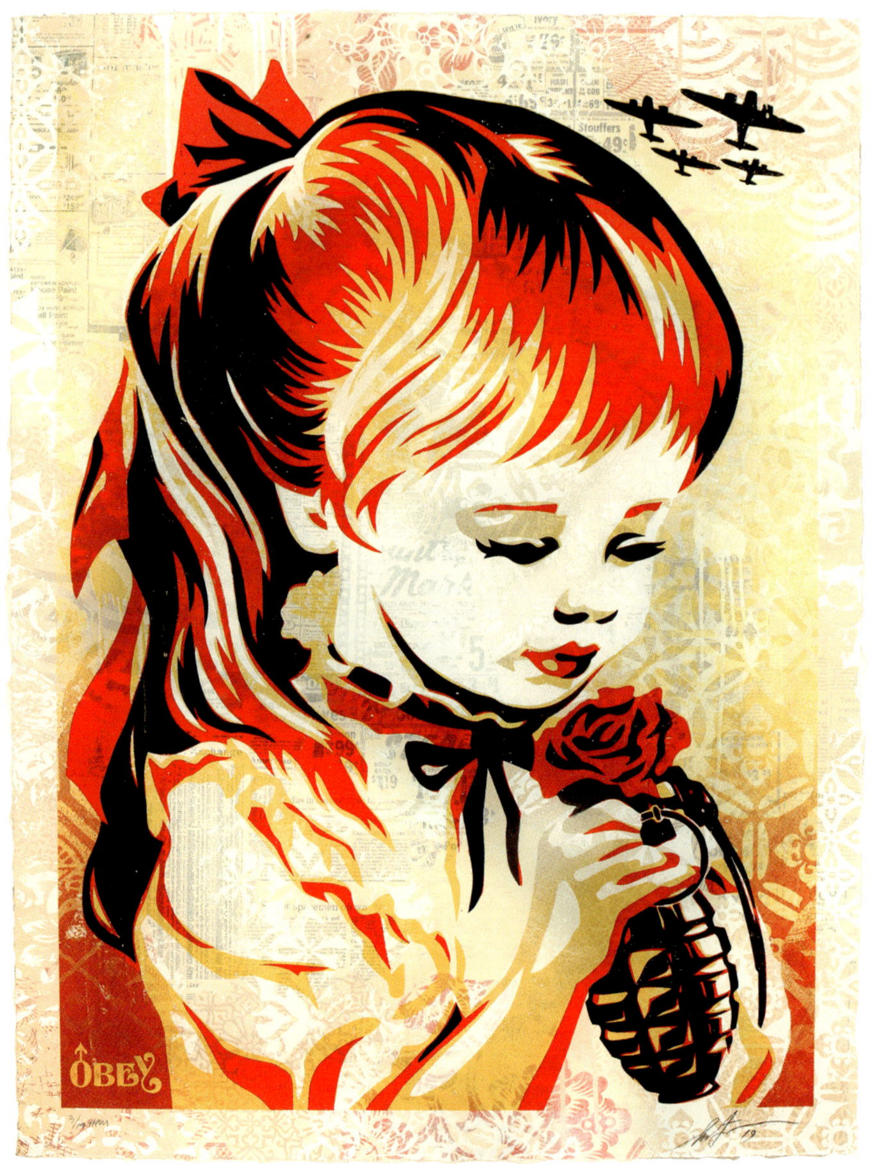

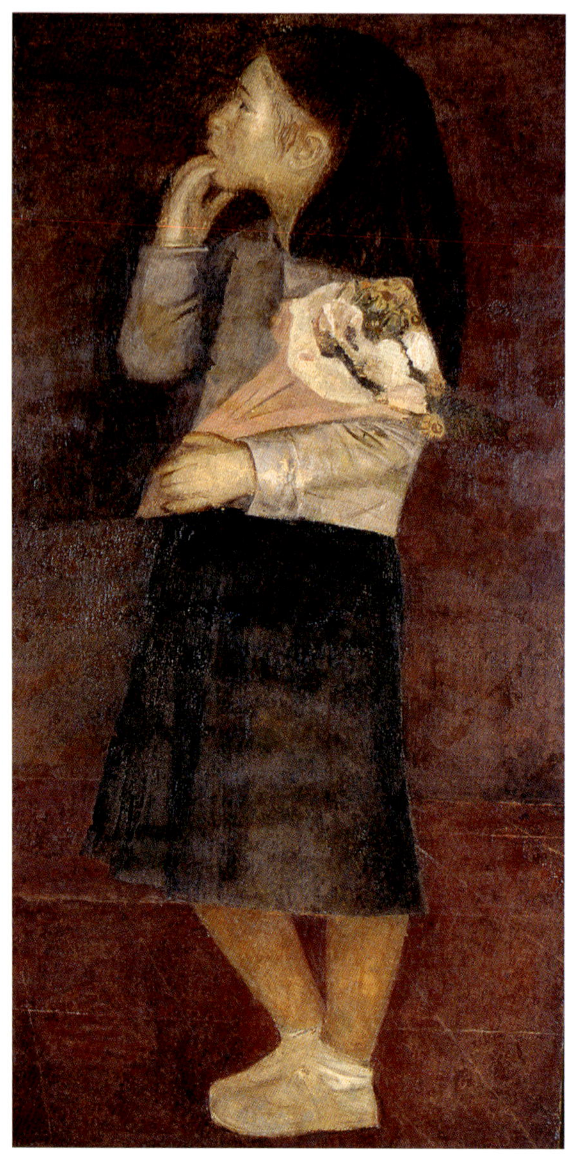

Shepard Fairey, *WAR BY NUMBERS* (2007) 2019
Bruno Saetti, *Bimba con fiori* 1936
Emilio Notte, *Bambina che legge* 1930

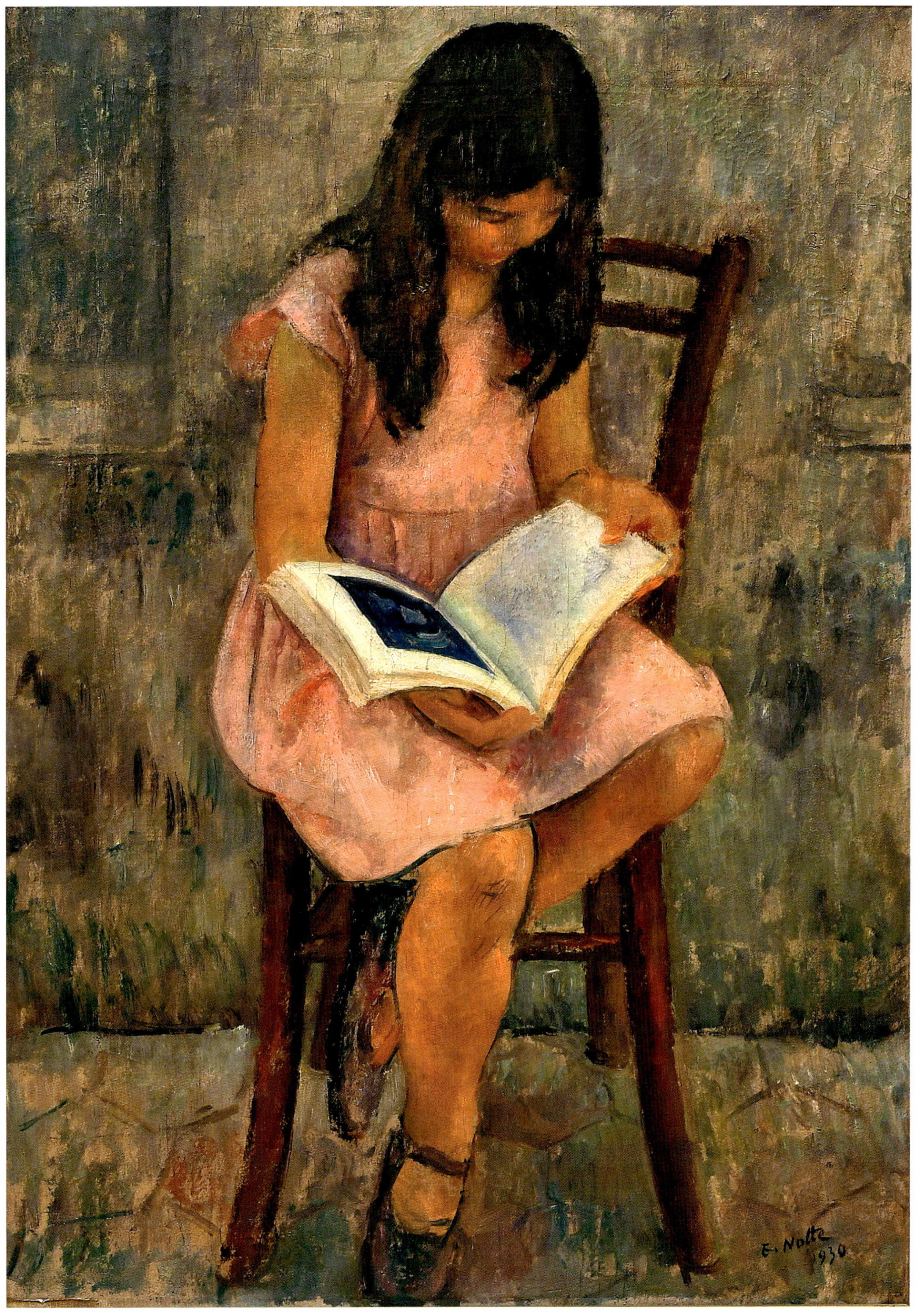
E. Nolte
1930

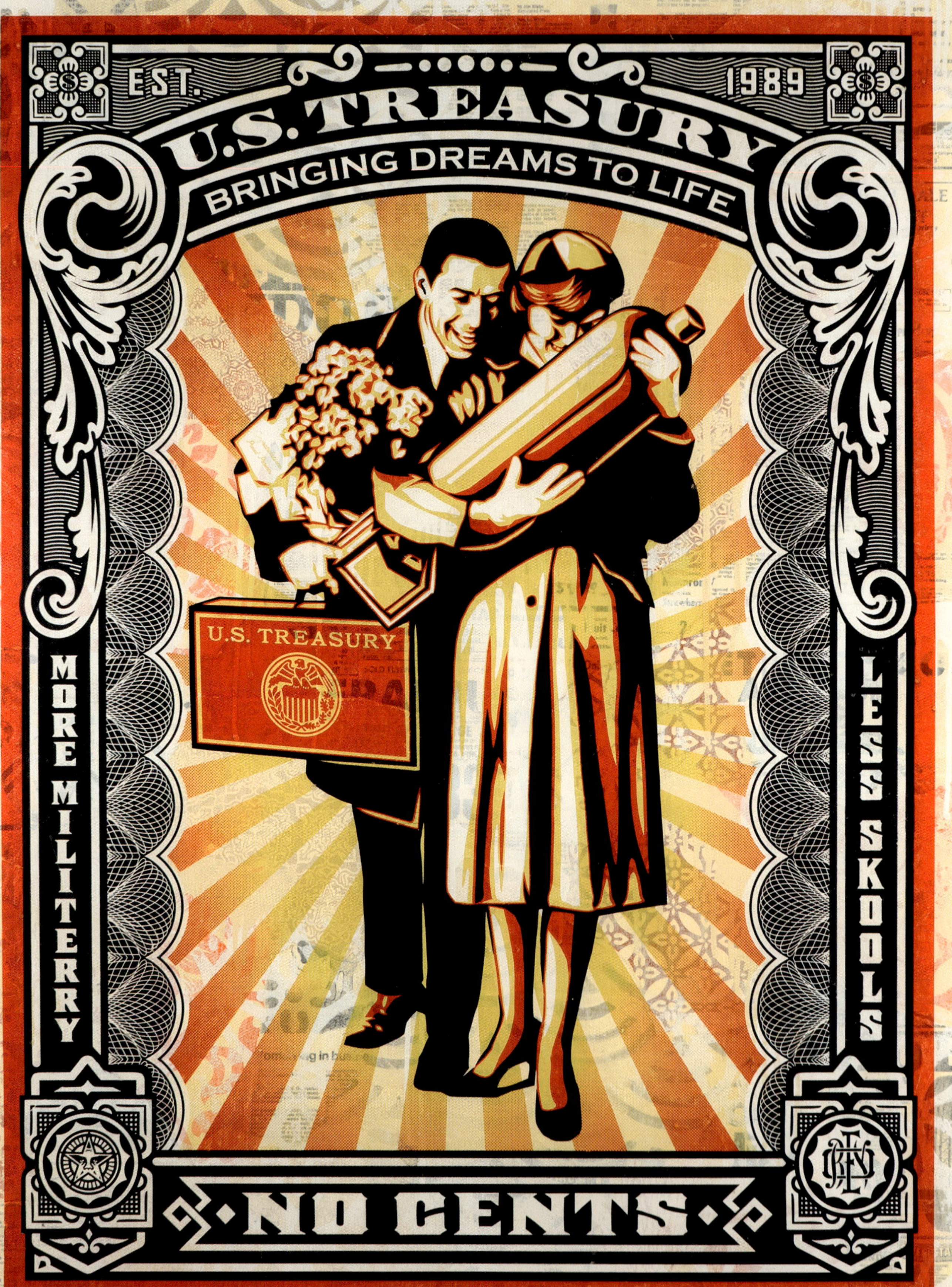
EST.
1989
U.S. TREASURY
BRINGING DREAMS TO LIFE
U.S. TREASURY
MORE MILITERRY
LESS SKOOLS
NO CENTS
300 arrested
1/19 HPM

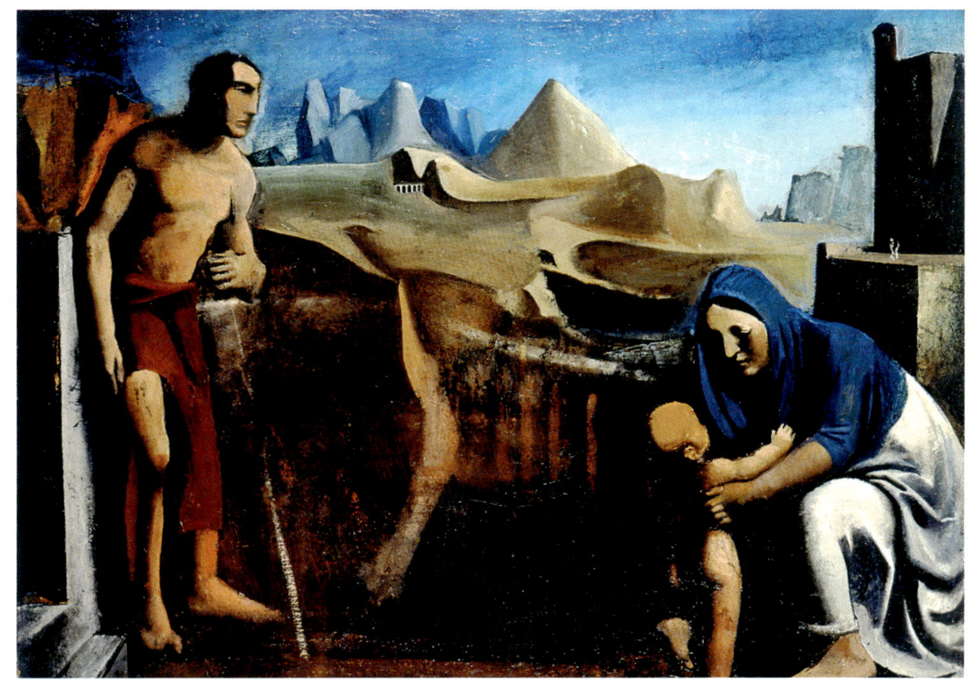

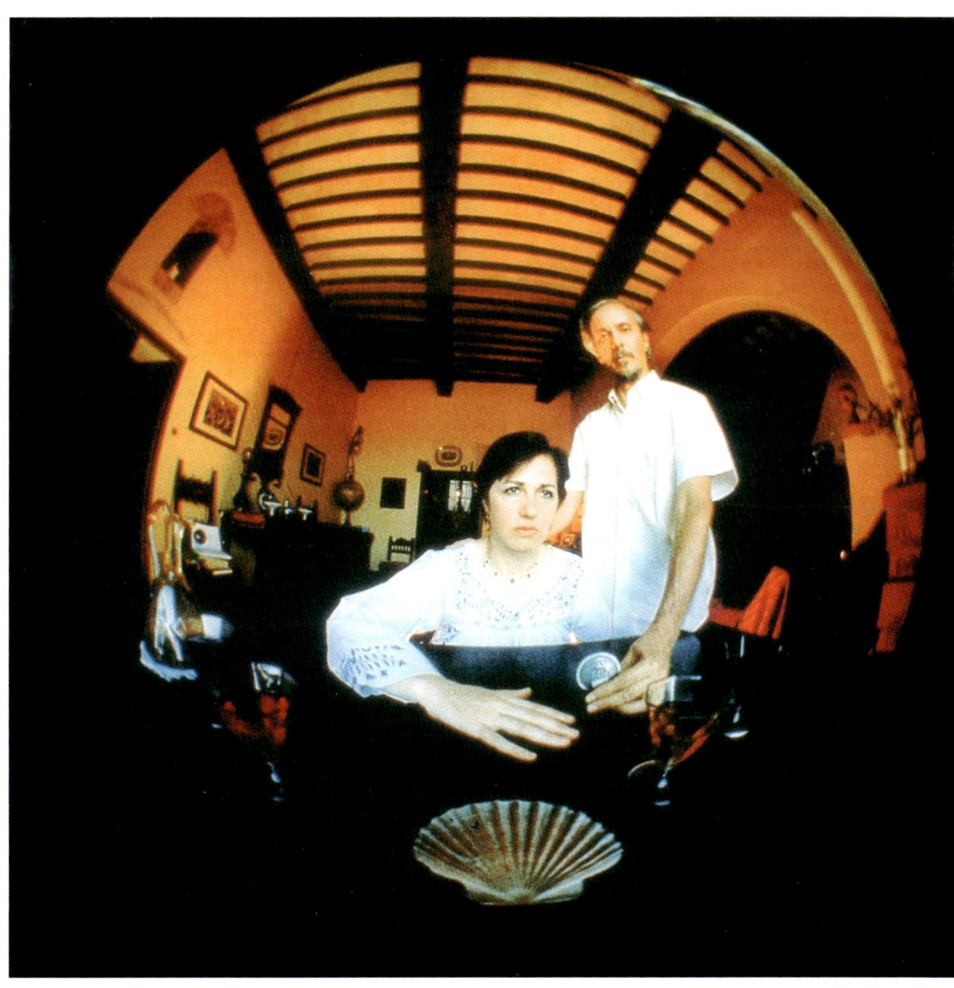

Shepard Fairey, ***PROUD PARENTS*** (2006) 2019

Mario Sironi, *La famiglia (La famiglia del pastore)* 1927

Luca Maria Patella, *Gli Arnolfini Mazzola at Madmountain* 1978

WAR BY NUMBERS (2007) 2019

Una bambina culla una granata su cui è poggiata una rosa, del tutto ignara degli aerei militari che volano sopra la sua testa. La postura è innocente, gli occhi sono chiusi: sembra voler baciare l'arma micidiale che ha in mano, come se fosse una bambola. Le sue piccole dita sono sulla sicura dell'ordigno e il senso di pericolo è molto intenso. Ma come ha fatto la guerra a diventare così banale da sembrare adatta a un'immagine che pare uscita da un libro da colorare per bambini? (*paint-by-numbers* in inglese, da cui il gioco di parole con il titolo dell'opera, *ndr*). Ispirandosi all'inquietante pubblicità elettorale del 1964 (per l'allora candidato alla presidenza Lyndon B. Johnson) in cui una bimba bionda iniziava un conto alla rovescia nucleare staccando i petali da una margherita, Fairey ci parla qui della cultura americana perennemente incentrata sulla paura. Di fronte all'escalation delle azioni militari nel corso degli anni, dalla guerra del Vietnam a quella in Iraq, l'artista va in cerca di un significato e ritrae questa bambina sia come potenziale vittima del conflitto sia come possibile salvatrice in grado di spezzare il ciclo della violenza con un atto di pace.

A little girl cradles a grenade with a rose totally unaware of the military planes that fly overhead. Her posture is deliberately innocent, her eyes closed, her lips nearly kissing the weaponry in her hands, as if a doll. The sense of danger is pervasive, with her fingers positioned on the trigger. The image seems to ask the question, "How did war become so commonplace and banal that it seems fitting in a paint-by-numbers style image?" Looking to the haunting 1964 political ad for the then presidential candidate Lyndon B. Johnson, which featured a young blonde-haired girl initiating a nuclear countdown by pulling petals from a daisy, Fairey is interested in the continuing American culture of fear. With the escalation of US military actions over the years, from the Vietnam War to the Iraq War, the artist searches for meaning by portraying this young girl as both a potential victim of conflict and a possible savior for the future, capable of breaking the cycle of violence with a peaceful act.

PROUD PARENTS (2006) 2019

Spinto dall'interesse – da sempre coltivato – per un uso dell'arte diretto a incoraggiare la consapevolezza critica e il dissenso, in questa stampa Fairey adotta l'estetica della valuta statunitense e gli stereotipi più diffusi della classe media per restituire una visione distopica della famiglia americana. Creata durante il secondo mandato della presidenza di George W. Bush, questa stampa mette in discussione valori nazionali che sono sempre più distorti, nonché il ruolo che il denaro gioca nella loro diffusione. Con un design volutamente vintage, una coppia di sposi culla una bomba come se fosse il loro bambino. Dall'aspetto amorevole e ottimista, i due sono tuttavia circondati da giochi di parole che mettono in pericolo il loro presente e minacciano il loro futuro. L'unità familiare viene continuamente logorata da un governo che propone un'America priva di senso, interessata a investire più nell'esercito che nell'istruzione.

Motivated by his long-held interests in using art to encourage critical awareness and dissent, in this print the artist co-opts the aesthetics of currency and popular tropes of the middle class to render a dystopian view of the American family. Created during the second term of the George W. Bush presidency, this print questions the increasingly skewed national values of this country and the role of money in furthering that condition. With a deliberately vintage design, a couple cradles a bomb as if their child. Their loving and optimistic display, however, is surrounded by verbal puns that undermine their position and future. The family unit is consumed by a government that sponsors a nonsensical American scene, interested in investing more in the military instead of education.

END CORRUPTION (2016) 2019

End Corruption denuncia come la corruzione sia ormai legalizzata. Il testo "Legal Bribery, it's not a dream. It's the American system" sottolinea come il lobbismo consenta a multinazionali e ricchi magnati di pagare per influenzare funzionari e politici. Le mani che si stringono al centro della composizione simboleggiano gli accordi illeciti fra le corporation e i rappresentanti del governo. Fairey sfida gli stereotipi di rispettabilità ed eleganza di politici e businessmen ritraendoli come individui perfidi: i simboli del dollaro e del teschio sui polsini rappresentano la determinazione ad arricchirsi a discapito del bene comune. Inoltre, il testo riportato in basso, "End Corruption – Restore Democracy", suggerisce come il lobbismo non sia solo una pratica per generare profitti, poiché la corruzione elevata a sistema erode il processo democratico, indebolisce il ceto medio e perpetua le disuguaglianze economiche e razziali.

Fairey ammette di essere stato fortunato a raggiungere il successo all'interno di un sistema economico che premia il duro lavoro. E tuttavia l'artista è anche consapevole delle ingiustizie intrinseche al sistema capitalistico, così come degli eccessi e dei soprusi che può favorire. Attraverso la sua arte, Fairey attacca gli abusi sistemici del potere, l'impatto di interessi particolari, la distruzione dell'ambiente, la corruzione, l'avidità delle corporation. L'artista ricorda a tutti noi che il "governo del popolo" implica attenzione e vigilanza e che la democrazia non è solo un privilegio ma anche una responsabilità.

End Corruption denounces the legality of buying influence. The text, "Legal Bribery, it's not a dream. It's the American system," highlights the fact that lobbying allows corporations and the wealthy to pay to influence elected officials and policymakers. The hands shaking at the center of the composition depict the process of back-room deals between corporations and government officials. Fairey challenges the perception of respectable politicians and business leaders dressed in suits by portraying them as villainous. The dollar sign and skull on the cuffs signal the determination to generate revenue at the expense of the common good. Furthermore, the text at the bottom of the artwork, "End Corruption – Restore Democracy" addresses the fact that lobbying is not merely about making money: systemic forms of corruption erode the democratic process by weakening the power of the average citizen and perpetuate economic and racial inequality.

Shepard Fairey recognizes that he is fortunate to have earned financial success within an economic system that rewards hard work. However, he is also conscious of the inherent inequities of a capitalist system as well as the excesses and abuses that it can foster. Through his art, Fairey attacks systemic abuses of power, the influence of special interests, environmental destruction, corruption, and corporate greed. The artist reminds us all that government for the people requires vigilance and that democracy is our responsibility, not just a privilege.

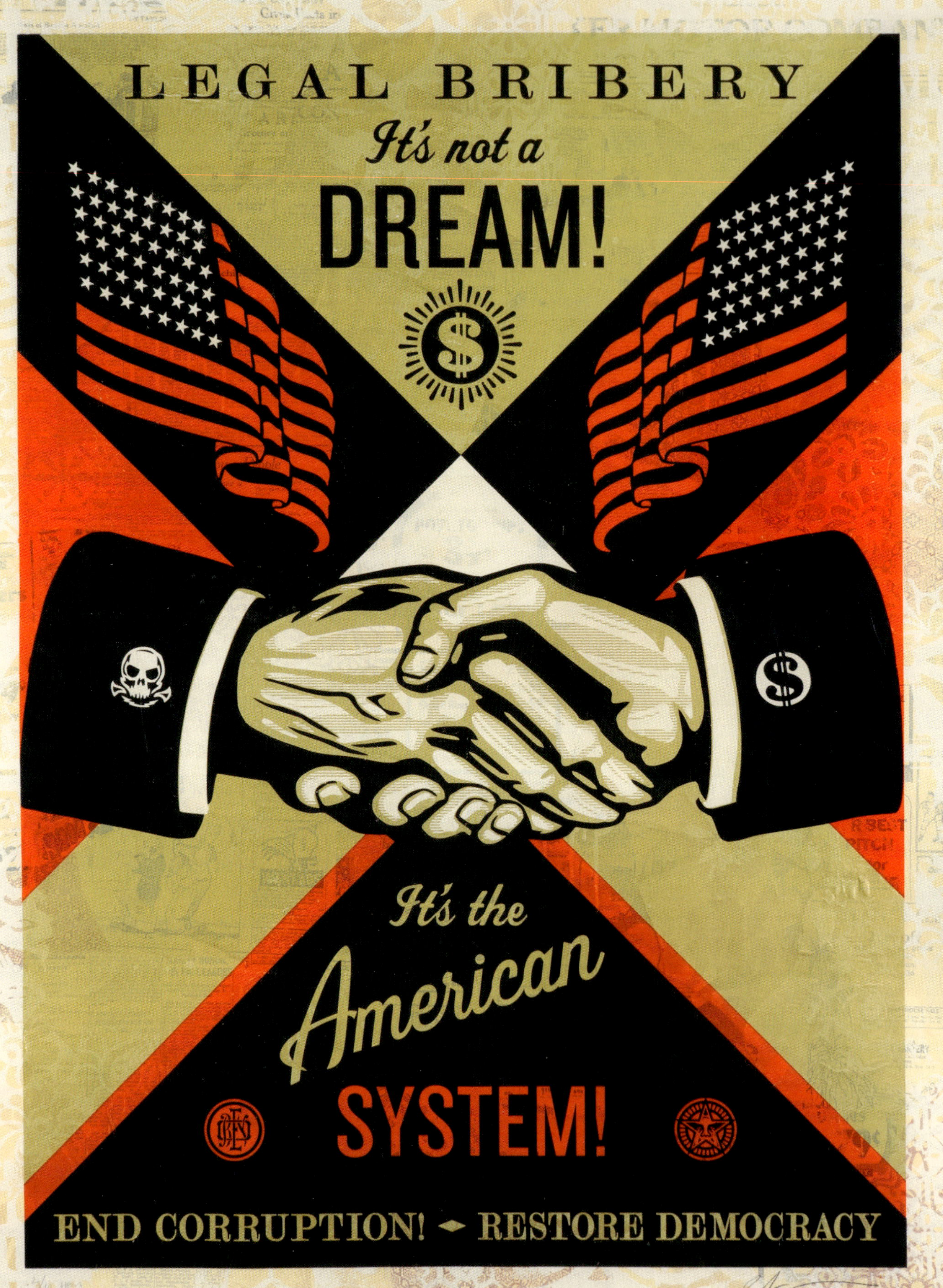
LEGAL BRIBERY
It's not a
DREAM!
It's the
American
SYSTEM!
END CORRUPTION! ◆ RESTORE DEMOCRACY

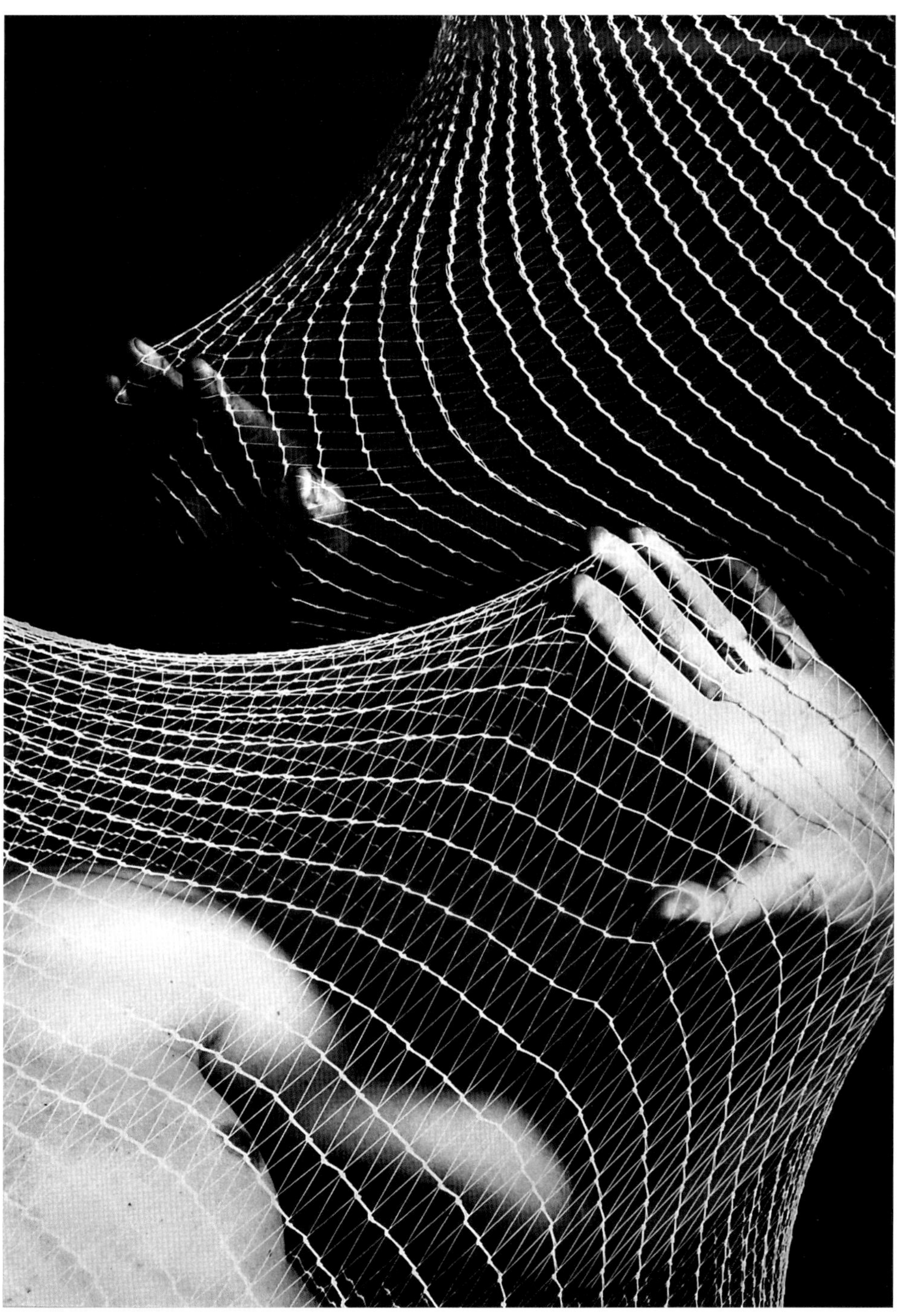

Shepard Fairey, *END CORRUPTION* (2016) 2019
Renzo Zecchini, *Sguardi di contatto* 1996

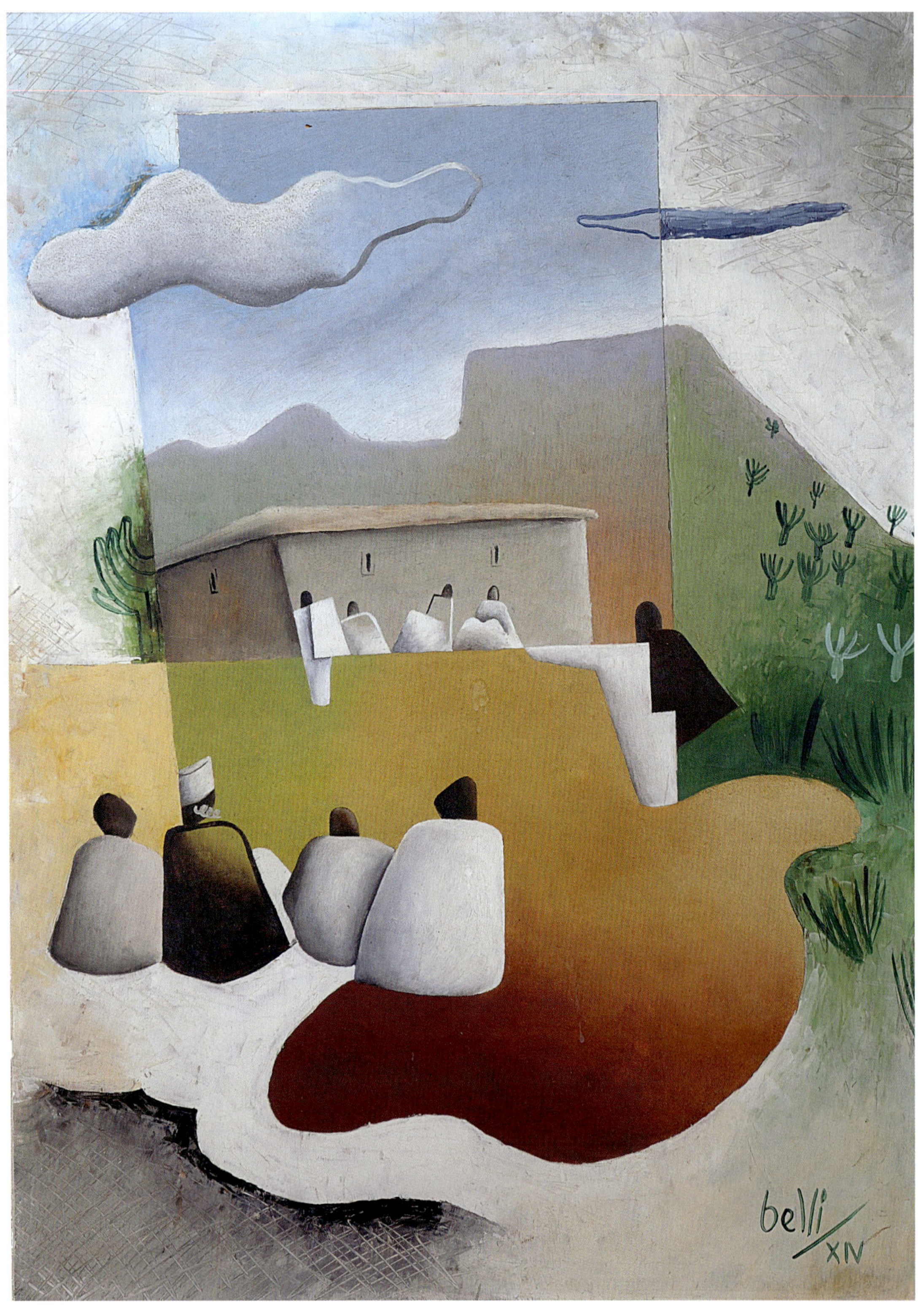
belli
XIV

Domenico Belli, *Tribunale tigrino* 1936
Pippo Rizzo, *Campeggio di Balilla* 1929

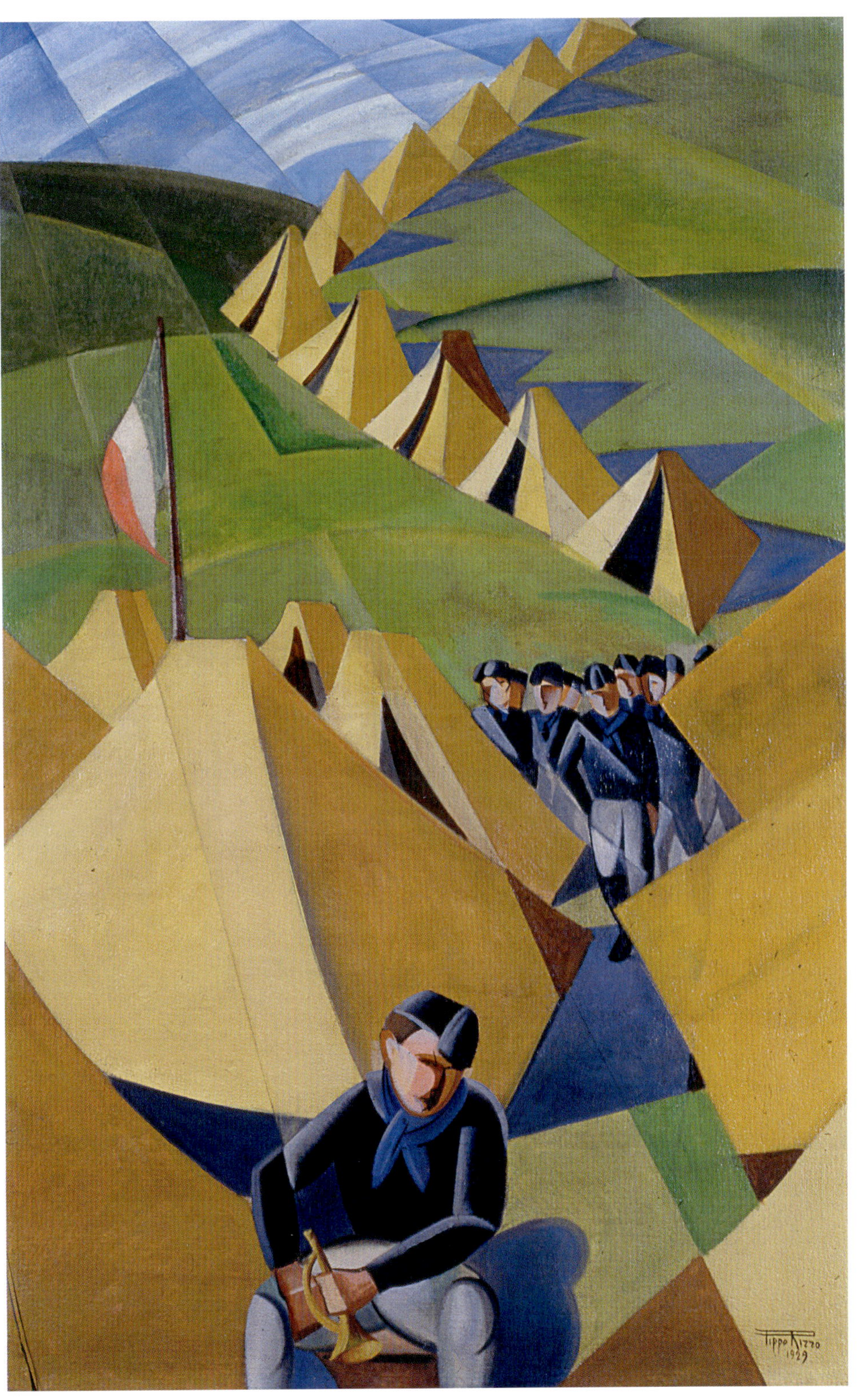

Il potere tende a corrompere e il potere assoluto corrompe assolutamente. / Power tends to corrupt and absolute power corrupts absolutely.
—Lord Acton

MY FLORIST IS A DICK (2015) 2019

L'opera evidenzia la cecità della nostra società nei confronti della manipolazione sistematica e dell'abuso di potere. La presenza del sinistro poliziotto dal piglio militare e in tenuta antisommossa allude alle rivolte di Ferguson, Missouri, provocate dall'uccisione del diciottenne afroamericano Michael Brown da parte dell'agente di polizia Darren Wilson. L'immagine si basa su un lavoro precedente, *I'm Gonna Kick Your Ass and Get Away with It*, che tratta di un'esperienza personale di Fairey. Essendo stato incarcerato per aver esposto arte in un luogo pubblico, l'artista ha infatti sperimentato in prima persona la brutalità della polizia. Oltre a essere stato colpito in faccia da un agente mentre era ammanettato, a Fairey, che soffre di diabete di tipo 1, venne negata l'insulina mentre era in prigione, mettendo così a repentaglio la sua vita. L'artista spiega che il titolo *My Florist is a Dick*, il mio fioraio è un coglione, è una dichiarazione ironica riferita alla sorpresa che proveremmo se il nostro fioraio si rivelasse uno "stronzo sadico", mentre non ci stupisce il fatto che i poliziotti siano spesso "coglioni che abusano del potere". Se il fiore infilato nel bastone è la metafora della protesta non violenta, il teschio sotto il casco antisommossa si riferisce al film *Essi vivono* di John Carpenter (1988), in cui un'élite aliena governa il pianeta controllando l'umanità attraverso l'uso di messaggi pubblicitari subliminali.

This work points out society's blindness to a rigged system and systemic abuse of power. The use of the sinister soldier-like police officer in riot gear mirrors the riots in Ferguson, Missouri caused by the fatal shooting of eighteen-year-old Michael Brown by police officer Darren Wilson. The image builds on a previous work, *I'm Gonna Kick Your Ass and Get Away with It*, which deals with Fairey's personal experience of police brutality. Having been jailed for putting art in public space, he has intimate knowledge of police brutality. Apart from being struck in the face by an officer while handcuffed, Fairey, a type 1 diabetic, has been denied insulin while incarcerated—a life-threatening situation. The artist explains that the title, *My Florist is a Dick* is an ironic statement referring to the surprise we'd feel if the local florist were a "sadistic asshole," but we are not at all surprised that "cops are often dicks who abuse power." The flower inserted into the end of the baton is a metaphor Fairey uses to convey non-violent protest. The skull under the riot helmet is a reference to John Carpenter's 1988 film, *They Live*, in which an alien elite rules the planet by controlling humanity through the use of subliminal messaging in advertising.

Shepard Fairey, ***MY FLORIST IS A DICK*** (2015) 2019

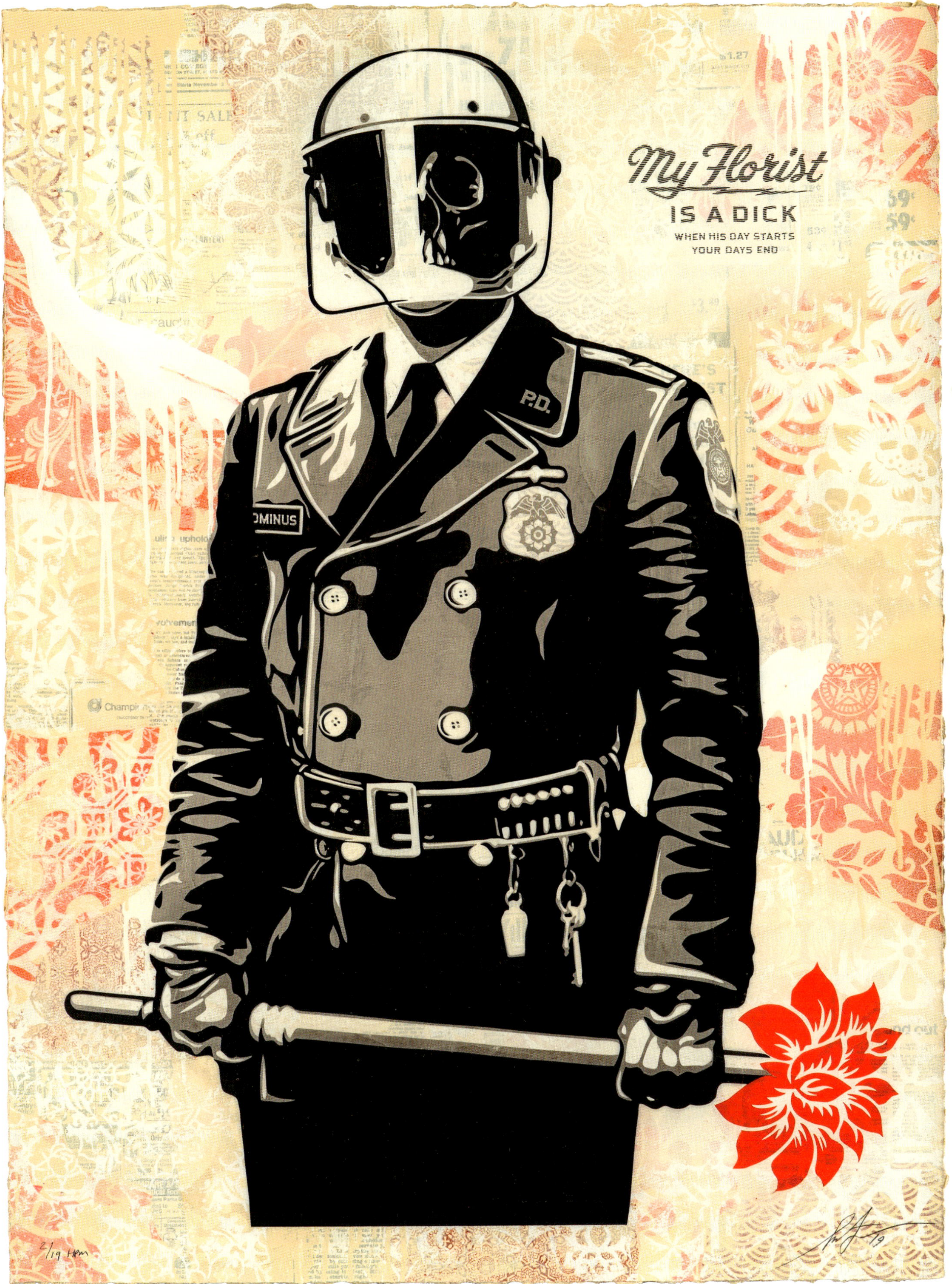
My Florist
IS A DICK
WHEN HIS DAY STARTS
YOUR DAYS END
P.D.
OMINUS

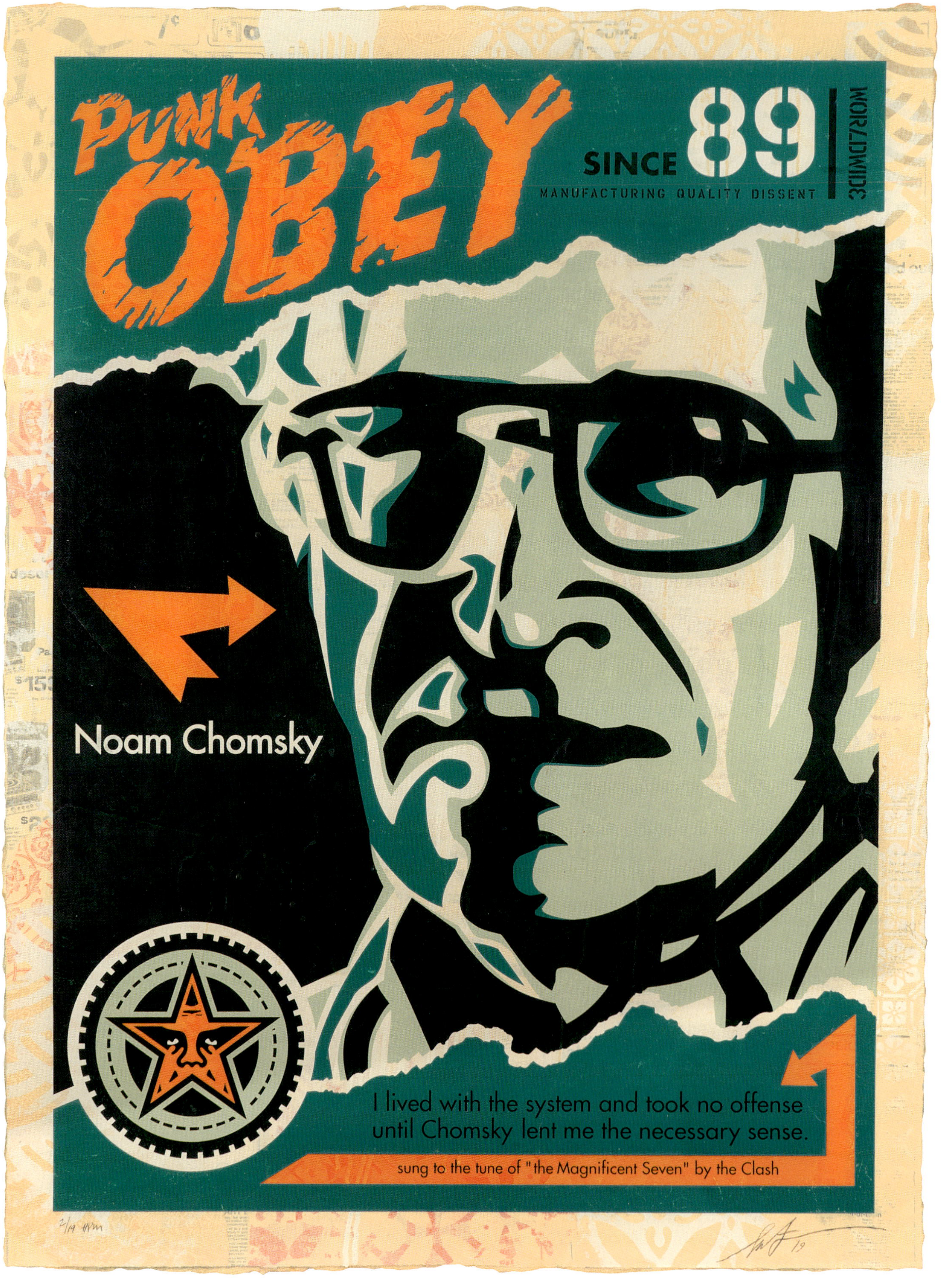

PUNK OBEY

SINCE 89

MANUFACTURING QUALITY DISSENT

Noam Chomsky

I lived with the system and took no offense
until Chomsky lent me the necessary sense.

sung to the tune of "the Magnificent Seven" by the Clash

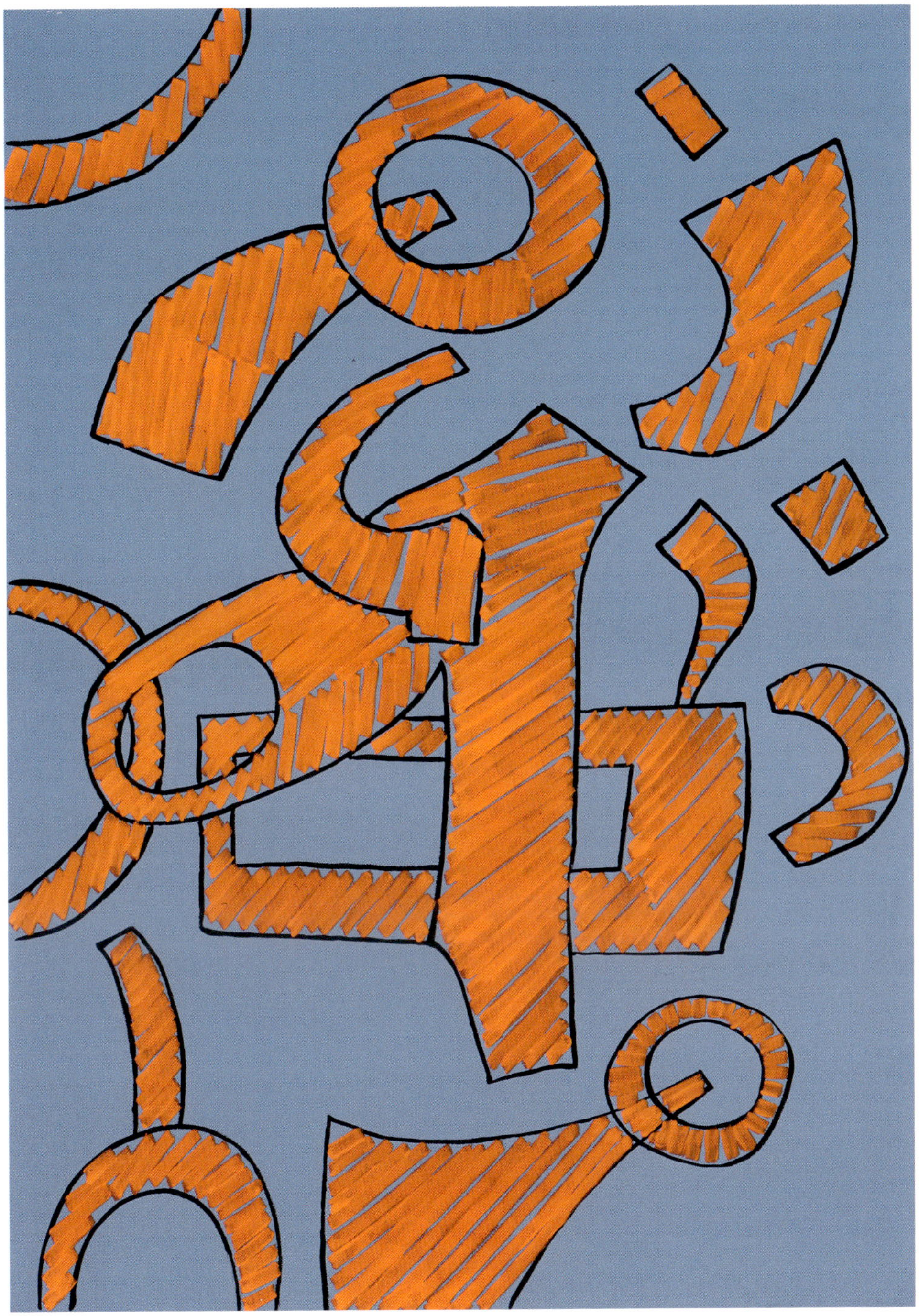

Shepard Fairey, *CHOMSKY* (2001) 2019
Carla Accardi, *Azzurro Arancio* 2003

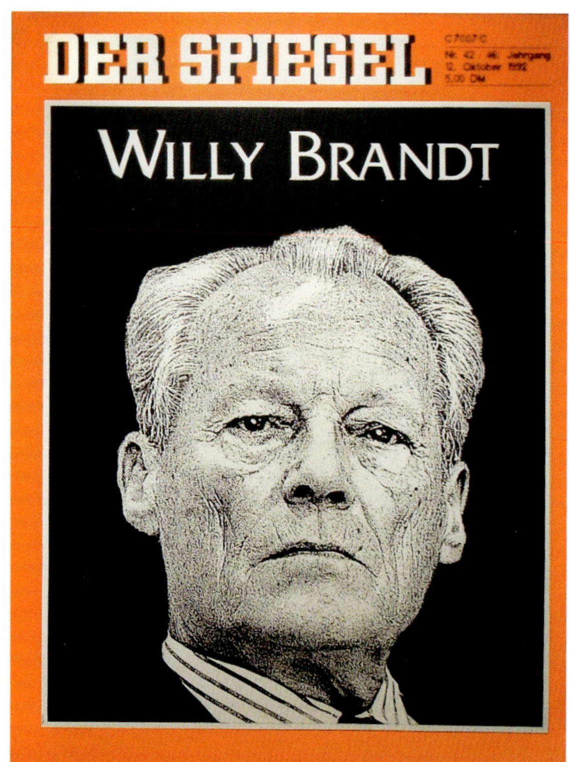

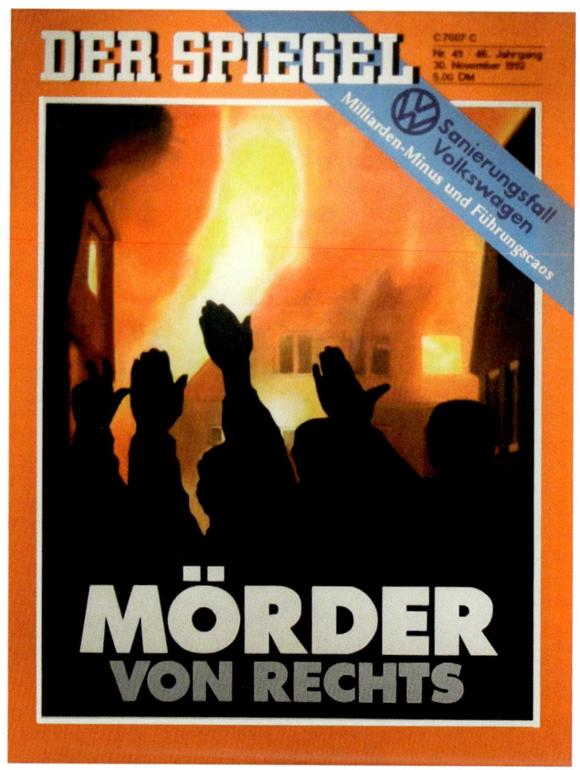

NON ESISTE L'ANIMA? SE LA GERMANIA NE HA DUE!

(UDITA IN TRENO, BERLINO 1997)

CHOMSKY (2001) 2019

Nel filosofo Noam Chomsky Fairey ha trovato uno spirito affine e lo ha trasformato in un'icona punk sulla copertina di una rivista, che contiene anche accenni velati all'origine delle campagne di dissenso avviate e promosse dall'artista. Secondo Fairey, con i suoi studi Chomsky è riuscito a smascherare la pratica della manipolazione linguistica a scopo ingannevole. Convinto che i politici e le grandi corporation cerchino in ogni modo di "fabbricare il consenso", Fairey apprezza le teorie di Chomsky e tenta di sfidare le tattiche che il filosofo ha messo in luce. Nelle parole che appaiono sotto la sua immagine, Fairey attribuisce a Chomsky il merito di avergli aperto gli occhi ("lent me the necessary sense") su queste pratiche deviate. La spiritosa didascalia è stata pensata per essere cantata sulla melodia di una canzone dei Clash, il celebre gruppo punk-rock britannico. L'anziano filosofo è ritratto con uno sguardo d'acciaio e in varie tonalità di blu elettrico, mentre due frecce arancioni dagli angoli improvvisi indicano sia il volto di Chomsky sia il testo sottostante, a suggerire la necessità di deviare dalla norma se si vuole cambiare lo status quo.

Fairey has found a kindred spirit in philosopher Noam Chomsky, who morphs into a punk icon on a stylized magazine cover that contains subtle nods to the origins of Fairey's own graphic dissent campaigns. For the artist, Chomsky's linguistic theory brought to light how language can be manipulated in deceptive ways. Arguing that politicians and big business strive to "manufacture consent," Fairey appreciates how Chomsky reveals these tactics in an effort to defy them. In the words that appear below his image, Fairey credits Chomsky with his awakening ("lent me the necessary sense") to the system at work. This humorous lyrical caption, meant to be sung to the melody of a song by punk rock British group The Clash, is shown beneath the elder theorist, portrayed with a steely gaze and in various shades of electric blue. Highlighting both the text and Chomsky with a bright orange arrow, Fairey playfully uses the abrupt angles to suggest the need to deviate from the norm in order to change the status quo.

LESSER GODS LENIN (2003) 2019
LESSER GODS NIXON (2003) 2019
LESSER GODS MAO (2003) 2019

Nel 2003 Fairey ha esaminato il design di alcuni strumenti di ricchezza e potere - valute, francobolli e titoli azionari - dando vita a una serie di opere dedicate ai rapporti tra ricchezza economica e potere politico. Il conio di una nuova moneta con il ritratto del leader è uno degli atti caratteristici di un regime totalitario. I ritratti numerati di scellerati governanti - 1) Lenin, 2) Mao, 3) Nixon - sono circondati da elementi comunemente usati in questo settore: motivi ornamentali, ologrammi e disegni molto intricati per ostacolare la contraffazione. L'artista inserisce nella composizione alcune delle sue immagini caratteristiche, tra cui l'icona di *OBEY Star* e la parola OBEY. "In lesser gods we trust" (confidiamo in dei minori) è una frase ricorrente per Fairey: si tratta di un'alterazione di "In God we trust" (confidiamo in Dio) - che si trova sul retro di tutte le valute statunitensi - a evidenziare una formidabile contraddizione, dato che la separazione tra chiesa e stato è un principio fondante della Costituzione statunitense. La frase di Fairey rimanda alla deificazione dei governanti più potenti, che tradiscono la fiducia dei cittadini attraverso corruzione e abuso di potere. La scelta di accostare leader stranieri e un presidente degli Stati Uniti serve a ricordare al pubblico americano che non è necessario guardare fuori dagli USA per trovare i dittatori: bisogna essere vigili anche nel proprio paese. Sebbene questi lavori siano stati realizzati durante l'amministrazione Bush, il conflitto politico instauratosi con la presidenza di Trump rende il messaggio estremamente attuale e rilevante. Questi ritratti sono un monito che esorta le persone a mettere in discussione l'autorità e a restare sempre adeguatamente informate: verità e potere non possono essere riconciliati poiché coloro che vogliono controllare la società creano sempre false narrazioni per ottenere il loro scopo.

In 2003, Fairey dissected the graphic design of instruments of wealth and power such as currency, stamps, and stock certificates, resulting in a series of works about the intersection of economic wealth and political power. The minting of new currency featuring the portrait of the leader is an act characteristic of a totalitarian regime. The numbered portraits of the infamous leaders 1) Lenin, 2) Mao, and 3) Nixon are surrounded by design elements commonly used for such documents, including ornate patterns and intricate motifs incorporated to confound counterfeiters. Fairey inserts his own imagery, including the *OBEY Star* icon and the word OBEY into the composition. "In lesser gods we trust" is a recurring phrase used by the artist, an alteration of "In God we trust" found on the back of all US currency signaling the contradicting term, given that the separation of church and state is a founding principle of the American Constitution. Fairey's use of the phrase refers to the process of deification of powerful leaders and the corresponding betrayal of public trust through corruption and abuse of power. The combination of the foreign leaders and a US president is intended to remind the viewer that we must not only look outside the nation for those who abuse powers but must be vigilant in our own country as well. Although these works were made during the Bush administration, in the current tumultuous political climate of the Trump administration the message is more important than ever. The portraits are a cautionary reminder, urging the public to question authority and be properly informed. Reminding us that truth and power cannot be reconciled. Those who want to control society will inevitably create fictitious narratives to do so.

Fabio Mauri, ***Non esiste l'anima? Se la Germania ne ha due!*** 1992-1997

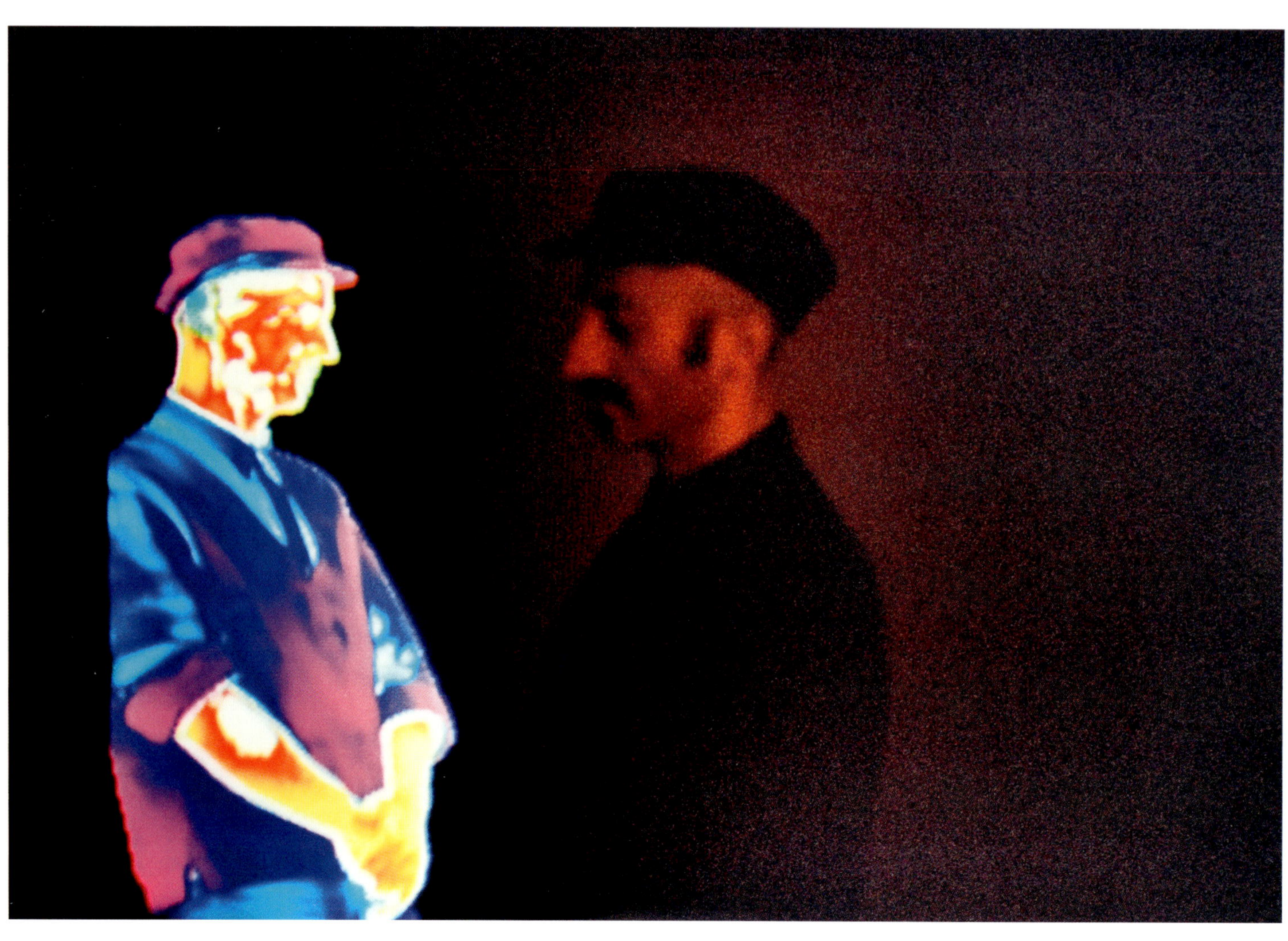

Paolo Monti, *Flottage. Particolare n. 86* 1966
Shepard Fairey, *LESSER GODS LENIN* (2003) 2019

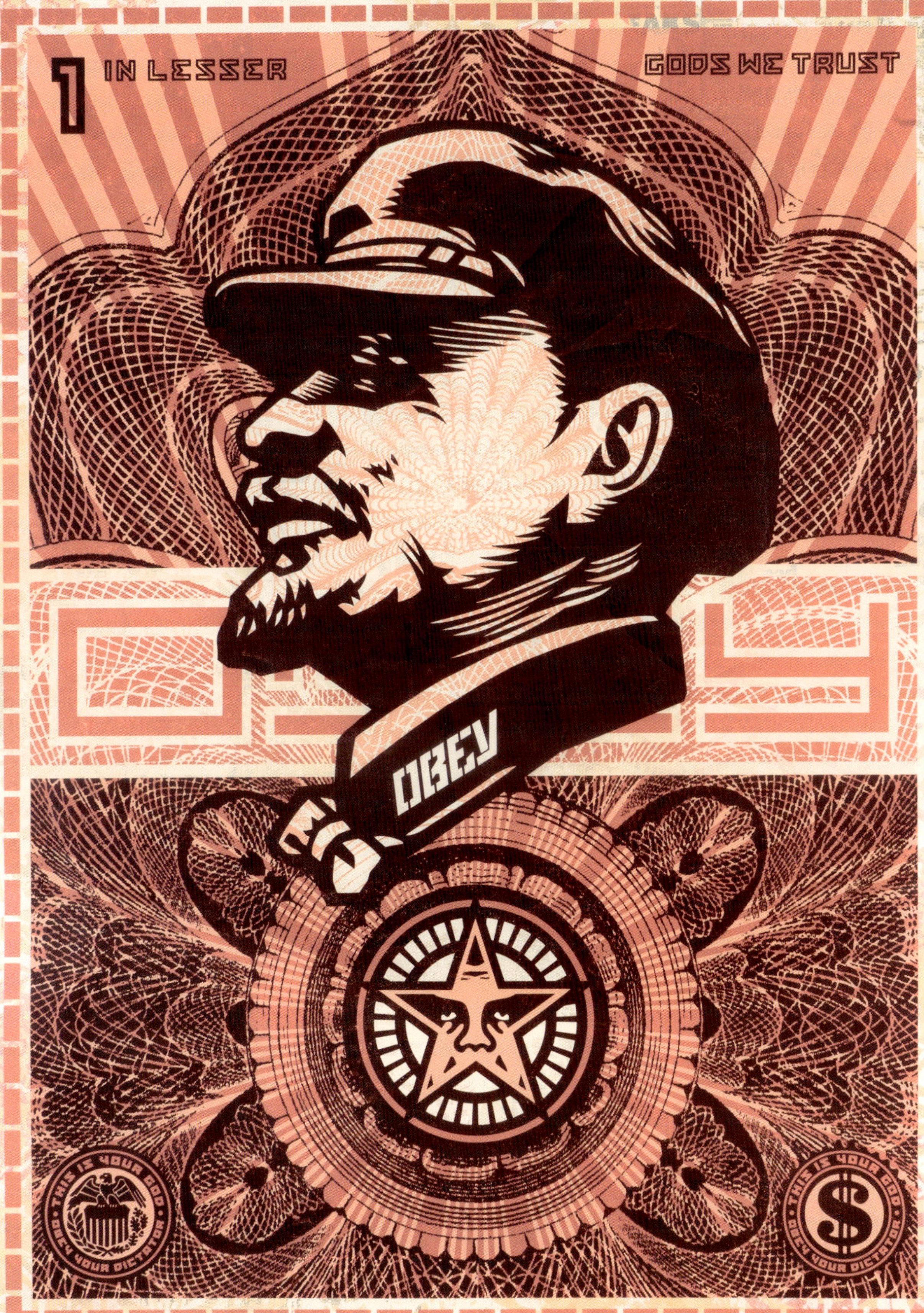
1
IN LESSER
GODS WE TRUST
OBEY
THIS IS YOUR GOD
OBEY YOUR DICTATOR
THIS IS YOUR GOD
OBEY YOUR DICTATOR

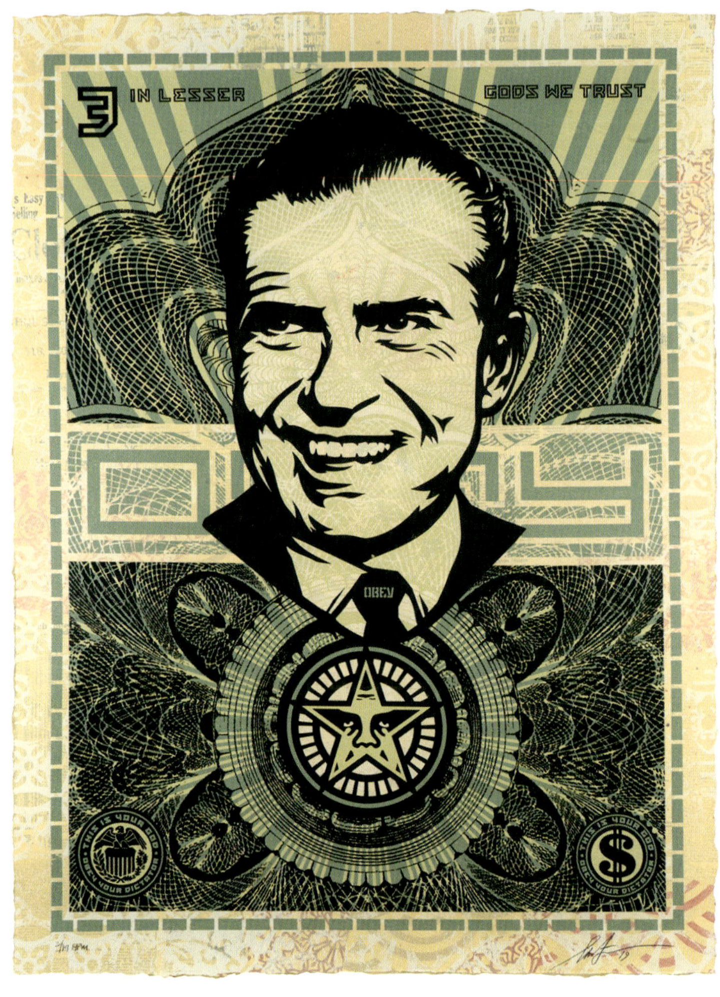

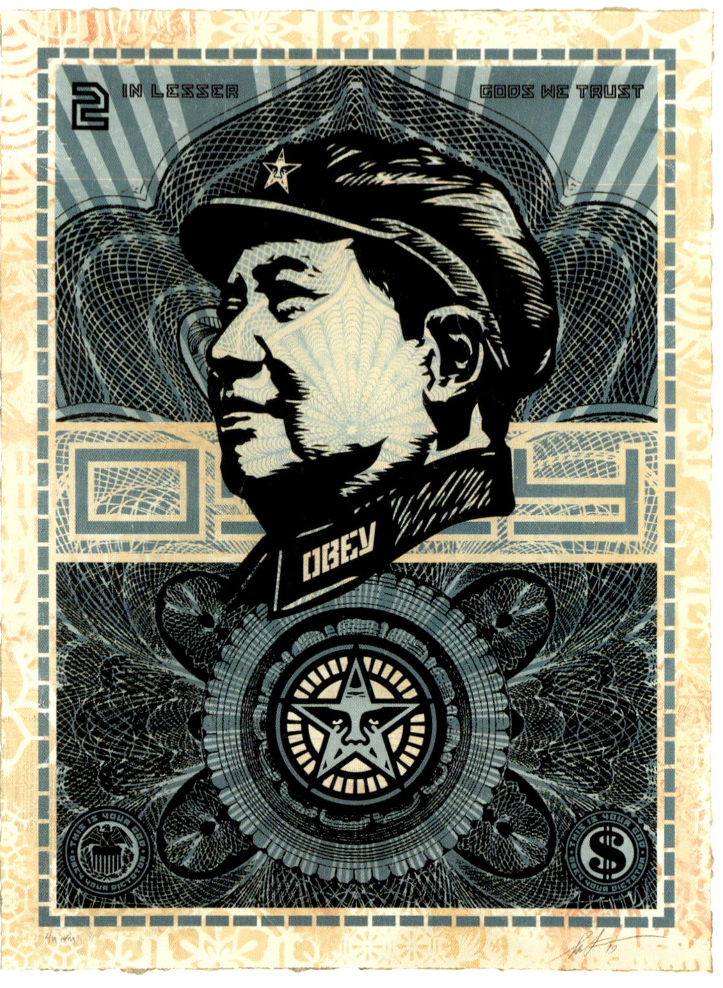

Shepard Fairey
LESSER GODS NIXON (2003) 2019
LESSER GODS MAO (2003) 2019

Primo Conti, *Siao Tai Tai (La cinese)* 1924

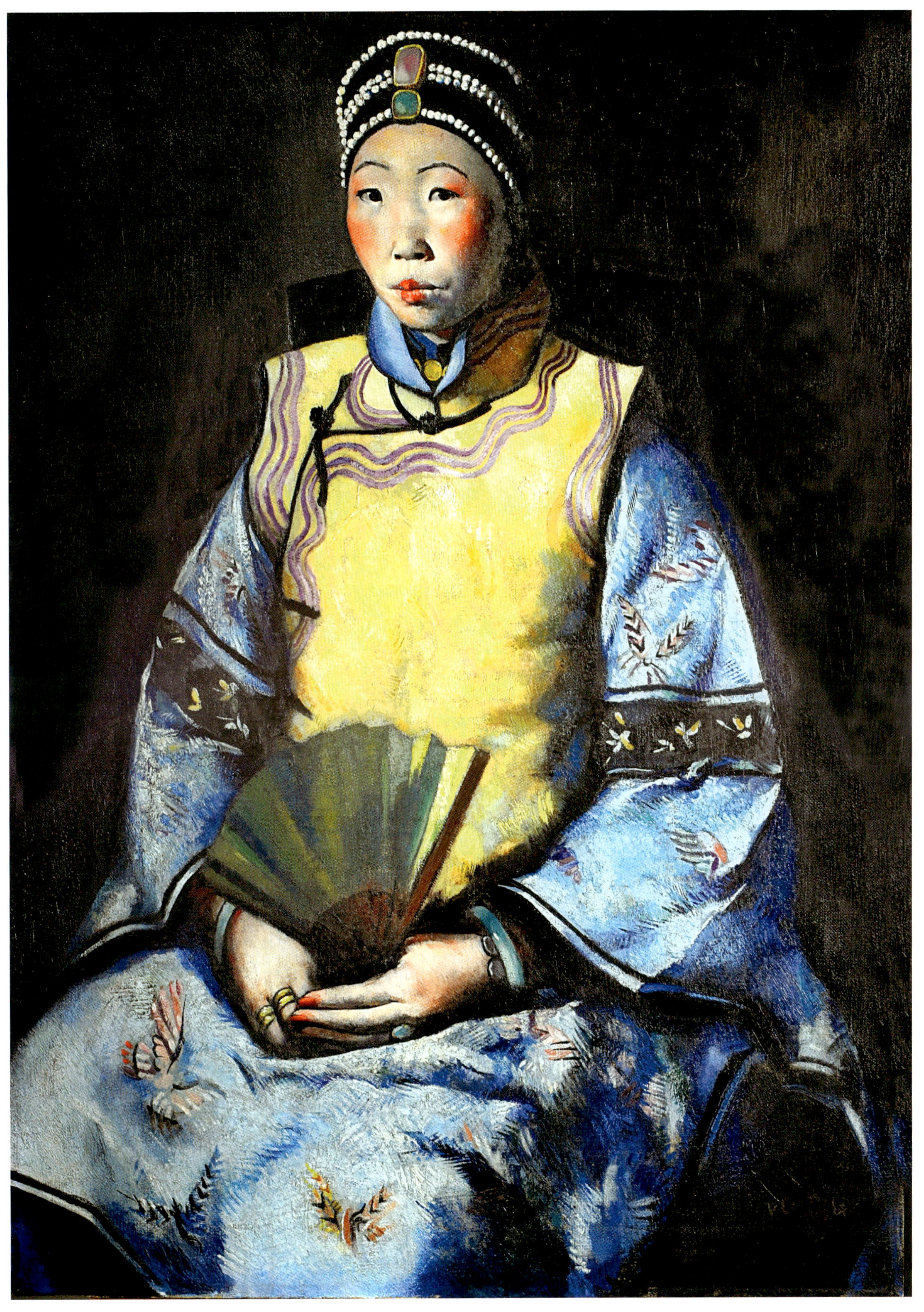

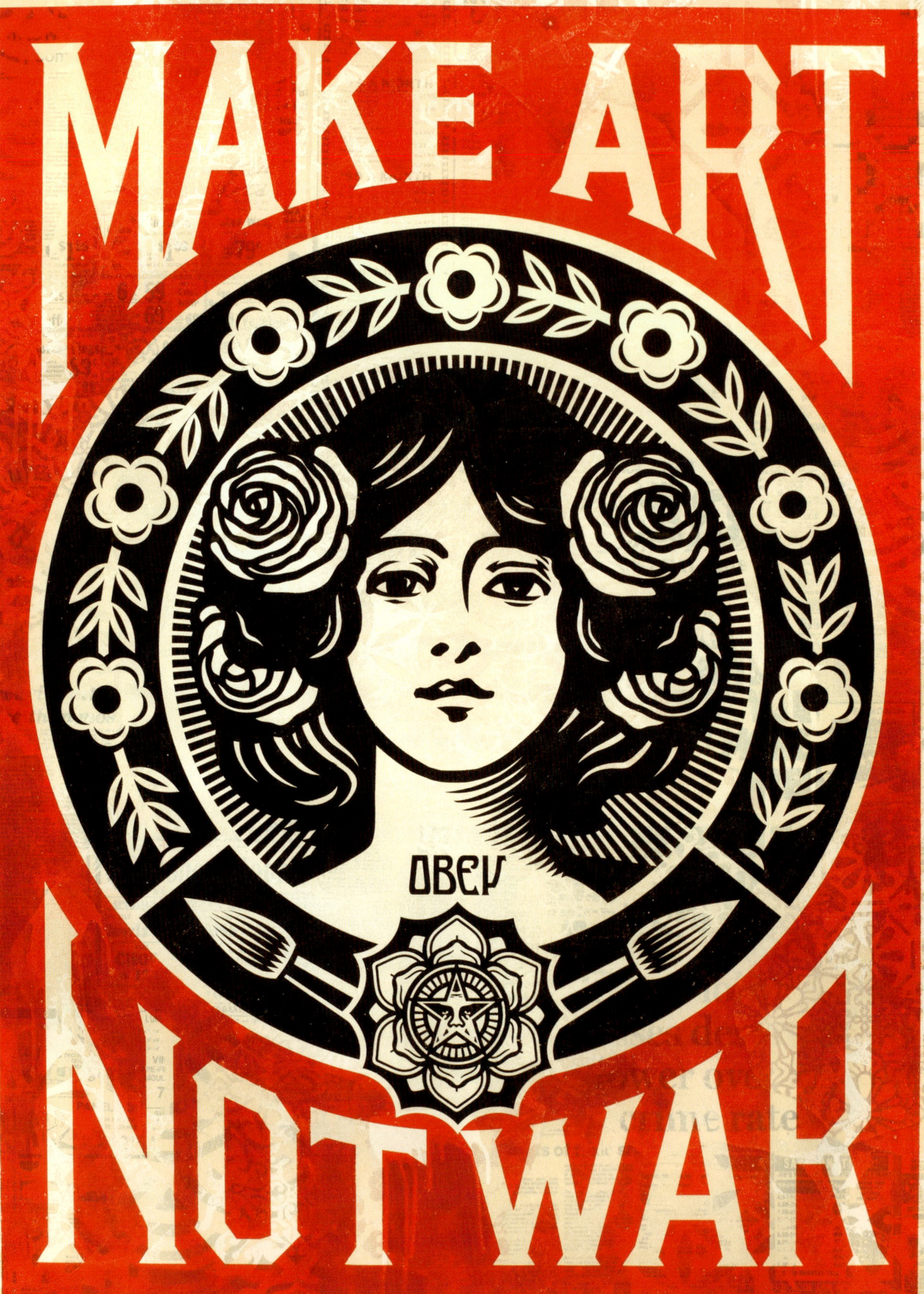
MAKE ART
OBEY
NOT WAR

Shepard Fairey,
MAKE ART NOT WAR (2005) 2019

Giuseppe Carosi,
L'angelo dei crisantemi 1921

Erulo Eroli,
Santa Cecilia 1890-1900

Nino Costa, *Alla fonte – La ninfa del bosco* 1862-1897

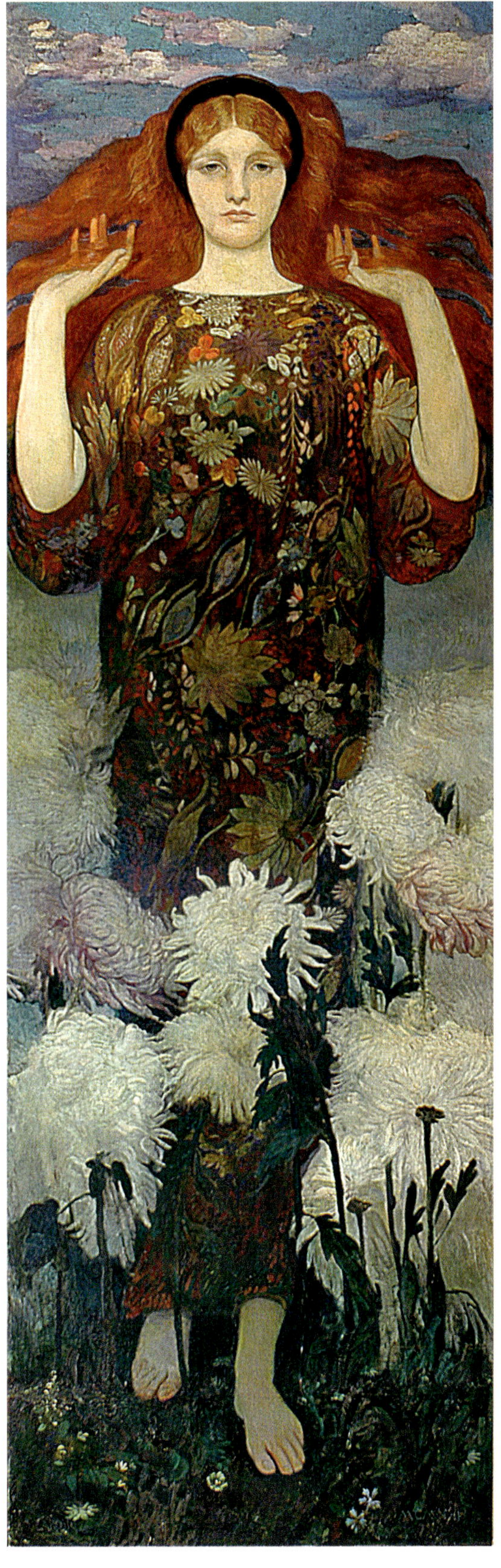

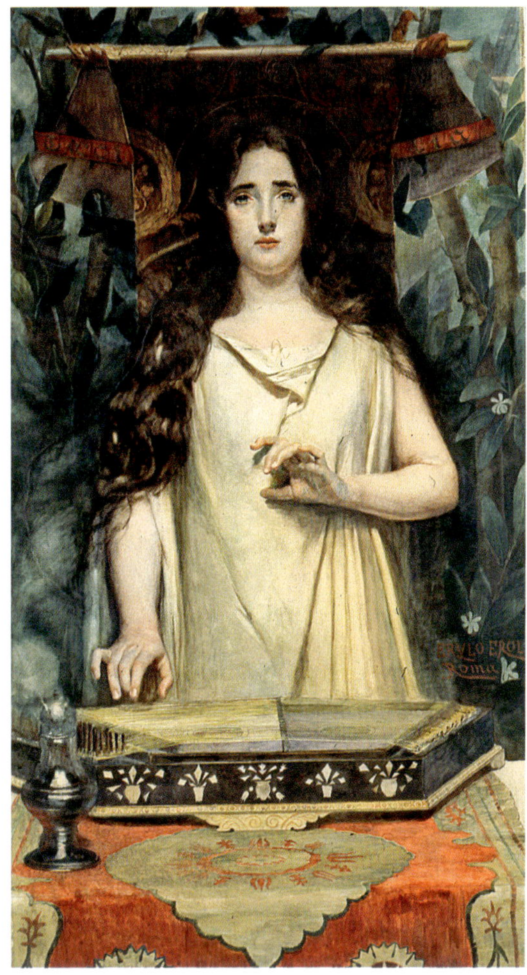

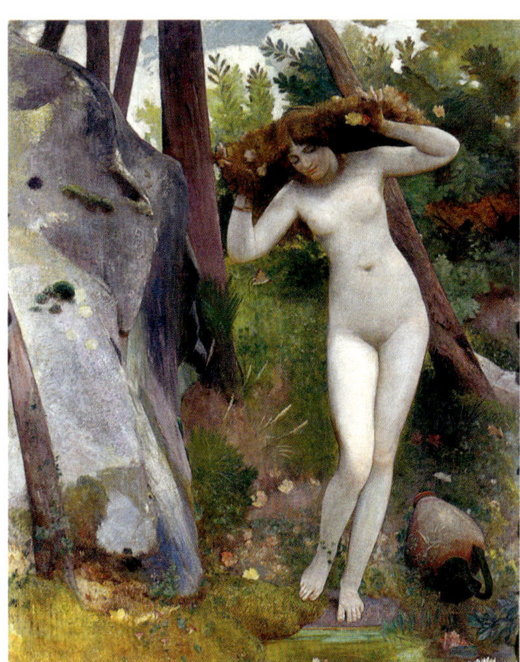

MAKE ART NOT WAR (2005) 2019

La stampa, realizzata negli anni della guerra in Iraq, propone una frase ispirata al popolare mantra pacifista degli anni sessanta, "fate l'amore non la guerra", che Fairey adatta per esprimere la necessità di atti creativi piuttosto che distruttivi. Lo stile Art Nouveau dell'immagine è un riferimento all'influenza di questa corrente sull'arte hippie e psichedelica degli anni sessanta, anche su molti manifesti contro la guerra del Vietnam. Tuttavia la donna al centro dell'immagine, nonostante sia racchiusa in una ghirlanda di fiori, appare sicura di sé e reale piuttosto che eterea. I due pennelli posti sotto il ritratto rimandano a uno strumento classico dell'attività artistica ma al tempo stesso ricordano delle lance che, se lette insieme al comando OBEY (obbedire) visibile sul collo della giovane, rendono più incisivo un messaggio altrimenti delicato.

This print, created during the Iraq war, is an alternative phrase inspired by the popular 1960s anti-war mantra "make love, not war." In this case, Fairey states the need for creative rather than destructive acts. The Art Nouveau style of the image is an additional reference to the influence of Art Nouveau on hippie and psychedelic art of the 1960s, including many anti-Vietnam war posters. Encased within a floral garland, the female figure appears more self-assured and real rather than ethereal. The two paintbrushes below her portrait not only refer to a classical tool of art production but also resemble spears, which when read alongside the directive to OBEY that appears on her neck, simultaneously make the otherwise palatable message more pointed.

GUNS AND ROSES (2006) 2019

Ispirandosi a un poster cinese di propaganda creato durante la Grande Rivoluzione Culturale Proletaria (1966-1976), Fairey trasforma il motivo rivoluzionario dell'opera in un nuovo messaggio pacifista. Il poster, intitolato inizialmente *Qiang ganzi limian chu zhengquan* ("il potere politico nasce dalla canna di un fucile", una frase coniata da Mao Zedong nel 1927), era una chiamata alle armi per la formazione di un esercito comunista, partendo dal presupposto che la potenza militare fosse necessaria per ottenere vantaggi politici. Fairey modifica l'illustrazione originale con le braccia alzate che brandiscono le armi infilando delle rose nelle canne dei fucili: un mezzo efficace per contraddire simbolicamente la bellicosità del messaggio originale. In omaggio alla pratica diffusasi ai tempi della guerra del Vietnam, quando i manifestanti pacifisti mettevano fiori nei fucili della Guardia Nazionale, questa immagine usa uno dei simboli floreali preferiti dell'artista, la rosa in piena fioritura, per rivendicare visivamente la fonte dei raggi rossi che si irradiano sopra le armi, così distanziandosi ulteriormente dal messaggio comunista originario.

This work is inspired by a Chinese propaganda poster created during the Great Proletarian Cultural Revolution (1966–76) in the People's Republic of China, but its revolutionary content is transformed by Fairey into a new contemporary anti-war message. The poster, entitled initially *Qiang ganzi limian chu zhengquan*—a phrase first coined by former Chairman Mao Zedong in 1927, meaning "from the barrel of a gun grows political power"— was a call-to-action for the formation of a Communist army, believing that military might was necessary to gaining political advantage. Fairey reconfigures the original illustration of raised arms brandishing guns by adding roses to the gun barrels as a means of symbolically contradicting their original pro-military message. As a homage to the Vietnam War era practice, which saw protesters place flowers in the guns of National Guardsmen, this image uses one of the artist's favorite floral symbols, a rose in full bloom, as a way of visually reclaiming the source of the red rays emanating from the weapons, further distancing the original Communist associations.

Shepard Fairey, *GUNS AND ROSES* (2006) 2019

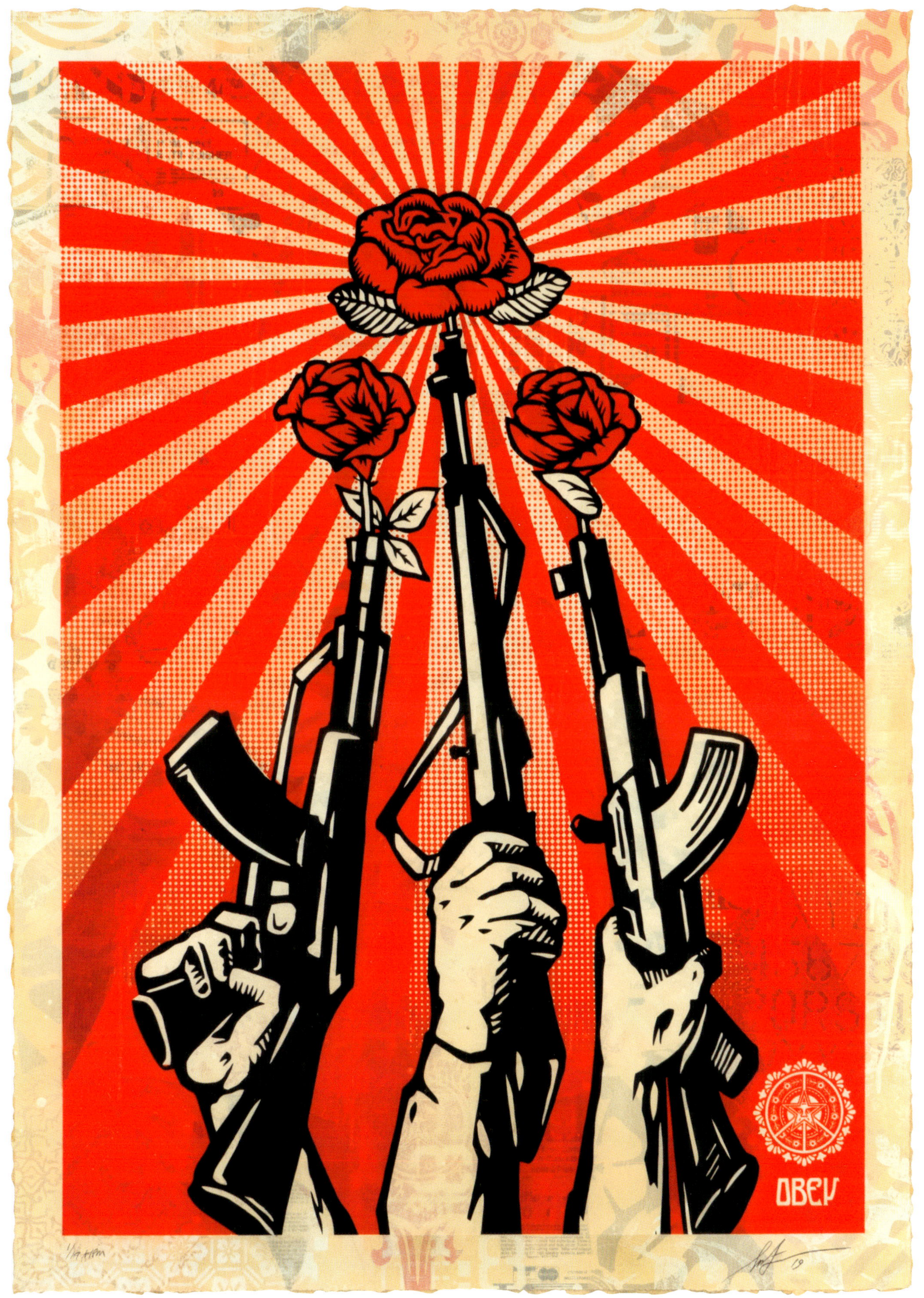
OBEY

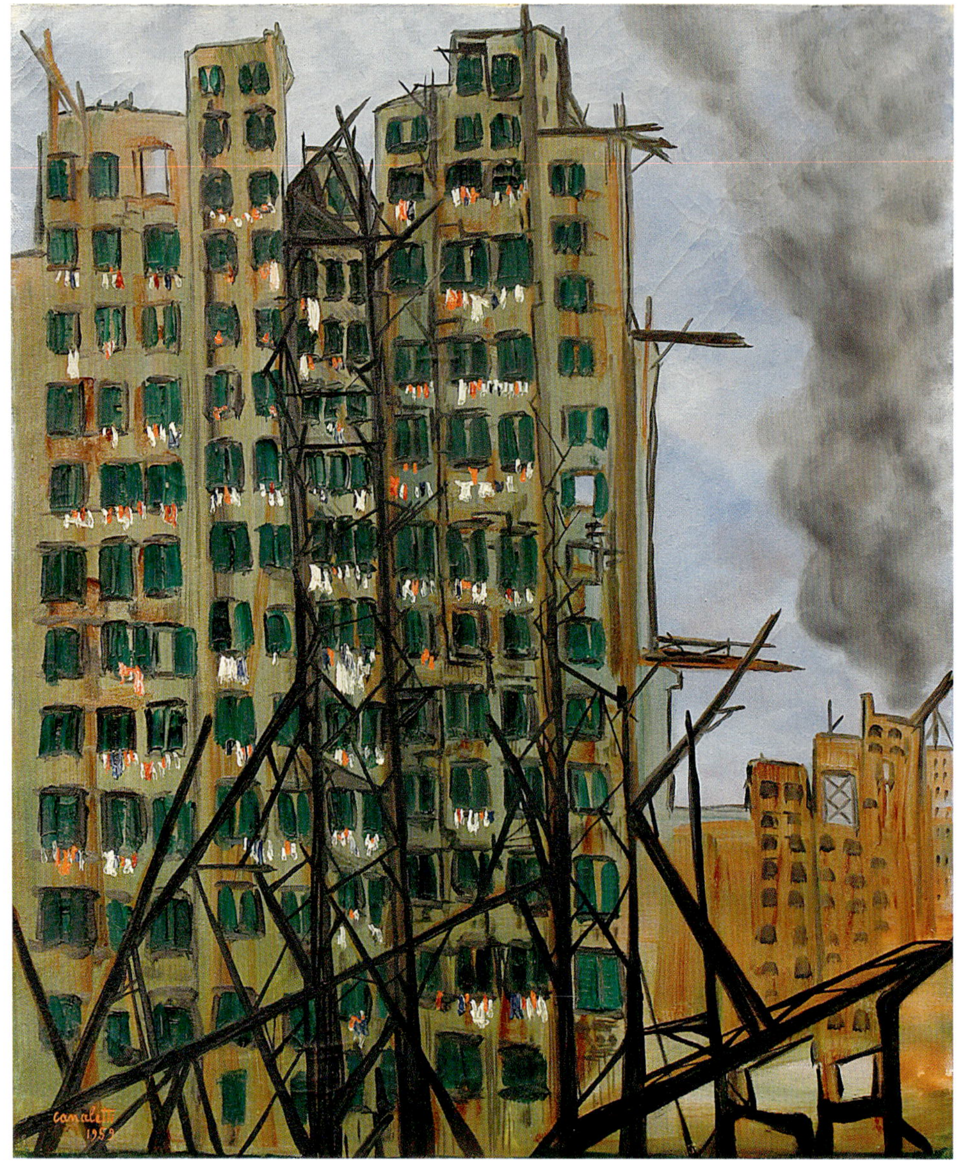

Filippo Canaletti Gaudenti, *Periferia* 1959
Giuseppe Salvatori, *La resa delle armi* 1996
Claudio Abate, *Pino Pascali – Cannone* 1965

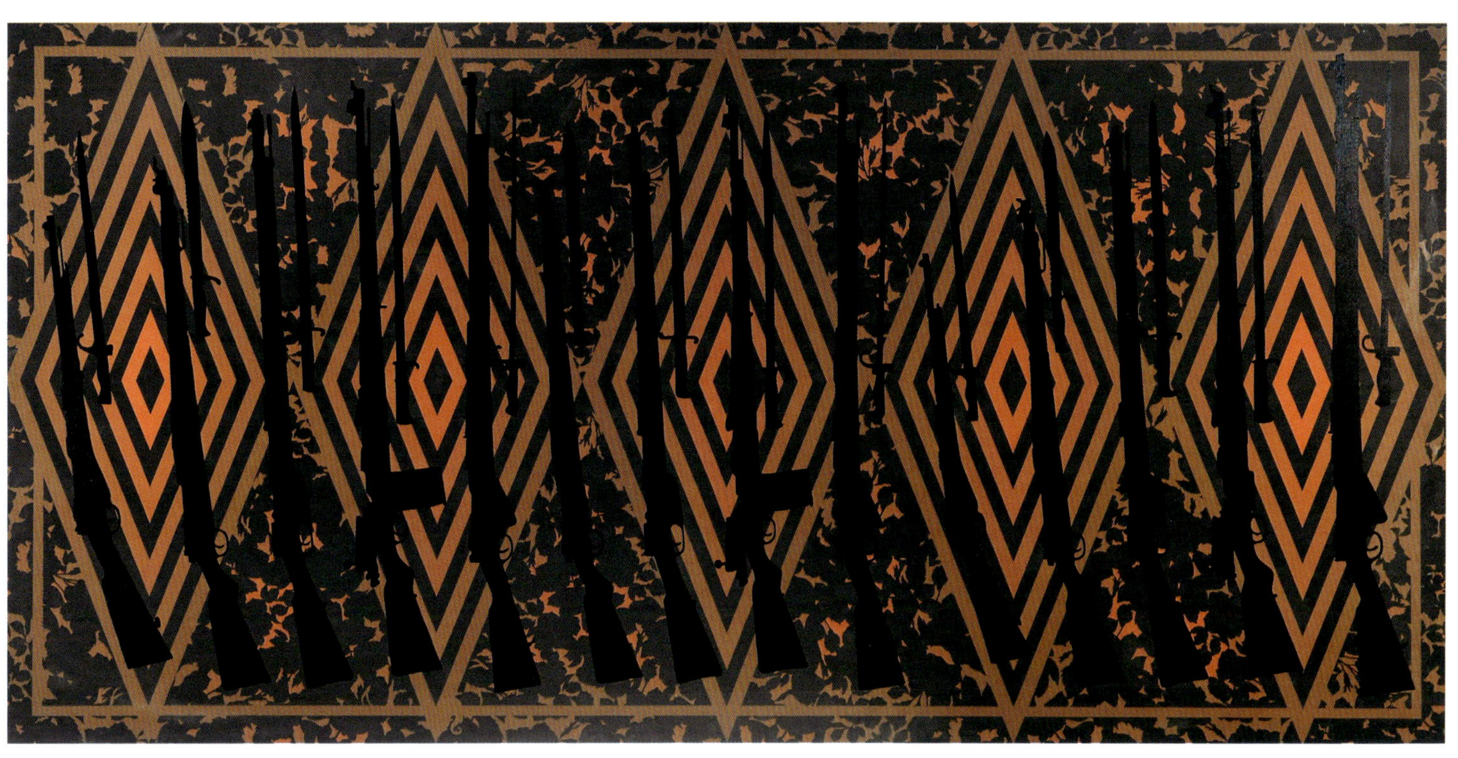

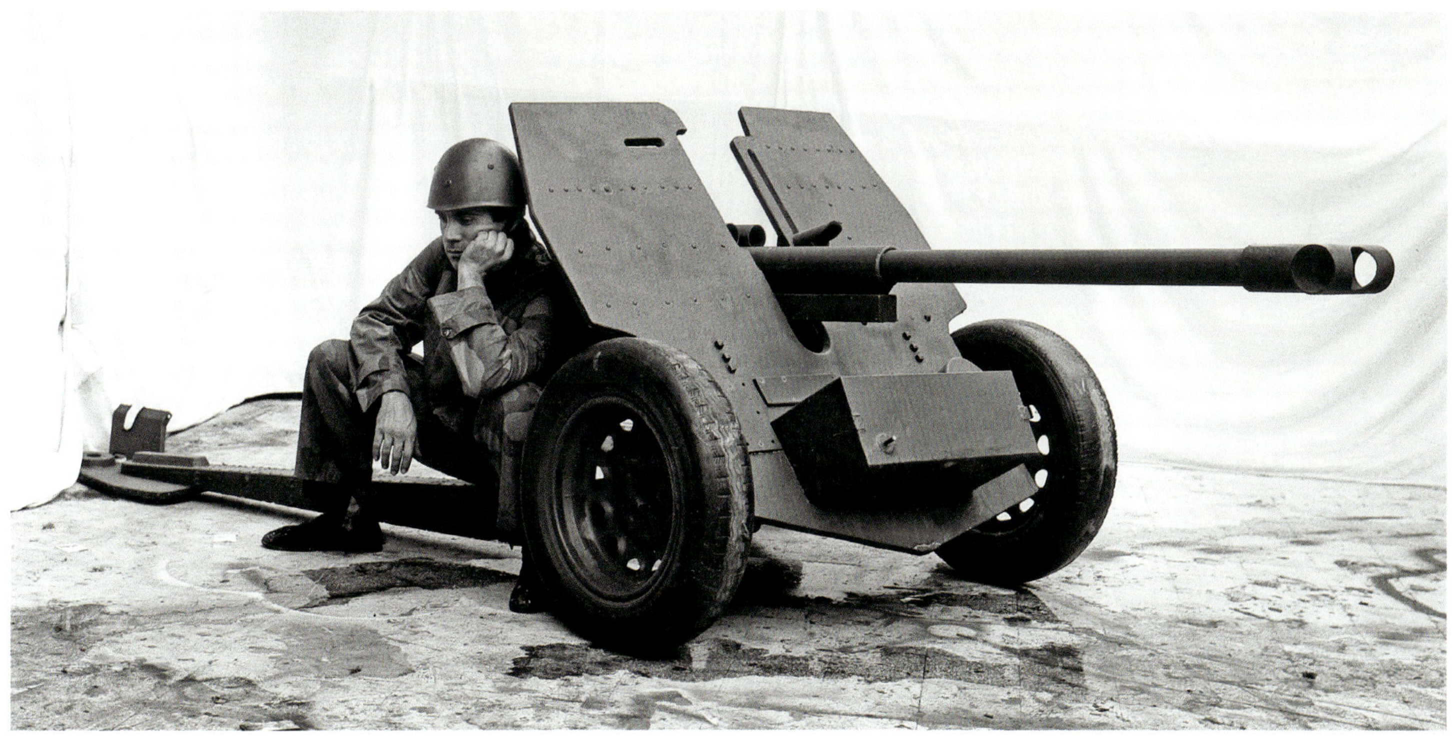

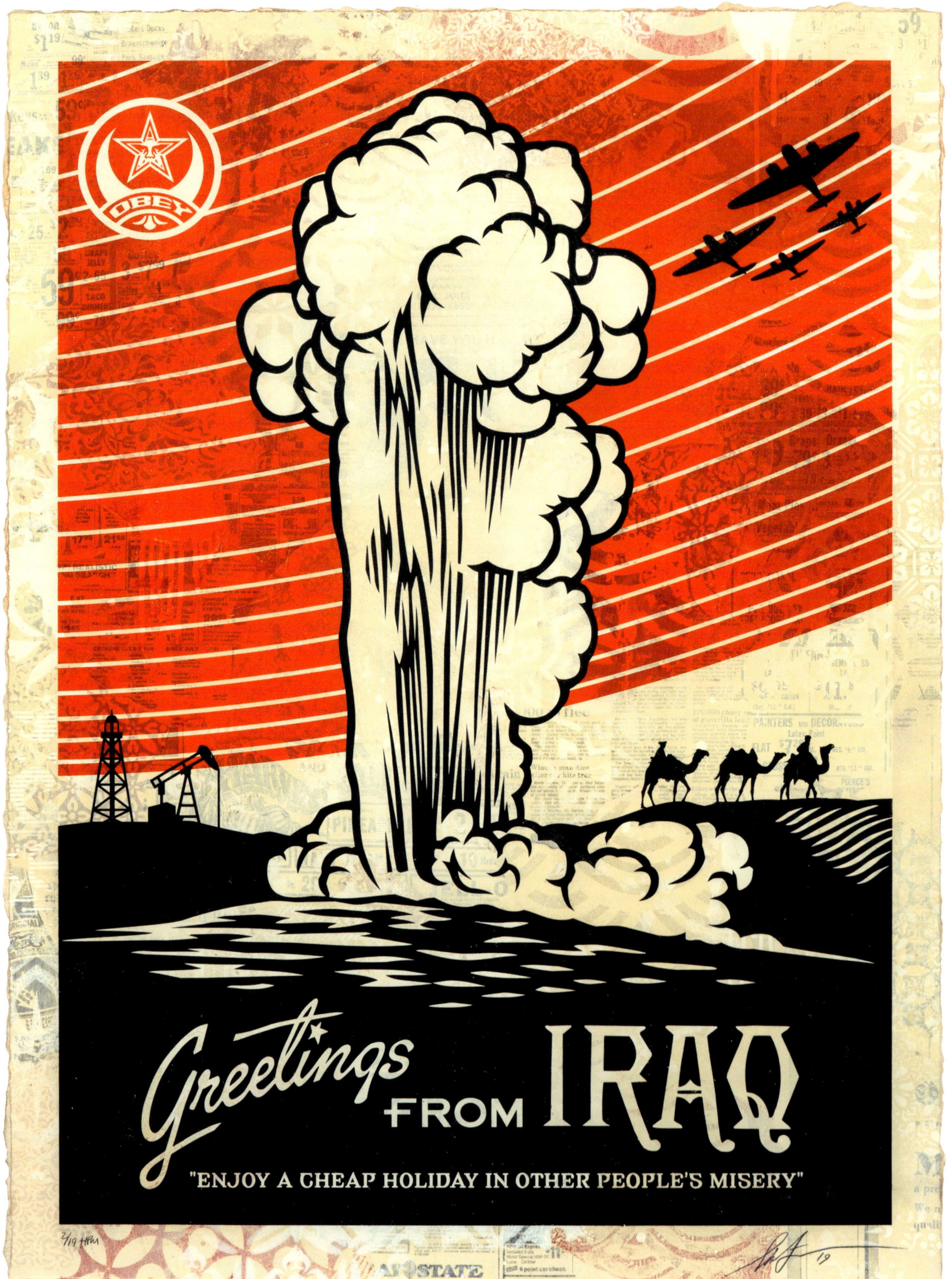
OBEY
Greetings FROM IRAQ
"ENJOY A CHEAP HOLIDAY IN OTHER PEOPLE'S MISERY"

GREETINGS FROM IRAQ (2005) 2019

L'appropriazione è consuetudine nella pratica artistica: ogni nuova opera d'arte si basa sugli esiti creativi dei predecessori. In *Greetings from Iraq*, Fairey parte da una modesta cartolina del Yellowstone National Park che mostra una delle principali attrazioni del parco, l'Old Faithful Geyser. Inserisce poi le torri di perforazione – simbolo della risorsa naturale tanto desiderata e, probabilmente, la vera causa della guerra in Iraq – e i cammelli sullo sfondo. Il getto d'acqua bollente e il vapore del geyser si trasformano in un'esplosione. Donald Rumsfeld, il segretario alla Difesa durante la seconda guerra del Golfo, era uno dei fautori della strategia "shock and awe": lanciare bombe tremende in tutto il paese per dimostrare un potere e una forza formidabili così da demoralizzare e piegare l'esercito iracheno. Il potere esplosivo di "shock and awe", tattica militare, ha lo stesso fascino della forza spettacolare dell'Old Faithful, meraviglia naturale. "Enjoy a cheap holiday on other people's misery" (Goditi una vacanza economica sulla miseria degli altri), alla base dell'immagine, è un verso tratto da *Holiday in the Sun* dei Sex Pistols (1977). Appassionato di punk rock, Fairey inserisce abitualmente riferimenti di questo tipo; qui la frase si riferisce all'invio di soldati in terre straniere e alla sofferenza inflitta alla popolazione locale, oltre a ricordare lo slogan pacifista dei tempi della guerra in Vietnam: "Unisciti all'esercito, viaggia per il mondo, incontra persone interessanti. E uccidile".

Appropriation is the common currency of artistic practice. Every new work of art builds upon the creative juices of predecessors. In *Greetings from Iraq*, Fairey draws from a humble postcard from Yellowstone National Park that features one of the park's main attractions, the Old Faithful geyser. The artist inserts oil derricks, the desired natural resource and arguably the true cause of the war, as well as camels in the background. The exploding stream of boiling water and vapor converts into an explosion. Donald Rumsfeld, the secretary of Defense during the second Gulf War in the mid-2000s, promoted the strategy of "shock and awe," consisting of dropping heavy bomb loads across the country to demonstrate overwhelming power and formidable force in order to demoralize and defeat the Iraqi army. Ironically, the explosive power of the shock and awe military tactic has an appeal similar to that of the spectacular force of Old Faithful, the natural wonder. "Enjoy a cheap holiday on other people's misery," found at the bottom of the image, is a lyric from the 1977 song "Holiday in the Sun" by the Sex Pistols. Fairey, a fan of punk rock and the DIV culture, commonly inserts references to one of his favorite musical genres. The phrase refers to sending soldiers to foreign lands and the suffering of the local inhabitants. The lyrics recall the Vietnam War era anti-war slogan, "Join the army, travel the world, meet interesting people, and kill them."

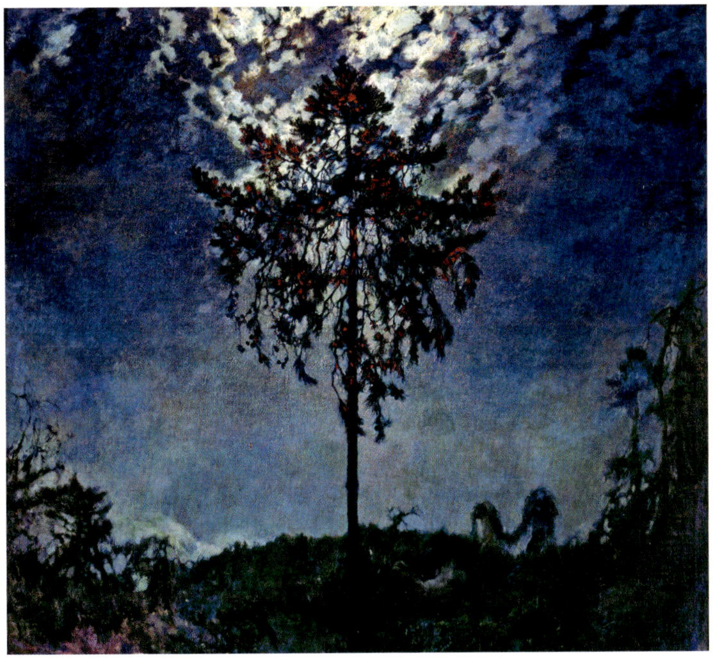

Shepard Fairey, ***GREETINGS FROM IRAQ*** (2005) 2019

Antonio Discovolo, ***La ninfa addormentata*** 1921

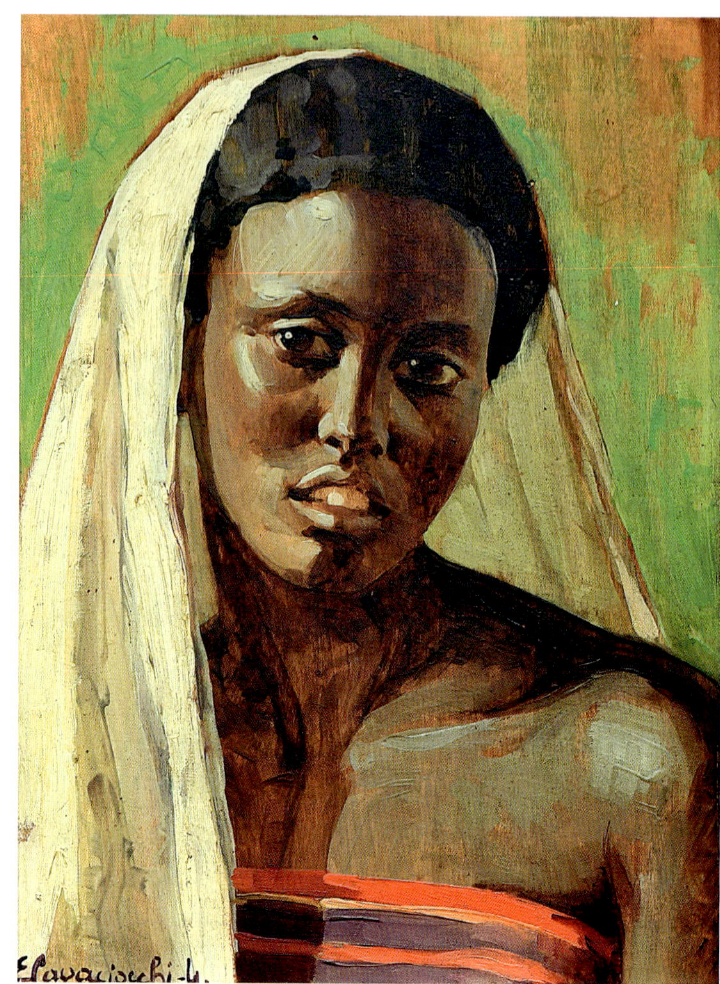

Ersilia Cavaciocchi Giunta,
Vergine dell'Ogaden 1930-1940

Shepard Fairey,
BIAS BY NUMBERS (2017) 2019

BIAS BY NUMBERS (2017) 2019

La storia legata all'incarcerazione di massa e ai pregiudizi del sistema nei confronti della comunità afroamericana è lunga e complessa. In questa stampa, Fairey esplora la copertura mediatica e le statistiche su questi temi per dimostrare come percezione e fatti possano influenzare le nostre opinioni sui pregiudizi razziali. I titoli di giornale che compaiono nell'opera si contendono l'attenzione. Gli attivisti neri sono considerati "agitatori criminali", ma nello stesso tempo la loro azione viene validata con un altissimo grado di sorveglianza. Al centro, una donna afroamericana guarda verso l'alto, come a prendere le distanze dalle scritte spregiative volte a incoraggiare il silenzio, e sposta lo sguardo verso il futuro, seppur con una certa esitazione. Il suo volto dall'espressione decisa si staglia in uno spazio romboidale, per poi perdersi nelle ombre nere che le incorniciano capelli e volto. L'immagine riesce a trasmettere tutte le tensioni che una persona di colore deve affrontare quotidianamente negli Stati Uniti. Una parte dei proventi dell'originale e di questa versione è destinata a sostenere gli sforzi di Black Lives Matter per portare alla luce e combattere le disuguaglianze.

The history of mass incarceration and systemic bias toward the African-American community is long and complicated. In this print, Fairey is exploring media coverage and statistics on these issues to illustrate how perception and facts can influence our views on racial prejudice. The headlines featured offer competing narratives. Black activists are at once deemed "criminal agitators" but also validated in their experience with exceptionally high rates of policing. At the center, an African-American female gazes upward and away from the pejorative labeling meant to encourage silence and instead looks to the future, but with a measure of hesitancy. Steadfast in her expression, she remains visually prominent within a diamond border, but still recedes into the black shadows that frame her hair and face. The image conveys the inherent tensions confronted daily in the United States as a person of color. A portion of the proceeds of the original and this version support the efforts of Black Lives Matter to highlight and combat inequality.

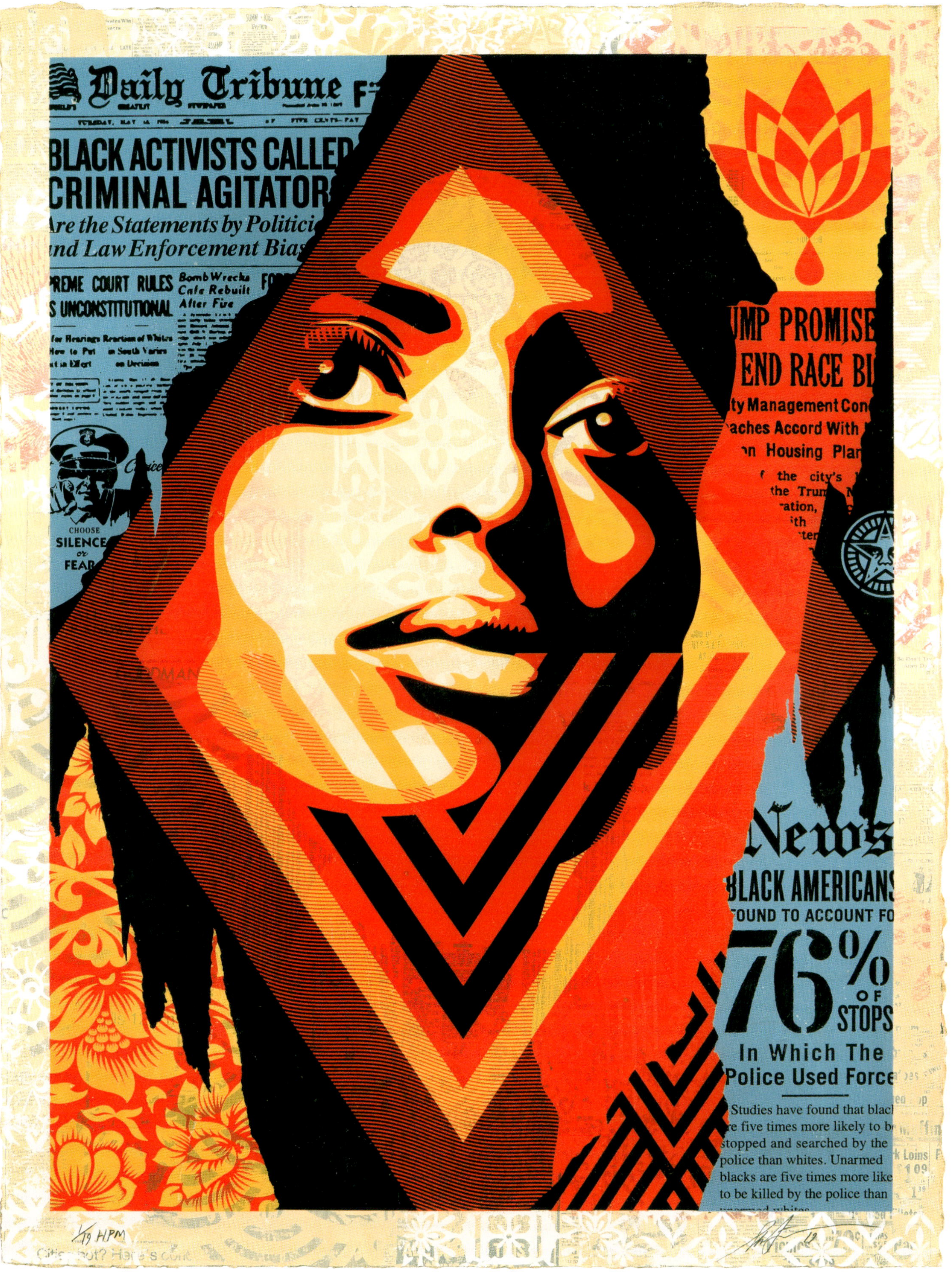
Daily Tribune
BLACK ACTIVISTS CALLED
CRIMINAL AGITATOR
Are the Statements by Politici
nd Law Enforcement Bias
PREME COURT RULES
S UNCONSTITUTIONAL
Bomb Wrecks Cafe Rebuilt After Fire
CHOOSE
SILENCE
or
FEAR
UMP PROMISE
END RACE BI
ty Management Con
aches Accord With
n Housing Plan
News
BLACK AMERICANS
FOUND TO ACCOUNT FO
76%
OF STOPS
In Which The
Police Used Force
Studies have found that blac
re five times more likely to b
stopped and searched by the
police than whites. Unarmed
blacks are five times more like
to be killed by the police than
1/19 HPM

ARAB WOMAN (2006) 2019

Fairey ha realizzato questa immagine di donna araba tre anni dopo l'inizio della seconda guerra del Golfo come risposta alla forte retorica anti-islamica del tempo, "il residuo dell'11 settembre". Fairey affronta qui il concetto di colpa collettiva, addossata indistintamente a tutti gli arabi, ritraendo il soggetto come una donna forte, che guarda lo spettatore dritto negli occhi, con aria sicura ma non intimidatoria. Il suo aspetto attraente e rassicurante ha lo scopo di "umanizzare" una categoria di persone spesso percepite come minacciose. L'artista intende stimolare tolleranza e compassione e al contempo sfida nozioni preconcette sui musulmani. Il motivo sul copricapo e sui vestiti evidenzia l'appartenenza culturale del soggetto. Il disegno floreale di origine turca ha lo scopo di evocare inconsciamente un apprezzamento unificato della bellezza e funge da ponte tra l'Occidente e il Medio Oriente, proponendo una forma familiare che ci unisce tutti. L'impiego di motivi floreali è piuttosto comune nel lavoro di Fairey e risale all'inizio della sua carriera. Da giovane artista aveva risorse estremamente limitate per avviare la propria attività. Fare street art negli anni novanta era difficile, richiedeva tempo e materiali costosi; Fairey ha anche rischiato l'arresto esponendo la propria opera in uno spazio pubblico. Inoltre, una volta che l'opera veniva esposta in strada non poteva più essere venduta, ormai apparteneva al pubblico. All'epoca il mercato della street art era molto limitato, quasi inesistente. Per poter continuare a fare arte all'aperto, Fairey ha trovato soluzioni creative: tra queste, anche la carta da parati fuori produzione, acquistata nell'angolo delle occasioni presso il ferramenta del quartiere. La carta da parati, attaccata sui muri, aveva l'ulteriore vantaggio di un motivo decorativo già fatto.

Shepard Fairey created this image of an Arab woman three years after the start of the second Gulf War. The work is a response to the extreme anti-Islamic rhetoric of the time, "the residue of 9/11." With this piece, Fairey confronts the notion of collective blame directed against all Arabs. He portrays her as a characteristically strong woman, who looks directly at the viewer, confidently but not menacingly. Her countenance is appealing and relatable, evoking a humanizing effect on a group of people that are often misrepresented as threatening. The artist intends to stimulate humanity and compassion, challenging preconceived notions about Muslims, otherwise perceived as the enemy. The pattern on the headdress and clothing highlights cultural aspects of the figure. The floral design of Turkish origin is intended to subconsciously evoke a unified appreciation of beauty and function as a bridge between the West and the Middle East, a familiar form that brings us all together. The use of floral patterns is common in Fairey's work and dates back to the beginning of his career. As a young artist, he had extremely limited resources for placing his art on the street. Making street art in the 1990s was a serious commitment: not only did Fairey risk arrest by placing his work in public space, but also making the art required time and materials that cost money. Once the artwork was on the street it could not be sold, it belonged to the public. At the time, the market for street art was limited if not non-existent. To continue with his outdoor practice, Fairey found creative solutions to make art. Among them was using discontinued wallpaper, purchased on sale in the bargain bin at the local hardware store. The wallpaper, placed on walls, had the added benefit of an existing pattern.

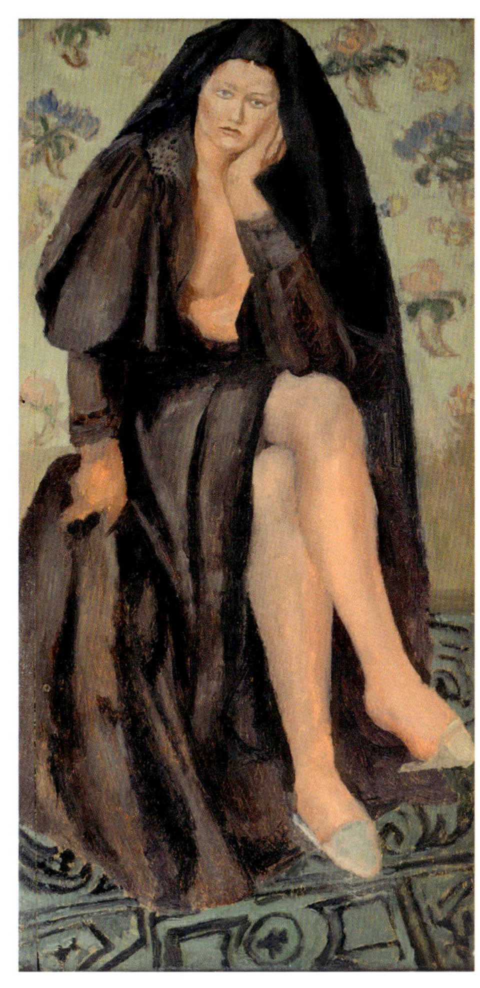

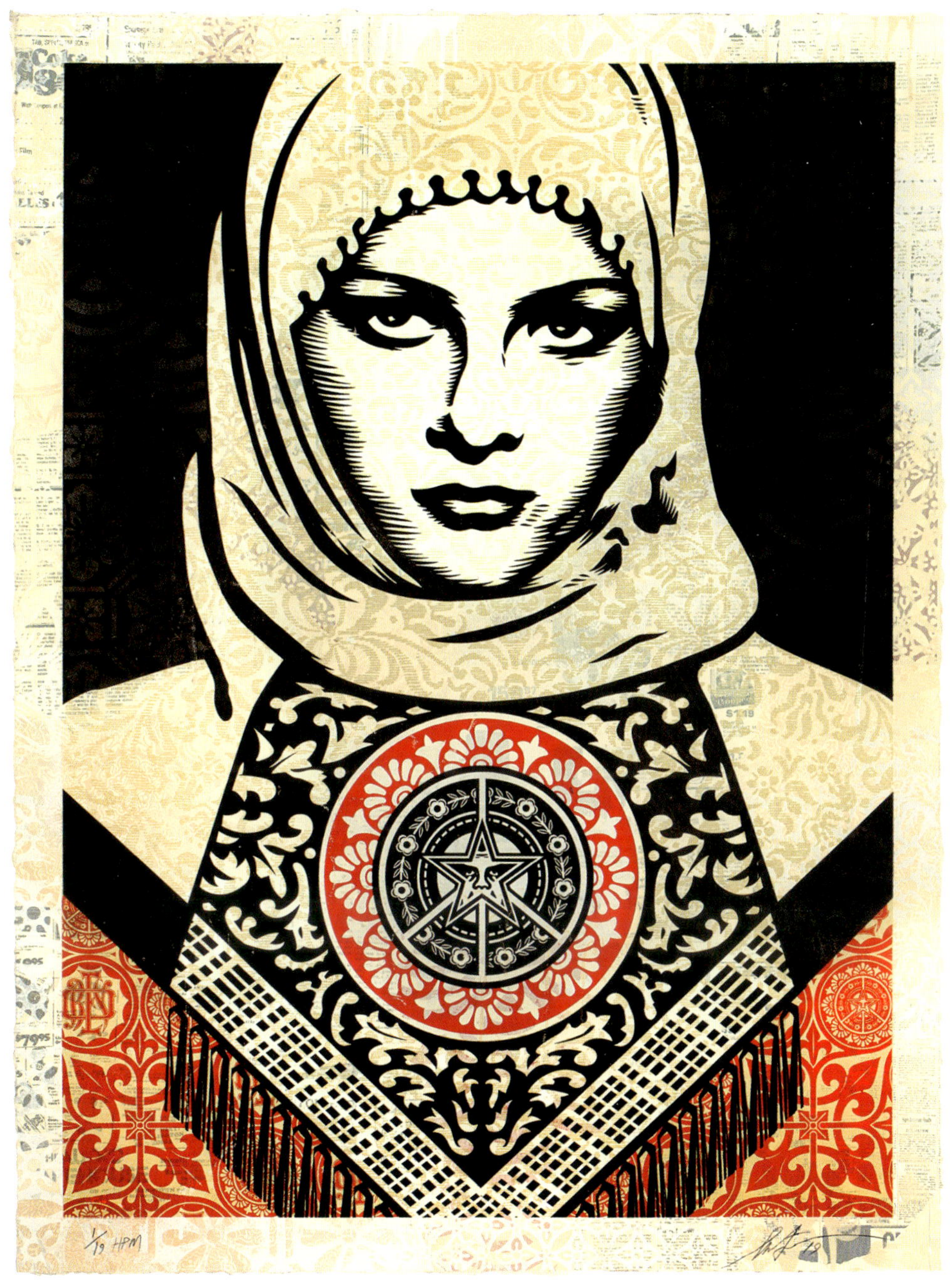

Guglielmo Janni, ***Cassandra*** 1934-1935
Shepard Fairey, ***ARAB WOMAN*** (2006) 2019

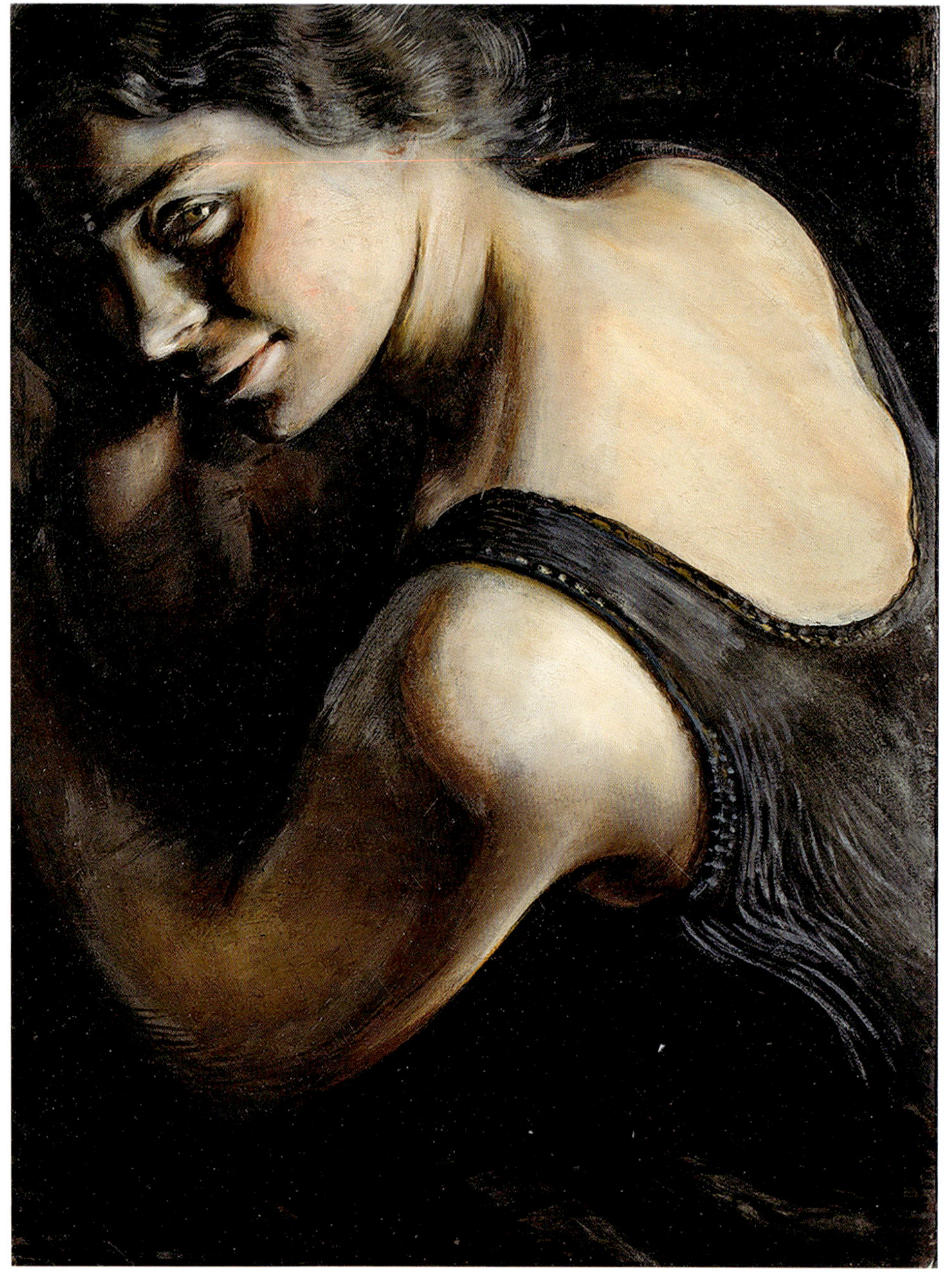

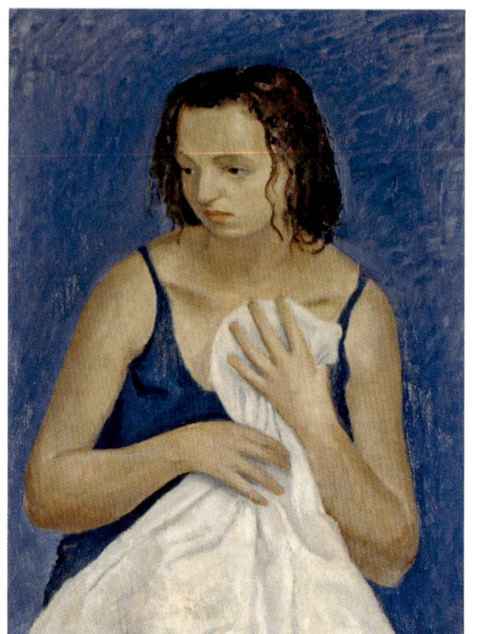

Giacomo Balla, *Il dubbio* 1907-1908
Emanuele Cavalli, *Bagnante* 1933-1934
Shepard Fairey, *DEFEND DIGNITY* (2017) 2019

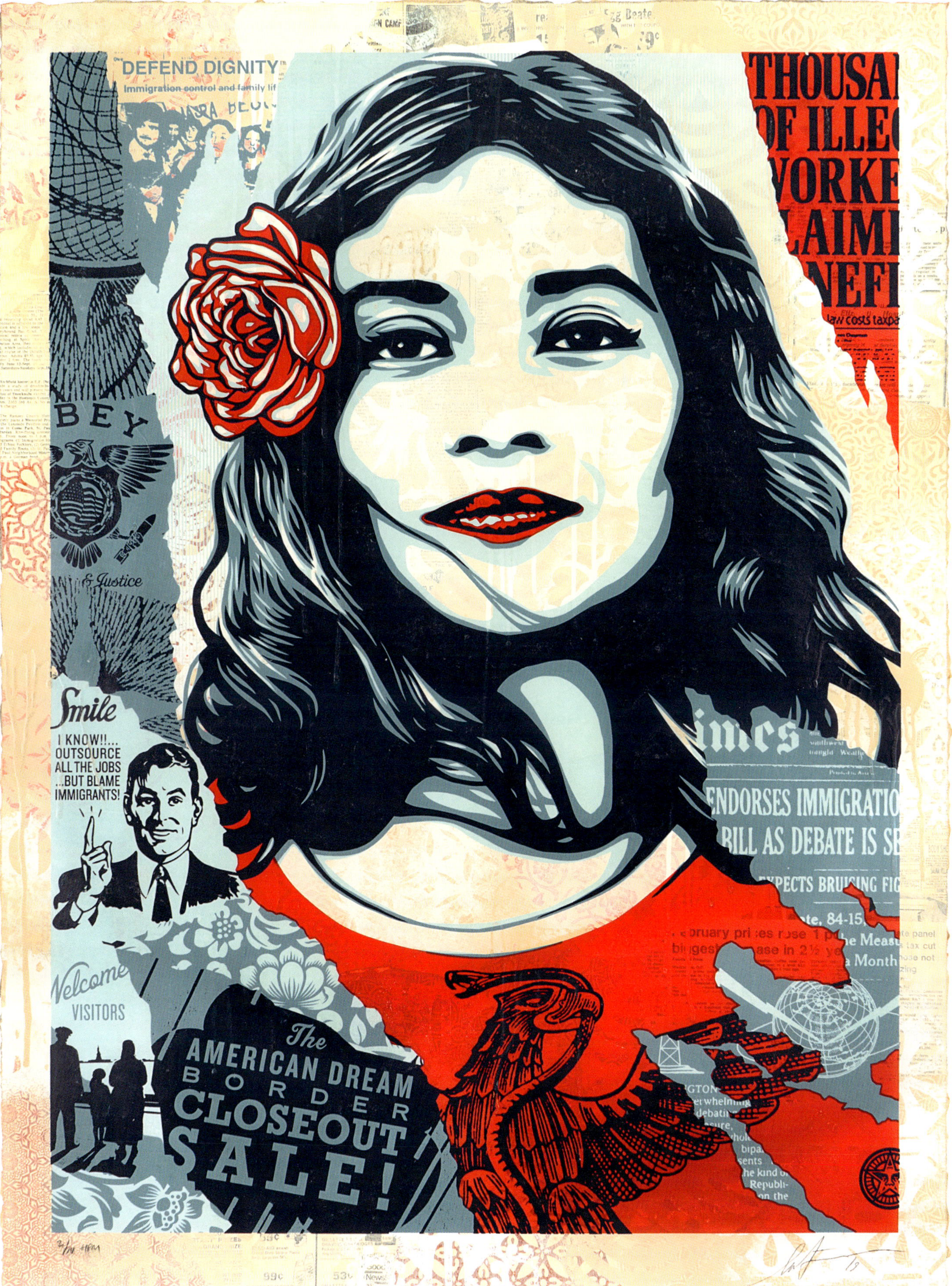
DEFEND DIGNITY
Immigration control and family lif
THOUSA
OF ILLEG
WORKE
LAIMI
NEFI
& Justice
Smile
I KNOW!!...
OUTSOURCE
ALL THE JOBS
...BUT BLAME
IMMIGRANTS!
ENDORSES IMMIGRATIO
BILL AS DEBATE IS SE
Welcome
VISITORS
The
AMERICAN DREAM
BORDER
CLOSEOUT
SALE!

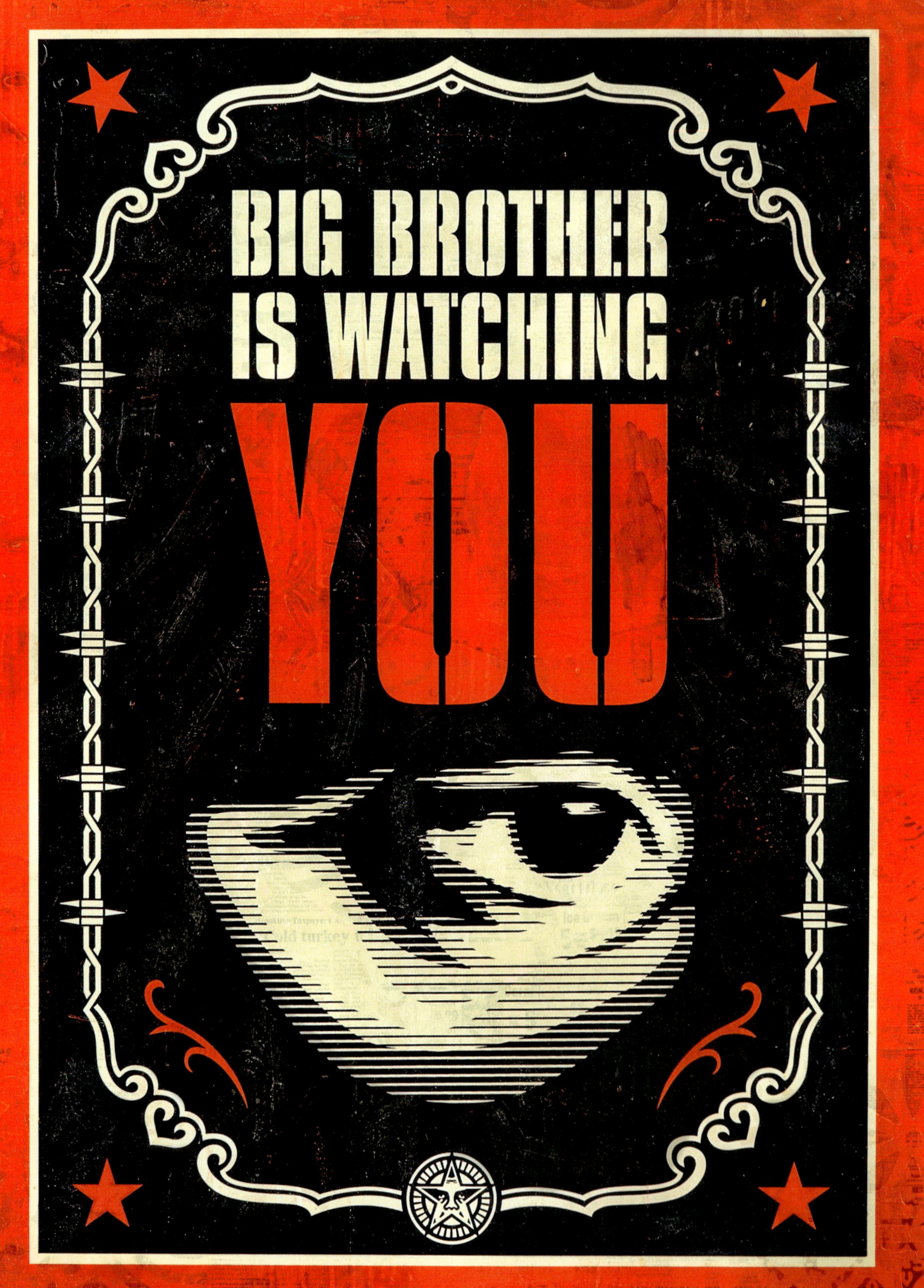
BIG BROTHER
IS WATCHING
YOU

Una bugia detta una volta rimane una bugia,
ma una bugia raccontata mille volte diventa la verità. /
A lie told once remains a lie, but a lie told a thousand times becomes the truth.

—Quote attributed to Joseph Goebbels,
Nazi politician and Reich Minister of Propaganda (1933–45)

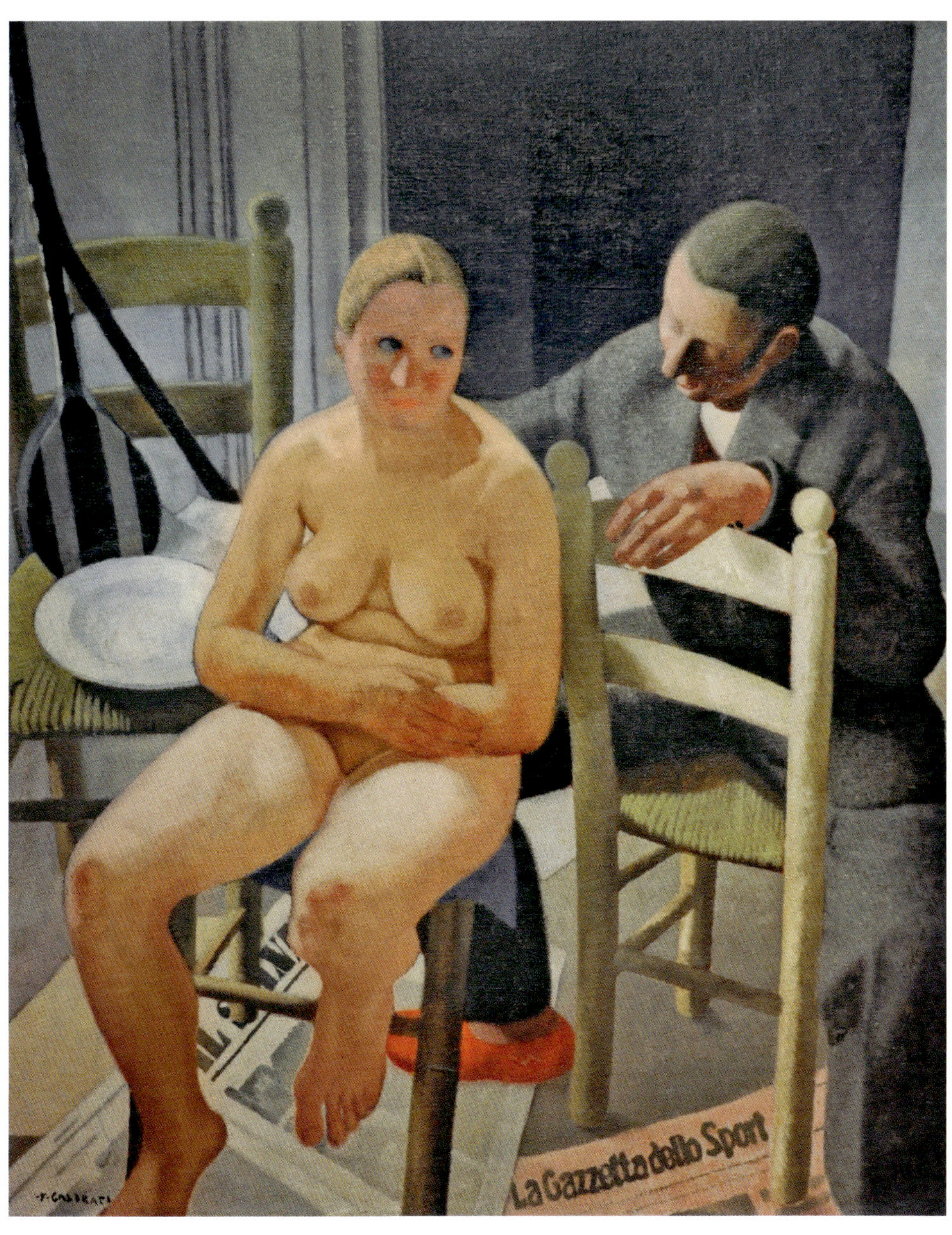

Shepard Fairey
BIG BROTHER IS WATCHING YOU (2008) 2019

Felice Casorati, *Susanna* 1929

DEFEND DIGNITY (2017) 2019

Nel 2017 fu chiesto a Fairey di realizzare una serie di poster intitolati *We The People* per celebrare la diversità etnica, culturale e religiosa in segno di protesta contro l'imminente insediamento presidenziale di Donald Trump, che era stato appena eletto. Le immagini sono apparse come pubblicità su alcuni giornali americani ("The Washington Post", "The New York Times", "USA Today"), mentre quasi due milioni di poster sono stati distribuiti gratis in tutti i cinquanta stati grazie a un *crowd-funding* e online a livello mondiale, per essere usati in occasione della prima Women's March, che ebbe luogo il 21 gennaio 2017. La serie, che cita la prima riga della Costituzione americana, presenta ritratti di afroamericani, musulmani e latinos nel classico stile di Fairey. Inondata da una fredda sfumatura blu, la donna al centro di quest'opera sfoggia uno sguardo stoico e un sorriso smaliziato, del tutto consapevole della dura realtà che la circonda. Fra i titoli strappati che parlano di immigrazione e della difficoltà di definire il Sogno Americano, emergono tocchi di rosso che contribuiscono ad accentuare visivamente la sua posizione, simbolica di quelle persone nobili e dinamiche che non vengono mai presentate in modo adeguato nelle notizie dei mass media.

In 2017, Shepard Fairey was commissioned to create a series of posters entitled *We The People* that celebrated ethnic, cultural, and religious diversity in protest of the then-upcoming inauguration of the newly elected president, Donald Trump. These images appeared as ads in *The Washington Post*, *The New York Times*, and *USA Today*, and nearly two million posters were distributed free-of-charge across all fifty states through crowd-funding efforts, and online worldwide, for use in the first annual International Women's March that took place on January 21, 2017. The series, which invokes the first line of the US Constitution, featured portraits of African-American, Muslim, and Latin figures depicted in Fairey's trademark style. Awash in a cool blue hue, the central female figure in this work displays a stoic gaze and knowing smile that betrays the harsh reality that surrounds her. Emerging from underneath the torn headlines that narrate the ongoing debate over immigration and the struggle to define the American Dream, accents of red help to visually accentuate her position and emphasize her as a noble and dynamic persona that is often under-represented in mass media coverage.

BIG BROTHER IS WATCHING YOU (2008) 2019

A partire dal 1998, i riferimenti al celebre romanzo *1984* di George Orwell e alla sua descrizione di uno stato totalitario compaiono ripetutamente nel lavoro di Fairey, specie in alcune versioni di *Big Brother*. Nel 2008 la Penguin Books (UK) commissionò all'artista le copertine dei classici di Orwell *Animal Farm* e *1984*. Usando una delle frasi più memorabili del libro, "Big Brother Is Watching You", unita all'immagine di un occhio minaccioso, Fairey denuncia come la tecnologia, da cui ci siamo ormai abituati a dipendere, sia diventata una presenza che monitora, registra e influenza la nostra attività. Usando il Grande Fratello per esortare i cittadini a mettere in discussione il controllo operato da multinazionali e organismi statali, Fairey ha sicuramente precorso i tempi: pensiamo ai programmi di sorveglianza della NSA resi pubblici da Edward Snowden, all'impiego di Facebook da parte di Cambridge Analytica per manipolare le elezioni del 2016, o al sistema di sorveglianza assoluta messo in atto dal governo cinese. Dalla navigazione alla raccolta di informazioni a tutte le forme di comunicazione, i dispositivi digitali sono diventati parte integrante delle attività quotidiane per gran parte della popolazione mondiale: ma mentre ci facilita l'esistenza, la tecnologia registra ogni nostra mossa e ci rende più esposti alla disinformazione e alla manipolazione. Come sfruttare le comodità offerte dal digitale senza sacrificare privacy e libertà? Nelle rispettive attività creative, Orwell e Fairey condividono il desiderio di indurre il pubblico a mettere in discussione la narrativa dominante e sfidare le forme sistemiche di oppressione e controllo. Ispirato dalla guerra civile spagnola e dall'ascesa del Terzo Reich, Orwell dichiarò che i suoi scritti erano sempre, "direttamente o indirettamente, condanne del totalitarismo". Da parte sua, per combattere il controllo governativo e aziendale dello spazio pubblico, Shepard Fairey ha deciso di affrontare direttamente in strada l'abuso di autorità. Inoltre, sia lo scrittore sia l'artista hanno capito che per comunicare efficacemente con il pubblico è necessario "fondere scopo politico e scopo artistico in un tutt'uno". I molti saggi e pamphlet politici scritti da Orwell impallidiscono rispetto alle sue opere letterarie, così come l'impatto di Fairey come artista sarebbe stato minimo se avesse seguito le regole del mondo dell'arte, producendo opere con cui solo pochi privilegiati avrebbero potuto relazionarsi.

Since 1998, references to *1984*, George Orwell's cautionary tale about a totalitarian state, have appeared in Fairey's work, including several iterations of Big Brother. In 2008, Penguin Books (UK) approached Fairey to design the cover of Orwell's classic books *Animal Farm* and *1984*. Fairey uses one of the most memorable phrases from the book, "Big Brother Is Watching You," combined with the image of a menacing eye, to remind us that the technology society has grown to depend on is being used to monitor, register, and influence our activity. The artist's use of Big Brother to urge citizens to question corporate and state surveillance proved prescient, as initiatives like the NSA surveillance programs made public by Edward Snowden, Cambridge Analytica's use of Facebook to manipulate the 2016 election, or China's pioneering of a system of governing by surveillance were revealed. From navigation to gathering information and all forms of communication, digital devices have become integral to everyday activities for much of the world's population. Technology provides the ultimate convenience while simultaneously registering our every move. Fairey reminds us that technology makes us more susceptible to misinformation and manipulation raising the question, how do we take advantage of the conveniences afforded by digital technology without sacrificing our privacy and freedom? Orwell and Fairey share affinities as creators: their respective practices in literature and visual art are fueled by a desire to inspire the public to question the dominant narrative and challenge systemic forms of oppression and control. Inspired by the Spanish Civil War and the rise of the Third Reich, Orwell described his work as "written, directly or indirectly, against totalitarianism." As a means to combat the governmental and corporate control of public space, Shepard Fairey was inspired to address abuse of authority on the street. Most importantly, both the author and the artist realized that to communicate effectively with the public, the creator must "fuse political purpose and artistic purpose into one whole." The impact of Orwell's numerous essays and political pamphlets pale in comparison to his literary works. Likewise, Fairey's impact as an artist would have been minuscule if he had followed the art world rules and made work that only a privileged few could relate to.

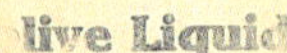

Paint
IT BLACK

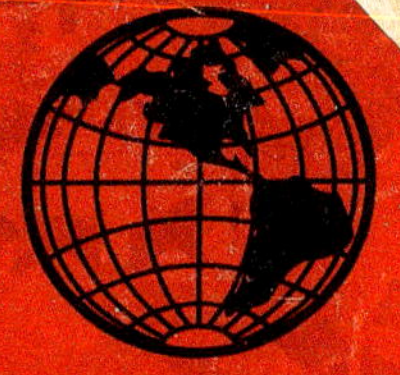
POWER

GLORY

COVER IT ALL
OIL-BASED POLICY
BLACK

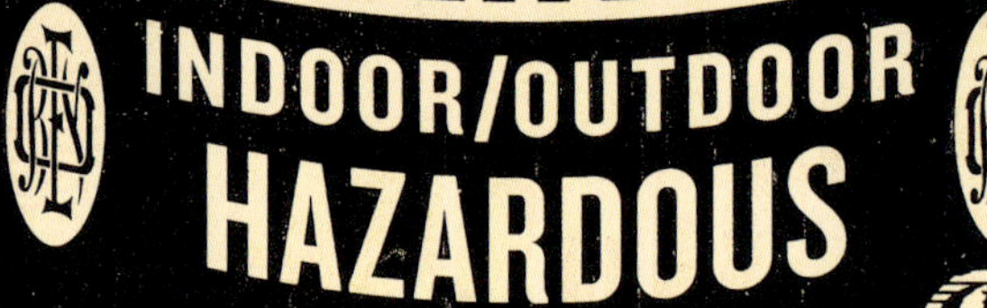

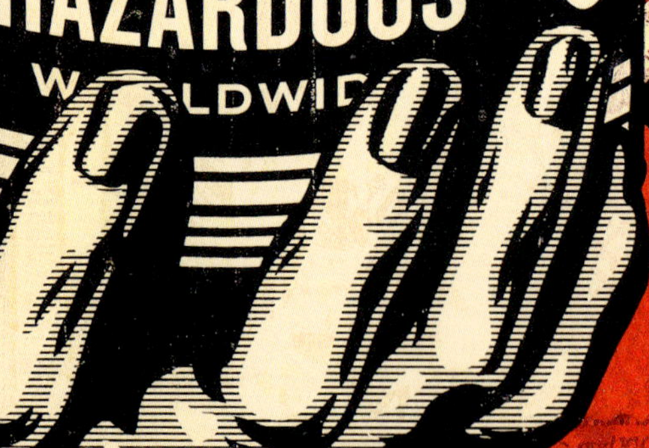

DECADENT
LUXURIOUS

The Richest Black - While Supplies Last

1/19 HPM

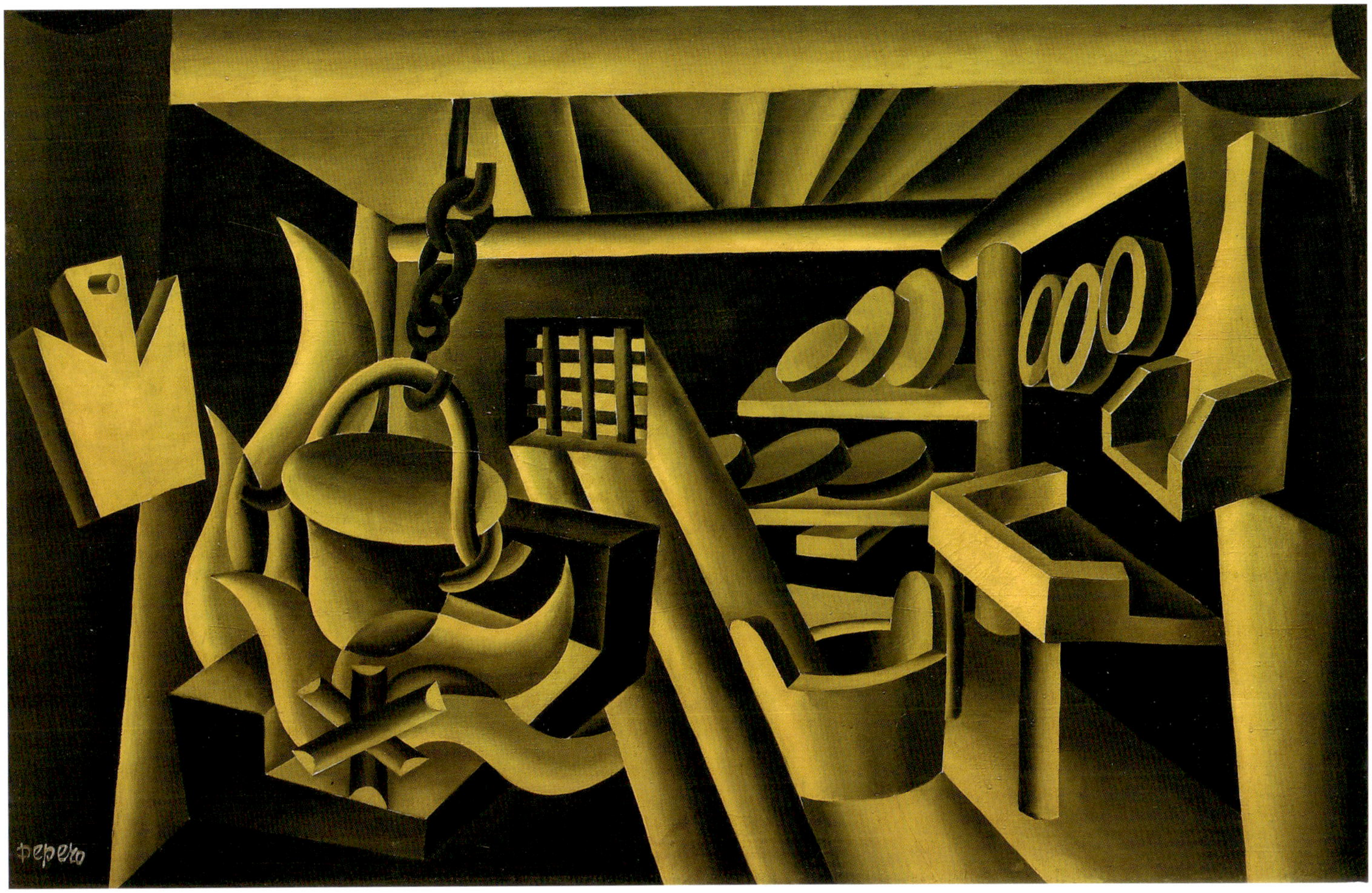

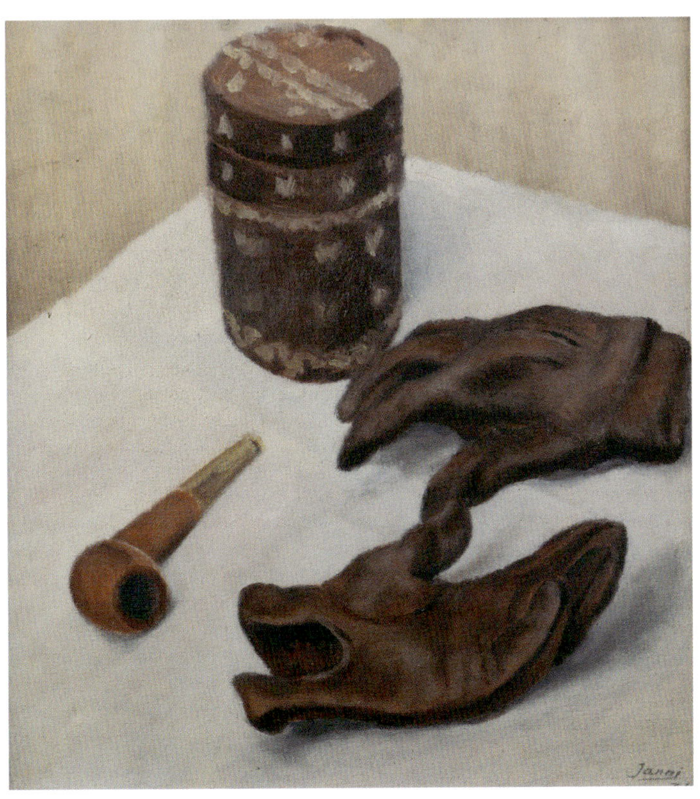

Shepard Fairey, ***PAINT IT BLACK*** (2014) 2019

Fortunato Depero, ***Polenta a fuoco duro (Polenta a fuoco vivo)*** 1924-1926

Guglielmo Janni, ***Natura morta con guanti*** 1934

PAINT IT BLACK (2014) 2019

La minacciosa mano colta nell'atto di porgere una lattina di vernice nera rimanda all'abituale ricorso alla falsa informazione da parte dell'industria petrolifera per negare l'impatto dell'umanità sul cambiamento climatico. L'artista denuncia i lobbisti dell'industria petrolifera e le campagne di pubbliche relazioni studiate per conservare un atteggiamento positivo nell'opinione pubblica verso i combustibili fossili, nonostante gli effetti devastanti delle emissioni di anidride carbonica nell'ambiente. Fairey suggerisce come l'industria petrolifera sia disposta ad annerire il mondo di petrolio per estrarre greggio a buon mercato. L'opera rievoca le notizie sull'incidente provocato dalla petroliera Exxon Valdez, che si incagliò nel 1989 in Alaska causando la fuoriuscita di greggio, e l'analogo disastro della piattaforma petrolifera 201 O BP nel Golfo del Messico, catastrofi ambientali causate da errori umani, scarsi controlli e riduzione dei costi. Le parole "decadente" e "lussuoso" ci ricordano che protrarre l'estrazione e l'uso di petrolio è un lusso che l'umanità non può permettersi. L'arte di Fairey è ricca di riferimenti alla cultura popolare, una strategia impiegata per creare opere che siano accessibili e allo stesso tempo facciano riflettere. Il titolo *Paint It Black* fa riferimento a una canzone del 1966 dei Rolling Stones, che parla della depressione causata dalla perdita di una persona cara e presenta una visione cupa e disperante, in cui tutto il mondo è dipinto di nero. L'artista ci invita a riflettere sulla devastazione ambientale dovuta all'inquinamento e alle emissioni di anidride carbonica.

This sinister hand offering a can of black paint refers to the oil industry's common use of misinformation to deny humanity's impact on climate change. The artist signals how the oil industry's lobbyists and public relations campaigns used to maintain positive public opinion of fossil fuels in spite of the devastating effects of carbon emissions on the environment. Fairey suggests that the oil industry is willing to paint the world black with oil spills in order to extract as much crude oil as possible cheaply. The artwork evokes news coverage of the 1989 Exxon Valdez spill in Alaska and the 2010 BP spill in the Gulf of Mexico, environmental catastrophes that were caused by human error, poor oversight, and cost-cutting. The words "Decadent" and "Luxurious" remind us that the continued extraction and use of oil is a luxury humanity cannot afford. Fairey's practice is abundant with references to popular culture, a strategy employed to create artworks that are simultaneously accessible and thought-provoking. The title, *Paint It Black*, references the 1966 song by the Rolling Stones that deals with depression due to a lost loved one and presents a bleak worldview of desperation where the entire world is painted black. The artist invites us to ponder issues of environmental devastation due to pollution and carbon emissions.

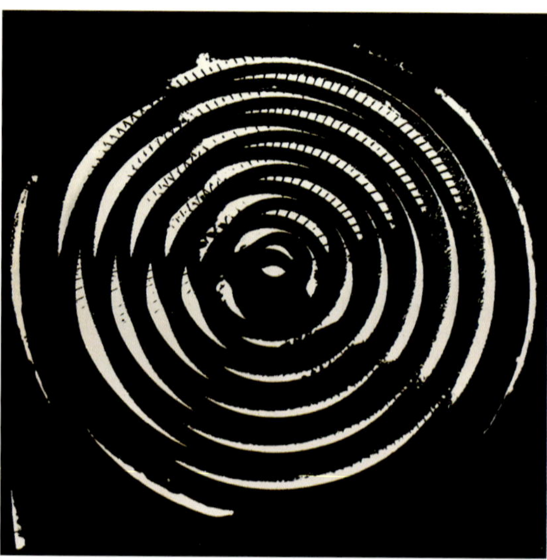

Sergio Pucci, ***Grande spirale su fondo nero*** 1966
Shepard Fairey, ***EARTH CRISIS*** (2016) 2019

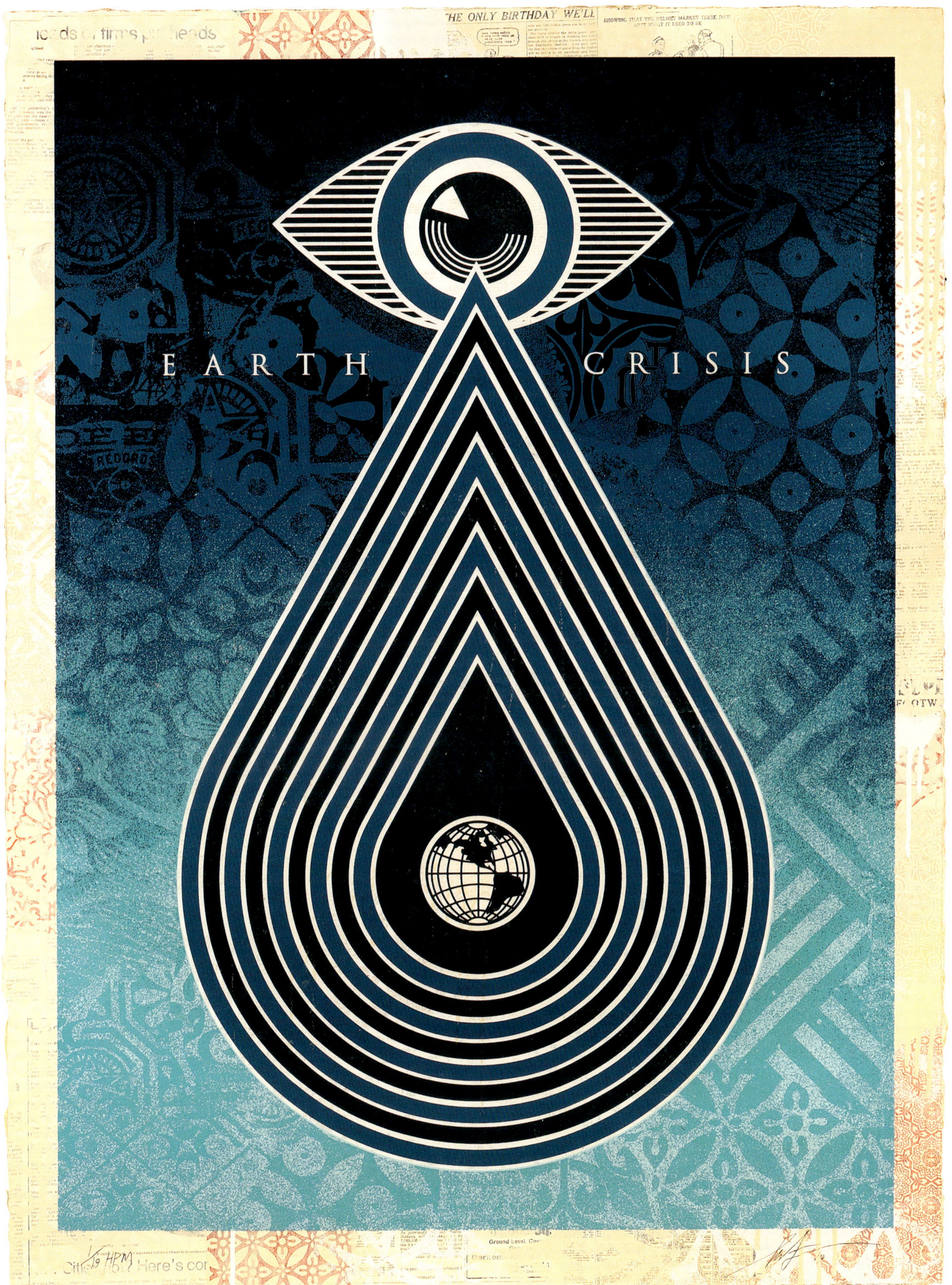
EARTH CRISIS

EARTH CRISIS (2016) 2019
A DELICATE BALANCE (2015) 2019

Nel novembre 2015 Shepard Fairey ha inaugurato a Parigi la sua ultima installazione pubblica, *Earth Crisis*, una gigantesca sfera sospesa tra il primo e il secondo livello della Tour Eiffel. Progettata come omaggio al COP21, la Conferenza ONU sui cambiamenti climatici, la sfera reca una decorazione ispirata a un mandala, con motivi floreali e la silhouette dell'iconico simbolo parigino. Il progetto originale che ispirò l'installazione è visibile nella stampa qui pubblicata: anch'essa intitolata *Earth Crisis*, è stata realizzata un anno prima, nel 2014, per sostenere l'impegno del Natural Resources Defense Council nei confronti di una legislazione a difesa dell'ambiente. Nell'opera Fairey ha ridisegnato il motivo originale, che nella stampa è in bianco e nero, adottando il blu per evidenziare l'elemento a goccia e alludere all'importanza della sostenibilità ambientale per aria e acqua pulite. Questo stesso emblema sarebbe poi stato utilizzato per lo scudo centrale all'interno della vasta installazione parigina.

La seconda stampa qui illustrata, intitolata *A Delicate Balance*, riproduce una versione modificata del disegno sferico utilizzato per l'installazione parigina. All'interno dell'immagine sono disposti quattro scudi che rappresentano minacce alla natura e motivi per rispettarla. L'opera, costituita da disegni ispirati all'ambiente, ha lo scopo di stimolare la consapevolezza verso argomenti come il riscaldamento globale e l'inquinamento dei mari dovuto alle perdite di petrolio. In occasione dell'inaugurazione dell'installazione di Parigi, Fairey ha pubblicato questa stampa commemorativa a sostegno delle vittime del recente attacco terroristico al Bataclan: il ricavato delle vendite è stato infatti devoluto alla Sweet Stuff Foundation, che assiste le loro famiglie.

I proventi realizzati grazie a queste opere andranno a beneficio di 350.org, organizzazione non-profit che si occupa di clima globale.

In November 2015, Shepard Fairey unveiled his latest public art installation, a giant sphere suspended between the first and second floor of the Eiffel Tower in Paris, entitled *Earth Crisis*. Designed in honor of COP21, the 2015 United Nations Climate Change Conference, the massive sphere was inscribed with a mandala-inspired design decorated with floral motifs and a silhouette of the iconic Parisian landmark. The original design that inspired the installation can be seen in the print here, also entitled *Earth Crisis*, which was created one year prior, in 2014, to benefit the Natural Resources Defense Council in aid of their efforts to influence legislation to protect the environment. Here, Fairey has re-designed the original black and white design adopting a blue motif to heighten the teardrop element and alluding to the importance of sustainability in clean air and water. This emblem would serve as the central shield depicted within the larger installation in Paris.

The second print seen here, entitled *A Delicate Balance*, reproduces a modified version of the spherical design used in the original Paris installation. Embedded within the image are four shields, each representing threats to nature and reasons to respect it. Composed of environmentally-themed graphics, it was meant to raise awareness about issues such as global warming and oil spills. Fairey issued this commemorative print with the same motif as his public art installation, which was unveiled only one week after the 2015 terrorist attacks in Paris, to coincide with the opening in support of the victims of the Bataclan shooting. Proceeds from the sale of the original print supported the Sweet Stuff Foundation, assisting the families of the victims affected by the violence of that day.

Proceeds from these works will benefit the non-profit organization 350.org, which is a grassroots global climate initiative.

Shepard Fairey, ***A DELICATE BALANCE*** (2015) 2019

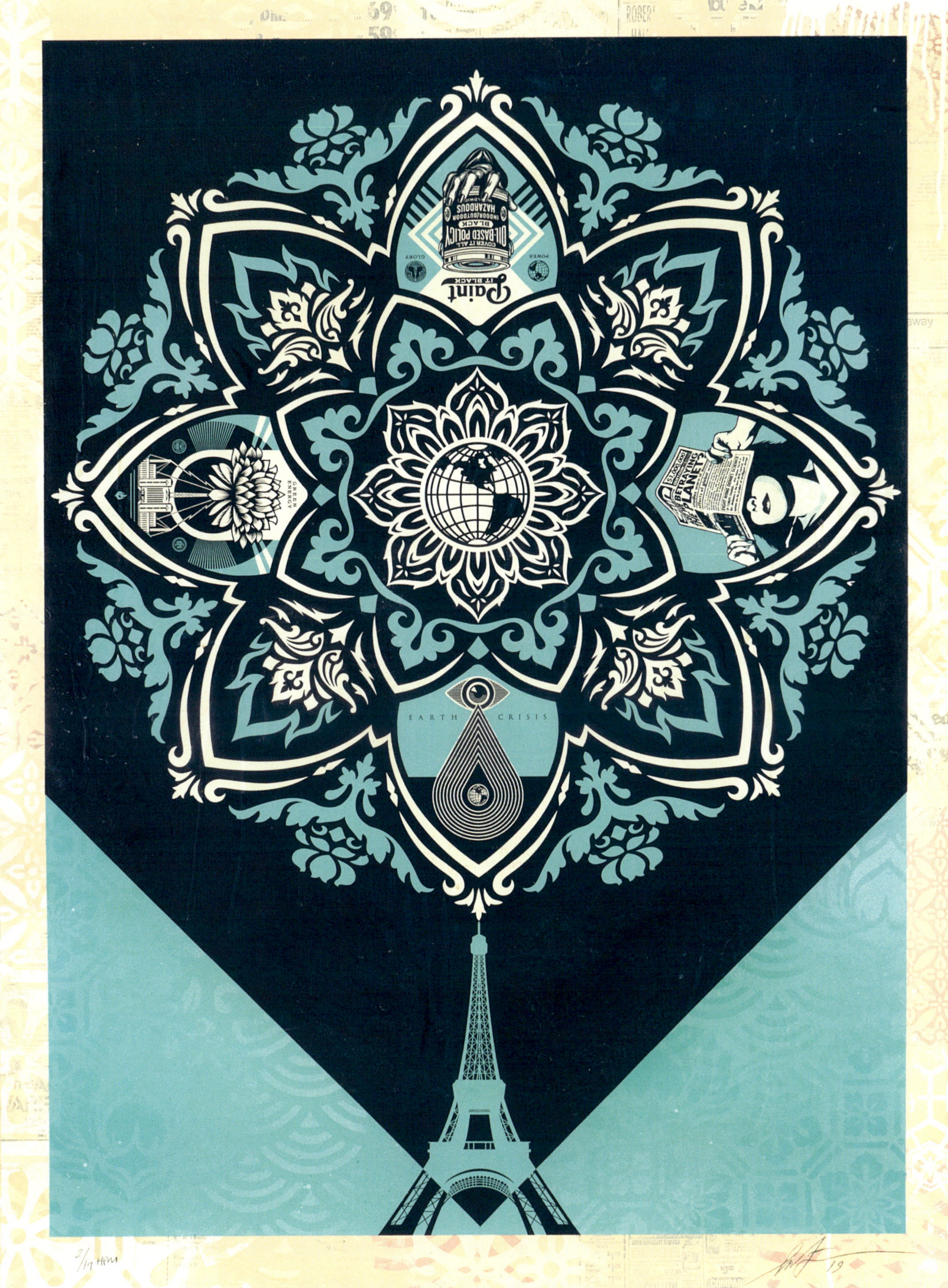
EARTH CRISIS

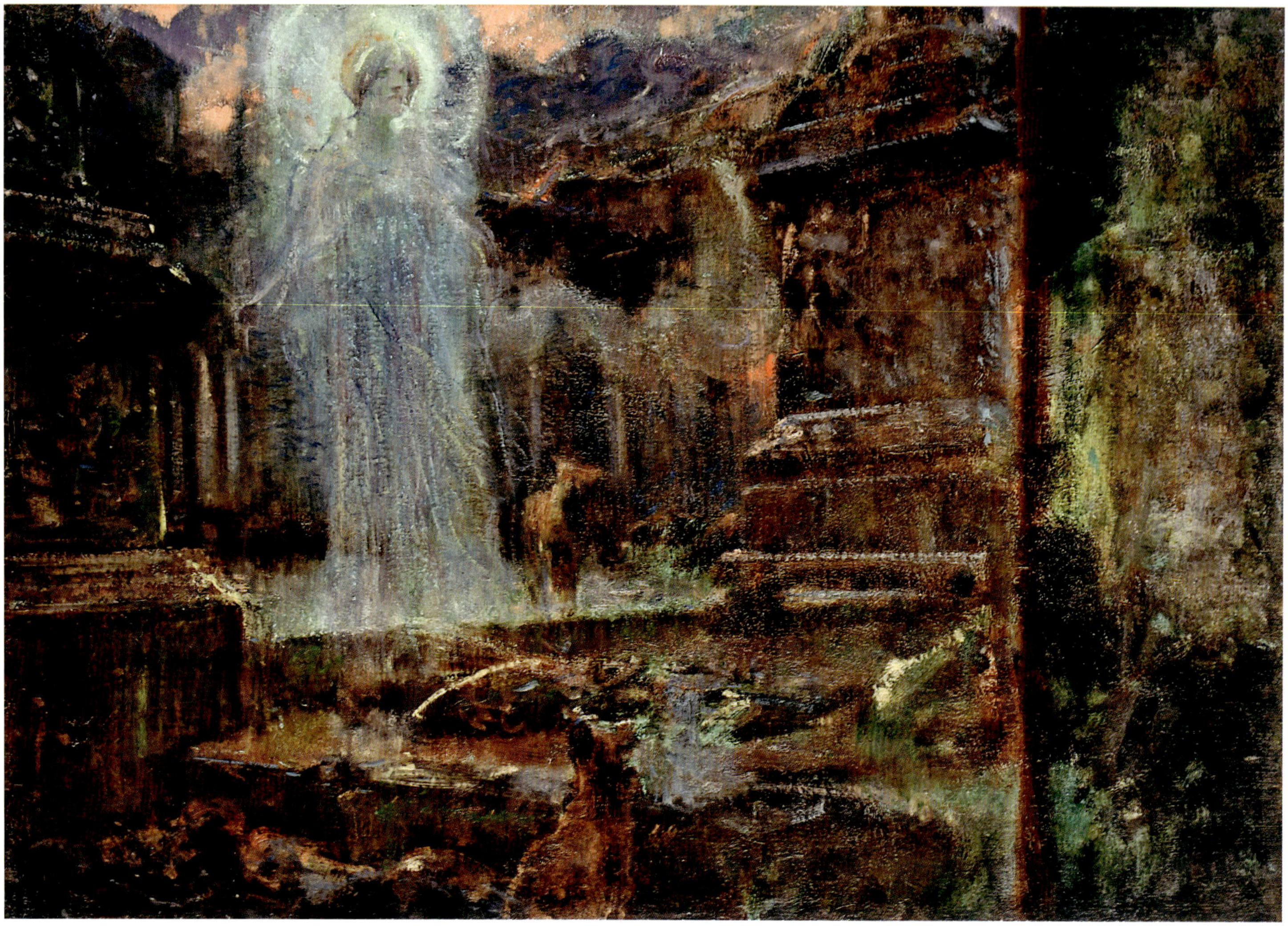

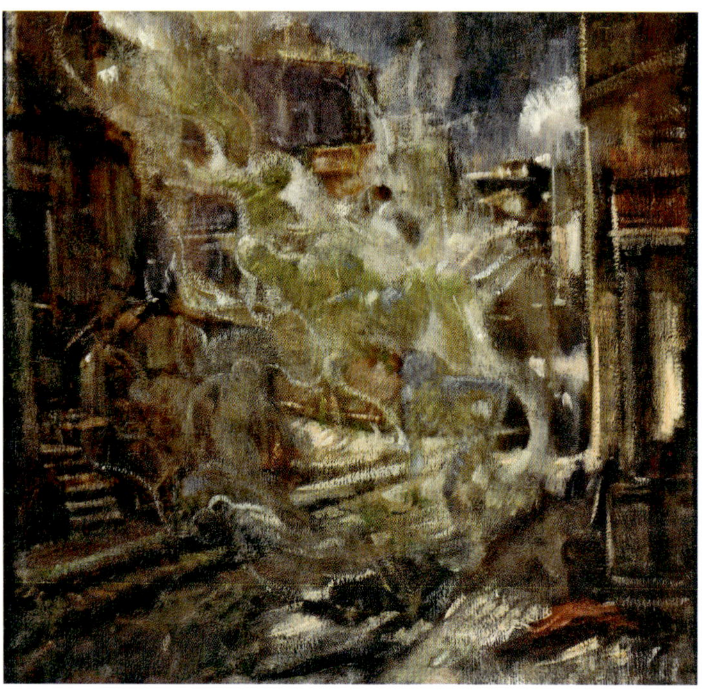

Adolf Hirémy-Hirschl
Roma solitaria 1912
Visioni di peste del popolo 1912
Roma solitaria 1912

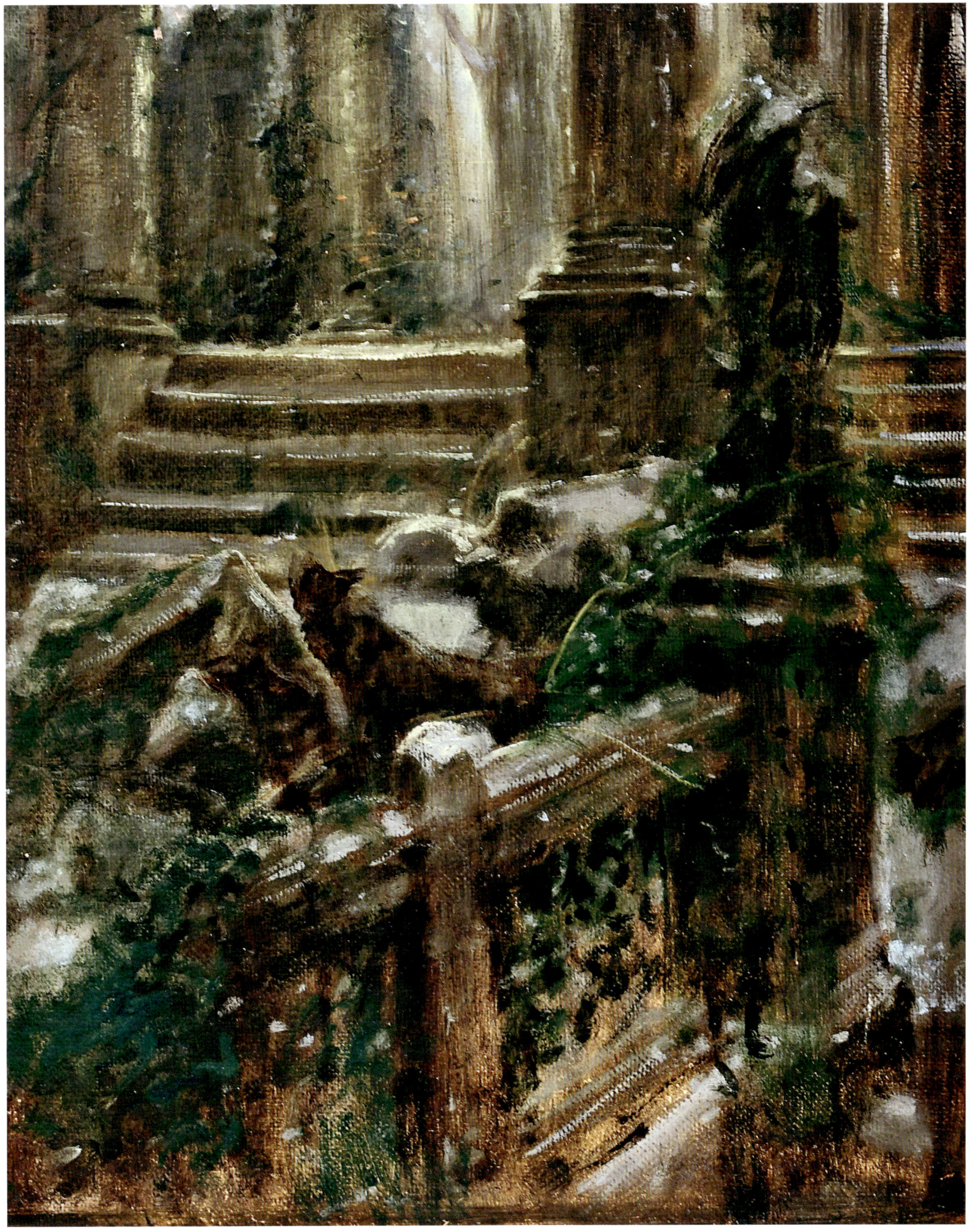

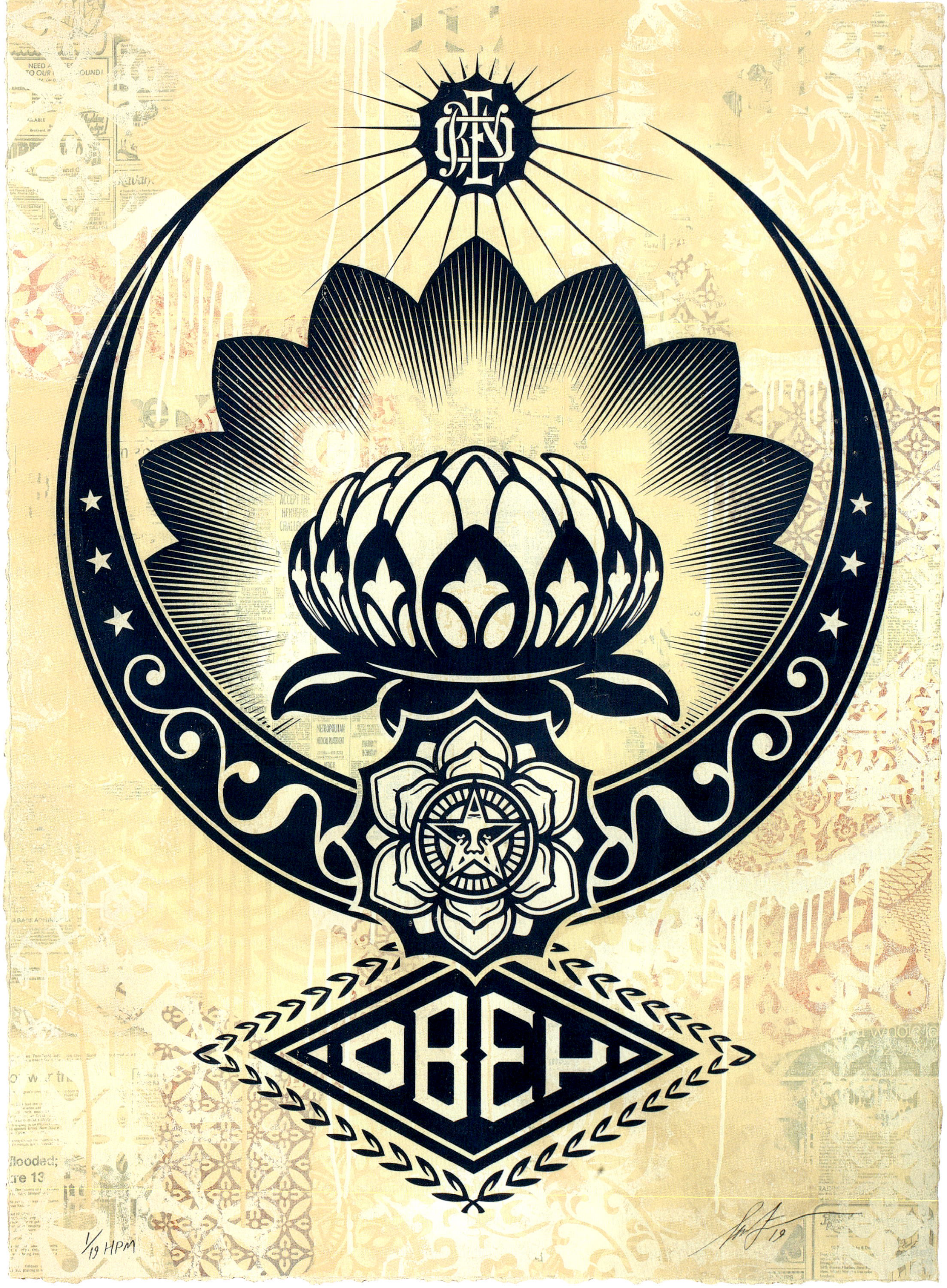
OBEY
1/19 HPM

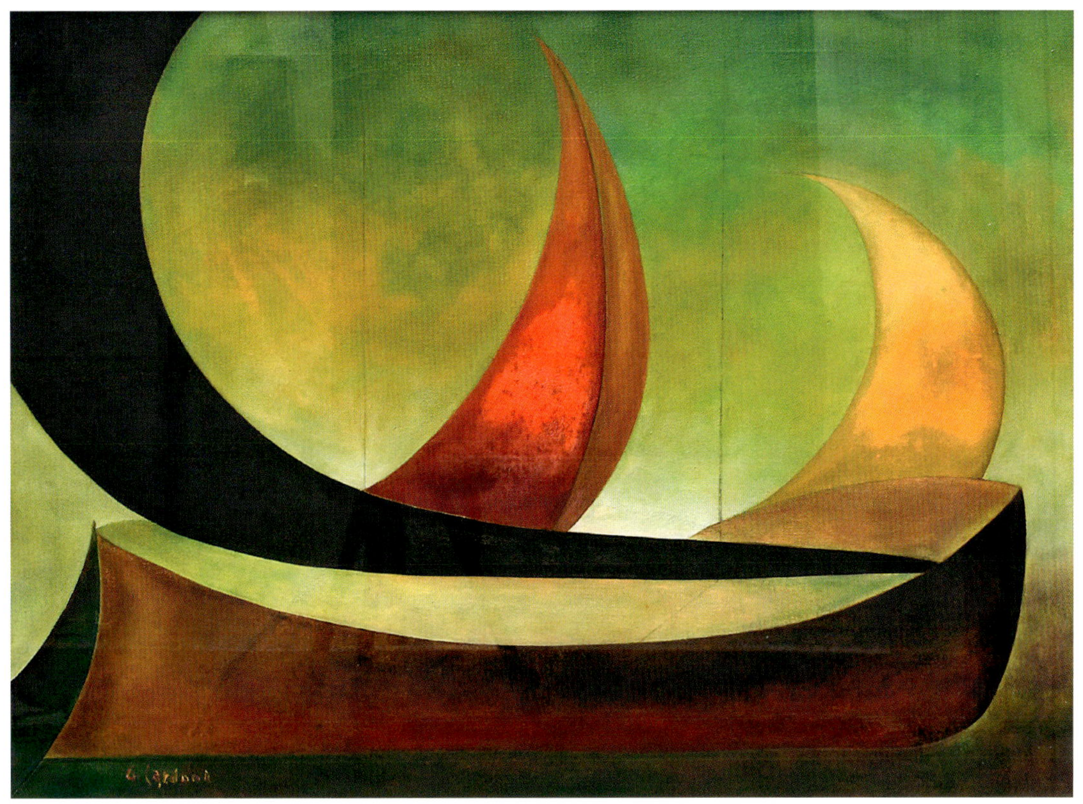

Shepard Fairey, ***LOTUS ORNAMENT***
(2008, 2017) 2019

Giovanni Cardona, ***Attesa***
1960-1970

LOTUS ORNAMENT (2008, 2017) 2019

Il fiore di loto vanta una storia millenaria che risale all'antico Egitto e al buddismo delle origini. Oggi è considerato un fiore sacro per via della sua capacità di emergere ogni giorno pulito e illeso dal fango o dall'acqua di fiumi inquinati, senza lasciarsi danneggiare dall'ambiente in cui cresce. Il loto è simbolo di speranza e purezza, è un fiore che irradia luce. Qui è circondato da una falce di luna ornata di stelle, un riferimento alla Vergine di Guadalupe che si erge sulla luna, simbolo di purezza per i cattolici. Fairey descrive l'immagine come "bellezza e determinazione che affiorano dal caos". L'artista ci ricorda che, nonostante le avversità, da ogni situazione possono sempre emergere speranza e umanità. *Lotus Ornament* spicca tra le opere in mostra perché non affronta temi socio-politici né si fa portatrice di denunce provocatorie. L'artista intende semplicemente creare una bella immagine, innegabilmente attraente per tutti. Le opere ornamentali sono per Fairey dei "cavalli di Troia", poiché possono attirare lo sguardo dello spettatore indipendentemente dal suo orientamento politico. L'immagine strutturata e organica del fiore di loto è spesso incorporata nei murales come elemento decorativo accanto a immagini dal carattere intenzionalmente provocatorio.

The lotus blossom has a millennial history dating back to Ancient Egypt and early Buddhism. It is currently considered a sacred flower due to its daily cycle of emerging from mud or dirty river water clean and unscathed by the environment in which it grows. The lotus is a symbol of hope and purity, it's a flower radiating light. It is surrounded here by a crescent moon adorned with stars, a reference to the Virgin of Guadalupe who stands on the moon, a symbol of purity in Catholicism. Fairey describes the images as "beauty and resolution out of chaos". The artist reminds us that in spite of adversity, hope and humanity can emerge from every situation. *Lotus Ornament* stands out among the selection of works in this exhibition because it does not address socio-political issues, nor does it make a provocative statement. The artist simply intended to make a beautiful image that is undeniably appealing to all. Fairey refers to ornamental works as a "Trojan Horse" intended to draw the viewer in, regardless of political orientation. The structured and organic image of the lotus flower is often incorporated into murals as a decorative element alongside intentionally provocative imagery.

APPARATI

APPENDIX

BIBLIOGRAFIA e SITOGRAFIA RAGIONATE

SELECTED BIBLIOGRAPHY and SITOGRAPHY

a cura di | compiled by Francesca Lombardi

Nella bibliografia e sitografia ragionate su Shepard Fairey sono stati raccolti i testi e i riferimenti ritenuti di maggiore interesse, anche in relazione agli argomenti affrontati nella mostra. Si tratta di materiale edito perlopiù in lingua inglese. La bibliografia è suddivisa in due sezioni: nella prima sono stati inseriti, in ordine cronologico, monografie, cataloghi e volumi in cui compaiono prefazioni o contributi firmati dall'artista, oltre ad alcune delle principali pubblicazioni di carattere generale in cui Fairey è menzionato; nella seconda sono riportati testi e saggi pubblicati in periodici, dissertazioni di laurea e volumi collettanei. Per quanto riguarda le numerosissime interviste rilasciate dall'artista e i molteplici articoli e servizi a lui dedicati, comparsi sul web e sulla stampa mondiale, si rimanda schematicamente alla selezione sitografica, in cui si dà conto dei riferimenti ritenuti più significativi.

The Shepard Fairey bibliography and sitography gathers together the texts and references held to be of greatest interest, including in relation to the subjects explored in the exhibition. The material is for the most part in English. The bibliography is divided into two sections: the first comprises, in chronological order, monographs, catalogs, and general publications that mention Fairey, and volumes that include introductions or other texts written by the artist; the second section lists dissertations, journal and magazine articles, and essays published in collective volumes. As for the countless interviews to the artist and the numerous articles and features that have appeared online and in the press worldwide, see the select list of websites, which contains the most significant references.

BIBLIOGRAFIA | BIBLIOGRAPHY

Monografie, cataloghi, opere generali | Monographs, catalogs, general works

A. Calderwood, M. Czeisler, J. Harler, *Free activation series. vol. 3 [Visual virus]*, introduzione di / introduction by S. Fairey, Art & Revolution Organization, Seattle WA 2000.

S. Fairey, D.A. Hostetler, *Shepard Fairey. Post No Bills*, Gingko Press, Corte Madera CA 2002.

R. McGinness, *Sponsorship. The Fine Art of Corporate Sponsorship. The Corporate Sponsorhip of Art*, con un contributo di / with a contribution by S. Fairey, catalogo della mostra / exh. cat. (Los Angeles, BLK/MRKT Gallery, 2003), Anthem Books, Huntington Beach CA 2003.

Obey Giant, catalogo della mostra / exh. cat. (Paris, La Base 01, 22 Feb. – 5 Apr. 2003), La Base 01, Paris 2003.

M. Danysz, *Choices*, Archibooks, Paris 2005.

S. Fairey, J. La Croix, *Swindle*, Gingko Press, Corte Madera CA 2005.

A. Howell, A. Greeven, *Andy Howell. Art, Skateboarding & Life*, Gingko Press, Corte Madera CA 2005.

S. Fairey et al., *Obey. Supply & Demand. The Art of Shepard Fairey*, Gingko Press in association with Obey Giant Art, Corte Madera CA 2006.

Spothunters, catalogo della mostra / exh. cat. (Newtonville New Art Center, 10 Mar. – 7 Apr. 2006), Cantab Publishing, Cambridge MA 2006.

J. MacPhee, E. Reuland, *Realizing the Impossible. Art Against Authority*, AK Press, Oakland CA 2007.

Swindle, Swindle Quarterly, a cura di / eds. S. Fairey, R. Gastman, Los Angeles CA 2007.

Beautiful Losers. Arte actual y cultura urbana, catalogo della mostra / exh. cat. (Madrid, La Casa Encendida, 14 Nov. 2008 – 4 Jan. 2009), a cura di / eds. C. Strike, A. Rose, Caja Madrid, Obra Social, Madrid 2008.

C. Lewisohn, *Street Art. The Graffiti Revolution*, Tate Publishing, London 2008.

Obey. E Pluribus Venom. The Art of Shepard Fairey, catalogo della mostra / exh. cat. (New York, Jonathan LeVine Project, 23 Jun. – 21 Jul. 2007), a cura di / eds. S. J. Williams, J. LeVine, Gingko Press, Corte Madera CA 2008.

Philosophy of Obey (Obey Giant). The Formative Years (1989–2008), a cura di / ed. S. J. Williams, PCP /Nerve Press, London 2008.

Abraham Obama. A guerrilla tour through art and politics, a cura di / eds. D. Goede, R. English, Last Gasp of San Francisco, San Francisco CA & Smokehouse Media, Colorado Springs CO 2009.

Art for Obama. Designing Manifest Hope and the Campaign for Change, a cura di / eds. S. Fairey, J. Gross, Abrams Image, New York 2009.

S. Fairey, S. Steinhardt, *Obey. Supply & Demand. The Art of Shepard Fairey*, Gingko Press in association with Obey Giant Art, Berkeley CA 2009.

S. Fairey, S. Steinhardt, P. Alonzo, *Arkitip No. 0051*, Arkitip, Hollywood CA 2009.

A. T. Falzone, J. A. Ahrens, M. Lemley, J. C. Gratz, *Shepard Fairey and Obey Giant Art, Inc., plaintiffs, against the Associated Press, defendant. Complaint for declaratory judgment and injunctive relief. Demand for a jury trial*, 2009.

E. Mathieson, X. A. Tàpies, *Street Artist. The complete guide*, Graffito Books, London 2009.

C. Morano, A. J. Morano, *The rest is up to you. A collaboration between 118 artists and a boy named Cohen Morano*, Chronicle Books, San Francisco 2009.

P. Schjeldahl, *Hope and Glory. A Shepard Fairey Moment*, Condé Nast, New York 2009.

Beyond the Street. The 100 leading figures in urban art, a cura di / eds. S. Mackenzie, P. Nguyen, Gestalten, Berlin 2010.

Keith Haring journals, prefazione di / preface by S. Fairey, Penguin Group, New York 2010.

R. Kuittinen, *Street Art. Contemporary prints*, Victoria & Albert Publishing, London 2010.

E. Lyle, *Scam. The return to Miami!*, Erick Lyle, Brooklyn NY 2010.

Pop Surrealism. What a wonderfool world, catalogo della mostra / exh. cat. (Spoleto, Palazzo Collicola, 26 Jun. – 15 Oct. 2010), a cura di / eds. G. Marziani, A. Mazzanti, Drago, Roma 2010.

V. Roussel, B. Lechaux, *Voicing Dissent. American Artists and the War on Iraq*, Routledge, London 2010.

Trespass. A History of Uncommissioned Urban Art, a cura di / ed. E. Seno et al., Taschen, Köln 2010.

J. van Hamersveld, *John van Hamersveld. Post-future*, prefazione di / preface by S. Fairey, Santa Monica Press, Santa Monica CA 2010.

Above. Passport, introduzione di / foreword by S. Fairey, Zero + Publishing, Claremont CA 2011.

Art in the Streets, catalogo della mostra / exh. cat. (Los Angeles, The Museum of Contemporary Art, The Geffen Contemporary at MOCA, 17 Apr. – 8 Aug. 2011 & New York, Brooklyn Museum, 30 Mar. – 8 Jul. 2012), a cura di / eds. J. Deitch, R. Gastman, A. Rose, Skira Rizzoli, New York & MOCA, Los Angeles 2011.

S. De Gregori, *Shepard Fairey in arte Obey. La vita e le opere del re della Poster Art*, Castelvecchi, Roma 2011.

J. Deitch, A. D'Ambrosio, *Mayday. The Art of Shepard Fairey*, catalogo della mostra / exh. cat. (New York, Deitch Projects, 1-29 May 2010), Gingko Press in association with Obey Giant Art, Berkeley CA 2011.

Green Patriot Posters. Graphics for a sustainable community, a cura di / eds. E. Morris, D. Siegel, Thames & Hudson, New York 2011.

J. R. Mathews, *Graffiti underworld. Villains, Vandals and Visionaries*, Feral House, Los Angeles 2011.

H. O'Neal, *XCIA's Street Art Project. The first four decades*, Siman Media Works, New York 2011.

Shepard Fairey. Obey. A private collection, catalogo della mostra / exh. cat. (Roma, Mondo Bizzarro Gallery, 29 Jan. – 24 Feb. 2011), a cura di / eds. C. Armati, D. F. Morgante, Mondo Bizzarro, Roma 2011.

Shepard Fairey. Screenprints. 20 Aug – 5 Sept 2011, catalogo della mostra / exh. cat. (St. Ives, Cornwall, Belgrave St. Ives, 20 Aug. – 5 Sept. 2011), Belgrave St. Ives, St. Ives 2011.

G. Taxali, *I love you, ok?*, prefazione di / preface by S. Fairey, teNeues, Kempen 2011.

Walls & Frames. Fine art from the streets, a cura di / ed. M. Ruiz, Gestalten, Berlin 2011.

A. Waclawek, *Graffiti and Street Art*, Thames & Hudson, London 2011.

Au-delà du street art, catalogo della mostra / exh. cat. (Paris, Musée de la Poste, 28 Nov. 2012 – 30 Mar. 2013), a cura di / eds. C. Neveux, M. Danysz, V. Mondot, Critères éditions, Grenoble 2012.

E. J. Ilfeld, *Beyond Contemporary Art*, Vivays Publishing, London 2012.

J. Daichendt, *Shepard Fairey Inc. Artist, Professional, Vandal*, Cameron + Company, Petaluma CA 2013.

K. Dickson, L. G. Mark, *Adam Silverman ceramics*, introduzione di / foreword by S. Fairey, Skira Rizzoli, New York 2013.

S. Hong-Porretta, *Outside the Lines. An Artist's Coloring Book for Giant Imaginations*, Perigee, New York 2013.

John van Hamersveld. Van Hamersveld Coolhous Studio, 50 years of graphic design, prefazione di / preface by S. Fairey, a cura di / ed. C. Poncé, Gingko Press, Berkeley CA 2013.

D. Knuckles, *The Art Album. Exploring the connection between hip-hop music and visual art*, Art on Dekz / Goodman, Lexington KY 2013.

V. Arnaldi, *Chi è Obey? E perché fa tanto discutere?*, Red Star Press, Roma 2014.

S. Saxena, *Top 101 Artists*, Britannica Education Publishing in association with Rosen Educational Services, New York 2014.

Shepard Fairey. #OBEY, catalogo della mostra / exh. cat. (Napoli, PAN | Palazzo delle Arti Napoli, 6 Dec. 2014 – 28 Feb. 2015), a cura di / ed. L. Giglio, Drago, Roma 2014.

Cleon Peterson, prefazione di / preface by S. Fairey, Draw Down Books, Providence RH 2015.

Covert to Overt. The Under/Overground Art of Shepard Fairey, a cura di / ed. S. Steinhardt, Rizzoli, New York 2015.

L. McQuiston, *Visual Impact. Creative dissent in the 21st century*, Phaidon Press Limited, London 2015.

B. Mish, *Urban Entrepreneur. Street Art*, Scobre Educational, La Jolla CA 2015.

D. Morris, *The Bollocks. A photo essay of the Sex Pistols*, con un contributo di / with a contribution by S. Fairey, Zero+Publishing, Claremont CA 2015.

Shepard Fairey. Your Eyes Here, catalogo della mostra / exh. cat. (Málaga, CAC Málaga, Centro de Arte Contemporáneo de Málaga, 26 Jun. – 27 Sept. 2015), a cura di / ed. F. Francés, CAC Málaga, Centro de Arte Contemporáneo de Málaga & Ayuntamiento de Málaga, Málaga 2015.

Eleven Spring. A Celebration of Street Art. Works by Shepard Fairey / JR, introduzione / foreword S. Fairey, a cura di / eds. S. Schiller, M. Schiller, Wooster Editions, New York 2016.

Chuck D (C. D. Ridenhour), *Chuck D Present This Day in Rap and Hip-Hop History*, prefazione di / preface by S. Fairey, Black Dog & Leventhal Publishers, New York 2017.

Cross the Streets, catalogo della mostra / exh. cat. (Roma, MACRO, 7 May – 1 Oct. 2017), a cura di / ed. P. L. von Vacano, Drago, Roma 2017.

Culture Jamming. Activism and the art of cultural resistance, a cura di / eds. M. Delaure, M. Fink, New York University Press, New York 2017.

Designs of Our Time. Beazley Designs of the Year, a cura di / eds. M. Cortes Favis, T. Wilson, The Design Museum, London 2017.

R. Hurdequint, *Skate Art. From the object to the artwork*, Éditions Cercle d'Art, Paris 2017.

J. Marshall, *Peace*, prefazione di / preface by S. Fairey, Reel Art Press, London 2017.

A. Mattanza, *Street Art. Famous Artists Talk about Their Vision*, White Star Publishers, Milano 2017.

M. Müller, *Reclaim the Streets! Die Street-Art-Bewegung und die Rückforderung des öffentlichen Raumes. Am Beispiel von Banksys "Better Out Than In" und Shepard Faireys "Obey Giant" Kampagne*, Norderstedt Books on Demand, 2017.

OBEY. Earth Crisis, Éditions Albin Michel, Paris 2017.

R. Schacter, *The World Atlas of Street Art and Graffiti*, Aurum Press, London 2017.

F. Spampinato, J. Wiedemann, *Art Record Covers*, Taschen, Köln 2017.

S. Fairey et al., *Obey. Supply & Demand*, Rizzoli International, New York, Paris, London, Milano 2018.

Force Majeure. The Art of Shepard Fairey, catalogo della mostra / exh. cat. (Moskva, MMOMA Moscow Museum of Modern Art, 19 Sept. – 4 Nov. 2018), a cura di / eds. MMOMA & Wunderkammern, in collaborazione con / in collaboration with RuArts Foundation e Artmossphere, Milano 2018.

Hope to Nope. Graphics and Politics 2008-18, catalogo della mostra / exh. cat. (London, The Design Museum, 28 Mar. – 12 Aug. 2018), a cura di / eds. L. Roberts, D. Shaws, R. Wright, M. Cubbage, GraphicDesign&, London 2018.

C. Viveros-Fauné, *Social Forms. A short history of political art*, David Zwirner Books, New York 2018.

S. Armstrong, *Street Art*, Flammarion, Paris 2019.

T. Bejgrowicz, J. Dean, *Scream With Me. The enduring legacy of the Misfits, 1977–1983*, prefazione di / preface by S. Fairey, Abrams, New York 2019.

J. Doe, T. Desavia, *More Fun in the New World. The Unmaking and Legacy of L. A. Punk*, Da Capo Press, New York 2019.

Hot, Cold, Heavy, Light. 100 art writings, 1988–2018, a cura di / ed. P. Schjeldahl, Abrams Press, New York 2019.

J. Kun, *The Autograph Book of L. A. Improvements on the page of the city*, introduzione di / foreword by S. Fairey, Angel City Press, Los Angeles Public Library, Library Foundation of Los Angeles, Los Angeles CA 2019.

G. J. Daichendt, *Robbie Conal. Street wise. 35 years of politically charged guerrilla art*, prefazione di / preface by S. Fairey, Schiffer Publishing, Atglen PA 2020.

Obey Fidelity. The Art of Shepard Fairey, catalogo della mostra / exh. cat. (Genova, Palazzo Ducale, 4 Jul. – 1 Nov. 2020), a cura di / eds. S. Antonelli, G. Marziani, Sagep, Genova 2020.

Shepard Fairey. 3 decades of dissent, catalogo della mostra / exh. cat. (Roma, Galleria d'Arte Moderna, 17 Sept. – 22 Nov. 2020), a cura di / eds. C. Crescentini, S. Fairey, F. Pirani, Wunderkammern, Silvana editoriale, Cinisello Balsamo 2020.

Saggi, articoli, dissertazioni | Essays, articles, dissertations

D. A. Hostetler, *Shepard Fairey*, in "Faesthetic", n. 2, Dustin Amery Hostetler, Toledo OH 2002, pp. 15-18.

L. Lazzaroni, *Fatti Volti Tendenze. Focus. Shepard Fairey*, in "Vogue Italia", n. 667, 2006, p. 90.

G. Escalante N. Spoor, *Shepard Fairey's Experimental Activism*, in "ISM", vol. 4, n. 3, 2007.

J. Bearman, *Street Cred. Why would Barack Obama invite graffiti artist with a long rap sheet to launch guerrilla marketing campaign on his behalf?*, in "Modern Painters", Oct. 2008, pp. 68-73.

A. F. Wasserman, *Artist for Sale. The production of Shepard Fairey*, Master of Art, Stony Brook University, 2008.

S. Appleford, *Close-Up. Shepard Fairey's Last "Hope"? The agitprop street artist rallied millions of Americans with his Barack Obama poster. Now he's facing the biggest legal battle of his life*, in "Rolling Stone", 16 Apr. 2009, p. 62.

C. Campanini, *Indovina chi è ?*, in "Arte", n. 425, Milano 2009, pp. 149-151.

L. Cartwright, S. Mandiberg, *Obama and Shepard Fairey. The Copy and Political Iconography in the Age of the Demake*, in "Journal of Visual Culture", vol. 8, n. 2, Aug. 2009, pp. 172-176.

R. Croci, *Shepard Fairey*, in "L'Uomo Vogue", n. 405, 2009, p. 68.

A. D'Ambrosio, *Shepard Fairey, Citizen Artist*, in "The Progressive", vol. 73, n. 6, 2009, pp. 31-34.

D. Herrmann, *Shepard Fairey. Obey*, Bachelorarbeit, University of Konstanz, 2009.

C. McCormick, *Hopeful Disobedience. First seen on derelict urban walls and now ensconced at the National Portrait Gallery, Shepard Fairey's work accelerates the dissolve between museum art and guerrilla action*, in "Art in America", vol. 97, n. 3, 2009, pp. 51-58.

S. Banet-Weiser, M. Sturken, "The Politics of Commerce: Shepard Fairey and the new cultural entrepreneurship", in *Blowing Up the Brand. Critical perspectives on promotional culture*, a cura di / eds. M. Aronczyk, D. Powers, Peter Lang, New York 2010, pp. 263-284.

S. Fairey, *Shepard Fairey on Barbara Kruger*, in "Juxtapoz", n. 118, Nov. 2010, pp. 44-55.

B. Fraenkel, *L'affiche Hope. Portrait d'Obama comme Géant et comme virus*, in "Gradhiva. Revue d'anthropologie et d'histoire des arts", n. 11, 2010, pp. 118-139.

E. Masemann, *Definitions and Transitions. Graffiti and Street Art in New York City. A peripheral and mainstream presence since the 1980s*, Art History Research Project 794, BA (Hons), University of Auckland, 2010.

N. Zamani, *Capitalist commentary in the art of Shepard Fairey and the evolution of his Obey Giant campaign*, Senior thesis (BA), Cornell College, 2010.

H. L. Maurer, *Art and Ideology. A rhetorical analysis of the art of Alexander Rodchenko and Shepard Fairey*, Master of Art, University of South Alabama, 2011.

L. Müller-Philipp-Sohn, "Graffiti und Street Art. Der Versuch einer Differenzierung am Beispiel einer kunsthistorischen Perspektive auf Shepard Faireys Obey-Kampagne", in R. Beuthan, P. Smolarski, *Was ist Graffiti?*, Königshausen & Neumann, Würzburg 2011, pp. 77-91.

M. C. Acherman, *"Hope" or "Joke"? No, Thanks! Obama as "The Joker" in American Visual Culture*, in "International Journal of Zizek Studies", vol. 6, n. 3, 2012.

W. W. Fisher III, F. Cost, S. Fairey, M. Feder, E. Fountain, G. Stewart, M. Sturken, *Reflections on the Hope Poster Case*, in "Harvard Journal of Law & Technology", vol. 25, n. 2, primavera / spring 2012, pp. 243-338.

M. Irvine, "The Work on the Street. Street Art and Visual Culture", in I. Heywood, B. Sandywell, *The Handbook of Visual Culture*, Berg, London & New York 2012, pp. 235-278.

R. Mizsei-Ward, *Politics, Race, and Political Fly-Billing: Barack Obama as "The Joker"*, in "Comparative American Studies. An International Journal", vol. 10, n. 2-3, 2012, pp. 177-187.

E. Schneider, "The Politics of Tagging. Shepard Fairey's Obama", in *The Iconic Obama, 2007–2009. Essays on Media Representations of the Candidate and New President*, a cura di / eds. N. A. Yanes, D. Carter, McFarland & Company Inc. Publishers, Jefferson NC 2012, pp. 97-109.

S. E. Mitchell, *Some call it subversive. Barack Obama's campaign use of Shepard Fairey's Hope*, Master of Art, San Diego State University, 2013.

M. Long, *Geographies of street art: Shepard Fairey and the trans-scalar imagination*, in "Journal of Urban Cultural Studies", vol. 1, n. 3, 2014, pp. 461-470.

A. M. Loffredo, "Shepard Fairey. Ungefragte Partizipation als Teil kunstpädagogischer Vermittlung", in *Globalität Transkulturalität Partizipationen. Kunstpädagogische Perspektiven*, a cura di / eds. K. Bering, S. Hölscher, K. Pauls, Athena, Oberhausen 2015, pp. 151-163.

M. Reig Florensa, *Des de la contracultura fins al mainstream. OBEY® o l'art de Shepard Fairey*, treballs de recerca, Universitat Oberta de Catalunya, 2016.

C. Crescentini, *Il "presente" del Futurismo. Segni e stimoli dell'avanguardia italiana sui muri delle città globali*, in "dARTE", a. II, n. 3/12, 2017.

F. Screti, *Counter-revolutionary Art. OBEY and the manufacturing of dissent*, in "Critical Discourse Studies", vol. 14, n. 4, 2017, pp. 362-384.

M. F. Hampson, *Rebranding Street Art. An Examination of Street Art and Evolution into Mainstream Advertising, Branding, and Propaganda*, BA in Communication Studies and University Honors, Portland State University, 2018.

R. Mysia Sobral da Conceição, *Obra autoral disseminada no ciberespaço: Shepard Fairley VS. The Associated Press*, Curso de graduação em direito, trabalho de conclusão de curso artigo científico, Universidade Tiradentes – Unit, Aracaju, 2019.

SITOGRAFIA | SITOGRAPHY

https://obeygiant.com

http://www.thegiant.org/wiki/index.php/Shepard_Fairey

https://www.facebook.com/ObeyGiant/

https://www.instagram.com/obeygiant/?hl=en

https://twitter.com/OBEYGIANT

https://www.britannica.com/biography/Shepard-Fairey

https://en.wikipedia.org/wiki/Shepard_Fairey

https://www.artsy.net/artist/shepard-fairey

http://gigart.altervista.org/obey-shepard-fairey/

http://www.miamibiennale.org/miami_biennale_shepard_fairey.html

https://www.imdb.com/name/nm1735854/

https://www.seditionart.com/shepard_fairey

https://www.artslant.com/sf/artists/show/155-shepard-fairey

https://www.youtube.com/watch?v=iMCxtFmzmxM

https://www.youtube.com/watch?v=Un_qfptTWnl

https://www.youtube.com/watch?v=8_8_rk4cRj4

https://wunderkammern.net/wp-content/wk_content/downloads/CC/WK_ShepardFairey_Collector-Catalogue.pdf

http://everything.explained.today/Shepard_Fairey/

https://obeyclothing.eu

2004

https://www.aiga.org/interview-with-shepard-fairey-still-obeying-after-all-these-year

https://www.artbusiness.com/1open/shoot9.html

2005

http://the.honoluluadvertiser.com/article/2005/Nov/16/il/FP511160302.html

https://adage.com/article/news/hitting-streets/103034

2006

https://web.archive.org/web/20090501181212/http://www.sfgate.com/cgi-bin/article.cgi?f=%2Fc%2Fa%2F2006%2F03%2F30%2FNSGB3HTAS61.DTL

2007

http://www.fecalface.com/SF/index.php?option=com_content&task=view&id=757/

https://web.archive.org/web/20090209141017/

http://obeygiant.com/post/the-smashing-pumpkins-team-with-shepard-fairey-for-'zeitgeist'-cover

https://www.nytimes.com/2007/06/29/arts/29bart.html

http://www.art-for-a-change.com/Obey/index.htm

https://gothamist.com/arts-entertainment/shepard-fairey-street-artist

https://www.youtube.com/watch?v=WVY8PXr3z90

2008

https://www.artpractical.com/event/687-duality-of-humanity/

https://www.npr.org/templates/story/story.php?storyId=89431734

https://www.huffpost.com/entry/how-the-obama-hope-poster_b_133874?guccounter=1

https://vimeo.com/393807

https://medium.com/fgd1-the-archive/obama-hope-poster-by-shepard-fairey-1307a8b6c7be

https://web.archive.org/web/20081227095613/http://our.risd.edu/2008/12/18/icon-maker-shepard-fairey/

https://www.nytimes.com/2008/10/02/arts/design/02fair.html

https://www.suicidegirls.com/girls/nicole_powers/blog/2680073/shepard-fairey-purveyor-of-hope/

https://www.austinchronicle.com/news/2008-05-16/625022/

http://formatmag.com/features/shepard-fairey/

https://www.youtube.com/watch?v=23vugCC8j7g

https://www.laweekly.com/yosi-sergant-and-the-art-of-change-the-publicist-behind-shepard-faireys-obama-hope-posters/

https://www.npr.org/templates/story/story.php?storyId=96224796

https://www.youtube.com/watch?v=1q_tFP0j9C4

2009

https://www.youtube.com/watch?v=A2YmsSyCTOM

https://www.npr.org/templates/story/story.php?storyId=99466584

https://www.npr.org/templates/story/story.php?storyId=99466584?storyId=99466584

https://web.archive.org/web/20090214223747/http://www.coloradodaily.com/news/2009/jan/15/obama-hope-poster/

https://web.archive.org/web/20090429122750/http://oneloveforchi.com/index.php/shepard-fairey-donates-signed-prints/

https://www.cbsnews.com/news/ap-counter-sues-fairey-for-hope-poster/

https://www.youtube.com/watch?v=sk3TI3QHUgk

http://news.bbc.co.uk/2/hi/entertainment/arts_and_culture/7817466.stm

https://www.youtube.com/watch?v=awKJQ-HfEHc

https://npg.si.edu/blog/now-on-view-portrait-barack-obama-shepard-fairey

https://www.ohmidog.com/2009/02/06/obama-poster-artist-does-one-for-the-dogs/

https://www.pride.com/search/site/fairey

http://archive.boston.com/bostonglobe/editorial_opinion/outofline/2009/02/how_phony_is_shepard_fairey.html

http://archive.boston.com/bostonglobe/editorial_opinion/outofline/2009/02/fairey_obey_my_lawyers_1.html

https://www.npr.org/templates/story/story.php?storyId=100273350

https://www.nytimes.com/2009/02/10/arts/design/10fair.html?partner=rss&emc=rss

https://www.nytimes.com/2009/02/06/arts/06arts-APSAYSITOWNS_BRF.html?ref=arts

https://www.nytimes.com/2009/01/08/fashion/08ROW.html

http://www.artnet.com/magazineus/reviews/davis/davis5-22-09.asp

https://www.google.com/doodles/dr-martin-luther-king-day-2009-by-shepard-fairey-studio-number-one

https://www.npr.org/templates/story/story.php?storyId=101182453

http://archive.boston.com/ae/theater_arts/articles/2009/01/25/shepard_the_giant/

https://arkitip.com/product/shepard-fairey-issue-no-0051/

https://www.portrait.gov.au/magazines/31/obey

https://www.smithsonianmag.com/arts-culture/shepard-fairey-the-artist-behind-the-obama-portrait-45936012/

http://animalnewyork.com/2009/lance-armstrong-races-ahead-with-shepard-fairey-designed-bike/

http://blog.seanbonner.com/2009/03/24/glen-e-friedman-x-shepard-fairey-x-bad-brains/

https://charlestonmag.com/features/shepard_fairey_has_a_posse

https://www.huffpost.com/entry/the-importance-of-shepard_b_167926

https://www.latimes.com/archives/la-xpm-2009-feb-08-na-fairey8-story.html

https://latimesblogs.latimes.com/washington/2009/08/obama-joker-shepard-fairey.html

https://latimesblogs.latimes.com/culturemonster/2009/10/shepard-fairey-admits-to-wrongdoing-in-associated-press-lawsuit.html

https://www.dezeen.com/2009/03/19/shepard-fairey-wins-design-of-the-year/

http://pub.bna.com/ptcj/FaireyComplaint.pdf

2010

https://www.theatlantic.com/projects/the-future-of-the-city/archive/2010/05/shepard-faireys-american-graffiti/56924/%3E/

https://whitehotmagazine.com/articles/2010-shepard-fairey-whitehot-interview/2172

https://www.huffpost.com/entry/olivia-wilde-gets-the-she_n_715238

https://latimesblogs.latimes.com/culturemonster/2010/02/shepard-fairey-puts-services-up-for-auction.html

https://www.huffpost.com/entry/the-official-stephen-colb_n_460481

https://latimesblogs.latimes.com/culturemonster/2010/12/stephen-colbert-quizzes-steve-martin-on-art-history.html

https://www.youtube.com/watch?v=za9mSojdtUU

https://www.bhlmagazine.com/obey-shepard-fairey/

https://www.interviewmagazine.com/art/shepard-fairey

https://journals.openedition.org/gradhiva/1685

2011

https://web.archive.org/web/20120209232751/http://alphaomegaarts.blogspot.com/2011/08/mandala-ornament-by-shepard-fairey.html

https://www.bbc.com/news/entertainment-arts-14679402

https://www.coalitionforthehomeless.org/artwalk-ny-raises-over-880000/

https://www.techdirt.com/articles/20110112/10170012637/ap-shepard-fairey-settle-lawsuit-over-obama-image-fairey-agrees-to-give-up-fair-use-rights-to-ap-photos.shtml

https://www.theguardian.com/artanddesign/2011/aug/12/shepard-fairey-beaten-danish-mural

https://www.wired.com/2011/12/police-brutality-coloring-book/

https://web.archive.org/web/20110527094659/http://www.impossiblefunky.com/archives/issue_6/6_andre.asp?IshNum=6&Headline=The%20Andre%20Experiment

https://www.youtube.com/watch?v=2rHkLqxAcws

https://www.aaa.si.edu/collections/interviews/oral-history-interview-shepard-fairey-15937#transcript

2012

https://www.telegraph.co.uk/news/worldnews/barackobama/9105364/Shepard-Fairey-creator-of-Barack-Obama-Hope-poster-admits-destroying-evidence.html

https://www.imdb.com/title/tt2202912/

https://copyblogger.com/shepard-fairey-content-marketing/

http://idyllwild.me/2012/02/

https://www.pe.com/2012/02/11/idyllwild-artist-shepard-fairey-shares-inspiration-behind-work/

https://www.ap.org/ap-in-the-news/2012/obama-hope-poster-artist-shepard-fairey-gets-probation

https://web.archive.org/web/20130726182913/http://ap.org/content/ap-in-the-news/2012/obama-hope-poster-artist-get-probation

2013

http://www.greersoc.com/index.php/blogs/daily-dose/global_artist_shepard_fairey_makes_diabetes_visible/

https://remezcla.com/culture/shepard-fairey-wooster-mural-zapatistas/

https://web.archive.org/web/20130729205050/http://www.takepart.com/article/2013/07/23/shepard-fairey-artwork-helps-los-angeles-schools

https://www.youtube.com/watch?v=t7eKB7pi-Eg

https://www.independent.co.uk/news/world/americas/barack-obama-poster-artist-shepard-fairey-joins-gun-control-march-in-washington-8588110.html

https://www.kcet.org/history-society/professor-street-art-takes-a-critical-look-at-shepard-fairey

https://arrestedmotion.com/2013/04/films-obey-the-giant-the-story-of-shepard-fairey/

2014

https://www.youtube.com/watch?v=YlT5hS9XWZI

https://hifructose.com/2014/09/22/new-shepard-fairey-mural-for-urban-nation-berlin/

https://www.papermag.com/shepard-fairey-on-jail-anonymity-and-david-bowie-1427303091.html

https://www.hollywoodreporter.com/news/why-shepard-fairey-push-will-730433

https://www.latimes.com/entertainment/arts/culture/la-et-cm-shepard-fairey-ai-weiwei-20140319-story.html#axzz2wRa0Jo72/

https://www.youtube.com/watch?v=zyrOBlGa52k

2015

https://artsbeat.blogs.nytimes.com/2015/07/14/shepard-fairey-turns-himself-in-to-detroit-police/?_r=0

https://www.nytimes.com/2015/08/20/t-magazine/shepard-fairey-on-our-hands-jacob-lewis.html

https://www.esquire.com/news-politics/interviews/a35288/shepard-fairey-street-art-obama-hope-poster/

http://www.laweekly.com/the-david-lynch-tribute-show-was-stolen-by-duran-duran/

https://lfla.org/raise-your-glass-for-libraries-at-the-young-literati-seventh-annual-toast/

http://cacmalaga.eu/2015/06/26/obey-2/

http://www.ifc.com/shows/portlandia/blog/2015/01/shepard-fairey-portlandia-shocking-art-supplies

https://www.youtube.com/watch?v=2CwIt4nygZw

https://www.youtube.com/watch?v=Npd5sLbwedQ

https://www.looktothestars.org/news/13681-shepard-fairey-among-artists-to-design-rugs-for-charity-auction

2016

https://www.internazionale.it/foto/2016/01/21/shepard-fairey-street-art-mostra

https://pitchfork.com/news/68074-shepard-faireys-nise-share-new-little-lions-video-watch/

https://losfashionistas.larevista.in/2016/02/29/shepard-fairey-un-gigante-del-street-art/

2017

https://www.idyllwildarts.org/obey-giant-trailer-idyllwild-arts-alum-shepard-fairey/

https://www.bostonglobe.com/lifestyle/travel/2017/07/20/meet-boston-native-helping-change-face-vegas/DNSy0MevqP4JWAqpsZ2cnL/story.html

https://npg.si.edu/blog/now-on-view-portrait-barack-obama-shepard-fairey

https://www.leparisien.fr/culture-loisirs/aux-origines-de-la-marianne-que-macron-adore-28-07-2017-7162377.php

https://www.lefigaro.fr/culture/2017/10/16/03004-20171016ARTFIG00128-obey-knoll-alechinsky-le-petit-musee-d-emmanuel-macron-a-l-elysee.php

https://news.artnet.com/art-world/shepard-fairey-releases-we-the-people-series-824468

https://www.youtube.com/watch?v=IVvyI7BdYw8

https://www.repubblica.it/spettacoli/people/2017/09/23/news/obey-176271274/

2018

https://www.thoughtco.com/shepard-fairey-quick-facts-183349

https://www.washingtonian.com/2018/03/15/shepard-fairey-posters-gun-reform-school-walkout/

"WNYC, New York Public Radio - Shepard Fairey on Banksy". edge13-audio.wnyc.org. Retrieved August 1, 2018.

2019

https://www.ledauphine.com/isere-sud/2019/06/14/obey-street-star-a-grenoble

http://www.artemagazine.it/attualita/anticipazioni-speciali/item/9599-obey

https://www.interviewmagazine.com/art/shepard-fairey-street-art-obey-goldman-gallery-interview

https://www.wbur.org/artery/2019/10/31/shepard-fairey-mural-providence

https://www.leparisien.fr/paris-75/paris-obey-fait-son-effet-a-cote-de-jef-aerosol-06-08-2019-8129682.php

https://www.thewaymagazine.it/leisure/banksy-mr-brainwash-mr-savethewall-e-obey-invadono-napoli/

https://www.vanityfair.com/style/2019/07/shepard-fairey-30-year-anniversary-interview

https://www.darsmagazine.it/cover-story-shepard-fairey/#.Xx21FK1aab8

https://overtheinfluence.com/exhibitions/shepard-fairey-facing-the-giant-3-decades-of-dissent/

https://www.jmartmanagement.com/post/shepard-fairey-facing-the-giant-3-decades-of-dissent-new-works

2020

http://www.arte.it/foto/obey-obey-515

https://www.disagian.it/obey-street-art-la-storia-di-shepard-fairey/

https://www.artribune.com/arti-visive/street-urban-art/2020/07/dopo-banksy-obey-palazzo-ducale-genova-riapre-con-un-altro-grande-della-street-art-le-foto/

https://www.exibart.com/arte-contemporanea/enough-of-donald-trump-ed-ruscha-e-shepard-fairey-ne-hanno-abbastanza/

https://www.latimes.com/entertainment-arts/story/2020-07-22/la-mayor-eric-garcetti-covid-mask-poster-art-project

https://urbanmilwaukee.com/2020/07/09/eyes-on-milwaukee-massive-voting-rights-mural-planned-for-downtown-building/

https://www.leafly.com/news/industry/shepard-faireys-76-acre-cannabis-crop-art-will-blow-your-mind

https://www.dazeddigital.com/art-photography/article/49901/1/carrie-mae-weems-shepard-fairey-ed-ruscha-share-anti-trump-artwork-2020-vote

https://www.newsobserver.com/living/article 244449687.html

https://nysmusic.com/2020/06/28/shepard-fairey-praises-chuck-d-with-new-fight-the-power-obey-print/

https://news.artnet.com/exhibitions/shepard-fairey-covid-19-psa-1880175

https://www.creativereview.co.uk/brand-adult-spin-cereal/

https://www.forbes.com/sites/julietremaine/2020/04/27/when-rhode-island-called-for-uplifting-public-art-during-quarantine-shepard-fairey-answered/#168119037e6c

https://hypebeast.com/2020/4/vans-foot-the-bill-shepard-fairey-custom-slipon-lisa-project

https://www.risd.edu/news/stories/artwork-by-shepard-fairey-inspires-covid-weary-community/

https://www.theguardian.com/music/2020/may/28/andy-gill-gang-of-four-to-release-guitarists-final-recordings

https://www.rimonthly.com/behind-the-may-june-cover-ri-angel-of-hope-and-strength/

REGESTO DELLE OPERE IN MOSTRA

EXHIBITION CHECKLIST

COLLEZIONE SOVRINTENDENZA CAPITOLINA

Claudio Abate
Pino Pascali – Cannone
1965
stampa fotografica su PVC /
photographic print on PVC,
125 x 200 cm
Roma, MACRO inv. MACRO 6

Carla Accardi
Azzurro Arancio
2003
pittura vinilica su tela /
vinyl paint on canvas, 130 x 90 cm
Roma, MACRO inv. MACRO 10

Giacomo Balla
Il dubbio
1907-1908
olio su carta / oil on paper,
67 x 50 cm
Roma, Galleria d'Arte Moderna
inv. AM 56

Giovanni Cardona
Attesa
1960-1970
olio su tela / oil on canvas,
80 x 63 cm
Roma, MACRO inv. AM 4246

Giuseppe Carosi
L'angelo dei crisantemi
1921
olio su tavola / oil on panel,
200 x 64 cm
Roma, Galleria d'Arte Moderna
inv. AM 3998

Felice Casorati
Susanna
1929
olio su tela / oil on canvas,
123 x 98 cm
Roma, Galleria d'Arte Moderna
inv. AM 794

Ersilia Cavaciocchi Giunta
Vergine dell'Ogaden
1930-1940
olio su tavola / oil on panel,
42 x 30 cm
Roma, Galleria d'Arte Moderna
inv. AM 962

Primo Conti
Siao Tai Tai (La cinese)
1924
olio su tela / oil on canvas,
100 x 69 cm
Roma, Galleria d'Arte Moderna
inv. AM 26

Giulio D'Angelo
Comizio a Porta del Popolo
1955
olio su tela / oil on canvas,
70 x 80 cm
Roma, Galleria d'Arte Moderna
inv. AM 3363

Giorgio de Chirico
Combattimento di gladiatori
1933-1934
olio su tela / oil on canvas,
45 x 51,5 cm
Roma, Galleria d'Arte Moderna
inv. AM 1026

Fortunato Depero
Polenta a fuoco duro
(Polenta a fuoco vivo)
1924-1926
olio su tela / oil on canvas,
59 x 89 cm
Roma, Galleria d'Arte Moderna
inv. AM 804

Antonio Discovolo
La ninfa addormentata
1921
olio su tela / oil on canvas,
159 x 159 cm
Roma, Galleria d'Arte Moderna
inv. AM 10

Antonio Donghi
Donna alla toletta
1930
olio su tela / oil on canvas,
71 x 48 cm
Roma, Galleria d'Arte Moderna
inv. AM 805

Erulo Eroli
Santa Cecilia
1890-1900
tempera su carta intelata /
tempera on canvas-backed paper,
137 x 79,5 cm
Roma, Galleria d'Arte Moderna
inv. AM 390

Francesco Guerrieri
Autoritratto interno d'artista
2015
tela e legno / canvas and wood,
80 x 80 cm
Roma, MACRO inv. MACRO 76

Virgilio Guidi
Ritratto di americana
1934-1935
olio su compensato /
oil on plywood, 89 x 64 cm
Roma, Galleria d'Arte Moderna
inv. AM 1045

Renato Guttuso
Autoritratto
1937
olio su compensato /
oil on plywood, 50 x 42,5 cm
Roma, Galleria d'Arte Moderna
inv. AM 1274

Adolf Hirémy-Hirschl
Roma solitaria
(Bozzetto per il Sic transit)
1912
olio su tela / oil on canvas,
40 x 58 cm
Roma, Galleria d'Arte Moderna
inv. AM 4718

Adolf Hirémy-Hirschl
Visioni di peste del popolo
(Bozzetto per il Sic transit)
1912
olio su tela / oil on canvas,
50 x 62 cm
Roma, Galleria d'Arte Moderna
inv. AM 4716

Guglielmo Janni
Cassandra
1934-1935
olio su tavola / oil on panel,
84,5 x 38,8 cm
Roma, Galleria d'Arte Moderna
inv. AM 3668

Enrico Lionne
(Enrico Della Leonessa)
Fiori
1913
olio su tela / oil on canvas,
100 x 74 cm
Roma, Galleria d'Arte Moderna
inv. AM 29

Enrico Lionne
(Enrico Della Leonessa)
Violette
1913
olio su tela / oil on canvas,
115,5 x 78,9 cm
Roma, Galleria d'Arte Moderna
inv. AM 30

Fabio Mauri
Non esiste l'anima? Se la Germania ne ha due!
1992-1997
olio e acrilico su tela, grafite,
alluminio / oil and acrylic on
canvas, graphite, aluminum,
168 x 126 cm
Roma, MACRO inv. AM 5130

Paolo Monti
Flottage. Particolare n. 86
1966
cibachrome su expofoam /
cibachrome on ExpoFoam,
70 x 100 cm
Roma, MACRO inv. AM 5022

Emilio Notte
Bambina che legge
1930
olio su tela / oil on canvas,
81,4 x 57,4 cm
Roma, Galleria d'Arte Moderna
inv. AM 837

Cipriano Efisio Oppo
Scherzo
1916
olio su tela / oil on canvas,
61 x 49 cm
Roma, Galleria d'Arte Moderna
inv. AM 75

Pasquarosa (Bertoletti Marcelli)
Fiori
1916
olio su tela / oil on canvas,
58 x 48 cm
Roma, Galleria d'Arte Moderna
inv. AM 32

Luca Maria Patella
Gli Arnolfini Mazzola at Madmountain
1978
stampa fotografica su tela /
photographic print on canvas,
diam. 130 cm
Roma, MACRO inv. MACRO 78

Fausto Pirandello
Figura meravigliata
1930-1935
olio su tavola / oil on panel,
81 x 54 cm
Roma, Galleria d'Arte Moderna
inv. AM 1676

Sergio Pucci
Grande spirale su fondo nero
1966
olio su tela / oil on canvas,
87 x 87 cm
Roma, MACRO inv. AM 5094

Pippo Rizzo
Campeggio di Balilla
1929
tempera su tela /
tempera on canvas,
157 x 98 cm
Roma, Galleria d'Arte Moderna
inv. AM 757

Bruno Saetti
Bimba con fiori
1936
encausto su tavola /
encaustic on panel,
130,8 x 65,4 cm
Roma, Galleria d'Arte Moderna
inv. AM 1306

Giuseppe Salvatori
La resa delle armi
1996
tempera e smalto /
tempera and enamel,
150 x 300 cm
Roma, MACRO inv. AM 5108

Mario Schifano
Compagni, compagni
1968
tecnica mista su carta /
mixed media on paper,
101,5 x 69 cm
Roma, Casa Museo Alberto Moravia
inv. CAM 21

Scipione (Gino Bonichi)
Il Cardinal decano
1930
olio su tavola / oil on panel,
133 x 117,3 cm
Roma, Galleria d'Arte Moderna
inv. AM 1081

Mario Sironi
La famiglia (La famiglia del pastore)
1927
olio su tela / oil on canvas,
73 x 97 cm
Roma, Galleria d'Arte Moderna
inv. AM 850

Tato (Guglielmo Sansoni)
Sensazione di volo – terzo tempo
1929
olio su tela / oil on canvas,
90 x 84 cm
Roma, Galleria d'Arte Moderna
inv. AM 903

Giulio Turcato
Comizio
1949-1950
olio su tela / oil on canvas,
145 x 200 cm
Roma, Galleria d'Arte Moderna
inv. AM 5247

Renzo Zecchini
Sguardi di contatto
1996
fotografia / photograph,
200 x 100 cm
Roma, MACRO inv. AM 5024

OPERE DI SHEPARD FAIREY / WORKS BY SHEPARD FAIREY

O.G. RIPS (1989) 2019
screenprint and mixed media collage on paper / serigrafia e collage a tecnica mista su carta
76 x 104 cm | 30 x 41 in.

ANDRE PSYCHEDELIC (1993) 2019
screenprint and mixed media collage on paper / serigrafia e collage a tecnica mista su carta
76 x 104 cm | 30 x 41 in.

EXCLAMATION (1996) 2019
screenprint and mixed media collage on paper / serigrafia e collage a tecnica mista su carta
76 x 104 cm | 30 x 41 in.

OBEY STAR (1996) 2019
screenprint and mixed media collage on paper / serigrafia e collage a tecnica mista su carta
76 x 104 cm | 30 x 41 in.

ANGELA NUBIAN (1998) 2019
screenprint and mixed media collage on paper / serigrafia e collage a tecnica mista su carta
76 x 104 cm | 30 x 41 in.

JESSE NUBIAN (1998) 2019
screenprint and mixed media collage on paper / serigrafia e collage a tecnica mista su carta
76 x 104 cm | 30 x 41 in.

FIST (2000) 2019
screenprint and mixed media collage on paper / serigrafia e collage a tecnica mista su carta
76 x 104 cm | 30 x 41 in.

HAMMER (2000) 2019
screenprint and mixed media collage on paper / serigrafia e collage a tecnica mista su carta
76 x 104 cm | 30 x 41 in.

CHOMSKY (2001) 2019
screenprint and mixed media collage on paper / serigrafia e collage a tecnica mista su carta
76 x 104 cm | 30 x 41 in.

LESSER GODS LENIN (2003) 2019
screenprint and mixed media collage on paper / serigrafia e collage a tecnica mista su carta
76 x 104 cm | 30 x 41 in.

LESSER GODS MAO (2003) 2019
screenprint and mixed media collage on paper / serigrafia e collage a tecnica mista su carta
76 x 104 cm | 30 x 41 in.

LESSER GODS NIXON (2003) 2019
screenprint and mixed media collage on paper / serigrafia e collage a tecnica mista su carta
76 x 104 cm | 30 x 41 in.

GREETINGS FROM IRAQ (2005) 2019
screenprint and mixed media collage on paper / serigrafia e collage a tecnica mista su carta
76 x 104 cm | 30 x 41 in.

MAKE ART NOT WAR (2005) 2019
screenprint and mixed media collage on paper / serigrafia e collage a tecnica mista su carta
76 x 104 cm | 30 x 41 in.

ARAB WOMAN (2006) 2019
screenprint and mixed media collage on paper / serigrafia e collage a tecnica mista su carta
76 x 104 cm | 30 x 41 in.

GUNS AND ROSES (2006) 2019
screenprint and mixed media collage on paper / serigrafia e collage a tecnica mista su carta
76 x 104 cm | 30 x 41 in.

PROUD PARENTS (2006) 2019
screenprint and mixed media collage on paper / serigrafia e collage a tecnica mista su carta
76 x 104 cm | 30 x 41 in.

ROSE SHACKLE (2006) 2019
screenprint and mixed media collage on paper / serigrafia e collage a tecnica mista su carta
76 x 104 cm | 30 x 41 in.

COMMANDA (2007) 2019
screenprint and mixed media collage on paper / serigrafia e collage a tecnica mista su carta
76 x 104 cm | 30 x 41 in.

MUJER FATALE (2007) 2019
screenprint and mixed media collage on paper / serigrafia e collage a tecnica mista su carta
76 x 104 cm | 30 x 41 in.

WAR BY NUMBERS (2007) 2019
screenprint and mixed media collage on paper / serigrafia e collage a tecnica mista su carta
76 x 104 cm | 30 x 41 in.

BIG BROTHERS IS WATCHING YOU
(2008) 2019
screenprint and mixed media
collage on paper / serigrafia e
collage a tecnica mista su carta
76 x 104 cm | 30 x 41 in.

HOPE 2008
litografia offset / offset lithograph
70 x 90 cm | 27,5 x 35,5 in.

LOTUS ORNAMENT (2008, 2017) 2019
screenprint and mixed media
collage on paper / serigrafia e
collage a tecnica mista su carta
76 x 104 cm | 30 x 41 in.

PAINT IT BLACK (2014) 2019
screenprint and mixed media
collage on paper / serigrafia e
collage a tecnica mista su carta
76 x 104 cm | 30 x 41 in.

A DELICATE BALANCE (2015) 2019
screenprint and mixed media
collage on paper / serigrafia e
collage a tecnica mista su carta
76 x 104 cm | 30 x 41 in.

MY FLORIST IS A DICK (2015) 2019
screenprint and mixed media
collage on paper / serigrafia e
collage a tecnica mista su carta
76 x 104 cm | 30 x 41 in.

EARTH CRISIS (2016) 2019
screenprint and mixed media
collage on paper / serigrafia e
collage a tecnica mista su carta
76 x 104 cm | 30 x 41 in.

END CORRUPTION (2016) 2019
screenprint and mixed media
collage on paper / serigrafia e
collage a tecnica mista su carta
76 x 104 cm | 30 x 41 in.

BIAS BY NUMBERS (2017) 2019
screenprint and mixed media
collage on paper / serigrafia e
collage a tecnica mista su carta
76 x 104 cm | 30 x 41 in.

DEFEND DIGNITY (2017) 2019
screenprint and mixed media
collage on paper / serigrafia e
collage a tecnica mista su carta
76 x 104 cm | 30 x 41 in.

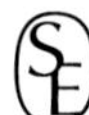

Silvana Editoriale

Direzione editoriale / Direction
Dario Cimorelli

Art Director
Giacomo Merli

Coordinamento editoriale / Editorial Coordinator
Sergio Di Stefano

Redazione / Copy Editor
Emanuela Di Lallo

Traduzioni / Translations
Sarah Elizabeth Cree, Cristina Pradella

Coordinamento di produzione / Production Coordinator
Antonio Micelli

Segreteria di redazione / Editorial Assistants
Ondina Granato, Giulia Mercanti

Ufficio iconografico / Photo Editors
Alessandra Olivari, Silvia Sala

Ufficio stampa / Press Office
Lidia Masolini, press@silvanaeditoriale.it

Available through ARTBOOK | D.A.P.
155 Sixth Avenue, 2nd Floor, New York, N.Y. 10013
Tel: (212) 627-1999 Fax: (212) 627-9484

Silvana Editoriale S.p.A.
via dei Lavoratori, 78
20092 Cinisello Balsamo, Milano
tel. 02 453 951 01
fax 02 453 951 51
www.silvanaeditoriale.it

Le riproduzioni, la stampa e la rilegatura
sono state eseguite in Italia / Reproductions,
printing and binding in Italy
Stampato da / Printed by Tecnostampa Pigini
Group Printing Division, Loreto-Trevi
Finito di stampare nel mese di settembre 2020
Printed September 2020

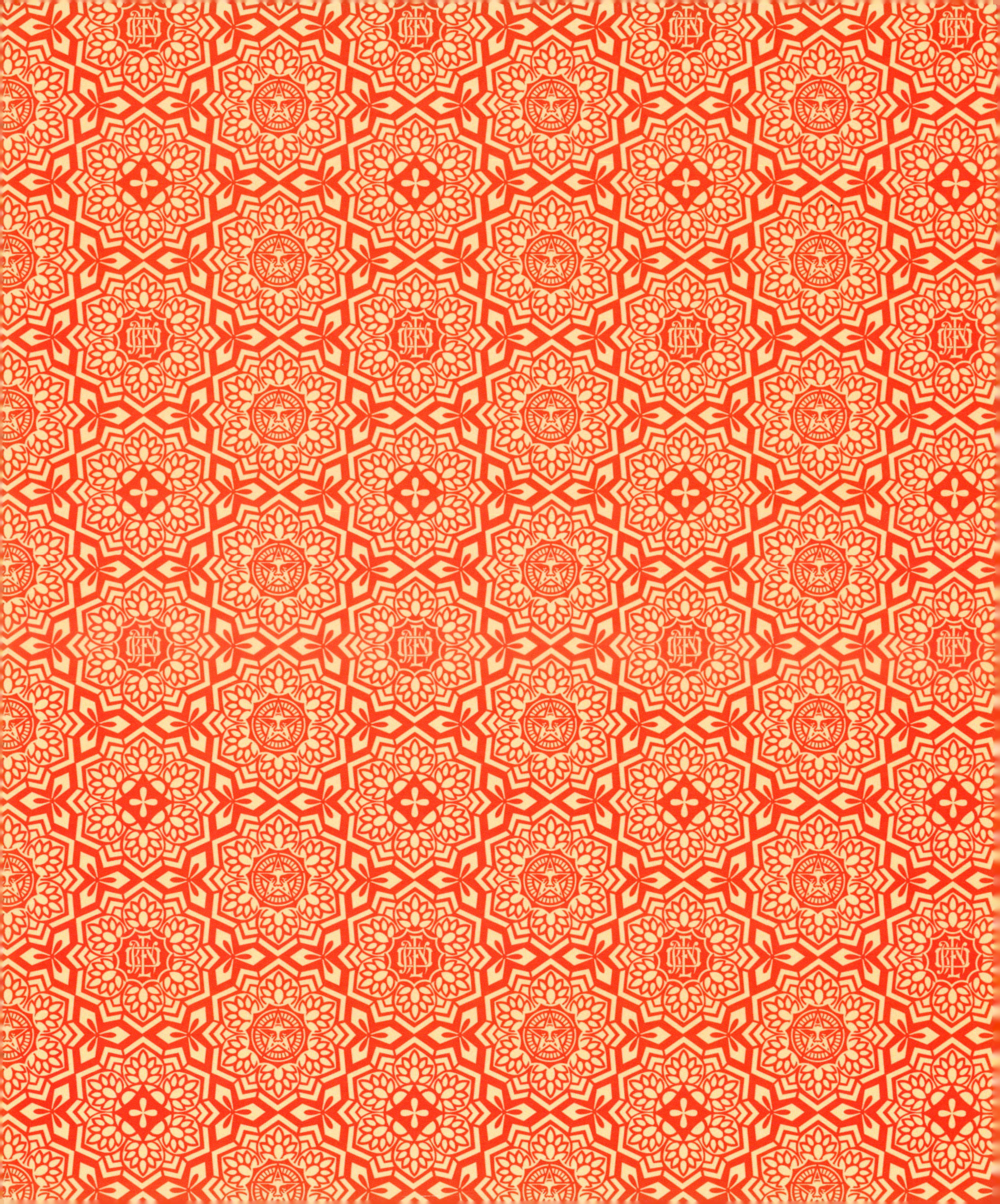